실크로드絲綢之路 문명교류사文明交流史 서설序說

I

초원로
草原路

대한문화재연구원 **엮음**
박천수朴天秀 **지음**

진인진

협력기관과 연구자

한국
경남문화재연구원, 국립경주문화재연구소, 국립경주박물관, 국립문화재연구소
국립중앙박물관, 대성동고분박물관, 영남대학교박물관
정수일, 권영필, 문명대, 전인평, 이희수, 전홍철, 이영훈, 김용선, 김유식, 신대곤, 신영수, 강상훈, 조상기, 권오영, 김병준, 윤상구, 윤동진, 이용현, 이주헌, 오세윤, 최종택, 강희정, 김경호, 장은정, 장준희, 정석배, 박진호, 정재훈, 윤형원, 김종일, 이영철, 이동희, 김남일, 이은석, 이재열, 조윤재, 정인성, 김혜원, 양은경, 강인욱, 양시은, 김현희, 정 일, 윤온식, 우병철, 이인숙, 김대욱, 이우섭, 김규운, 김준식, 권준현, 김도영, 김성미, 손재현, 이수정, 박준영, 임영재, 박정현, 김성실, 최정범, 장주탁, 정 진, 정승복, 류진아, 정효은, 이지향, 이정희, 한대흠, 김현지, 김현섭, 정선운, 전은영, 박지민, 김세민, 김슬애, 조지현, 배노찬, 김동균, 이지융, 김라희, 신동호, 신현우, 김희근, 윤주일

日本
東京國立博物館, 奈良國立博物館, 奈良縣立彊原考古學研究所, 堺市博物館
加藤九祚, 加藤貞子, 近藤義郎, 由水常雄, 穴澤咊光, 鄭禧昇, 菅谷文則, 都出比呂志, 永島暉臣愼, 岡内三眞, 林俊雄, 村越稔, 菊地誠一, 斎藤淸秀, 柳本照男, 石川日出志, 黒田慶一, 福永伸哉, 高野學, 古谷毅, 山崎建三, 大庭重信, 桃崎祐輔, 持田大輔, 吉澤悟, 河野一隆, 海邊博史, 笹田朋孝, 井上主悦, 高田貫太, 向井佑介, 中村大介, 岩越陽平, 大谷育惠, 林佳美

中國
陝西省歷史博物館, 和田博物館
齊東方, 張建林, 冉萬里, 拜根興, 李雨生, 劉斌, 包永超, 章灵

Kazahstan
The State Historical-Cultural Museum-Reserve Issyk
Ahkan Onggaruly

Mongolia
Gelegdori Eregzen, Ishtseren Lochin

Russia
Hermitage Museum

Bulgaria
Rositsa Hristova Hristova

Vetnam
Ban Quan ly Di tich Van hoa Oc Eo
Bao tang An Giang
Ha Matac, Kim Chi Ha

Pakistan
Mahmood Shah

United Staes of America
Metropolitan Museum of Art
Zeinab Al-Hassan

실크로드(絲綢之路) 문명교류사(文明交流史) 서설(序說) I

초원로(草原路)

초판 1쇄 발행 | 2021년 11월 5일

엮 음 | 대한문화재연구원
저 자 | 박천수
편 집 | 배원일, 김민경
발행인 | 김태진
발행처 | 진인진
등 록 | 제25100-2005-000003호
주 소 | 경기도 과천시 별양상가 1로 18 614호(별양동 과천오피스텔)
전 화 | 02-507-3077-8
팩 스 | 02-507-3079
홈페이지 | http://www.zininzin.co.kr
이메일 | pub@zininzin.co.kr

ⓒ 진인진 2021
ISBN 978-89-6347-486-1 94900
ISBN 978-89-6347-485-4 94900(세트)

발간사

안녕하십니까! 독자 여러분

대한문화재연구원 학술총서 사업을 시작한 지도 벌써 10년이 지나고 있습니다.

연구원의 어제와 오늘 그리고 미래를 만들어나가는 동료 직원 분들의 고생과 이해가 없었다면 학술총서 사업은 멈추었을 겁니다.

이번 학술총서는 그간의 총서와는 달리 국내 및 동북아시아라는 공간적 틀을 훌쩍 뛰어넘어 유라시아를 무대로 연구 집성된 대작이라 할 수 있습니다.

이번 학술총서 발간을 계기로 국내에서도 역사시대 유라시아 고고학을 공부하는 연구자들이 배출되기를 기대해 봅니다.

끝으로 고고학이라는 학문의 본질이 불투명해져가는 오늘의 현실에서, 월급쟁이로써 자신의 자아를 멈추는 고고학 동료들이 없기를 희망합니다. 특히 발굴조사전문기관을 이끌어가는 운영진의 모습이 어느 누구에게는 이기적인 탐욕의 얼굴로 비쳐지지 않도록 자성하고 또 자성하자고 얘기하고 싶습니다.

대한문화재연구원과 함께하고 있는 동료 선생님, 이 총서는 여러분들이 만들어낸 책입니다.

대한문화재연구원장 이영철

책을 내며

유라시아 실크로드와 인연을 맺게 된 것은 30년 전 오사카(大阪)대학에 유학하던 시절 1992년 12월 영국을 처음 방문할 때였다. 지도교수께서 연구년으로 체재하고 계시던 케임브리지대학을 방문한 후, 요크로 가서 로마황제 하이드리아누스의 장성을 답사하였다. 눈 덮인 황량한 대지를 가로지르는 성벽은 만리장성을 방불케 하였으며, 더욱이 장성의 일정 구간마다 점재하는 로마군의 군영에서 수많은 로마 유리기가 출토된 것에 놀라움을 금할 수 없었다. 왜냐하면 유리시아 그 동단의 신라 왕실에서 위신재로 소중하게 취급된 로마 유리기가 그 서단에서는 병사들의 일상용기로 사용된 것을 처음으로 알게 되었기 때문이다. 그리고 영국박물관을 2일간 관람하며, 우르의 왕묘 출토품 등 책에서만 보던 유물을 관찰할 수 있었다.

2006년 2월 학생들과 이탈리아, 프랑스, 스위스의 유적과 박물관을 방문하였다. 로마의 판테온신전이 매우 인상적이었다. 특히 루브르박물관에서 소장 중인 로마 유리기의 수량에 압도되어, 유리기에 대한 관심을 가지는 계기가 되었다.

2009년 11월 이란의 아케메네스조와 사산조 페르시아의 유적을 답사하는 기회를 가졌다. 장엄한 아케메네스조의 페르세폴리스보다 동아시아와 직접 관계를 가진 사산조 페르시아유적에서 받은 감동은 아직도 생생하며, 이는 실크로드 연구를 본격적으로 시작하게 된 계기가 되었다.

2011년 2월 우즈베키스탄의 타슈켄트, 사마르칸트, 테르메즈를 답사하였다. 사마르칸트의 아프랍시압은 물론 테르메즈의 카라테파가 인상적이었다. 아무다리야(Amu Dalya)에 접하는 이 유적에서는 대안의 아프카니스탄이 조망되었다. 더욱이 이 유적은 훗날 운명적인 만남이 된 가토 규조(加藤九祚)선생님이 20년간 발굴한 곳이었다.

2011년 3월 연구년을 맞이하여 오사카대학에 체재하였다. 긴키(近畿)지방의 유적과 미호미술관, 천리참고관 등 실크로드 관련 박물관을 답사하면서 관련 도서를 최대한 확보할 수 있는 좋은 기회였다.

2012년 2월 영국박물관, 독일 페르가몬박물관, 이슬람미술관, 프랑스 기메미술관, 덴마크국립박물관 소장 실크로드 관련 유물을 관찰하였다. 7월 뉴욕메트로폴리탄, 보스톤미술관 소장품을 관람하였다.

2013년 1월 카자흐스탄과 키르기스스탄을 답사하였다. 알마티공항에서 바로 동쪽에 위치하는 이식고분은 사카족의 황금인간과 묘제가 신라 적석목곽분과 황금문화의 원형임을 보여주었다.

이 무렵 전 세계 수많은 연구자가 관심을 기울이는 실크로드에서 필자가 연구 가능한 분야와 주제가 무엇인지 고민을 거듭한 끝에 유리기를 선택하였다. 원래 필자의 고고학 연구의 시작은 가야토기였다. 가야토기를 연구하면서, 토기를 이해하기 위서는 실측이 가장 유효한 방법임을 깨달았다. 유리는 미술사적·자연과학적 방법으로 대부분 연구되었는데, 필자는 이를 극복하기 위해서 유리기 또한 고고학적인 방법인 실측과 관찰로 연구해야 한다고 생각하였다.

무엇보다 이 주제를 선택한 가장 큰 이유는 동아시아에서 유례를 찾아볼 수 없을 정도로 유리기가 다수 부장된 신라고분 때문이다. 5세기를 중심으로 한 경주 대릉원고분군에 100점 이상의 로마·사산조 페르시아 유리기가 부장되었으며, 앞으로 더 출토될 것으로 필자는 기대하고 있다.

그래서 신라의 대릉원고분군 출토품과 일본열도 출토 유리기를 직접 실측하는 가운데, 실물자료의 중요성을 인식하고 로마·페르시아, 이슬람 유리기를 연구 자료로서 확보하였다. 이와 함께 20세기 전반에 발간되어 국내에 없는 실크로드 유적 보고서와 지도 등의 관련 자료를 구했다. 장차 실크로드박물관이 국내에서 설립되는 날이 오기를 기대한다.

실크로드를 공부하면서 두 분의 스승을 만나게 되었다. 첫번째는 세계적인 실크로드 연구자인 가토 규조(加藤九祚)선생님이었다. 2013년 12월 필자는 실크로드 사업을 협의하기 위해 경상북도 관계자와 나라(奈良)현청과 가시하라(疆原)고고학연구소를 방문하였다. 스가야 후미노리(菅谷文則)소장과 면담한 후 시가현(滋賀縣)의 엔닌(圓仁)관련 유적을 답사하고 오사카에 들렀다가 시간이 남아 민족학박물관을 오랜만에 견학하게 되었다. 이곳에서 20년 전 유학 중에 만난 적이 있는 한국 전공의 인류학자 아사쿠라 도시오(朝倉敏夫)선생님이 떠올라 면담을 신청하였다. 선생님은 정년을 하시고 휴일임에도 불구하고 출근하셨기에, 오랜만에 뵙고 이곳에 근무하셨던 가토 규조(加藤九祚)선생님의 안부를 물었다. 그러자 선생님께서 웃으시며 신문을 가져오셨다.

그런데 보여주신 2012년 6월 20일 마이니치신문(每日新聞) 기사에는 가토 규조(加藤九祚)선생님이 만 90세를 맞이하여 양친이 한국인이며 경상북도 출신이라는 사실을 밝힌 것이었다. 필자는 놀란 나머지 바로 전화를 드려 선생님으로부터 본인이 칠곡군 약목면 출신 한국인이며, 10세에 도일(渡日)하였다는 것을 알게 되었다. 그리고 가족과의 연락은 단절되었다는 사실도 알게 되어, 2014년 4월 경북대에서 강연을 부탁드리고 그전에 가족을 찾아보겠다는 약속을 하였다. 많은 분들의 도움을 받아 선생님의 가족을 찾았으며, 70년 만의 고향 방문을 성사시켰다. 삼 년간의 짧은 기간이었지만, 선생님의 그 불굴의 학문 정신으로부터 받은 감화는 실로 헤아릴 수가 없다. 또한 세계적인 유리연구자인 요시미즈 츠네오(由水常雄)선생님으로부터는 유리의 기본부터 배울 수 있었다. 필자에게 두 분과 함께 한 2015년 5월 경북대박물관의 실크로드와 '신라유리의 길' 전시는 잊을 수 없는 추억이다.

2015년 1월 부남왕국의 항시(港市)였던 베트남 옥에오유적을 답사하였으며, 해상 실크로드에 관심을 가지게 된 계기가 되었다.

2016년 7월 싱가포르 아시아문명박물관을 방문하여 인도네시아 벨리퉁 침몰선 출토 유물을 볼 수 있었으며, 침몰선에서 출수된 중국 도자기의 수량에 압도되었다. 이를 계기로 중국 도자기 연구를 시작하였으며, 현재 고중세 중국 도자기를 망라한 최고의 연구서인『中國陶磁史の硏究』를 번역하고 있다. 그리고 유라시아 실크로드를 조망하는 가운데 신라와 일본과의 관계를 새롭게 밝힌 연구성과인『신라와 일본』과 번역서인『실크로드 고고학』을 간행하였다

2016년 9월 가토 규조(加藤九祚)선생님이 우즈베키스탄 테르메즈의 발굴에 참여하시던 가운데 폐렴으로 돌아가셨다. 낙동강(洛東江)강변 칠곡군 약목에서 태어나 아무다리야(Amu Dalya)유역 테르메즈에서 96세의 파란만장한 생애를 마치신 것이다. 선생님께서 평생 존경하셨던 이식쿨(Issyk-Kul) 호반(湖畔)에서 탐사중 잠든 러시아 탐험가 프로제발스키(Przewalski)와 같은 장엄한 최후였다.

2016년 12월 가토 규조(加藤九祚)선생님의 유지(遺旨)로 선생님의 장서와 자료가 경북대학교에 기증되었다. 이 자료를 기반으로 2017년 경북대학교 인문학술원 실크로드 조사연구센터가 출범하였다.

2017년 1월 염원의 이탈리아 폼페이, 나폴리고고박물관과 로마 북부의 에트루리아유적을 답사하였다. 2006년 로마 방문이래 두 번째로 판테온을 볼 수 있었다. 그리고 나폴리고고박물관에 전시된 로마 유리기는 신라 출토품과 제작기법이 동일한 것을 확인할 수 있었다.

세 번째 연구년을 맞이하여 2017년 4월부터 서안(西安)의 서북(西北)대학에서 실크로드와 함께 연구하고 있는 중국 황제릉을 집중적으로 답사하였다. 서안의 진(秦), 한(漢), 당(唐) 황제릉은 물론 대동(大同)과 낙양(洛陽)의 북위(北魏) 황제릉, 남경(南京)의 남조(南朝) 황제릉, 내몽고의 요(遼) 황제릉, 은천(銀川)의 서하(西夏) 황제릉, 공의(恭義)의 북송(北宋) 황제릉 등을

볼 수 있었다. 특히 당(唐)과 주변제국 특히 신라(新羅)와 당(唐)의 관계를 깊이 생각하는 계기가 되었다.

그해 말 신장위구르 지역을 단독으로 서안(西安)에서 호탄(和田)까지 타클라마칸사막을 따라서 답사하였다. 긴 여정 끝에 도달한 호탄(和田)박물관에서 니야(尼雅)유적에서 출토된 로마 유리기인 리톤을 관찰하는 기쁨은 석사과정 시절 국립진주박물관에서 일제강점기 발굴된 창녕 교동고분군 토기를 처음으로 실측할 때와 같았다. 그 즐거움과 감동은 글로 표현하기 어려울 정도였다.

2018년 5월 카자흐스탄 알마티(Almaty)의 학회에서 발표하는 기회를 얻게 되었다. 이때 아스타나(Astana)의 북쪽 콕세타우(Kokchetav)에 인접하는 보로보에(Borovoe) 호수 주변의 훈족 황금보검 출토지를 답사하였다. 알마티에서 아스타나로 가는 비행기에서 광활한 카자흐스탄 초원을 관찰할 수 있었다. 이 답사를 계기로 경주시 계림로 14호묘 출토 황금보검 뿐만 아니라 신라의 로마 유리기가 카자흐스탄 북쪽 초원로를 경유하여 이입된 것을 알 수 있게 되었다. 귀로에는 신장위구르자치주의 우르무치와 타림강유역을 답사하였다.

2018년 5월 경북대학교 인문학술원 실크로드 조사연구센터 주관으로 '李(加藤)九祚의 생애와 실크로드 유리·직물' 특별전을 박물관에서 개최하였다.

2020년 1월 중국 합포(合浦)에서 양주(揚州)에 걸친 중국 동남해안 유적 조사를 실시하였다. 이로써 이전 시기의 항주(杭州)와 영파(寧波), 산동반도(山東半島)의 등주(登州), 적산(赤山) 법화원(法華院)와 남경(南京) 답사를 포함하여 합포(合浦)에서 등주(登州)에 걸친 전 구간을 답파(踏破)하였다. 이로써 한대(漢代)에서 송대(宋代)에 걸친 해상(海上) 실크로드를 연구할 수 있는 자료가 축적되었다.

2020년 11월 경북대학교 인문학술원 실크로드 조사연구센터 주관으로 유라시아 실크로드 복식교류전을 개최하였다. 카자흐스탄 이식(Issyk) 쿠르간 출토 복식 12점을 복원 전시하였다. 특히 복식들 가운데 황금인간은 경북대학교 학생들의 노력으로 세계 최초로 고대 기법에 의한 복원이 이루어졌다.

2021년 5월 경북대학교 박물관에서 실크로드의 3대 간선인 초원로·사막로·해로의 유적, 유구, 유물, 복식 복원품 등을 통하여 유라시아 문명교류를 입체적으로 보여주는 '신라 유라시아로 나아가다' 특별전을 개최하였다. 이 전시는 국내 최초의 독자 기획 실크로드 전시라 할 수 있다.

2020년 필자는 '유라시아 실크로드 복식교류' 전시를 개최하며 간행된 도록에 유라시아 실크로드 문명교류사라는 논고를 작성하였다. 본서는 이 논고를 기반으로 작성되었는데, 간행 계기는 특히 실크로드의 유적 유물에 대한 개설서와 문헌목록이 없기 때문이다.

2021년은 필자가 1991년 4월 24일 유학을 위해 오사카 이타미공항에 내린지 만 30년이 되는 해이자, 또한 모교에 봉직하며 연구와 교육에 힘쓴 25주년을 맞이하는 뜻깊은 해이다.

30년 동안 필자는 삼국시대사, 고대한일관계사, 실크로드 문명교류사를 연구하였다. 그간 필자는 항상 부족함을 느끼면서도 여러 책을 간행하였으며, 본서는 필자의 실크로드 연구의 이정표이다. 앞으로 부족한 부분은 유적과 유물에 대한 답사와 연구를 통하여 보완할 것이다.

유적 원고의 작성에는 경북대학교 대학원 고고인류학과 학생들로부터 헌신적인 도움을 받았다. 그들의 도움이 없었다면 이 책의 간행은 불가능하였다. 또한 국내외 각지의 연구자들로부터 자료 조사에 도움을 받았으며, 이를 명기하여 감사의 뜻을 전한다.

2021년 11월 복현 동산에서
박천수

목차

발간사   3

책을 내며   4

Ⅰ. 실크로드絲綢之路 문명교류사文明交流史 서설序說   18
1. 서序   19
2. BC 30–BC 9세기世紀 유라시아歐亞 문명교류文明交流   23
    1) 청금석(青金石)의 길   23
    2) 홍옥수(紅玉髓)의 길   26
3. BC 8–3세기世紀 유라시아歐亞 문명교류文明交流   29
    1) 홍옥수(紅玉髓)의 길   29
    2) 돌출첩안문유리주(突出帖眼文琉璃珠)의 길   33
4. BC 2–AD 3세기世紀 실크로드絲綢之路 문명교류文明交流   35
    1) 해로(海路)를 통한 교류(交流)   35
    2) 사막로(沙漠路)를 통한 교류(交流)   46
    3) 초원로(草原路)를 통한 교류(交流)   49
5. 4–6세기世紀 실크로드絲綢之路 문명교류文明交流   53
    1) 훈(Hun)족과 초원로(草原路)   53
    2) 사산조 페르시아의 대두(對頭)와 실크로드(絲綢之路)   73
6. 7–10세기世紀 실크로드絲綢之路 문명교류文明交流   84
    1) 이슬람, 당(唐)과 실크로드(絲綢之路)   84
    2) 신라(新羅), 발해(渤海)와 실크로드(絲綢之路)   90
7. 11–13세기世紀 실크로드絲綢之路 문명교류文明交流   104
    1) 송(宋), 요(遼)의 대두(對頭)와 실크로드(絲綢之路)   104
    2) 고려(高麗)와 실크로드(絲綢之路)   111
8. 결結   115

Ⅱ. 유라시아歐亞 초원로草原路의 유적遺蹟과 유물遺物   124

1. 초원로草原路 개관槪觀   125

2. 우크라이나Ukraine의 유적遺蹟과 유물遺物   131

    1) 톨스타야 모길라고분Tolstaya Mogila tomb   131

    2) 솔로하고분Solokha tomb   137

    3) 체르톰릭고분Chertomlyk tomb   142

    4) 우수트알마고분군Ust-Alma tombs   149

3. 러시아Russia의 유적遺蹟과 유물遺物   157

    1) 고르기피아유적Gorgippia site   157

    2) 다치1호분Dachi 1 tomb   164

    3) 코뱌코보고분군Kobyakovo tombs   169

    4) 켈레르메스고분군Kelermes tombs   172

    5) 호흐라치고분Khoklach tomb   181

    6) 아르잔고분군Arzhan tombs   185

    7) 파지리크고분군Pazyryk tombs   197

    8) 니꼴라예브까성Nikolaevka castle   208

    9) 콕샤로프카성Koksharovka castle   212

    10) 노보고르데예프까성Novogordeyevskoye castle   216

    11) 크라스키노성Kraskino castle   220

4. 카자흐스탄Kazakhstan의 유적遺蹟과 유물遺物   228

    1) 탁사이1고분군Taksay 1 tombs   228

    2) 카라아가치고분Kara agachi tomb   234

    3) 보로보에호수고분Borovoe lake tomb   237

    4) 이식고분군Issyk tombs   241

5. 키르기스스탄Kyrgyzstan의 유적遺蹟과 유물遺物   248

    1) 악베심유적Ak Besim site과 발라사군Balasaghun 유적   248

6. 몽골Mongolia의 유적遺蹟과 유물遺物   253

    1) 골모드고분군Golmod tombs   253

    2) 노용올고분군Noyon uul tombs   259

  3) 타미린 올란 호쇼고분군Tamiryn ulaan khoshuu tombs   265

7. 중국^{china}의 유적^{遺蹟}과 유물^{遺物}   269

  1) 보마고분波馬古墳, China Boma tomb   269

  2) 이화뇨이고분군伊和淖爾古墳群, Yihe Nao'er tombs   274

  3) 요상경성지遼上京城址, Liao Shan Gjing site   279

  4) 요조릉遼祖陵, Liao Taizu tomb   283

  5) 진국공주묘陳國公主墓, Princess of State Chen tomb   289

  6) 소귀비묘蕭貴妃墓, Xiao Guifei tomb   294

  7) 토이기산고분吐爾基山古墳, Tuerjisan tomb   299

  8) 발해상경성지渤海上京城址, Bohai Shang Gjing site   303

  9) 동대장자고분군東大杖子古墳群, Dondazhangzi tombs   311

  10) 조양북탑朝陽北塔, Chaoyang Beita Pagoda   315

  11) 풍소불묘馮素弗墓, Feng Su Fu tomb   318

  12) 집안集安, Jian   324

8. 한국^{Korea}의 유적^{遺蹟}과 유물^{遺物}   331

  1) 안악3호분安岳3號墳, Anangak 3 tomb   331

  2) 대릉원고분군大陵苑古墳群, Daereungwon tombs   337

  3) 황남대총皇南大塚, Great Hwangnam tombs   351

  4) 계림로14호묘鷄林路14號墓, Gyerim-ro 14 tomb   358

  5) 미추왕릉지구전지역C지구4호분味鄒王陵前地域地區C地區4號墳,
    Michuwanglung section C-4 tomb   366

  6) 대성동91호묘大成洞91號墓, Daeseong-dong 91 tomb   369

  7) 옥전Ml호분玉田Ml號墳, Okjeon Ml tomb   372

9. 일본^{Japan}의 유적^{遺蹟}과 유물^{遺物}   375

  1) 다이센고분大仙(傳 仁德陵), Daisen (Nintoku) tomb   375

  2) 니이자와센즈카126호분新澤千塚126號墳, Nizawasenzuka 126 tomb   379

  3) 키온·나가스가고분군祇園·長須賀古墳, Kion and Nagsuga tombs   384

도판목록

그림.	고대(古代) 중세(中世) 유라시아Eurasia 실크로드Silk Road	10
그림 I-1.	BC 30~9세기 아프카니스탄Afghanistan 샤리상Sar_i Sang광산(鑛山)의 위치(位置)와 청금석(青金石) 공예품(工藝品)	24
그림 I-2.	BC 30~9세기 인도India 구자라트Gujarat광산(鑛山)의 위치(位置)와 홍옥수(紅玉髓) 공예품(工藝品)	28
그림 I-3.	BC 8~3세기 인도India 구자라트Gujarat광산(鑛山)의 위치(位置)와 홍옥수(紅玉髓) 공예품(工藝品)	32
그림 I-4.	BC 5~1세기 유라시아Eurasia 돌출첩안문유리주(突出帖眼文琉璃珠)	34
그림 I-5.	실크로드Silk Road의 견직물(絹織物)과 유리기(琉璃器)(폼페이Pempei)	36
그림 I-6.	BC 1~3세기 유라시아Eurasia 로마Rome 유리기(琉璃器)	41
그림 I-7.	BC 2~3세기 홍옥수(紅玉髓) 공예품(工藝品)	45
그림 I-8.	유라시아Eurasia 서방으로 이입된 한(漢)의 칠기(漆器)(大谷 2019)	52
그림 I-9.	한국(韓國) 경주(慶州) 신라(新羅) 대릉원고분군(大陵苑古墳群) 출토 로마Rome 유리기(琉璃器)와 금관(金冠)	54
그림 I-10.	신라(新羅) 금관(金冠)의 계통(系統)	55
그림 I-11.	카자흐스탄Kazakhstan 이식Issyk고분 황금인간(黃金人間)과 신라(新羅) 황금(黃金) 장신구(裝身具)	58
그림 I-12.	4~5세기 우크라이나Ukraine 게르치Kerch 로마Rome 유리기(琉璃器)	60
그림 I-13.	4~5세기 초원로(草原路) 훈족Huns 장신구(裝身具)와 로마Rome 유리기(琉璃器)	64
그림 I-14.	5세기 유라시아Eurasia 초원로(草原路)를 통해 이입된 신라(新羅)의 로마Rome 유리기(琉璃器)	65
그림 I-15.	4-5세기 유라시아Eurasia의 로마Rome 유리기(琉璃器)	68
그림 I-16.	5세기 후엽 한국(韓國) 황남대총(皇南大塚) 북분(北墳) 사산조페르시아Sassanian Persia 절자문완(切子文盌)	70
그림 I-17.	4~6세기 유라시아Eurasia 사산조 페르시아Sassanian Persia 유리기(琉璃器)와 은화(銀貨)	72
그림 I-18.	5세기 유라시아Eurasia의 훈Huns과 주변(周邊) 제국(諸國)	74
그림 I-19.	4~6세기 유라시아Eurasia 사산조페르시아Sassanian Persia 유리주(琉璃珠)	77
그림 I-20.	반가사유상(半跏思惟像)의 전래(傳來)	80

그림 I-21.	사산조페르시아Sassanian Persia 쌍육(雙六)의 동전(東傳)	83
그림 I-22.	8~9세기 유라시아Eurasia 이슬람Islam 유리기(琉璃器)	88
그림 I-23.	8~10세기 유라시아Eurasia 중국(中國) 도자기(陶磁器)와 이슬람Islam 도기(陶器)	91
그림 I-24.	9세기 한국(韓國) 경상북도(慶尙北道) 군위(軍威) 인각사(麟角寺) 월주요완(越州窯盌)	95
그림 I-25.	9세기 중국(中國) 동해안(東海岸) 신라인(新羅人) 거주지(居住地)	102
그림 I-26.	러시아Russia 크라스키노성Kraskino城과 울릉도(鬱陵島) 발해(渤海) 토기(土器)	103
그림 I-27.	11~12세기 유라시아Eurasia 이슬람Islam 유리기(琉璃器)	108
그림 I-28.	거란(契丹)의 견직물(絹織物)(내몽고內蒙古 보산촌寶山村2호묘)	110
그림 I-29.	고려(高麗)의 이슬람Islam 유리기(琉璃器)	111
그림 I-30.	이슬람Islam 유리기(琉璃器)의 영향(影響)에 의해 제작(製作)된 고려청자(高麗靑磁)	112
그림 II-a.	유라시아 초원로 유적과 유물	127
그림 II-1.	우크라이나Ukraine 톨스타야 모길라고분Tolstaya Mogila tomb	134
그림 II-2.	우크라이나Ukraine 솔로하고분Soloha tomb	139
그림 II-3.	우크라이나Ukraine 체르톰릭고분Chertomlyk tomb	145
그림 II-4.	우크라이나Ukraine 우수트 알마고분군Ust-Alma tombs	151
그림 II-5.	러시아Russia 고르기피아유적Gorgippia site	159
그림 II-6.	러시아Russia 다치1호분 Dachi 1 tomb	167
그림 II-7.	러시아Russia 코뱌코보고분Kobyakovo tomb	171
그림 II-8.	러시아Russia 켈레르메스고분군Kelermes tombs	177
그림 II-9.	러시아Russia 호흐라치고분Khoklach tomb	183
그림 II-10.	러시아Russia 아르잔고분군Arzhan tombs	189
그림 II-11.	러시아Russia 파지리크고분군Pazyryk tombs	200
그림 II-12.	러시아Russia 니꼴라예브까성Nikolaevka castle	210
그림 II-13.	러시아Russia 콕샤로프까성Koksharovka castle	215
그림 II-14.	러시아Russia 노보고르데예프카성Novogordeyevskoye castle	219
그림 II-15.	러시아Russia 크라스키노성Kraskino castle	224
그림 II-16.	카자흐스탄Kazakhstan 탁사이고분군1Taksay1 tombs	231
그림 II-17.	카자흐스탄Kazakhstan 카라 아카치고분Kara_agachi tomb	236
그림 II-18.	카자흐스탄Kazakhstan 보로보에호수고분Boroboye lake tomb	238
그림 II-19.	카자흐스탄Kazakhstan 이식고분군Issyk tombs	242

그림 II-20.	키르기스스탄Kyrgyzstan 악베심유적Ak Besim site	250
그림 II-21.	몽골Mongolia 골모드고분군Golmod tombs	255
그림 II-22.	몽골Mongolia 노용올고분군Noyon uul tombs	261
그림 II-23.	몽골Mongolia 타미린 올란 호쇼고분군Tamiryn ulaan khoshuu tombs	267
그림 II-24.	중국(中國)China 보마고분(波馬古墳)Boma tomb	271
그림 II-25.	중국(中國)China 이화뇨이고분군(伊和淖爾古墳群)Yihe Nao'er tombs	276
그림 II-26.	중국(中國)China 요상경성지(遼上京城址)Liao Shang Gjing castle	280
그림 II-27.	중국(中國)China 요조릉(遼祖陵)Liao Taizu emperor tomb	287
그림 II-28.	중국(中國)China 진국공주묘(陳國公主墓)Princess of State Chen tomb	291
그림 II-29.	중국(中國)China 소귀비묘(蕭貴妃墓)Xiao Guifei tomb	296
그림 II-30.	중국(中國)China 토이기산고분(吐爾基山古墳)China Tuerjisan tomb	301
그림 II-31.	중국(中國)China 발해상경성지(渤海上京城址)Bohai Shang Gjing castle	307
그림 II-32.	중국(中國)China 동대장자고분군(東大杖子古墳群)Dondazhangzi tombs	313
그림 II-33.	중국(中國)China 조양북탑(朝陽北塔)Chaoyang Bei pagoda	317
그림 II-34.	중국(中國)China 풍소불묘(馮素弗墓)Feng Su Fu tomb	320
그림 II-35.	중국(中國)China 집안(集安)Jian	329
그림 II-36.	한국(韓國)Korea 안악3호분(安岳3號墳)Anangak No 3 tomb	334
그림 II-37.	한국(韓國)Korea 대릉원고분군(大陵苑古墳群)Daereungwon tombs	345
그림 II-38.	한국(韓國)Korea 황남대총(皇南大塚)Great Hwangnam tombs	354
그림 II-39.	한국(韓國)Korea 계림로14호묘(鷄林路14號墓)Gyerim_ro No 14 tomb	361
그림 II-40.	한국(韓國)Korea 미추왕릉지구C지구4호분(味鄒王陵地區C地區4號墳) Michuwanglung section No C4 tomb	367
그림 II-41.	한국(韓國)Korea 대성동91호묘(大成洞91號墓)Daeseongdong No 88, 91 tomb	370
그림 II-42.	한국(韓國)Korea 옥전M1호분(玉田M1號墳)Okjeon No M1 tomb	373
그림 II-43.	일본(日本)Japan 다이센고분(大仙, 傳 仁德陵)Daisen (Nintoku) king tomb	377
그림 II-44.	일본(日本)Japan 니이자와126호분(新澤千塚126號墳)Nizawasenzuka No 126 tomb	381
그림 II-45.	일본(日本)Japan 기온·나가스가고분군(祇園·長須賀古墳群) Japan Kion and Nagsuga tombs	386

I

실크로드 문명교류사
絲綢之路 　　　　　　　文明交流史

서설 序說

Introduction to Research History of Civilizational Exchanges on Silk Road

1. 서序

실크로드라는 용어가 사용된 것은 19세기 후반부터이다. 이 용어는 원래 오아시스를 연결한 사막로(沙漠路)를 통하여 한(漢)으로 부터 비단(絹)이 이동한 길을 의미한다. 그러나 이후 실크로드는 그외 초원로(草原路), 해로(海路)가 존재하고, 비단(絹)뿐만 아니라 도자기(陶磁器), 향료(香料), 종교(宗敎), 민족(民族) 등이 동서로 왕래(往來)한 길이라는 것이 밝혀졌다. 그래서 실크로드는 고대 중세의 아시아, 유럽, 아프리카를 초원로(草原路), 사막로(沙漠路), 해로(海路)로 종횡(縱橫)으로 연결하는 원거리 교역망이라 할 수 있다. 이 길을 통하여 비단(絹), 유리(琉璃), 도자기(陶磁器), 금은기(金銀器) 등의 상품, 청금석(靑金石), 홍옥수(紅玉髓), 향료(香料), 모피(毛皮), 말(馬), 포도(葡萄) 등의 원료와 동식물, 민족(民族), 언어(言語), 종교(宗敎), 사상(思想), 음악(音樂)과 무용(舞踊) 등의 문물과 문화가 상호 왕래하였다. 초원로(草原路)는 북방 유라시아의 초원을 횡단하여 스텝로, 사막로(沙漠路)는 중앙아시아의 사막에 연한 오아시스를 횡단하여 오아시스로, 해로(海路)는 유라시아 남쪽 바다를 왕래하여 남해로라고도 불린다.

20세기 초 열강에 의해 시작된 실크로드 연구는 그후 일본에서 꽃을 피웠다. 21세기 중국에서는 일대일로(一帶一路) 정책으로 실크로드가 가장 중요한 중장기 발전전략으로 자리잡았다. 이는 개혁개방 이후 40여 년에 걸친 중국의 실크로드에 대한 관심과 축적된 인문학적 연구성과가 정책으로 구현된 것으로 오랜 기간 꾸준히 지원한 중국 정부의 치밀한 노력의 결과물이다. 한편 국내에서는 장기적인 계획으로 인문학의 입장에 기초한 의제(議題)를 설정하고 실크로드에 대한 연구가 구체적으로 시도된 적이 없다(김장구 2019).

중국 학계에서는 실크로드의 동단(東端)은 중국에서 그치는 것으로 인식하고 있고, 한반도는 문명의 교통로인 실크로드와 연결되지 않는 변방으로 취급하고 있다. 이러한 사고방식은 한반도가 중국 문명에 종속적인 위치였다는 인식에 바탕을 두고 있다. 실크로드가 고대와 중세에 중국의 황하(黃河), 장강(長江)유역에서 시작되어 인도, 중앙아시아, 서아시아를 거쳐 북아프리카와 유럽을 연결하는 비단(絹) 무역(貿易)을 매개로 한 문화 교류의 길이라는 인식(林梅春(著), 장민·금지아·정호운(역) 2020: 15)에서도 잘 알 수 있다. 그러나 실크로드가 중국에서 시작되는 것이 아니며, 또한 그곳에서 생산된 비단(絹)만을 대상으로 한 것으로 볼 수 없다.

일본 학계에서는 사막로(沙漠路)가 서안(西安)에서 하카다(博多), 해로(海路)는 영파(寧波)에서 하카다(博多)로 바로 연결되는 것으로, 즉 일본이야말로 실크로드 간선(幹線)의 동단(東端)이라 주장한다. 이는 중국을 통해 일본의 문명화를 이루었으며 한반도는 그저 육교에 불과하다는 이른바 한반도 패싱론에 의거한 것이다.

　　이러한 척박한 환경 가운데 국내 학계에서도 실크로드 연구가 시작되고 있다. 먼저 연구 자료를 직접 확보하기 위한 국립중앙박물관(國立中央博物館)의 몽골 흉노유적과 베트남 조사, 국립문화재연구소에 의한 우즈베키스탄과 카자흐스탄 조사, 매장문화재 조사기관에 의한 몽골의 흉노(匈奴), 카자흐스탄의 사카(Saka), 베트남의 옥에오(Óc Eo)유적, 우즈베키스탄, 등의 발굴 조사를 들 수 있다. 20세기 초부터 조사를 실시해 온 유럽과 미국, 1950년대 이래 지속적으로 조사해 온 일본, 21세기부터 본격적으로 중앙아시아를 비롯한 실크로드유적을 조사하고 있는 중국에 비할 수 없으나, 앞으로의 계획적인 조사가 기대된다. 중국, 일본에 비한다면 국내의 실크로드 연구는 아직 출발점에 있다. 이렇게 연구가 부진한 것은 연구의 기초가 되는 유라시아 유적과 유물에 대한 정보의 부재가 큰 원인이라 할 수 있다.

　　그런데 이는 실크로드 연구가 진척된 일본, 중국의 경우에도 마찬가지이다. 수많은 관련 서적이 출간된 일본학계에서도 실크로드 유적과 유물을 집성한 것은 『シルクロード事典』(前嶋信次·加藤九祚 1993)을 들 수 있을 정도이다. 이 책은 현재 일본학계의 실크로드 사전 가운데 유일한 종합적인 것으로 제1부 중앙아시아의 지지(地誌), 제2부 서역탐험의 인물지로 구성되어 있다. 본 주제와 관련된 1부는 자연지리와 도시에 치중되어 유적과 유물에 대한 비중은 현저히 낮다. 해로에 관한 것은 『海のシルクロードを調べる事典』(三杉隆敏 2006)을 들 수 있다. 이 책은 송대 이후를 대상으로 하는 입문서로서 특히 유적에 대한 기술은 중점을 두지 않았다. 최근 『読む事典シルクロードの世界』(シルクロード検定実行委員會 2019)가 간행되었으나, 개설서로서의 성격이 강하다. 최근 국가전략으로 연구가 진행되고 있는 중국에서의 종합적인 사전은 『絲綢之路大辭典(周偉洲·丁景泰(編) 2001)』을 들 수 있다. 이 사전은 자국 중심의 백과사전적인 성격을 가진 것으로, 중국의 유적 유물에 대한 간단한 기술에 그치고 있다. 최근 간행된 문헌목록은 『絲綢之路研究論文目錄』(國家圖書館·劉波(編) 2019)이 있으며 중국의 연구 성과만을 다루고 있다.

　　국내에서 간행된 유일한 종합적인 것은 『실크로드 사전』(정수일(편) 2013)이다. 이 책은 문명교류사의 광범위한 내용을 다룬 종합적인 것이나, 유적 유물에 대한 비중은 매우 소략하다. 2017년 경상대학교 실크로드 문화지도DB 구축 토대사업단은 그 연구성과를 실크로드 역사문화지도로서 공개하였다. 이 연구는 초원로와 사막로의 도시를 대상으로 문헌사료를 중심으로 DB를 구축하였으며, 이와 함께 지형도와 시대별 역사지도를 제시하고 있다. 이 연구를 통하여 초원로와 사막로의 역사도시에 대한 사료가 정리된 점은 높이 평가된다. 다만 그 성격상 도시내의 유적과 유물, 그리고 도시 하위 지역의 유적 유물이 누락된 점이 아쉽다. 이

사업과 관련한 연구 결과의 부록으로 비교적 동서양을 망라한 문헌목록인 「중국, 일본, 미국의 실크로드 연구목록, 한국의 실크로드·중앙아시아 연구목록」(김장구(편) 2019)이 간행되었다. 연구의 주제와 관련되지 않는 유적 유물에 대한 연구성과는 소개되지 않았다.

최근 가장 전문적인 사전인 『실크로드 연구사전 동부: 중국 신장』(국립문화재연구소미술문화재실(편) 2019)편이 간행되었다. 학계의 전문 연구자에 의한 본격적인 실크로드 사전이지만, 유적의 위치와 입지를 알 수 있는 지형도가 결여된 점이 아쉽다. 연차로 중앙아시아 편 등이 간행될 예정이나, 실크로드 전역을 대상으로 한 사전과 자료집의 발간이 절실하다.

국내 유라시아 실크로드에 대한 연구는 권오영이 지적한 바와 같이 초원로는 고고학, 사막로는 미술사, 해로는 동남아시아 언어 전공자가 주도하고 있으며 종합적인 연구가 필요하다(권오영 2015: 179). 더욱이 각각의 노선에 주목하거나 특정한 시대에 주목한 연구가 대부분이며, 이를 종합한 연구를 찾아보기 어렵다. 이는 한국 학계뿐만 아니라 일본, 중국을 비롯한 세계 학계에서도 마찬가지이다. 그러한 가운데 최근 국내에서도 번역된 임매춘(林梅春)의 2006년 『絲綢之路考古十五講』은 초원로, 사막로, 해로에 대하여 스키타이에서 정화(鄭和)까지 망라하고 있다. 다만 앞서 언급한 바와 같이 중화사상에 치중된 것이 아쉽다. 국내 실크로드 연구는 문명사, 미술사, 문헌사학에서 주로 연구되어 왔는데, 미술사와 문헌사학은 자료의 성격상 그 시대와 주제가 한정될 수밖에 없다는 한계도 있다.

주지하는 바와 같이 실크로드상의 유적에서는 발굴을 통해 수많은 유물이 출토되었다. 예를 들면 로마 유리기는 로마와 그 속주에서 생산되어 동일한 제품이 동쪽으로는 일본, 서쪽으로는 영국에 이르는 유라시아 전역에 분포하고 있다. 마찬가지로 당(唐)의 월주요(越州窯)·장사요(長沙窯) 도자기(陶磁器)도 이집트에서 일본까지 이입되었다. 그래서 실크로드 연구의 가장 중요한 소재는 유적과 유물이라 할 수 있다.

본서에서는 특히 유라시아 실크로드 유적 출토 유물의 이입경로(移入經路)와 그 역사적(歷史的) 배경(背景)의 분석을 통하여 초원로(草原路), 사막로(沙漠路), 해로(海路) 전역(全域)을 통관(通貫)하는 유라시아 문명교류사(文明交流史)를 조망(眺望)하고자 한다. 나아가 고대 실크로드와 한국이 어떻게 연결되었는지, 유라시아 실크로드에서의 그 위상과 역할에 대하여 논할 것이다. 유물은 유라시아 전역에 유통된 페니키아, 로마, 사산조 페르시아, 이슬람산의 유리기(琉璃器)와 유리주(琉璃珠), 청금석(青金石), 홍옥수(紅玉髓), 화폐(貨幣), 도자기(陶磁器)를 중심으로 분석한다. 그 가운데 특히 유리기(琉璃器)는 시기별로 로마, 페르시아, 이슬람 세계에서 생산되어 말, 낙타, 배에 실려 초원로(草原路), 사막로(沙漠路), 해로(海路)를 통하여 유라시아 동부로 이입되었다. 유라시아 동부에서는 유리기(琉璃器)를 제작할 수 있는 기술을 가졌음에도 불구하고 지속적으로 이를 수입하였으며, 금공품을 능가하는 귀중품으로 간주하였다.

연구의 시간적인 범위는 각 노선에 따라 차이가 있으나 문물 이입의 획기(劃期)와 왕조의 교체를 고려하여 다음과 같이 설정하였다.

BC 30-BC 9세기는 인더스강 하구에서 페르시아만을 거쳐 메소포타미아에 이르는 항로가 개척되는 시기부터 스키타이가 발흥(發興)하기 이전 시기이다. 이 시기는 아직 실크로드가 개통되지 않았으나 청금석(靑金石)과 홍옥수(紅玉髓)의 유통으로 볼 때 사막로(沙漠路)와 해로(海路)를 통한 남아시아, 중앙아시아와 서아시아의 교역이 본격화된다. BC 8-BC 3세기는 스키타이가 발흥(發興)하고 중국의 춘추시대(春秋時代)가 개시되며, 홍옥수(紅玉髓)와 유리주(琉璃珠)의 유통으로 볼 때 스키타이(Scythai)를 매개로 한 초원로(草原路), 사막로(沙漠路)를 통한 동서 간의 교역이 개시되는 시기이다. BC 2-AD 3세기는 한(漢) 장건(張騫)의 착공(鑿空)으로 사막로(沙漠路)를 통한 로마와 한(漢)의 교역이 본격화된다. 로마(Rome)에서 제작된 유리기(琉璃器)의 유통으로 볼 때 이 시기에도 해로(海路)를 통한 교역이 성행하고 흉노를 매개로 한 초원로(草原路)를 통한 교역이 지속된다. 4-6세기는 사산조 페르시아(Sassanian Persia)가 대두하는 시기이자 유라시아의 민족이동기인 위진남북조시대(魏晉南北朝時代)이다. 이 시기는 페르시아(Persia)에서 제작된 유리기(琉璃器)의 유통으로 볼 때 사막로(沙漠路)와 해로(海路)를 통한 교역이 성행하며, 한편 훈(Hun)을 매개로 초원로(草原路)를 통한 교역이 지속된다. 특히 유라시아의 동단(東端)에 위치한 신라에서는 이 시기 동아시아에서 가장 많은 로마 유리기가 출토되어 주목된다. 7-9세기는 이슬람이 홍기하여 우마이야(Umayya)조가 성립하고 중국이 통일되는 수당시대(隋唐時代)이며, 이슬람 유리기와 중국 도자기의 유통으로 볼 때 해로(海路)를 통한 교역이 성행하는 시기이다. 10-12세기는 이슬람 세계가 분열하고 중국도 요(遼)와 송(宋)으로 대치하며, 이슬람 유리기와 중국 도자기의 유통으로 볼 때 해로(海路)를 통한 교역이 성행하나 초원로(草原路), 사막로(沙漠路)를 통한 교역이 병행하는 시기이다.

본서는 유라시아 초원로, 사막로, 해로상의 유적 유물을 체계적으로 정리하고자 한다. 유적은 필자가 답사한 유적을 중심으로 하였으나, 논지의 전개상 중요하다고 판단되는 유적도 포함하였다. 유적의 형성 배경을 설명하기 위하여 구 소련에서 제작된 원본 지형도 등을 입수하여 게재하였다. 본서는 고고학, 한국사, 동양사 연구자들에게도 기초자료를 제공하며, 실크로드를 연구하고자 하는 학생들에게 입문서의 역할을 기대한다. 나아가 일국사(一國史)가 아닌 유라시아의 역사적 환경에서 한국사를 보는 지침서와 실크로드를 답사하려는 역사 애호가들의 길잡이가 되길 기원한다.

2. BC 30–BC 9세기世紀 유라시아歐亞 문명교류文明交流

BC 8000년경 서아시아에서는 일찍부터 농경이 발생하여 정주취락이 출현하였으며, BC 4000년경 농경과 교역에 의한 잉여의 발생으로 도시가 성립되었다. BC 3500년경 유프라테스강과 티그리스강유역에서 메소포타미아 문명, BC 3200년경 나일강유역에서 이집트문명, BC 2800년경 인더스강유역에서 인더스문명, BC 2000년경 황하유역에서 중국문명이 출현하였다.

교역은 각 문명간 지형과 생태계의 차이로 인해 제한된 물자를 교환하기 위해 이루어졌으며, 전략물자인 철, 동, 주석과 지배층의 권력과 부를 과시하기 위한 위신재(威信材)가 주된 대상이었다.

특히 후자는 생활에 불필요한 물자임에도 불구하고 원격지간 교역이 성행하였으며, 우르(Ur)와 이집트에는 3,000km 이상 거리를 둔 아프카니스탄의 청금석(靑金石)과 인더스강하구의 홍옥수(紅玉髓)가 이입되었다.

1) 청금석(靑金石)의 길

실크로드가 개통되기 이전 파미르(Pamir)의 서쪽에는 청금석(靑金石) 즉 라피스 라줄리(lapis lazuli)의 길이 있었다. 아프가니스탄에서 이란, 메소포타미아, 이집트, 시리아, 아나톨리아 등에 이르는 라피스 라줄리의 교역로였다(加藤九祚 2015).

청금석(靑金石)은 홍옥수(紅玉髓), 마노(瑪瑙), 녹송석(綠松石), 석류석(石榴石) 등과 같은 준보석(準寶石)으로, 청색의 바탕에 금색의 분말이 포함되어 어두운 밤의 별과 같이 반짝이는 것에서 이름 지어졌다. 청금석은 라틴어로 돌이라는 의미의 '라피스'와 페르시아어로 푸른색(靑色)이라는 의미의 '라줄리'가 결합된 명칭이다.

청금석의 금처럼 빛나는 부분은 황철광으로 아프가니스탄산의 특징이다. 이 보석의 고대 산지는 아프가니스탄 동북부 힌두쿠시산맥 북쪽에 위치한 바다흐샨(Badakhshan)지방의 남쪽 아무다리야(Amu Darya)의 지류인 콕차(Kokcha)강 상류역 샤리상(Sar-i Sang) 계곡의 광산이다. 청금석은 해발 1,800m에서 5,100m의 험준한 산중의 노천 또는 갱에서 불로 달구어진 바위에 냉수를 뿌려 깬 다음 그 틈에서 광맥을 찾아 채굴하였다(그림 I-1).

청금석(靑金石)은 아프가니스탄에서 채굴되어 BC 7000년대부터 아프가니스탄과 인더스 계곡 사이의 고대 무역로를 따라 지중해 세계와 남아시아로 수출되었다. 유라시아 서부에서

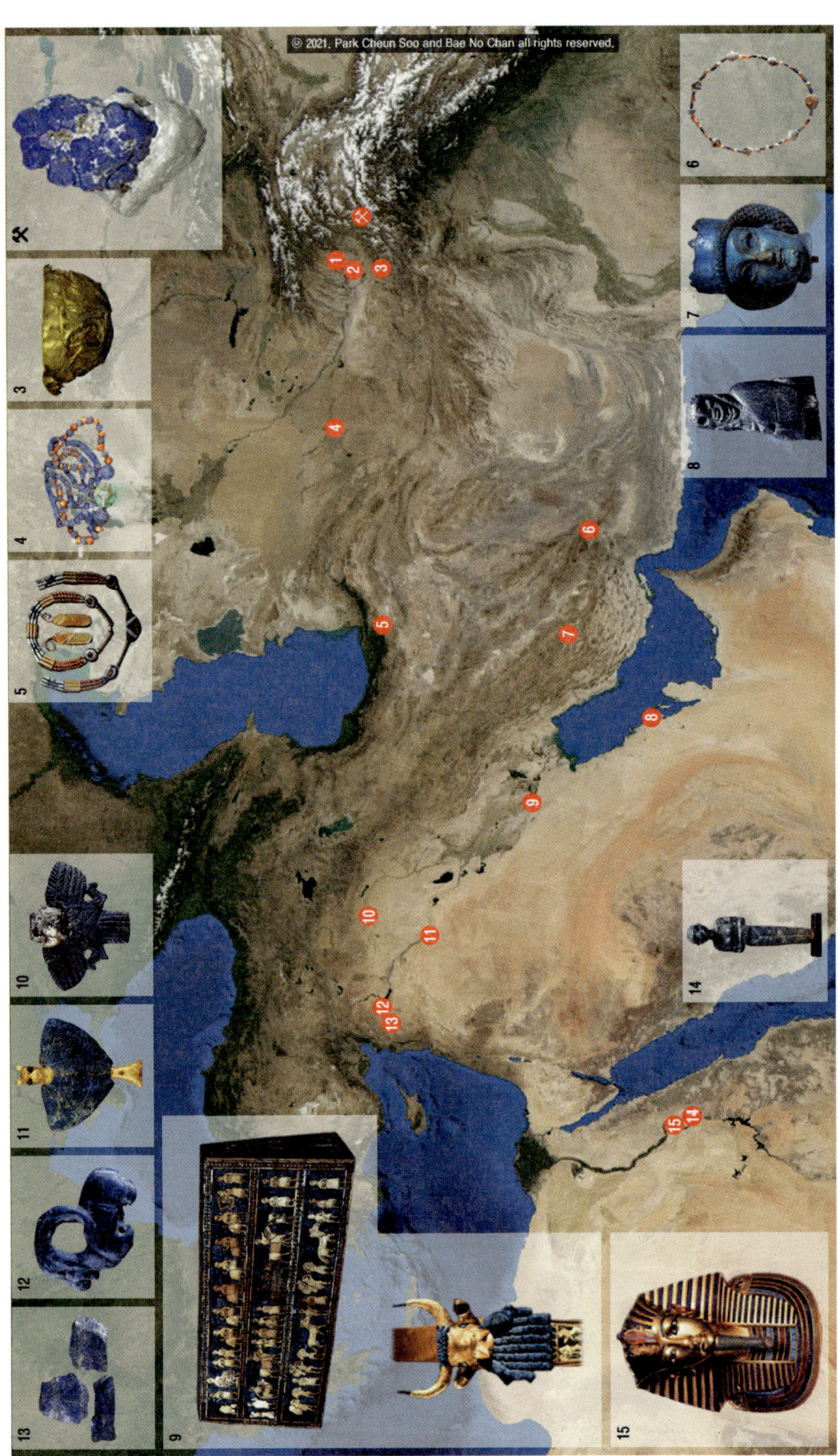

※. [Afghanistan] Sar i Sang Mine 1. Shortugai 2. Ai Khanoum 3. Tepe Fullol 4. [Turkmenistan] Gonur Depe 5. [Iran] Tepe Hissar 6. Shahr e Sukheh 7. Persepolis 8. [Saudi Arabia] Tarut Island 9. [Iraq] Ur 10. [Syria] Tell Brak 11. Mari 12. Tuba (Umm el Marra) 13. Ebla 14. [Egypt] Hierakonpolis (Nekhen) 15. Thebae Tutankhamen Tomb

그림 I-1. BC 30~9세기 아프카니스탄 Afghanistan 사리상 Sar_i Sang 광산(鑛山)의 위치(位置)와 청금석(靑金石) 공예품(工藝品)

고대 문명형성기에 라피스 라줄리가 출토된 유적은 70여 곳으로, 박트리아-마르기니야문명, 인더스문명, 엘람문명, 메소포타미아문명, 에게문명 등을 들 수 있다. 특히 메소포타미아문명권에서는 35,000점 이상이 출토되어 가장 많은 수량이 반입된 것을 알 수 있다(박성진 2020: 126).

청금석 제품은 북부 메소포타미아의 BC 4000년대 유적과 이란 남동부의 샤흐레 수흐테(Shahr-e Sukhteh) 청동기시대 유적에서도 다수 발견되었다. 시리아의 BC 2350-2250년으로 편년되는 에블라(Ebla, Tell Mardikh)궁전 유적에서는 22kg 이상의 원석이 출토되었다. 이 원석은 350km 지점의 아프카니스탄에서 메소포타미아로 이입되는 경로상의 도시인 마리(Mari)로부터 입수한 것으로 보고 있다(Aruz Joan 2003: 178). BC 3000년대부터 수메르 도시국가 우르(Ur)에서는 청금석을 장신구와 왕묘의 부장품으로 사용하였다. 그중 가장 주목되는 것은 BC 2550년경에 사망한 왕 파빌사그(Pabilsag)와 관련된 우르의 왕묘 중 하나인 PG779호묘 출토 모자이크장식 상자이다. 발굴자에 의해 '우르의 스탠다드(Standard of Ur)'로 명명된 이 상자는 폭 21.59cm, 길이 49.53cm의 역제형으로 속이 빈 나무 상자의 측면(側面) 전체에 조개와 적색 석회암 조각으로 인물과 동물을 묘사하고, 청금석(靑金石)을 그 배경으로 장식하였다. 장측(長側)은 각각 전쟁과 일상생활, 단측(短側)은 동물을 묘사하였다. 왕묘인 PG789호묘에서 출토된 리라(Lyre)는 수메르 신화의 태양신이자 정의의 신(神)인 우투(Utu)를 상징하는 황소의 머리로 장식하였으며, 그 뿔, 털, 눈, 수염의 일부 표현에 청금석(靑金石)을 사용하였다. 그 외 측판 문양의 배경에도 청금석을 사용하였다(Aruz 2003: 105). PG1237호묘에서 출토된 숫양 장식품은 조개, 적색(赤色) 석회암(石灰巖), 청금석(靑金石)의 모자이크로 장식된 직사각형 판 위에 나무에 기대어 있는 형태로 조각되었다. 나무, 다리, 양의 얼굴과 생식기는 금으로 만들었고, 배와 밑부분에는 은, 조개, 붉은 석회암 조각을 사용하였다. 눈, 뿔, 수염, 털은 청금석으로 장식하였다. PG800호묘 출토 푸아비(Puabi) 여왕의 관(冠)과 경식(頸飾)은 금(金), 은(銀), 청금석(靑金石), 홍옥수(紅玉髓)로 구성된 화려한 것이다. 청금석은 또한 고대 메소포타미아에서 인장(印章)으로 사용되었다. 청금석에 대한 문헌사료는 메소포타미아의 가장 오래된 문학 작품 중 하나인 길가메시(Gilgamesh) 서사시에서도 나온다.

고대 이집트에서 청금석(靑金石)은 풍뎅이 모양의 부적이나 장식품으로 선호하는 보석이었다. 선왕조시대 나카다(Naqada)유적에서는 청금석제 히에라콘폴리스(Hierakonpolis)의 여성상이 출토되었다. 청금석(靑金石)은 18왕조의 12대 파라오인 투탕카멘(Tutankhamen, 재위 BC 1332-BC 1323)의 황금 마스크에도 사용되었다. 이 마스크는 길이 54cm, 무게 10kg이며,

청금석은 착색유리, 수정, 흑요석, 홍옥수, 녹송석 등과 함께 눈 주변과 눈썹 장식에 사용되었다.

BC 1700년경 그리스에서는 크레타 말리아(Mallia)의 크리솔락코스(Chrysolakkos)고분군에서 금제 장신구와 조합된 경식(頸飾)이 출토되었다. 경식은 홍옥수(紅玉髓)제 관주(管珠), 환주(環珠)와 함께 청금석(靑金石)제 환주(環珠)가 사용되었다.

카스피해 남동쪽 이란의 테페 히사르(Tepe Hissar)유적은 중앙아시아와 서아시아를 연결하는 교통로상에 위치한다. 이 유적에서는 BC 4000년경부터 청금석 제품이 출현하며, BC 2000년경의 경식(頸飾)은 금(金), 청금석(靑金石), 호마노(縞瑪瑙)로 구성되었다. 이 유적은 청금석의 이입경로를 알 수 있는 점에서 중요하다.

투르크메니스탄의 고노르데페(Gonur Depe)유적에서는 청금석(靑金石)과 홍옥수(紅玉髓)로 구성된 경식(頸飾)이 다수 출토되었다. 메르브(Merv)에서 북쪽으로 약 60km 떨어진 이 유적은 BC 2400년경에 성립된 박트리아 마르기아나(Bactria-Margiana) 문명의 중심지이다.

그런데 아프가니스탄에서는 청금석 교역과 관련된 테페 푸롤(Tepe Fullol)유적이 1966년 샤리상(Sar-i Sang)광산 주변에서 확인되어 주목된다. 이 유적에서는 금은기(金銀器)와 함께 청금석 편이 출토되었으며, 특히 금기(金器)에 새겨진 턱수염이 있는 수소 문양이 앞에서 언급한 우르(Ur) PG789호 왕묘 출토 리라(Lyre)의 수소 문양과 유사한 점에서 양자 간 교류를 알 수 있다(川又正智 2006: 48, 49). 샤리상(Sar-i Sang)광산은 푸롤(Fullol)에서 북동쪽으로 이어진 교통로를 따라 약 200km 떨어진 지점에 위치하고 있다. 이 청금석 교역의 이동로, 즉 샤리상(Sar-i Sang)광산에서 다른 지역으로 청금석을 운반할 때 이용하였던 길은 서쪽으로 난 좁은 통로를 빼고는 높은 산들로 둘러싸여 있어 이동이 쉽지 않았으며, 그 서쪽에 바로 테페 푸롤(Tepe Fullol)유적이 입지하고 있다(國立中央博物館 2016: 26). 테페 푸롤(Tepe Fullol)유적은 서쪽으로는 해발 약 1,000m, 동쪽으로는 약 3,000m가 넘는 산들 사이의 평지에 위치한다. 이 지역은 주변의 험준한 산들로 인해 다른 지역과의 교통로가 계곡처럼 길게 뻗어 있고 넓은 경작지가 펼쳐져 있어 샤리상(Sar-i Sang) 광산의 청금석을 채광 유동하기에 충분한 조건을 가지고 있었다.

2) 홍옥수(紅玉髓)의 길

청금석(靑金石)과 동시에 유통된 것은 앞에서 살펴본 바와 같이 홍옥수(紅玉髓)이다. 홍옥수(紅玉髓)는 마노(瑪瑙) 가운데 적색(赤色)에서 등색(橙色)에 포함되는 것을 지칭하나, 이를 인위적으로 진홍색으로 가공한 것이 특징이다. 마노는 반투명의 다양한 색조를 띠며, 단색뿐만 아니라 복수의 색으로 호상(縞狀)의 천연 문양을 가진 것이 있다.

홍옥수의 산지는 인더스 문명의 최남부 인도 서부 구자라트(Gujarat)지방이며, 그곳의 캠밧(Khambhat)에서는 지금도 채굴과 공예품 제작이 이루어지고 있다. 홍옥수의 가공은 가열처리와 부식처리가 필요하다. 가열처리는 홍옥수를 자연 상태의 황·등색에서 진홍색으로 바꾸는 것이다. 홍옥수는 직접 고열을 가하면 급격한 온도 변화에 의해 파열되기 때문에 토기, 톱밥, 재 등으로 원석을 덮고 간접적으로 수회에 걸쳐 장시간 가공한다. 이는 현재 홍옥수 가공법과 동일하다. 부식처리는 구슬의 표면에 알칼리성 물질의 부식작용을 이용해 문양을 그리는 것으로, 특정 식물재를 혼합한 용액으로 문양을 그린 다음 가열하여 정착시키는 방법이다(遠藤仁 2013: 196). 이를 중국에서는 식화육홍석수주(蝕花肉紅石髓珠, Etched Carnelian Beads)로 부르며, 여기에서는 식화홍옥수주(蝕花紅玉髓珠)로 명칭한다.

인더스 문명기의 하라파(Harappa), 모헨조다로(Mohenjo-daro), 찬후 다로(Chanhu daro), 캔머(Kanmer), 돌라비라(Dholavira), 다트라나(Datrana), 쉬카르푸르(Shikarpur) 등의 유적에서 홍옥수주(紅玉髓珠)가 출토되었다. 모헨조다로유적에서는 장형관주(長形管珠)가 다수 확인되었다.

메소포타미아지방에서도 인더스 문명의 인장이 발굴되어 그들이 메소포타미아에 이주하여 거주한 것을 알 수 있다. 페르시아만 연안에서도 같은 인장이 발견된 것으로 미루어 볼 때 BC 3000년경에 이미 인더스강 하구에서 페르시아만을 거쳐 메소포타미아에 이르는 항로가 개척되었다. 인더스인들은 목면과 보석을 메소포타미아와 이집트에 수출하였으며, 그 루트는 육로뿐만 아니라 아라비아해와 홍해를 항행(航行)하는 해로였다(長沢和俊 2002: 143).

앞에서 언급한 바와 같이 우르(Ur)의 왕릉 가운데 PG800호묘 출토 푸아비(Puabi) 여왕의 관(冠)과 경식(頸飾)은 금, 은, 청금석과 함께 홍옥수(紅玉髓)로 조합하여 매우 화려하다. 이집트 투탕카멘(Tutankhamen)왕의 황금 마스크에도 착색유리, 라피스 라줄리, 수정, 흑요석, 녹송석과 함께 홍옥수가 장식으로 사용되었다.

그리스에서는 BC 1700년경 크레타 말리아(Mallia)의 크리솔락코스(Chrysolakkos)고분군에서 출토된 금제 장신구와 공반된 경식에 청금석과 함께 홍옥수제 관주(管珠)와 환주(還珠)가 사용되었다.

이란의 테페 히사르(Tepe Hissar)유적 출토 BC 2000년경의 경식은 금, 청금석제 환주와

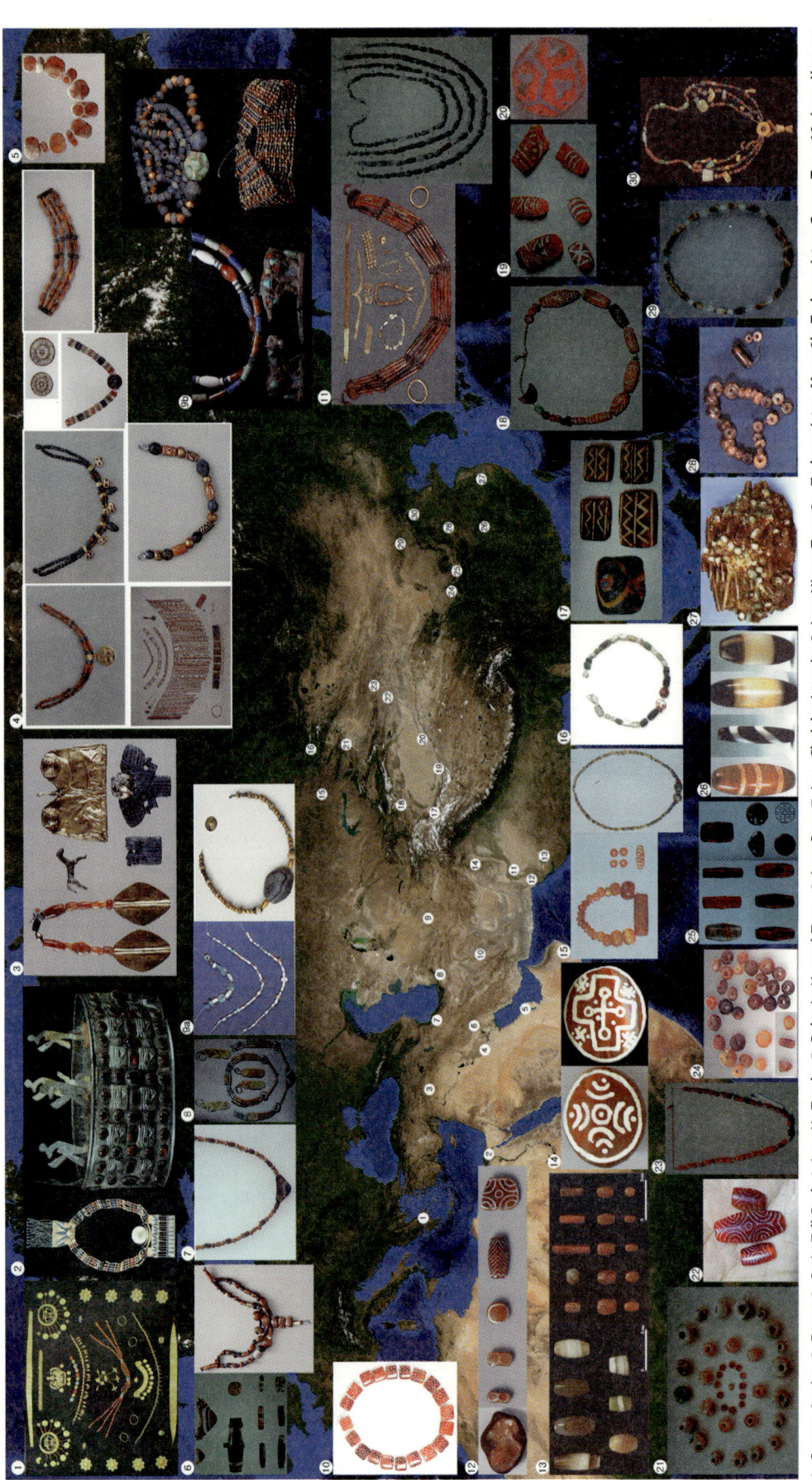

1. Greece Aegina 2. Egypt 3. Syria Tell Brak 4. Iraq Ur Tombs 5. Bahrain Hamad Town 6. Iran Susa 7. Iran Chalekuti tombs 8. Iran Hissar Tepe 9a. Turkmenistan Merv 9b. Turkmenistan Gonur Tepe 10. Iran Kerman Shahdad 11. pakistan Mohenjo-daro 12. Pakistan Chanhudaro 13. India kanmer site 14. Pakistan Taxira site 15. Altai Novotroisk2 tombs 16. Tuva Arzhan No2 tombs 17. China Quman tombs 18. China Baozidong tombs 19. China Yuansha sites 20. China Ie'illik sites 21. China Kuerbulakebulate village tombs 22. China Chawuhugou tombs 23. China Shirenzigou sites 24. China Qinghai-majiayuan tombs M13 25. China shanxi-bao-ji tomb 26. China Seocheon-Shita-ji tombs 27. China Suzhou Zhenshan Dongzhou tombs D9M1 28. China Henan-Anyang fuhao tomb 29. China Naimongo Xigoupan tombs 30. China Beijing Liulihe

그림 1-2. BC 30~9세기 인도 India 구자라트 Gujarat광산(鑛山)의 위치(位置)와 홍옥수(紅玉髓) 공예품(工藝品)

함께 홍옥수제 환주, 호마노(縞瑪瑙)가 펜던트로 사용된 것이다.

투르크메니스탄의 무르고프(Murghab)강 유역 고노르데페(Gonur Depe)유적에서는 홍옥수와 청금석으로 구성된 경식이 다수 출토되었다. 고대의 마르기아나(Margiana)는 BC 3000년경 이래 형성된 도시로서 서남쪽으로 파르티아(Parthia), 남쪽으로는 아리아(Aria), 동쪽으로는 박트리아(Bactria), 북쪽으로는 소그디아나(Sogdiana)와 접하는 사막로의 결절점이다.

더욱이 BC 2000년경 인더스 문명의 절정기에 아프가니스탄의 쇼투가이(Shortugai)유적이 출현한다. 쇼투가이유적은 청금석(靑金石) 광산이 위치한 아무다리야(Amu Darya)유역에 설립된 하라파(Harappa)의 최북단 무역 식민지로서 청금석(靑金石)과 같은 자원을 획득하고 관리하는 위성도시였다. 이 유적에서는 청금석, 홍옥수, 청동제품, 테라코타 인물상과 함께 코뿔소와 같은 동물 문양과 선각이 있는 사각형 인장, 하라파 의장의 토기가 출토되어 인더스 문명에 속한 유적임이 확인되었다.

이처럼 청금석(靑金石)과 홍옥수(紅玉髓)는 샤리상(Sar-i Sang)-테페 푸롤(Tepe Fullol)-고노르데페(Gonur Depe)-테페 히사르(Tepe Hissar)-우르(Ur)로 연결되는 사막로를 통하여 주로 이입되었다. 이와 병행하여 청금석과 홍옥수는 쇼투가이(Shortugai)유적의 존재로 볼 때 인더스강 유역으로 이입되어 해로 또는 육로를 통해 서아시아로 들어간 것을 알 수 있다(**그림 I-2**).

청금석(靑金石)과 홍옥수(紅玉髓)는 후대의 기록이나, 다음과 같은 기록으로 볼 때 왕권에 의해 장악 통제된 전략적인 물자였다. 아시리아왕 티글라트 필레세르3세(Tiglath-Pileser Ⅲ, BC 745-BC 727)가 관할하는 메디아 동부지역에 9톤이 넘는 청금석(靑金石)을 공물로 부과했으며, 아케메네스조 페르시아 다리우스1세(Darius I, BC 522-BC 486)의 수사(Susa) 왕궁 조성 비문에도 소그디아나로부터 청금석(靑金石)과 홍옥수(紅玉髓)를 운반하였다는 기록이 보인다.

3. BC 8-3세기世紀 유라시아歐亞 문명교류文明交流

1) 홍옥수(紅玉髓)의 길

파미르(Pamir)의 동쪽에는 타림(Tarim) 분지의 호탄(和田)에서 청해(靑海)를 거쳐 북부 중국에 이르는 옥(玉)의 길이 있었다. 연옥(軟玉) 제품은 예로부터 왕자(王者)의 상징이었으며, 은허(殷墟) 부호묘(婦好墓)의 옥기(玉器)가 신장(新疆)의 호탄(和田)산이다.

고대 중국에서는 옥(玉)을 우씨(禺氏)의 옥(玉)이라고 불렀다. 이 우씨(禺氏)는 진한(秦漢)

시대에 감숙(甘肅)에서부터 천산남로(天山南路)까지의 문호를 장악한 월지(月氏)이다. 월지(月氏)로부터 연옥을 매입했던 상대가 중국인이며, 그 대가로 월지(月氏)에게 지불한 대표적인 중국의 산물이 견직물이다. 선진(先秦)시대에 이미 중국산 견직물을 서방(西方)에서 귀하게 여겼으며, 견직물 무역에서는 동서교통의 요충지를 점했던 월지(月氏)가 서방과의 중개자, 즉 전매자로 활약하였다(江上波夫 1987).

이와 관련하여 주목되는 것은 이 시기부터 중국에 이입되는 홍옥수(紅玉髓)이다. 홍옥수(紅玉髓)는 파미르(Pamir)를 넘어 북방 초원 지대와 타클라마칸(Takla Makan) 사막에 연한 사막로를 경유하여 중국에 이입된다.

홍옥수(紅玉髓)의 이입경로를 파악할 수 있는 중요한 유적은 신장(新疆) 카슈카르지구(喀什地區) 타쉬쿠르칸(塔什庫爾幹)의 지르찬갈고분군(吉爾贊喀勒古墳群)이다. 이 고분군은 해발고도 약 3,000m의 대지상에 위치하는 원형의 적석봉토분으로 구성되어 있었다.

이 고분군의 연대는 BC 7-BC 5세기이며, 조로아스터교에 의한 매장의례가 행해진 것으로 보고 있다. 이 고분군에서는 M11·14·16·23·24·32호분에서 식화홍옥수주(蝕花紅玉髓珠)와 마노주(瑪瑙珠)가 51점 출토되었다. M48호분에서는 인면문상감유리주(人面文象嵌琉璃珠)가 출토되었다.

이 고분군은 신장(新疆)과 아프가니스탄, 파키스탄을 연결하는 타쉬쿠르칸(塔什庫爾幹河) 지역에 위치한 점, 파키스탄 탁실라(Taxila)유적 출토품과 문양·형태가 유사한 점, 조로아스터교에 의한 매장의례가 행해진 점, 홍옥수가 부장된 점에서 파미르를 넘어 이입된 것을 알 수 있다. 이는 인접한 호탄지구(和田地區) 우전현(于田縣)의 원사토성(圓沙土城)에서도 식화홍옥수주(蝕花紅玉髓珠)가 출토된 점에서도 그러하다.

더욱이 주목되는 것은 초원로상의 아르잔(Arzhan)고분군에 식화홍옥수주(蝕花紅玉髓珠)가 부장된 것이다(中村大介 2019: 5). 이 고분군은 러시아 투바공화국 우육(Uyuk)강 근처 해발 1,000m 고원 지대에 위치한 대표적인 초기 스키타이 시기 대형분으로 구성되었다. 이 고분군에서는 2호분의 13A호묘에 10점의 식화홍옥수주(蝕花紅玉髓珠)가 부장되었다. 1호분의 매장주체부에서는 녹송석(綠松石)으로 장식한 금제 이식이 출토되었다. 또한 인접한 알타이(Altai) 노보트로스크(Novotroisk)고분군에서도 식화홍옥수주(蝕花紅玉髓珠)의 부장이 확인된다. BC 7-BC 6세기 카자흐스탄의 타스몰라(Tasmola)6호분에서도 식화홍옥수주(蝕花紅玉髓珠) 3점이 출토되었다.

중국 알타이지구의 전국시대 병행기 고이포납촌고분(庫爾布拉特村古墳)에서는 식화홍옥수주(蝕花紅玉髓珠) 8점과 17점의 유리주(琉璃珠)가 출토되었다. 중국 천산산록(天山山麓)의 신장(新疆) 동탑륵덕고분군(東塔勒德古墳群)은 BC 8세기에서 전한(前漢)에 걸친 61기가 확인되었으며, 그 가운데 2011HDⅡM3호분에서는 홍옥수(紅玉髓)와 녹송석(綠松石)이 조합된 경식(頸飾) 및 다수의 금제 동물문장식과 함께 출토되었다.

초원로상의 아르잔(Arzhan)고분군을 비롯한 홍옥수(紅玉髓)는 인더스(Indus)강 유역으로부터 파미르(Pamir)를 넘어 타쉬쿠르칸(塔什庫爾幹)지방으로 이입(移入)된 후, 천산(天山)과 알타이(Altai) 일대로 북상(北上)하여 들어간 것으로 추정된다.

따라서 홍옥수(紅玉髓)의 분포를 통하여 인더스(Indus)강 유역의 해로(海路)와 타클라마칸(Takla Makan)의 사막로(沙漠路), 알타이(Altai) 산지의 초원로(草原路)가 연결된 것이 확인된다(그림 Ⅰ-3).

홍옥수(紅玉髓)는 서역 남도를 따라 분포하며, 섬서성(陝西省) 보계시(寶鷄市) 익문(益門)2호묘에서 식화홍옥수주(蝕花紅玉髓珠) 1점과 함께 4점의 홍옥수(紅玉髓) 관주(管珠), 다수의 환주(還珠)가 출토되었다. 이 고분에서는 다수의 금제품, 녹송석상감금병철검(綠松石象嵌金柄鐵劍)과 녹송석주, 옥기가 부장되어, 그 피장자는 춘추시대 진(秦)의 왕족으로 보고 있다.

산서성(山西省) 곡옥현(曲沃縣) 진후묘군(晉侯墓群)의 92호묘를 비롯한 다수의 고분에서 옥기, 청동기 등과 함께 홍옥수가 출토되었다. 이 고분군은 19기의 평면 중자(中字), 아자(亞字형)의 대형묘가 남북 3열로 배치되었으며, 그 피장자는 묘의 구조와 부장품에서 9인의 진(晉)의 후(侯)와 부인으로 밝혀졌다.

더욱이 하남성(河南省) 은허(殷墟)의 부호묘(婦好墓)에서도 홍옥수(紅玉髓) 관주(管珠) 1점과 다수의 환주(還珠)가 출토되었다. 이 고분에는 부호(婦好)의 명문이 새겨진 청동기·옥기 등이 부장되어, 그 피장자는 상(商) 23대 왕인 무정(武丁)의 부인으로 밝혀졌다. 이 부호묘(婦好墓) 출토 옥기에는 신장(新疆)의 호탄(和田)산이 포함되어, 홍옥수주는 옥과 함께 서역 남도를 경유하여 이입되었다고 생각된다. 춘추시대 초(楚)의 하남성(河南省) 하사고분군(下寺古墳群) 등에서도 이러한 정황이 확인된다.

춘추시대 인더스 문명에서 유라시아 동부로 이입된 홍옥수제 경식은 스키타이 왕묘, 상(商) 왕묘, 진(秦) 왕족묘, 진(晉) 왕묘 등에 사용된 위신재(威信財)로서, 인더스강 유역과 알타이 산지, 중원(中原)이 유기적인 관계망을 통하여 이미 연결된 것을 상징한다.

그림 I-3. BC 8~3세기 인도India 구자라트Gujarat 광산(鑛山)의 위치(位置)와 홍옥수(紅玉髓) 공예품(工藝品)

※ [India] Gujarat Province 1. [Pakistan] Taxira 2. [China] Quman Tombs 3. Baozidong Tombs 4. Yuansha 5. Le'lllk 6. Chawuhugou Tombs 7. Shirenzigou 8. Kuerbulake Village Tombs 9. [Russia] Altai Novotroisk 2 Tombs 10. Tuva Arzhan No.2 Tombs 11. [China] Qinghai Majiayuan Tombs M13 12. [China] Shanxi Baoji Tomb 13. Seocheon Shitaji Tombs 14. Suzhou Zhenshan Dongzhou Tombs D9 M1 15. China Henan Anyang Fuhao Tomb 16. Naimongo Xigoupan Tombs 17. Beijing Liulihe

2) 돌출첩안문유리주(突出帖眼文琉璃珠)의 길

BC 5-BC 3세기의 페니키아를 비롯한 동부 지중해에서 제작된 유리주(琉璃珠)는 이중의 원문을 시문한 형태로서, 청령주(蜻蛉珠) 또는 중권원문주(重圈圓文珠), 첩안주(帖眼珠) 등으로 불리고 있다. 본서에서는 이 형식의 유리주가 후술하는 페르시아산 원문주(圓文珠)와 구분하기 위해 문양을 돌출하게 시문한 특징에 의거하여 돌출첩안문유리주(突出帖眼文琉璃珠)로 호칭하고자 한다. 최근 돌출첩안문유리주(突出帖眼文琉璃珠)에 대해서는 동지중해에서 초원로를 통하여 유라시아 동부에 이입된 것으로 보고 있다(古寺智律子 2019).

페니키아산 돌출첩안문유리주(突出帖眼文琉璃珠)는 인두주(人頭珠)와 함께 지중해 일대에 널리 분포하고 있다. 튀니지 카르타고(Carthage)유적, 이탈리아 사르드니야(Sardigna) 타로스(Tharrus)고분, 스페인 이비자(Ibiza)섬 등에서 출토되었다. 흑해 연안에서는 우크라이나 메리토폴(Melitopol)고분, 조지아 바니(Vani)고분, 카자흐스탄 코소바(Kosova)고분, 러시아 슐투코프 로그(Chultukov Log)고분, 러시아 보르털(Borotal)고분 등에서 출토되었다.

몽골의 아르항가이 아이막(Arkhangai aimag)의 타미르 골(Tamir gol)분지에 위치하는 타미린 올란 호쇼(Tamiryn ulaan khoshuu)고분군에서는 홍옥수(紅玉髓)와 돌출첩안문유리주(突出帖眼文琉璃珠)가 출토되었다. 홍옥수는 파미르를 넘어오고, 금박구슬과 돌출첩안문유리주(突出帖眼文琉璃珠)는 흑해를 경유하여 온 것으로, 전자는 흉노와 월지(月氏), 후자는 흉노와 사르마타이와의 교역을 통하여 이입된 것이다.

중국에서는 앞에서 언급한 유적 외 신장(新疆)의 자룬루커(扎滾魯克)고분, 키질토이(克孜爾吐爾)고분군, 청해성(靑海省) 마가원(馬家塬)고분군, 요녕성(遼寧省) 동대장자고분군(東大杖子古墳群), 산서성(山西省) 조경묘(趙卿墓), 산동성(山東省) 낭가장(郎家庄)1호묘, 하남성(河南省) 서가령(徐家嶺)M10호묘, 호남성(湖南省) 증후을묘(曾侯乙墓), 운남성(雲南省) 석채산(石寨山)·이가산(李家山)고분군 등에서 돌출첩안문유리주(突出帖眼文琉璃珠)가 출토되었다.

특히 필자가 주목하는 것은 돌출첩안문유리주(突出帖眼文琉璃珠)의 이입경로이다. 먼저 요녕성(遼寧省) 동대장자(東大杖子)고분군 출토품으로 볼 때, 돌출첩안문유리주는 흑해에서 카자흐스탄, 몽골을 거친 초원로를 통하여 유라시아 동부에 이입된 것으로 보인다. 한편 카슈카르(喀什)지구 지르찬갈(吉爾贊喀勒)M48호묘에서는 인면문상감유리주(人面文象嵌琉璃珠)가 출토되고, 이에 인접한 호탄(和田)지구의 원사토성(圓沙土城)에서 돌출첩안문유리주(突出帖眼文琉璃珠)가 확인되는 것으로 보아 인더스강 유역에서 파미르를 넘는 경로도 고려해야 할 것

I. 실크로드絲綢之路 문명교류사文明交流史 서설序說

1. Spain Ibiza island 2. Tunisla Carthage 3. Italia Sardigna Tharrus tombs 4. Egypt Alexandria 5. Phoenicia 6. Ukraina Melitopol tombs 7. Georgie Vani 8. Kazakhstan Kosova tombs 9. Rusia Chultukov Log tombs 10. Altai Borotal tombs 11. Mongolia Gol–Mod II No9 tombs 12. China Liaoning Dondazhangzi tombs 13. China Xingang Gaga vilige M2 tomb 14. China Xingang Yuansha sites 15. China Xingang Bizri M12 tomb 16. China Shanxi Changzhi Fenshuiling tombs 17. China Hebei Zhongshan king tomb 18. China shanxi–taiyuan zhaoqing tomb 19. China Hennan Gujing vilige 20. China Hennan Xujialing M10 tomb 21. China Hubei Zenghou king tomb 22. China Anhui Yingpasan tombs 23. China Guangdung Nanye king tomb 24. Chtina Qinghai–majiayuan tombs M6 25. iran Chalekuti tombs

그림 I-4. BC 5〜1세기 유라시아Eurasia 돌출첨안문유리주(癸出帖眼文琉璃珠)

이다. 더욱이 카스피해 남안의 이란 샬레쿠티(chalekuti)고분, 서역 남도의 자룬루커고분(扎滾魯克古墳)과 하서회랑(河西回廊)의 청해성(青海省) 마가원(馬家塬)고분군에서도 확인되는 것으로 볼 때 사막로(沙漠路)를 경유하였을 가능성이 크다(그림 Ⅰ-4).

그리고 BC 4세기 전후 초원로상의 요녕성(遼寧省) 동대장자고분군(東大杖子古墳群)에서는 페니키아산 돌출첩안문유리주(突出帖眼文琉璃珠)가 출토되어 주목된다. 돌출첩안문유리주(突出帖眼文琉璃珠)는 흑해 연안의 스키타이의 토브스타야 모길라(Tobstaya mogila)와 멜리토폴스키(Melitopolskyi)고분군 등에서 집중 출토된다. 같은 시기 알타이 산록의 슐투코프 로그(Chultukov Log)고분에서도 확인(古寺智津子 2019: 239, 238)되어, 지중해연안에서 제작된 돌출첩안문유리주 흑해를 경유하여 알타이산맥을 넘어 중국 동북지방에 도달한 것을 알 수 있다. 더욱이 M45호묘에서는 중원(中原)의 청동정(青銅鼎)과 비파형(琵琶形) 동검(銅劍), 동과(銅戈)가 공반되었다. 비파형동검에 의거하여 이 고분군의 축조 세력을 고조선(古朝鮮)과 관련된 집단으로 보는 견해가 있어, 이 시기 이미 초원로가 한반도와 연결되었음을 유추할 수 있다.

4. BC 2-AD 3세기世紀 실크로드絲綢之路 문명교류文明交流

1) 해로(海路)를 통한 교류(交流)

로마는 이탈리아반도를 통일한 후 지중해에 진출해 헬레니즘 세계를 차례로 정복하고 강력한 제정을 수립하였다. BC 64년에 로마는 헬레니즘 세계의 셀레우코스조를 멸망시키고 이듬해에는 예루살렘을 공략해 팔레스타인을 복속시켰다. BC 31년에는 헬레니즘 세계의 마지막 보루인 프톨레마이오스 왕국을 정복하여 이집트를 로마 제국의 속주(屬州)로 만들었다.

전성기인 오현제시대(96-180)에 이르러 그 판도는 최대가 되어, 동쪽은 소아시아, 시리아, 서쪽은 이베리아 반도, 남쪽은 아프리카의 지중해 연안, 북쪽은 브리튼에 이르는 대제국이 되었다.

이 시기 로마는 동방 국가들과의 원거리 무역을 통해 세리카(Serica) 즉 중국의 생사(生絲)와 견직물(絹織物), 인도양 연안의 대모(玳瑁)와 진주(眞珠), 보석(寶石), 향료(香料), 아프리카의 상아(象牙), 아라비아반도의 유향(乳香) 등 동방의 특산물을 다량 수입하였다. 이에 대응하여 동방으로 수출하는 물품들 중 로마와 그 속주에서 제작된 유리기가 있다(그림 Ⅰ-5).

Ⅰ. 실크로드絲綢之路 문명교류사文明交流史 서설序說

그림 Ⅰ-5. 실크로드^{Silk Road}의 견직물(絹織物)과 유리기(琉璃器)(폼페이^{Pempei})

　　고대 로마의 박물학자 플리니우스(Plinius, 29-79년)의 『박물지』(77년)에 의하면, 동지중해 연안에서 페니키아 상인이 탄산소다를 해안모래와 섞은 후 녹여서 유리를 만들었다고 기록하고 있다. BC 1세기 후반 무렵에는 대롱불기기법이 발달한다. 이후 로마제국 각지로 생산거점이 옮겨지면서, 유리는 로마의 중요한 교역 상품으로 자리잡게 되었다.

　　BC 1세기 중엽에 로마의 항해사 히팔루스(Hippalus)가 아랍인들로부터 인도양 계절풍의 정보를 알아낸 후 아테네에서 홍해를 지나 인도양으로 향하는 직항로를 개척함으로써 로마의 대동방 원거리 무역은 획기적인 전기를 맞이하였다. 인도양에서는 6월 말부터 9월까지 서남계절풍(south-west monsoon wind)이 부는데, 홍해 입구에서 이 계절풍을 이용해 인도 서해안의 바리가자(Barygaza)항이나 인더스강 하류로 직행할 수 있다.

이 계절풍을 이용해 로마 상인들은 적대관계에 있는 파르티아(Parthia) 영내를 통과하지 않고 해로로 인도양을 횡단, 인도의 서해안 일대에 도착하여 무역하였다.

『에리트라해 안내기』*Periplus of the Erythraean Sea*는 40년에서 70년경에 로마령 이집트, 즉 알렉산드리아 혹은 홍해에 접한 베레니스(Berenice) 출신으로 추정되는 그리스인 항해자에 의해 서술된 것으로, 홍해와 페르시아만, 인도양을 중심으로 진행된 동방 해상 무역의 항로와 항구, 운송, 화물 등에 관해 상세히 기술하고 있다. 에리트라란 그리스어로 적색이란 뜻으로, 에리트라해란 홍해를 의미한다. 고대에는 홍해, 페르시아만, 오만만, 아라비아해, 인도양, 벵골만을 포함한 바다를 통칭하였다. 인도양에서는 로마 제국과 남인도의 사타바하나(Satavahanas) 왕조 사이에 계절풍 무역이 이루어지고 있었기 때문에 이 책에는 항해의 상항로뿐만 아니라 각 항구의 무역품과 각지의 특산품 등에 대한 기술도 자세하다.

로마의 동방 무역에 대한 구체적인 내용을 살펴보면 다음과 같다. 먼저 이집트에서 유리기와 마노 제품을 구입하고(6절) 인더스강 하구의 바르바리쿰(Barbaricum)항 현 파키스탄의 카라치(Karachi)와 인도의 바리가자(Barygaza)항으로 운반하여 그곳에서 중국의 견직물(絹織物) · 보석(寶石) · 호초(胡椒)를 구입한다(39, 49절). 바리가자(Barygaza)항에서 포도주(葡萄酒) · 의복(衣服) · 유리괴(琉璃塊) · 금은화(金銀貨), 바르바리쿰(Barbaricum)항에서는 의복(衣服) · 유리기(琉璃器) · 은기(銀器) 등을 내렸다(由水常雄 1992b: 134, 村川堅太郎 2011).

인도 연안 항구에서 로마가 수출한 품목은 유리(琉璃) · 유리괴(琉璃塊) · 금은화(金銀貨) · 은기(銀器) · 황옥(黃玉) · 산호(珊瑚) · 안식향(安息香) · 유향(乳香) · 직물(織物) · 포도주(葡萄酒) · 동(銅) · 향유(香油) · 의복(衣服) 등이었다. 그리고 로마로 수입하는 품목은 상아(象牙) · 진주(眞珠) · 홍옥수(紅玉髓) · 호마노(縞瑪瑙) · 대모(玳瑁) · 향료(香料) · 목면(木棉) · 생사(生絲) · 호초(胡椒) · 육계(肉桂), 그리고 중국산 견직물(絹織物) · 모피(毛皮) · 면포(綿布) 등이었다(蔀勇造 2016-2: 279-281).

이 시기 인도 남부 케랄라주의 파타남(Pattanam)은 로마와의 최대 무역 거점인 무지리스로 비정되는 서부 해안의 항만유적이다. 이곳에서는 선박에 적재하는 저장용기인 로마산 암포라, 유리기(琉璃器), 인도산 유리주(琉璃珠), 마노주(瑪瑙珠), 홍옥수(紅玉髓), 누금(鏤金)제품이 출토되었다. 로마 유리기는 아프가니스탄 베그람(Begram)유적 출토품과 같은 종릉문완(縱稜文盌), 모자이크유리기, 채색유리기(彩色琉璃器) 등 최고급품이 출토되었다. 특히 인도 퍼시픽 유리주가 다량 출토되어 그 제작지로 보인다.

인도 남부 타밀나두주 폰디세리(Pondicherry) 남쪽으로 3km 떨어진 곳에 있는 아리카메

두(Arikamedu)유적은 BC 1-AD 2세기의 고대 항만유적으로 로마산 암포라, 유리기, 도기제 램프, 인도산 유리주, 금제품 등이 출토되며, 동부 해안 로마와의 최대 교역항이다.

타밀나두주 에로데지역 카우베리강 지류인 노얄강의 북쪽에 위치하는 코두마날(Kodumanal)은 고대 도시유적이다. 이 유적은 말라바르 해안의 무지리스항과 코로만델 해안의 카베리파트남항을 연결하는 로마 무역로의 중간에 위치하기 때문에 인도-로마 무역에서 큰 역할을 했다. 이 유적에서는 로마은화, 청동제 사자상, 금제품 등이 출토되었다. 특히 이곳에서는 석류석(garnet), 마노(carnelian), 라피스 라줄리(lapis lazuli), 사파이어(sapphire), 수정(quartz)의 반제품이 다량 출토되어 보석을 가공 수출하는 교역 거점임을 알 수 있다.

BC 3세기 마우리아 왕조의 아소카왕이 남인도의 칼링가(Kalinga) 왕조를 멸망시키자 많은 칼링가 지배층과 상인들이 동남아시아로 각지로 이주하였으며, 이후 벵골만과 말레이반도에 정착하여 원향인 인도 동남부와 동남아시아의 중계 교역에 종사하게 된다.

부남국(扶南國)의 건국신화에서도 인도인의 진출을 알 수 있다. 이 신화는 인도 브라만인 카운디냐(Kaundinya) 즉 혼진(混塡)과 토착 세력인 유엽(柳葉)의 결합으로 시작한다.『양서梁書』는 이들이 혼인하여 1세기경 일남(日南) 남쪽, 임읍(林邑) 서쪽의 메콩강 삼각주에 정착하였다고 전하고 있다. 이 전설은 토착 지배 세력과 인도로부터 이주해 온 세력의 결합을 상징하며, 인도가 동남아시아 사회에 미친 영향력을 보여 준다.

부남(扶南)의 항시(港市)인 베트남 옥에오(Óc Eo)유적에서는 인도, 로마를 비롯한 다양한 지역의 문물이 출토되었다. 특히 인도의 영향이 지배적이었는데, 이는 유리구슬의 제작법, 힌두교 사원과 간다라(Gandhāra) 및 아마라바티(Amarāvatī) 양식 조각상, 초기 인도 문자 및 힌두교의 도상들이 새겨진 금판과 인장, 산스크리트어가 새겨진 비문, 인도식 명칭의 사용 등을 통해 알 수 있다. 옥에오에는 인도의 문물뿐만 아니라 종교사상과 통치방식도 유입되었다. 옥에오(Óc Eo)의 지배자들은 교역을 통해 획득한 부를 재분배하는 방식으로 정치적인 동맹관계를 맺고 사회를 통합·확장하였으며, 정교한 힌두교 의례에 의해 권위를 정당화하였다. 베트남 남부의 토착 문화는 인도 문화와 결합되어 점차 독특한 형태로 발전하였다.

그리고 로마와 중국의 문물이 이곳에 이입되었다. 대표적인 로마의 유물로는 손잡이가 달린 마가라(Makara) 모양 램프와 황제의 이름과 초상이 새겨진 금화가 있다. 금화 중 하나는 '안토니누스 피우스(Antoninus Pius)' 황제의 이름과 초상, 그리고 즉위 15년(152)의 문자가 새겨진 것이고, 다른 하나는 '마르쿠스 아우렐리우스 안토니우스(Marcus Aurelius Antonius)' 황제 시기(161-180)의 금화이다. 보석 세공품 중에는 로마식의 인물 흉상을 음각한 것이 있으며 로마 유리기와 구슬이 있다. 로마 유리기의 편은 식민지시대와 최근 발굴에서도 출토되었는데, 중국 한 대(漢代)의 광서장족자치구(廣西藏族自治區) 합포(合浦)유적에서 완형이 다수 출토되는 것과 대조적이다. 이는 그 유구가 분묘와 건축물이라는 차이에 기인하며 앞으로의 조사가 기대된다. 중국의 것으로는 후한(後漢)시대의 기봉경(夔鳳鏡)과 육조(六朝)시대의 불상 등이 있다.

로마와 한의 첫 공식 교섭도 일남(日南)을 통해 이루어졌다. 『후한서後漢書』에 의하면 환제(桓帝) 연희(延熹)9년(166)에 대진(大秦) 황제 안돈(安敦)의 사절이 일남(日南)으로부터 와서 상아(象牙)·서각(犀角)·대모(玳瑁)를 헌상하였다. 이 시기의 황제는 앞에서 언급한 마르쿠스 아우렐리우스 안토니우스(Marcus Aurelius Antonius)이며 안돈(安敦)은 안토니우스의 음차(音借)로 보고 있다. 이 황제의 사절은 공식적인 외교사절이 아니라 당시 동방 무역에 종사하던 로마 상인일 개연성이 크다. 이처럼 로마와 한 사이의 교역이나 접촉은 해로를 통해 일남(日南)을 매개로 한 것도 있지만, 대부분 인도 서해안의 항구들에서 계주식(繼走式)으로 이루어졌다.

건국신화의 혼진왕(混塡王)에서 4대에 해당하는 범사만왕(范師蔓王)은 부남대왕(扶南大王)으로 칭하였다. 그는 함대를 이끌고 말레이반도의 중소제국 10여 국을 정복하였으며, 그 지배지역은 6,000리에 달하였고 한다. 3세기 전반 범전왕(范旃王)의 치세에는 인도의 쿠산왕조에 사절을 파견하였으며, 이때 사자(使者)가 인도인과 함께 말 4필을 공물로 가져왔다고 한다. 『남제서南齊書』에는 229년 오(吳)에서 통상사절로 파견된 주응(周應)과 강태(康泰)에 의한 부남에 대한 기록이 보인다. 즉 주민은 금, 은, 견포를 교역하고, 금은의 지륜(指輪)과 완륜(腕輪), 은식기(銀食器)를 만든다. 국왕은 누각에 거주하며 코끼리를 탄다(石澤良昭·生田滋 1998: 103, 104).

한편 BC 3세기 진(秦)의 시황제는 전국을 통일한 이후 영남(嶺南)지역을 공략하였는데 그 목적지는 광주(廣州)였다. 이곳이 동남아시아로 나아가는 해양 교역의 중심지였기 때문이다. 몇 년간의 공략 끝에 광주(廣州)를 점령한 진시황은 이곳에 군현을 설치하고 조선소(造船所)를 만들었으며, 남방으로 진출하여 남해 무역을 행하였다(김병준 2019).

진말(秦末) BC 203년 조타(趙佗)에 의해 남월국(南越國)이 건국되어 그 영역은 광동성에서 해남도(海南島)도, 베트남 북부에 미쳤다. 남월왕릉(南越王陵)은 광주시 북방 상강산(象崗山)에 입지하며 남월국의 도성인 번우성(番禺城)의 서북쪽에 위치한다. 이 고분은 7개의 실로 구성된 횡혈식석실(橫穴式石室)로서 문제행새(文帝行璽), 좌부인(左夫人) 등의 인장이 출토되어 2

대 남월왕인 조애(趙眜)와 부인의 합장묘로 밝혀졌다. 이 고분에는 파르티아산 은기, 아라바이산 유향, 아프리카산 상아, 인도산 산호 등이 부장되어, 남월(南越)이 해상 실크로드의 중심적인 역할을 담당한 것을 보여 준다. 고분의 구조가 한(漢)대에는 찾아보기 어려운 대형 석재를 사용한 횡혈식석실이고, 인접한 남월(南越) 궁서지(宮署址)의 입주석(立柱石)과 같은 석조유구에도 인도, 동남아시아의 영향이 보인다(李慶新 2018: 60, 61). 남월왕릉(南越王陵) 출토 은기(銀器)는 문양으로 볼 때 파르티아산이다. 그 외에 파르티아산 은기(銀器)는 BC 179년에 축조된 산동성(山東省) 전한(前漢) 제왕묘(齊王墓) 등에서도 출토되었다. 합포(合浦) 요미(寮尾)M13b호분 출토 녹유파수부호는 녹색 연유와 파수로 볼 때 이라크 남부 또는 이란 서남부에서 제작된 파르티아 양식으로 판명되었다(黃珊外 2013: 90).

BC 111년 한(漢) 무제(武帝)가 남월국(南越國)을 멸망시킨 뒤 역시 광주(廣州)에 남해군(南海郡)의 군치인 번우현(番禺縣)을 두었다. 또한 남해안을 따라 합포군(合浦郡)과 교지군(交趾郡), 해남도(海南島)에 주애군(珠崖郡)과 담이군(儋耳郡)을 설치하였다. 그리고 양주(瓊州) 해협을 끼고 해남도(海南島)와 마주하고 있는 뇌주(雷州)반도 끝단에는 서문현(徐聞縣)을 두었다. 이러한 구도는 해남도(海南島)를 장악하여 이곳의 물산을 장악하려는 의도뿐만 아니라, 번우(番禺)에서 출발하여 교지군(交趾郡)까지 이어지는 연안 항로의 안전을 확보하기 위해서이기도 했다(김병준 2019).

그 후 인도, 동남아시아와의 최대 교역 중심지는 중국 합포(合浦) 일대로 옮겨진다. 합포(合浦)는 BC 111년 한(漢) 무제(武帝)에 의해 설치된 9군의 하나로서 남해 무역의 거점항이다. 이 시기의 한묘(漢墓)에서는 20점 이상의 유리기가 출토되었다. 이 유리기는 주조 후 마연하여 제작된 로마 전기의 것이다. 이곳에서는 로마의 유리기와 함께 유리주(琉璃珠), 인도산 홍옥수(紅玉髓)와 마노주(瑪瑙珠), 누금(鏤金)제품이 부장되었다. 같은 시기 강소성(江蘇省) 한강(邗江) 광릉왕(廣陵王) 유형묘(劉荊墓)에서는 로마 유리기인 종릉문완(縱稜文盌)이 이입된다. 이 종릉문완과 하남성(河南省) 낙양시(洛陽市) 동교(東郊) 후한묘(後漢墓) 출토 로마 유리기인 호문병(縞文瓶)도 합포(合浦)를 경유한 것으로 보인다.

합포(合浦)에 이입된 문물은 인도를 경유한 것이 확인된다. 서부 해안의 최대 무역 거점인 파타남(Pattanam)유적에서 로마 유리기, 유리주, 인도산 홍옥수와 마노주, 누금(鏤金)제품이 출토되었기 때문이다. 또한 인도 동부 해안의 로마와의 최대 무역 거점인 아리카메두(Arikamedu)유적에서는 로마 유리기와 홍옥수(紅玉髓)가 출토되었으며, 이곳에서는 합포(合浦)에서 보이는 동일 형식의 로마 유리기가 확인되었다(그림 I-6).

그림 I-6. BC 1~3세기 유라시아^{Eurasia} 로마^{Rome} 유리기(琉璃器)

1~3. Italy Aosta Valley 4. Italy Cavarzere Cuora 5. Italy Altino Via annia No.701 tomb 6. Italy Ancona No.XL2 tomb 7. Italy Ancona No.31 tomb 8, 9. Italy Rome 10, 11. Italy Campania Pozzuoli 12~15. Italy Pompei 16. Denmark 17. France Nimes 18~24. Germany Köln 25. Slovenia Ljubljana 26. Croatia Zadar 27~30. Russia Krasnodar 31, 32. Ukraine Kerch 33, 34. Greece Thessaloniki 35~41. Turkey 42. Egypt Alexandria 43. Egypt Ismant el-Kharab 44. Egypt 45. Lebanon Tyre 46. Lebanon 47, 48. Israel Nazareth 49. Jordan 50. Syria al Yaqoussah 51. Syria Raqqa 52. Syria 53, 54. Syria Palmyra 55~59. Saudi Arabia Qaryat al Faw 60~64. Afghanistan Bagram 65, 66. Pakistan Taxila 67. 新疆 尼雅 N8遺址 68~70. India Pattanam 71, 72. India Arikamedu 73. Vietnam Óc Eo 74. 廣西省 貴縣 南斗村漢墓 75. 廣西省 合浦縣 紅嶺頭M34號墓 76, 77. 廣西省 合浦縣 文昌塔M70號 78. 廣西省 合浦縣 黃泥崗M1號墓 79. 廣東省 廣州市 橫枝崗M2061號墓 80. 廣東省 廣州市 東郊後漢墓 81. 湖南省 長沙市 82. 河南省 南陽市 陳棚村M68號 83. 江蘇省 揚州市 甘泉2號墓 84. 河南省 洛陽市 邗江區 刊江區 85~87. Mongolia Arhangay Golmod II 匈奴墓

『한서漢書』 지리지(地理志)에 따르면 합포(合浦)를 중심으로 하는 당시의 해로는 다음과 같다.

일남(日南)의 항구가 막혀 통하지 않은 후부터 합포(合浦)에서 뱃길로 5개월을 가면 도원국(都元國)에 이르렀고, 다시 4개월을 가면 읍로몰국(邑盧沒國)에 도달하였다. 여기에서 20일을 항해하면 심리국(諶離國)에 이른다. 이곳에 상륙하여 10여 일 가면 부감도로국(夫甘都盧國)이 있다. 여기에서 다시 배에 올라 2개월 정도 항해하면 황지국(黃支國)에 도착하게 되는데, 그곳의 풍습은 주애(珠厓)와 비슷하다. 그 주(州)는 땅이 광대하고 인구가 많으며 특이한 물산이 많이 있다. 황지국은 한(漢) 무제(武帝) 이래 공물을 헌상하고 알현하였다. 한(漢)의 역관(譯官)은 응모자들과 함께 항해하면서 명주(明珠), 유리(琉璃), 지석이물(奇石異物) 등을 구입하고 황금(黃金), 잡회(雜繒)를 가지고 간다. ······ 황지국에서 뱃길로 8개월을 가면 피종(皮宗)에 이른다. 그곳에서 배로 2개월을 가면 일남(日南)과 상림(象林)의 경계에 도달한다고 한다. 황지국의 남쪽에는 이정불국(已程不國)이 있는데 한(漢)의 역관과 사신이 이곳에서 돌아왔다(李慶新 2018: 62-63).

그런데 『한서漢書』 지리지에서는 동남아시아 및 교지군(交趾郡)으로의 항로를 설명하면서 번우(番禺)·합포(合浦)가 등장하는 것에 대하여 주애군(珠崖郡)과 담이군(儋耳郡)이 원제(元帝) 시기에 폐지된 이후 동남아시아에서 교지군(交趾郡)을 거쳐 중국 내지로 들어가는 경로가 바뀌었다고 보고 있다. 즉 기존대로 광주(廣州)를 거쳐 내지로 들어가는 대신, 합포(合浦)로 들어가 욱림군(郁林郡) 그리고 장사국(長沙國)으로 이어지는 경로를 채택한 것이다. 이러한 변동이 있기 전까지 군치(郡治)는 서문(徐聞)에 있었고, 합포(合浦)는 하나의 현(縣)에 불과했다. 이러한 변동의 원인은 주애군(珠崖郡)과 담이군(儋耳郡)이 폐지되면서 이곳을 장악하지 못하게 되자, 해남도를 중심으로 한 주변 섬의 주민들이 양주(瓊州) 해협 항로를 방해함에 따라 새로운 해양 교역의 중심지로서 합포(合浦)가 선택되고, 여기에서 내지(內地)로 들어가는 루트가 개척되었기 때문이라고 보고 있다(김병준 2019).

이는 합포(合浦)의 로마 유리기 출토 고분이 대부분 전한(前漢) 말기와 후한(後漢)에 집중되는 점에서 타당성이 크며, 더욱이 장사(長沙) 한묘(漢墓) 출토품 가운데 합포고분 부장품과 같은 형식의 전기 로마유리완이 확인되는 것도 이를 방증한다.

그리고 주목되는 것은 한(漢)과 인도의 교역품이 명주(明珠), 유리(琉璃), 기석이물(奇石異

物)과 황금(黃金)인 점이다. 즉 인도로부터 온 진주, 유리, 홍옥수, 마노와 중국으로부터 온 황금과 비단이 교역된 것이며, 이는 후술하는 고고자료와 일치하기 때문이다.

인도와 중국의 중간에 위치하는 태국의 항시(巷市)유적인 카오삼케오(Khao Sam Kaeo)에서는 인도산 홍옥수와 마노의 원석 및 공방이 확인되어, 일부는 현지에서 생산되었음을 알 수 있다.

이 시기 한(漢)은 조선(朝鮮)을 외신국(外臣國)으로 삼아 동이(東夷)지역을 간접 경영하고자 하였다. 그러나 조선은 외신의 위치를 지키지 않았다. 위만조선(衛滿朝鮮)의 역대 왕들은 한(漢)에 친조(親朝)하지 않았음은 물론, 진번(眞番)을 비롯한 주변의 국가들이 한(漢)과 교통하는 것을 차단하였다. 당시, 한(漢)의 적은 중국 동북 변경(邊境) 지역으로부터 서북 변경 일대에 걸쳐 자리잡고 있던 흉노(匈奴)세력이었다. 조선은 중국인에게 흉노의 왼팔(左臂)이라고 인식될 만큼 흉노에 밀착되어 있었다. 반면, 한(漢)에 대해서는 반목하는 외교적 입장을 취하고 있었다.

BC 109년 한(漢) 무제(武帝)는 수륙 양군을 동원해 조선을 공격하였다. 1년 동안의 전쟁 결과 조선이 멸망하고 그 지역에는 낙랑군을 비롯한 진번(眞番)·임둔(臨屯)·현도군(玄菟郡)이 설치되었다.

낙랑의 역사적 성격에 대한 연구는 정치거점설과 교역거점설로 나누어 파악되고 있다. 정치거점설은 중국사의 관점에서 낙랑군을 한왕조의 정치적 식민지로 파악하는 입장이다. 즉 고대 중국적 세계질서 속에서 낙랑군을 한의 군현지배의 한 유형으로 파악한 연구이다. 교역거점설은 낙랑군의 성격을 단순한 한의 식민지가 아닌 경제적 성격을 중심으로 본 논의이다. 낙랑군의 식민지적 의미를 축소하여 대동강변의 교역거점인 한인방(漢人坊)으로 보거나 조계지(租界地)로 보는 견해가 제시되었고 낙랑과 삼한 사이의 교역 및 조공무역 등을 강조한 입장이다.

낙랑군 설치 이전 BC 111년 한(漢) 무제(武帝)는 남월국(南越國)을 멸망시킨 뒤 앞에서 언급한바와 같이 남해군(南海郡), 합포군(合浦郡), 주애군(珠崖郡), 담이군(儋耳郡), 교지군(交趾郡), 교지군(交阯郡), 일남군(日南郡) 등의 9군(郡)을 설치하였다. 이는 남월이 독점하던 해상 실크로드를 통한 무역을 차지하기 위함이다.

그런데 한이 남월을 멸망시킨 직후 조선을 공략한 것은 사료에 제시된 바와 같이, 조선이 진번(眞番)을 비롯한 주변의 국가들이 한과 교통하는 것을 차단하고, 흉노(匈奴)세력과 통교한 점이 중요하다. 즉 한이 조선을 공략한 것은 남월과 같이 조선이 독점하던 삼한(三韓),

예(濊), 왜(倭)와의 무역을 차지하려는 의도에 의한 것으로 볼 수 있다.

낙랑고분 출토 사자형 수식을 통해 한반도가 해로를 통하여 동남아시아 세계와 연결된 것으로 본 견해가 있다(이송란 2005). 이를 반영하듯이 낙랑의 유적인 평양(平壤)의 정백동(貞柏洞)138호분에서는 인도의 파타남(Pattanam)유적, 베트남 옥에오(Óc Eo)유적, 중국 합포(合浦)의 고분군 부장품과 같은 조합의 홍옥수제 다면옥, 호마노제 관옥, 누금소환연접구체주(鏤金小環連接球體珠)가 출토되어 인도, 베트남, 중국, 한반도를 연결하는 해상 실크로드 교역망이 형성된 것을 알 수 있다(**그림 Ⅰ-7**). 정백동(貞柏洞) 왕광묘(王光墓)에서는 대모(玳瑁) 등과 함께 방격규구사신경(方格規矩四神鏡)이 2점 출토되었는데, 그 가운데 1점에는 태산작(泰山作)이라는 명문이 있어 산동(山東)지역에서 제작된 것이 확인되었다(권오중 2000). 더욱이 앞에서 언급한 바와 같이 산동성(山東省) 전한(前漢) 제왕묘(齊王墓)에서 파르티아산 은기(銀器)가 확인되었다. 이는 합포(合浦)에서 산동반도(山東半島)를 경유하여 남해산과 인도, 동남아시아 문물이 이입된 것을 시사한다.

그런데 석암리9호분, 219호분의 금동제와 은제 행엽은 동물문양으로 장식한 것으로 몽골 골모드(Golmod) 흉노고분 출토품과 흡사하다. 이는 고조선이 흉노와 밀접한 관계에 있었으며, 군현(郡縣) 성립 이후에도 초원로를 통한 교류가 일정 부분 지속된 것을 알 수 있다.

합포(合浦)와 낙랑(樂浪)을 중심으로 한 교역은 중국 황제가 천하 질서라는 이상을 실현하기 위해 막대한 경비를 부담해 가며 주변 소국들의 조공을 재촉하고, 이 과정에 참여한 상인들이 변경의 호시(胡市)에서 교역함으로써 발전하였다. 즉 사행(使行) 교역 시스템에 의한 것으로 보고 있다. 이 네트워크를 따라 부남(扶南) 등 동남아시아 여러 소국들이 이 사신단에 동승함으로써 국가 간 교역이 이루어졌다(김병준 2019).

더욱이 인도·동남아시아산 홍옥수주는 연천 삼곶리고분군, 광주 곤지암고분군, 완주 상운리고분군, 동해 송정리유적, 김해 양동리고분군에서 출토되어 낙랑을 통하여 한반도 중부와 남부가 해상 실크로드로 연결되었다(허진아 2018).

나아가 2세기 후엽의 각 지역 왕묘인 후쿠오카현(福岡縣) 히라바루(平原)분구묘와 오카야마현(岡山縣) 다테쯔키(楯築)분구묘에서 홍옥수주가 부장된 것은 한반도 남부를 통하여 일본열도가 연결되었음을 알 수 있다. 같은 시기 동해에 면한 왕묘인 쿄토부(京都府) 오후로미나미(大風呂南)분구묘 출토 동남아시아산 유리제 천(釧)도 완주 갈동 출토품 등으로 볼 때 한반도를 경유한 것으로 추정된다.

1. Afkanistan Tilla Tepe tomb No5 2. India Pattanam site 3. India Kodumanam site 4. India Arikamedu site 5. Thailand Khao Sam Kaeo site 6. Thailand Ban Don Ta Phet site 7. Thailand Ban Non Wat site 8. Vetnam Oc Eo 9. Vetnam Giong Ca Vo site 10. Vetnam Lai Nghi site 11. Vetnam Dong Son Site 12. China Lijiashan tombs 13. China Hepu tombs 14. China Yangzhoushi Huchang 14 tomb 16a. Korea Jungbakri No3 tomb 16b. Korea Seogamri No 9 tomb 16c. Korea Junngbakri No138 tomb 16d. Korea Seogamri No 219 tomb 17a. Korea Gonjiam tombs 17b. Korea Suchondong site 17c. korea Hakkokri No3 tomb 18. Korea Songjungdong site 19. korea Gimhae Yangdongri No349 20. Japan Hirabaru tomb 21. Japan Tatetyuki tomb

그림 I-7. BC 2~3세기 홍옥수(紅玉髓) 공예품(工藝品)

2) 사막로(沙漠路)를 통한 교류(交流)

2세기 쿠샨왕조의 제3대 왕인 카니슈카왕(Kanishka) 통치기 아프가니스탄(Afghanistan)의 베그람(Begram)은 카불 북쪽 쿠샨 왕조의 여름 수도로 번영한 곳으로 로마, 인도, 중국의 문물이 출토되었다.

쿠샨왕국은 『한서(漢書)』에 기록된 계빈국(罽賓國)으로 서역전(西域傳)에는 다음과 같이 기록되어 있다.

> 도읍은 순선성(循鮮城)이고 장안(長安)에서 12,200리 떨어져 있으며 도호(都護)에 복속하지 않고 호구(戶口)와 병사가 많으며 대국이다. …… 과거에 흉노가 대월지를 격파했을 때 대월지는 서쪽으로 가서 대하를 지배하였는데 이때 색왕(塞王)이 남쪽으로 가서 계빈(罽賓)을 지배하였다. 색(塞) 종족은 나뉘어져 여러 나라를 만들었는데 소륵(疏勒)에서 서북쪽으로 휴순(休循), 연독(捐毒) 등은 원래 색종(塞種)이었다. …… 금과 은으로 화폐를 만드는데, 정면에 기마상이 배면에 사람의 얼굴이 있다. 혹이 난 소(封牛), 물소(水牛), 코끼리(象), 큰 개(大狗), 원숭이(沐猴), 공작(孔雀), 진주(珠璣), 산호(珊瑚), 호박(虎魄), 벽유리(碧琉璃) 등이 있다. …… 계빈은 실제로 조정의 상사(賞賜)와 교역(賈市)에서 이익을 얻으려고 했고, 그 사신들은 몇 년에 한 번씩 왔다.

알렉산드리아에서 선적된 유리 제품과 이집트, 로마의 물품이 에리트라해를 통해 인도의 바르바리쿰(Barbaricum)과 바리가자(Barygaza)에 내려지고, 카불을 경유하여 이 베그람에 운반되었을 것이다. 베그람유적에서는 그리스, 로마의 브론즈상과 석고조각, 이집트의 석제용기, 인도의 상아세공, 알렉산드리아산 유리기 등이 출토되었다. 여기에서 발굴된 유리기 및 그 단편은 278점에 달하며, 그 품질은 매우 높다.

밀레피오리(millefiori)용기, 에나멜채색용기, 디아트레타배(diatreta杯), 절자문용기, 돌핀형용기, 리톤(rhyton)은 1세기부터 2세기 전반에 걸쳐 만들어진 로마 유리기 가운데 최고급품이며 그 기술과 방법도 여러 방면의 고도한 숙련 기술에 의해 만들어진 것을 알 수 있다.

밀레피오리완은 알렉산드리아의 유리공방에서 만들어져 온 전통적 기법의 제품이며, 에나멜채색용기는 당시의 최첨단 기술로 만들어진 유리원료의 소성에 의한 채화 기법을 사용하여 만들어졌다. 용기의 표면과 유리의 파우더로 만든 에나멜원료를 녹여 합쳐서 일체화

함으로써 영구적으로 색이 바래지 않고 박락되지 않는 획기적인 기법으로 1세기에 새롭게 등장한 기술이다. 베그람 출토 유리기에서는 그리스 신화의 아킬레스와 헥토르의 전투, 디오니소스·헤르메스·셀레네, 로마인 병사의 전투도 등 모두 그리스·로마 세계의 이야기를 주제로 채용한 그림이 그려져 있다.

로마 유리기 가운데 최고급의 기술을 구사하여 만든 디아트레타배(diatreta杯)에는 세계 7대 불가사의라고 불리는 알렉산드리아 파로스(Paros)섬에 있었던 등대를 고부조(高浮彫)로 새겼다. 디아트레타배는 두께가 3cm 정도 두꺼운 동체의 외측을 깎아 만든 것으로, 인물이 타고 있는 1쌍의 범선과 2쌍의 보트가 해상에 떠 있으며 배가 향하고 있는 방향에는 돌로 쌓은 높은 등대를 조각하였다. 등대 위에는 인물이 양손을 벌리고 서 있으며, 이 상은 파로스 등대 위에 서 있던 바다의 신 포세이돈일 것이다. 이처럼 파로스의 등대를 조각한 점으로 볼 때 제작자가 알렉산드리아의 유리공인임을 알 수 있다. 이러한 릴리프 조각의 디아트레타배(diatreta杯), 채색유리기와 그 외 절자문의 대배나 소호 등도 알렉산드리아 특유의 제품이다. 이곳에서 출토된 특이한 유리기 가운데 돌핀형유리기와 리톤(rhyton)이 많다. 그리스인들의 바다 애완동물이었던 돌고래가 쿠샨 왕국의 사람들에게 각별하게 애호되었던 것은 그 문화의 깊은 영향을 엿보게 한다(由水常雄(編) 1992a: 174-176).

틸리야테페(Tilla Tepe site)유적은 아프가니스탄 북부 시바르간(Shibarghan)에 위치한다. 4호묘에서는 키가 큰 남성 피장자가 화려한 금제 허리띠를 둘렀으며 금으로 장식한 단검을 양쪽에 착장한 상태로 출토되었다. 단검은 타출문(打出文)과 녹송석 상감(象嵌)으로 화려하게 장식한 금판을 부착했으며 돌기가 있는 아키나케스(Akinakes)식 단검, 다양하게 표현된 동물 도상 등 또한 유목 문화를 대표하는 것들이다. 이와 함께 머리 부분의 숫양과 수목형 금제장식 등 유목민족과 깊은 관련이 있는 것으로 생각된다. 6호묘의 여성이 쓰고 있던 나뭇가지 형태의 입식(立飾)과 화려한 달개 장식의 금관과 같이 나뭇가지를 의장으로 한 금관(金冠)은 카자흐스탄 이식 쿠르간 관식, 흑해 북안 로스토프지역 노보체르카스크 호흐라치 사르마트 금관 등 중앙아시아의 유목세계에서 찾을 수 있는 특징을 가지고 있다. 4호묘와 6호묘에서 확인되는 북방유목문화의 영향 받은 유물뿐만 아니라 그리스의 문화, 이란의 문화, 인도의 문화를 영향받은 유물 등이 확인되고 있다. 그리스 문화의 영향을 받은 유물로는 대표적으로 2호묘와 6호묘에서 출토된 아프로디테 장식판이 있다. 이란 문화의 영향을 받은 유물로는 2호와 6호에서 출토된 중앙에 사람이 좌우의 괴수를 제압하는 모습을 묘사한 장식판이다. 이 장식판의 의장은 고대 메소포타미아나 이란에서 확인할 수 있는 의장이며 이라크 카파제(Khafaje) 출토품과 같이 서아시아에서 중앙아시아까지 광범위하게 분포되어 있다. 인도 문화의 영향을 받은 유물로는 6호 아프로디테 장식판과 4호에서 출토된 인도계 금화 그리고 3호에서 출토된 상아 빗이 있다. 이 중 인도계 금화는 파키스탄의 간다라지방이나 인도의 마투지방에서 쿠샨조시대의 1세기 말에서 2세기 전반 무렵 주조된 것으로 보고 있다. 중국문화의 영향을 받은 부장품은 2, 3, 6호묘에서 출토된 한경(漢鏡)이다. 이 한경은 모두 피장자의 가슴에 올려서 부장하였는데 이는, 같은 시기 중국에서 거울이 화장용 도구로서 경첩에 담겨서 발견되는 것과는 차이가 있다. 한국과 일본에서는 머리나 가슴에 동경을 부장하는 것이 흔한데 모두 태양을 뜻하는 거울에 벽사의 의미를 부각한 것이다. 그래서 3점의 한경(漢鏡)은 역시 벽사의 의미로 피장자의 가슴에 부장된 것으로 보이며, 당시 틸리야테페의 사람들은 중국 거울에 특별한 의미를 부여하고 있었음을 알 수 있다. 이는 중국의 한 혹은 흉노를 통해 입수한 후 자신의 배후자 혹은 사제 등 여성에게 나누어주었던 것으로 보고 있다(이양수 2016: 99-101). 그런데 이 한경(漢鏡)들은 틸리야 테페유적의 피장자들이 흉노에 쫓겨난 월지(月氏)와 관련된 세력인 점에서 한(漢)과 대월지(大月氏)와의 관계를 상징하는 것이다. 틸리야 테페유적은 그 출토품에 초원기마민족의 황금문화와 그리스 로마 문화, 중국 문화가 혼합된 점에서 박트리아가 문명의 십자로(十字路)이었음을 보여준다.

　　니야(尼雅)유적은 신장위구르자치구(新疆維吾爾自治區) 타림분지의 남쪽 호탄(和田)지구에 위치하는 BC 1-4세기 도시유적이다. 민펑(民豊)에서 북쪽으로 120km 정도 떨어진 곳에 위치한다. 이곳은 니야강(尼雅江)을 수원으로 하는 오아시스 도시로서 타클라마칸 사막 천산남로 호탄(和田)의 동북쪽에 있다. 전한(前漢)대에는 정절국(精絶國)이라는 소국이었으며, 한 때는 '선선국(鄯善國)' 누란의 영향력에 있기도 하였다. 『대당서역기大唐西域記』에는 여행자들이 이곳을 경유하였다고 하였다. 니야유적에서는 제우스상·헤라클레스상 등의 그리스계 신상을 넣은 완형의 봉니(封泥)와 문서가 확인되었다. 또한 연주문(連珠文)과 보상화문(寶相華文) 등으로 장식된 목제 의자가 출토되었다. 특히 쿠샨왕조의 카로슈티(Kharosthi)문자로 된 문서가 약 700여 점 이상 발견되었는데, 3-4세기의 것으로 목간과 가죽 및 종이 등에 써진 것들이다. 내용은 공적인 왕의 명령부터 개인 서신 등 다양하다. 또한 니야유적의 2-4세기 융단 가운데 인도에서 온 것이 확인되었다. 이 유적 출토 유리구슬 가운데 페니키아산 돌출첩안문유리주가 있어 주목된다. 니야(尼雅)유적N8유구 출토 압형주자(鴨形注子)인 리톤(rhyton)은 그 유적의 위치와 베그람(Begram) 출토품과 관련성이 보이는 점에서 아프카니스탄을 거쳐서 파미르를 넘어 이입되었을 가능성이 크다. 더욱이 후한(後漢) 말 위(魏) 초의 신장위구르자치구

니야(尼雅)유적 1호묘지 3호묘의 칠제 화장합의 빗접 장식으로 사용된 원문유리주(圓文琉璃珠)는 사산조페르시아산으로, 한국의 경주 식리총 등 출토 이 형식의 유리주가 사막로를 통하여 이입된 것을 알 수 있다.

3) 초원로(草原路)를 통한 교류(交流)

『사기史記』대완(大宛)전에는 장건이 방문했던 곳은 대완, 대월지, 대하, 강거 등이었고, 또한 그 주변 5-6개의 큰 나라에 관해서도 다음과 같이 전하였다.

> "오손(烏孫)은 대완(大宛)의 동북쪽으로 대략 2천 리 떨어진 곳에 있다. 유목국가이고 가축을 따라다니며 흉노(匈奴)와 풍속이 동일하다.""오손(烏孫)으로부터 서쪽 안식(安息)에 도달하는 동안에는 흉노의 땅이 가까이 있다.…. 흉노의 사절(使節)은 선우(單于)의 서간(書簡)을 가지고 있으면 도중의 나라에서는 식량을 마련해서 안내하고 전송해주었다.….."

라고 하여, 흉노가 몽골에서 오손(烏孫)을 지나 페르가나(Fergana)지방을 거쳐 이란의 파르티아에 이르는 교통로를 확보하였음을 알 수 있다.

흉노(匈奴)는 강성하여 건국 초기 유방(劉邦)은 백등(白登) 지금의 대동(大同)에서 흉노에 포위되어 한(漢)은 불리한 강화조건을 맺을 수밖에 없었다. 이후 흉노는 한(漢)으로부터 해마다 막대한 비단(絹) 등을 공납(貢納)받았다. 동시에 그들은 한(漢)의 변경에서 말과 비단을 즉 견마(絹馬) 교역(交易)을 실시하였다. 흉노가 말을 타는 유목민의 생활에 적합하지 않은 비단(絹)을 한(漢)으로부터 다량으로 수입한 것은 지배층의 기호도 있지만, 로마와 파르티아에 대한 수출용이었던 것이다.

흑해(黑海)에 면한 우크라이나 크림반도의 사르마타이(Sarmatai)의 귀족묘군인 우스트 알마(Ust-Alma)고분군에서는 로마 유리기와 함께 한대(漢代)의 칠상(漆箱)이 출토되었다. 620호분에서는 로마 유리기를 비롯한 화장도구가 들어있는 2단의 칠기가 출토되었으며, 720호분에서도 이와 유사한 칠기가 확인되었다. 출토된 칠기(漆器)는 흑색 칠바탕에 적색으로 문양을 그린 것으로, 1세기대의 전형적인 한(漢)의 칠기이다. 우스트 알마고분군의 칠기(漆器)는 카자흐스탄과 몽골초원에서도 출토되고 있어 흉노와 사르마타이의 교역에 의해 몽골, 카자흐스탄 초원을 거쳐 이입되는 것으로 추정된다.

몽골의 골모드(Gol-mod)Ⅱ고분군은 수도 울란바도르의 동북쪽에 위치하며 흉노(匈奴)의 왕묘역이다. 이 곳에서는 로마 유리기가 1호분에서 2점, 1호분 30호묘 배장묘에서 1점 출토되었다. 3점은 모두 연리문(練理文)으로 장식되었으며 가운데 2점은 종릉문완(縱稜文盌)이다. 같은 형식의 완은 같은 시기 러시아 크라스노다르(Krasnodar)지방의 고르기피아(Gorgippia)유적에서도 출토되었다. 1호분에서는 한(漢)으로부터 이입된 옥벽(玉璧)과 색옥(塞玉)이 부장되었다. 흉노 왕의 장송의례에 한의 장옥(葬玉)이 사용된 것이 흥미롭다.

흉노의 왕묘역인 몽골 노용 올(Noyon uul)고분군은 울란바도르 부근에 위치하며, 파르티아산 직물이 출토되어 주목된다. 6호분 등에서 발견된 복식과 문헌을 바탕으로 보면 흉노인들은 곧은 깃, 혹은 둥근 깃을 가진 카프탄(Caftan) 형태의 상의(上衣)를 왼쪽으로 여며 입고, 아래에는 통이 넓은 발목 부분을 모아 묶는 바지를 입었던 것으로 보인다. 이 고분군에서 출토된 의복과 생활용품은 알타이의 파지리크고분군에서 확인된 상의과 바지, 신발 등과 아주 유사하다. 6호분에서 출토된 직물에 보이는 기마인물상은 말, 마구, 복식 등에서 파르티아 양식으로 보고 있다.

더욱이 20호분에서 출토된 직물의 염료를 분석한 결과 시리아의 팔미라(Palmyra) 및 두라에우로포스(Dura Europos)에서 나온 모직물과 유사하다는 결과가 나와 이러한 자수품들이 서부 파르티아 즉 시리아일대에서 제작된 것으로 판명되었다(수전휫필드외(저), 이재황(역), 2019: 80). 또한 31호분에서 출토된 직물에 사용한 실과 직물을 만든 기법 등 대한 분석 결과 시리아와 팔레스타인지역에서 제작되었고 자수 문양에 대해서는 고대 인도 북부의 사카족의 장인에 의해 만들어진 것으로 밝혀졌다. 이 직물에는 고대 인도와 페르시아에 전파된 조로아스터교의 행사 장면을 표현된 것으로 보았으며, 인물 표현과 의상의 특징에 주목하여 월지 통치하에 있던 박트리아인임이며 월지국이 흉노에게 공물로 바친 것으로 해석하기도 한다(G.에렉젠·양시은 2017: 292-294). 한편 1호분에서는 삼족오(三足烏), 운문(雲文), 20호분에서는 운기문(雲氣文)과 동물문(動物文)이 시문된 한(漢)의 견직물(絹織物)이 부장되어 동서의 직물이 흉노의 궁정에 이입된 것을 알 수 있다. 20호분에서 3점의 칠이배(漆耳杯)가 출토되었다. 한(漢)에서 수입된 것으로 장방형의 몸체와 그 양쪽에 긴 손잡이를 지닌 작은 목제용기이며 크기가 길이 9cm, 폭 5cm 정도이다. 그중 2점에는 각각 46자와 8자의 명문이 있다. 명문의 승여(乘輿)는 어용(御用), 즉 황제를 위해 만들어진 것이며, 이는 황실 관할의 공장에서 황실용으로 만든 물품이기 때문에 상업활동으로 흉노에 들어올 가능성은 없다. 칠기는 한(漢)과 흉노의 귀족계층과 직접적으로 교류에 의해 이입되었으며, 원연(元延)4년이라는 명문을 통해 BC 8년에 제작한 것으로 추정된다. 20호분 출토 그리스 로마 양식 은제장식의 도상은 그리스 신화에 나오는 헤라클레스와 옴팔레 이야기 또는 케피소스왕의 딸 안드라메다 여신의 모습과 유사하다. 이 장식판은 고부조(高浮彫)의 타출(打出)기법과 양식으로 볼 때 흑해 연안에서 제작되어 수입된 것으로 추정되고 있다.

몽골의 이흐링 암고분군은 울란바도르의 남쪽 돈드고비 아이막(Dondgobi aimag)에 위치한다. 1호묘에서는 이집트의 베스(Bes)신을 본뜬 신상과 손모양의 파양스장식이 출토되어 주목된다. 이집트에서 제작된 파양스 제품이 지중해와 흑해를 거쳐 카자흐초원을 경유하여 이입되었기 때문이다.

몽골의 타미린 올란 호쇼(Tamiryn ulaan khoshuu)고분군은 울란바도르의 동북쪽에 위치하는 흉노묘(匈奴墓)이다. 2호묘에서는 64점의 금층유리주(金層琉璃珠)가 출토되었다. 2호묘에서 출토된 이 청동 인장은 흉노묘 출토품 중 최초이며 유일한 중국제 인장이다. 13호묘에서 출토된 금제 귀걸이는 청금석과 녹송석을 감입하고 누금으로 장식한 것이다. 13호묘에서는 홍옥수제 관주가 출토되었다. 관주의 형태와 재질로 볼 때 인도의 구자라트(Gujarat)지방산으로 추정된다. 더욱이 29호묘 출토 유리구슬은 돌출첩안문유리주(突出帖眼文琉璃珠)로서 지중해산이다. 이와 함께 2호묘, 20호묘 등에서 출토된 금층유리주(金層琉璃珠)도 지중해산이다. 홍옥수는 파미르를 넘어서, 돌출첩안문유리주(突出帖眼文琉璃珠)와 금층유리주(金層琉璃珠)는 흑해(黑海)를 경유하여 온 것으로 전자는 흉노와 월지, 후자는 흉노와 사르마타이와의 교역을 통하여 이입된 것으로 보인다. 그 외 중국제는 한(漢)의 오수전(五銖錢)이 13호묘에서 출토되었다.

타미린 올란 호쇼고분군은 흉노의 소형묘임에도 불구하고 지중해산, 인도산, 중국산의 문물이 부장된 것에서 흉노의 활발한 교역 활동을 알 수 있다. 흑해(黑海) 연안에 로마 유리기가 집중 이입되고 한(漢)의 칠기(漆器)가 이곳에 도달한 것에서, 사르마타이(Sarmatai)와 흉노(匈奴)의 교역(交易)에 의해 초원로를 통하여 유리기(琉璃器)와 칠기(漆器)가 이입된 것을 알 수 있다. 그래서 4세기 이후 초원로를 통하여 로마 유리기가 이입되는 유리의 길이 1세기에 이미 형성되었음을 알 수 있다. 흑해 연안과 몽골초원은 동서의 문물이 교차하는 초원로의 교차점이었다(**그림 I-8**).

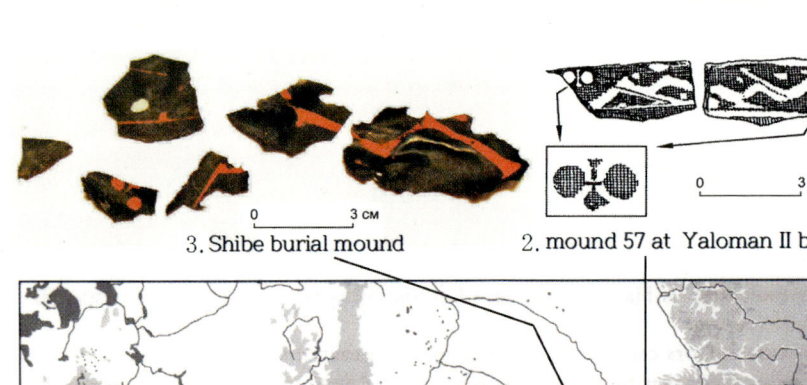
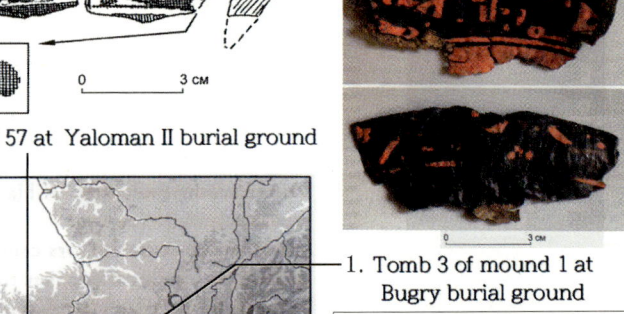

3. Shibe burial mound

2. mound 57 at Yaloman II burial ground

1. Tomb 3 of mound 1 at Bugry burial ground

（睡虎地 M11:36B[217 BC]）

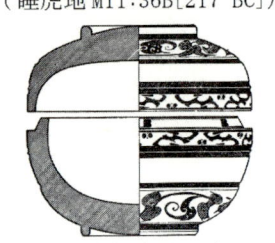

（睡虎地 M9:10）

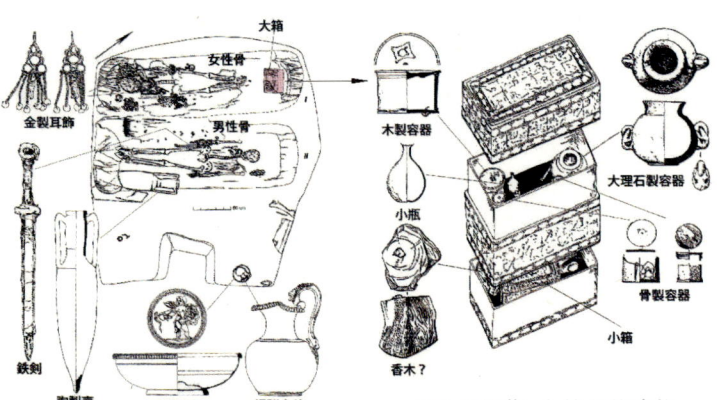

620号埋葬・大箱共伴遺物

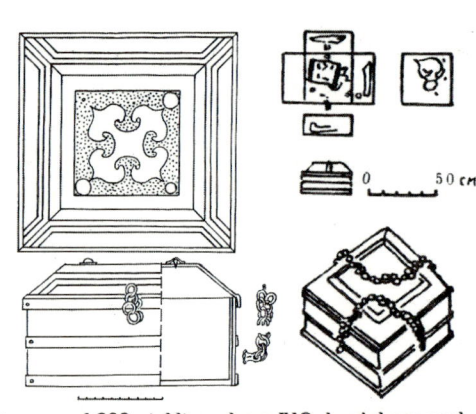

5. mound 282 at Altyn-Asar IVO burial ground
 mound 265 at Altyn-Asar IVM burial ground

4. Ust-Alma tombs

（上左2点：720号墓、上右2点：620号墓大箱、下：620号墓小箱）

6. Begram

（参考：石巖里 194号墓 [3 AD]）

그림 I-8. 유라시아Eurasia 서방으로 이입된 한(漢)의 칠기(漆器)(大谷 2019)

5. 4-6세기世紀 실크로드絲綢之路 문명교류文明交流

1) 훈(Hun)족과 초원로(草原路)

4세기 유라시아의 민족 대이동을 초래한 훈(Hun)족이 돌연 흑해연안에 출현한다. 훈(Hun)족은 『후한서後漢書』 서역전(西域傳)에는 123년경 북흉노(北匈奴)의 호연왕(呼衍王)이 포류해(蒲類海) 즉 신장(新疆) 파리곤호(巴里坤湖)와 진해(秦海) 즉 흑해(黑海) 사이를 전전하며 서역 여러 나라들을 제압하고 약탈했다는 기록이 보인다. 2세기 전반 북흉노 세력은 천산(天山) 북방에서 카자흐스탄 초원에 걸쳐 넓게 분포하였다. 북흉노가 최종적으로 일리강 계곡을 떠나 흑해(黑海) 방면으로 이주한 것은 2세기 중반으로 추정된다. 따라서 훈(Hun)족은 북흉노에 기원하였으며 375년경부터 알란족과 고트족을 밀어내기 시작했고 5세기에는 아틸라(Attila)의 지휘하에 동로마는 물론 서로마 제국까지 크게 위협했다(金浩東 2016: 159).

그런데 4-5세기 유라시아의 동단에 위치한 신라에 로마 유리기가 이입되는 것은 훈족이 흑해(黑海) 연안의 동서지역을 장악한 시기이다. 더욱이 4세기 신라에서는 적석목곽분(積石木槨墳)이 출현하고, 5세기에는 화려한 금관을 비롯한 황금 장신구가 다수 부장되었다. 신라의 적석목곽분(積石木槨墳)은 통나무로 목곽을 이중 조립하고 그 위에 적석한 파지리크 등의 초원로상의 쿠르간과 구조가 유사하여, 신라 묘제(墓制)의 기원이 유라시아 초원 지대에 있음을 알 수 있다. 신라의 적석목곽분(積石木槨墳)과 황금문화(黃金文化)에 대해서는 기마민족(騎馬民族)의 이주(移住)로 보는 견해와 자생적(自生的)인 발생(發生)으로 보는 견해가 있다.

필자는 신라의 적석목곽분(積石木槨墳)에 대하여 313년 낙랑 멸망 이후 고구려(高句麗)를 통하여 유라시아 기마민족문화(騎馬民族文化)와 접하게 된 신라(新羅)의 선택적(選擇的)인 수용(受容)의 결과로 본다. 황금제품과 로마 유리기는 이와 함께 수용한 것으로 생각한다. 이는 남조(南朝)와 교섭하여 전축분(塼築墳)과 도자기(陶磁器)를 수용한 백제(百濟)와는 다른 선택의 결과이다.

신라(新羅)의 능묘역(陵墓域)인 대릉원고분군(大陵苑古墳群)에서는 금관(金冠)이 6점 출토되었다. 신라(新羅)의 금관(金冠)은 수지(樹枝)형과 녹각(鹿角)형 입식(立飾)으로 장식한 것이 특징이다. 특히 서봉총(瑞鳳塚) 출토품은 관 중앙의 나뭇가지 위에 3마리의 새가 앉아 있는 모습을 형상화하였다. 이는 성수(聖樹), 성수(聖獸), 성조(聖鳥) 신앙이 결합된 것으로 북방 기마민족의 신앙과 관련하여 주목된다(그림 I-9, 10).

Ⅰ. 실크로드絲綢之路 문명교류사文明交流史 서설序說

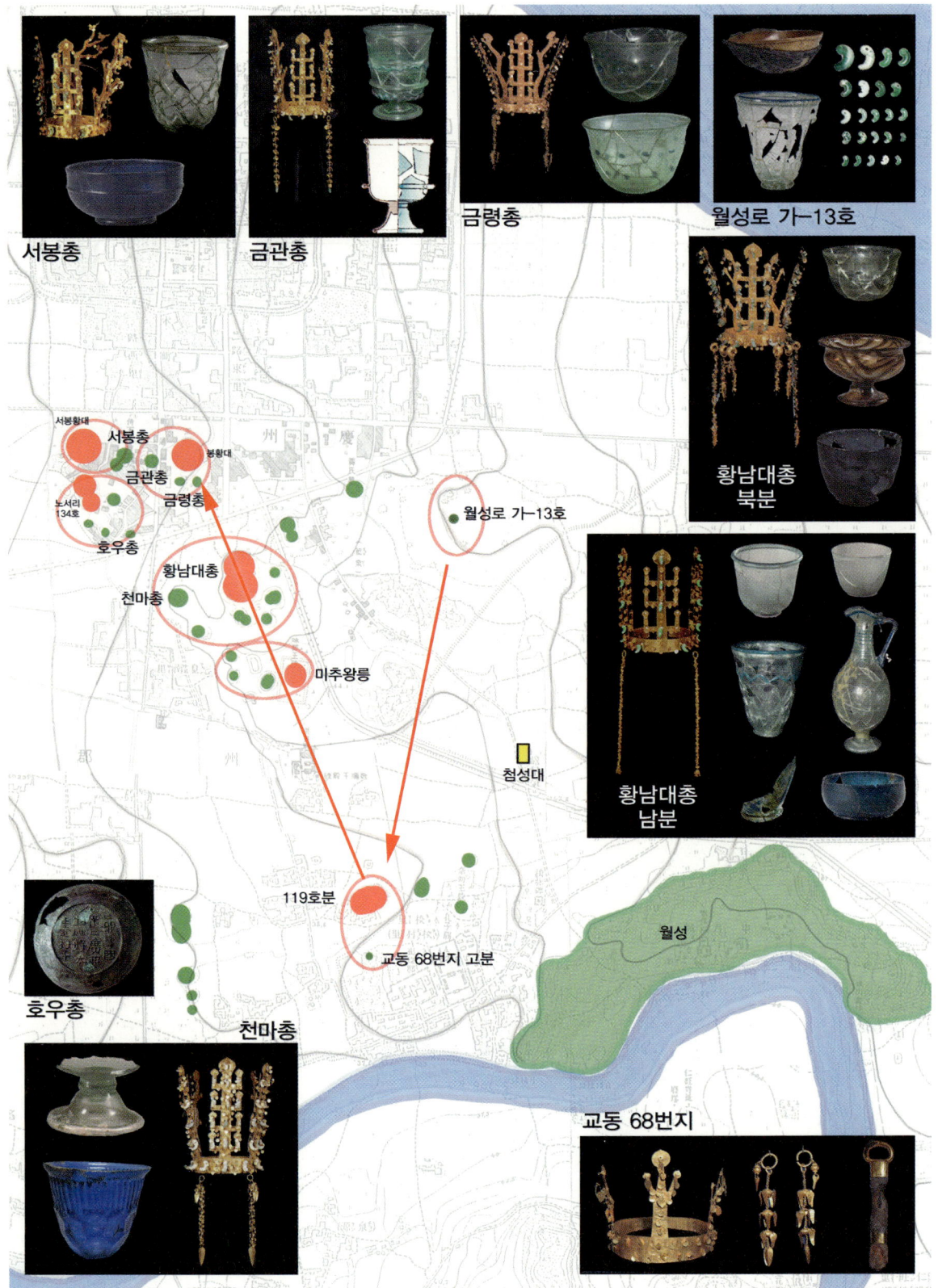

그림 Ⅰ-9. 한국(韓國) 경주(慶州) 신라(新羅) 대릉원고분군(大陵苑古墳群) 출토 로마Rome 유리기(琉璃器)와 금관(金冠)
(→ 왕릉의 축조과정)

5. 4-6세기世紀 실크로드絲綢之路 문명교류文明交流

그림 I-10. 신라(新羅) 금관(金冠)의 계통(系統)
1. 카자흐스탄(Kazakhstan) 이식(Issyk)고분 | 2. 러시아(Russia) 호흐라치(Khokhlach)고분
3. 아프카니스탄(Afghanistan) 틸리아테페(Tilla Tepe)6호묘 | 4. 중국(中國) 서하자(西河子)고분(古墳) | 5. 한국 교동(校洞)68번지고분(古墳)
6. 한국(韓國) 서봉총(瑞鳳塚)

  러시아 알타이 산록에 위치하는 BC 5-BC 4세기에 축조된 파지리크(Pazyryk)고분군의 5호분에서는 4.5×6.5m의 펠트제 벽걸이가 출토되었다. 이 벽걸이에는 의자에 앉은 인물과 말을 탄 인물이 마주 보는 장면이 반복적으로 표현되어 있다. 의자에 앉은 인물은 긴 드레스를 입고 수염이 없어 여성으로 추측되며, 손에 든 나무에는 튤립형의 꽃과 석류와 같은 과실, 끝이 뾰족한 창 모양의 잎이 붙어 있다. 서아시아 미술에서는 이와 같은 나무는 생명수(生命樹) 또는 우주수(宇宙樹)이며, 그것을 들고 옥좌에 앉아 있는 인물은 여신(女神)으로 보고 있다. 한

편 말을 타고 있는 인물은 곱슬머리에 높은 코, 긴 수염을 기른 얼굴이며, 목에는 물방울 문양의 스카프를 두르고 군복 같은 상의와 폭이 좁은 바지를 입고 있다. 허리띠에는 스키타이형의 활과 화살을 넣은 고리투스(Gorytus)를 착장하고 있다. 여신(女神)의 앞에 선 인물은 지상의 왕(王)으로, 이 벽걸이는 여신이 왕에게 권력을 주는 왕권신수(王權神授)의 장면을 표현한 것으로 해석된다.

초원 기마민족의 성수(聖樹) 신앙이 페르시아의 왕권신수(王權神授) 사상과 결합하여 성수(聖樹)가 왕권의 상징으로 발전한 것이다. 생명수(生命樹)를 가진 여신이 지상의 왕에게 왕권을 수여하는 신앙을 가진 세력은 이 고분군을 축조한 흉노가 발흥하기 이전 서역 일대까지 지배하였으며 『사기史記』에도 보이는 월지(月氏)로 보고 있다(林俊雄 2018: 49-51).

같은 시기 카자흐스탄의 천산(天山) 산록에 위치한 이식(Issyk)고분에서는 4천여 점의 금판으로 장식한 복식과 인골이 출토되었다. 피장자는 금관으로 장식한 의복과 함께 금제 조형으로 장식한 고깔모자를 착용한 채로 발견되었다. 고깔모자는 이란의 페르세폴리스(Persepolis) 궁전 벽화와 비슈툰(Bisotun) 비문에서 보이는 것으로, 그 축조 세력은 천산 산록을 중심으로 거주한 사카(Saka)족이다. 그런데 이 모자 측면을 금제의 산(山), 나무(樹), 새(鳥)로 장식하였는데, 새가 산의 나무 위에 앉아 있는 형상을 하고 있어 주목된다. 왜냐하면 신라 서봉총 금관의 새가 앉아 있는 장식과 유사하기 때문이다.

러시아 돈강 하구 노보체르카스크(Novocherkassk)의 호흐라치(Khokhlach)고분 출토 보석상감금관(寶石象嵌金冠)은 관대(冠帶) 위의 성수(聖樹)를 중심으로 사슴(鹿)이 마주 보는 의장(意匠)의 입식으로 장식하였다. 이 금관은 관대(冠帶)의 정면 중앙에 수정(水晶)으로 조각한 그리스 여신상을 배치하고 그 조각상의 머리 위와 좌우에는 횡타원형의 석류석(石榴石)을 감입하였으며, 그 주위를 금제 금수(猛禽)상과 횡타원형의 각종 색유리판(色琉璃版)으로 장식하였다. 이 관은 파손되었으나 원래는 여신의 머리 위 가지에 보요(步搖)가 달린 높은 성수(聖樹)를 세우고 이를 중심으로 같은 높이의 성수(聖樹)를 6개 배치하였으며, 그 사이 관의 정면에는 마주 보는 사슴 4마리를 장식한 것으로 복원된다. 좌우에는 염소 2마리, 새 4마리를 배치하였다. 이 관은 1-2세기 사르마타이(Sarmatai)의 것으로 보고 있다.

러시아 볼가강과 돈강 사이의 볼고그라드 베르흐네(Verkhne)의 야브로치니(Yablochnniy)촌의 고분에서는 석류석과 누금장식 금제 대관(帶冠)과 함께 여성용의 금제 관자놀이 장식이 출토되었다. 이 장신구는 외면 중앙을 원형으로 구획하고 그 안에 새가 올라가 있는 나무를 중심으로 양 쪽에 각 3마리의 사슴, 개, 염소를 대칭되게 세립 누금으로 장식하였다. 그 바깥에는 선단에 세립 누금을 삼각형으로 붙인 횃불모양의 장식을 방사상으로 19개 배치하였다. 이 고분은 4세기 말-5세기 초 훈족의 고분으로 그 장신구의 성수(聖樹), 성수(聖獸), 성조(聖鳥)가 신라 금관의 장식과 관련되고 그 시기가 신라 금관과 근접한 점이 주목된다. 내몽고(內蒙古) 포두시(包頭市) 서하자(西河子) 출토 모용선비(慕容鮮卑)의 금제 보요관(步搖冠)은 사슴(鹿)과 그 뿔(角)을 형상화한 것으로, 녹각(鹿角)과 보요(步搖)는 신라 금관에 영향을 준 것으로 보인다. 사슴(鹿)은 지상과 천상을 연결하는 영적인 동물이며 사산조페르시아 왕과 고구려 백제왕들의 사슴사냥(鹿狩獵)에서 알 수 있듯이 왕권을 상징하는 성수(聖獸)로서, 그 뿔(角)은 생명의 소생을 상징하는 것으로 보기도 한다.

이상으로 볼 때 신라 금관의 성수(聖樹), 성수(聖獸), 성조(聖鳥)는 초원 기마민족의 왕권신수(王權神授) 사상과 관련된 것을 알 수 있다. 더욱이 신라의 금제 관(冠)을 비롯하여 경식(頸飾), 대식(帶飾), 완식(腕飾), 식리(飾履) 등 신체를 황금으로 장식하여 매장하는 장제(葬制)는 중원(中原)이 아닌 카자흐스탄 사카(Saka)의 이식(Issyk) 쿠르간 등에 보이며, 신체를 황금으로 장식하는 것은 초원 기마민족의 전통적인 습속인 점에서 주목된다(그림 I-11).

문무왕비(文武王碑)에 신라 왕계를 흉노(匈奴) 왕자인 김일제(金日磾)의 후손으로 칭하는 것이 이와 연관되어 흥미롭다. 또 서안(西安)에서 발견된 9세기 대당김씨부인묘지명(大唐故金氏夫人墓銘)에도 이와 관련한 기사가 보여 오랫동안 신라인들의 시조 전승으로 남아 있었음을 알 수 있다. 이는 신라 왕실이 왕계를 신성화하기 위해 기마민족의 후예임을 자칭하고 있는 것으로, 그 문화의 도입 배경을 이해할 수 있기 때문이다.

5세기에는 로마 유리기가 신라에 다수 이입된다. 유리기는 경주시 계림로(鷄林路)14호묘 출토 황금보검(黃金寶劍)과 신라고분에서 주로 출토되는 망목문배(網目文杯)가 카자흐스탄 북부의 초원 지대인 보로보에(Borovoe) 호수 주변과 카라 아가치(Kara-agachi)에서 출토되는 것으로 볼 때 지중해 일대에서 제작되어 흑해(黑海) 연안을 거쳤을 가능성이 크다. 이는 흑해(黑海) 게르치(Kerch)지역 등에서 반점문완(斑點文盌), 봉수병(鳳首甁) 등이 집중적으로 출토되는 점에서도 방증된다(그림 I-12).

신라고분에서는 망목문배(網目文杯)가 황남대총남분(皇南大塚南墳), 서봉총(瑞鳳塚)에서 출토되었다. 이 망목문배(網目文杯)가 독일 쾰른(Koln), 카자흐스탄 카라 아가치(Kara-agachi)고분 출토품, 키르기스스탄 잘-아릭(Djal-Aryk)고분 출토품, 중국 하북성(河北省) 경현(景縣)의 조씨묘(祖氏墓)에서 보이는 점에서 초원로를 경유한 것을 알 수 있다.

그런데 신라고분 출토 로마 유리기는 초원로를 통하여 이입된 것으로 보고 있으나 그

그림 I-11. 카자흐스탄^{Kazakhstan} 이식^{Issyk}고분 황금인간(黃金人間)과 신라(新羅) 황금(黃金) 장신구(裝身具)
1. 카자흐스탄 이식고분 황금인간 | 2. 황남대총 북분 | 3, 4. 금관총

이입 경로와 주체에 대해서는 구체적으로 밝혀지지 않았다.

　　필자는 1세기를 전후한 시기부터 흑해(黑海) 연안에 로마 유리기가 집중 이입되고 사르마타이(Sarmatai)와 흉노의 교섭에 의해 로마 유리기가 몽골에 이입된 것으로 볼 때 4-5세기에도 역시 흑해(黑海) 연안을 경유한 것으로 본다.

　　후술하는 카자흐스탄의 카라 아가치(Kara-Agachi)고분에서도 로마 유리기와 함께 경주시 계림로14호묘 출토 황금보검과 동일한 석류석 감입(嵌入) 및 누금(鏤金) 기법으로 제작한 은제 수륜(首輪)장식이 공반된 점이 매우 주목된다.

　　계림로14호(鷄林路14號) 보검(寶劍) 출토 황금보검(黃金寶劍)은 다채장식양식(多彩裝飾樣式)의 공예품이다. 다채장식양식(多彩裝飾樣式)은 황금, 은 세공의 구획 내에 다양한 색채의 보석, 준보석, 색유리를 감입한 원색적이고 화려한 장식효과를 내기 위한 양식이다. 이 양식은 서방(西方)에서는 그리스, 로마, 이집트 등의 지중해세계뿐만 아니라 동방(東方)의 메소포타미아, 이란에서도 유행하였으며 흑해연안의 사르마타이(Sarmatai)에서 선호되었다. 더욱이 계림로14호(鷄林路14號) 보검(寶劍)에는 금, 은, 동을 사용하여 구획하고 그 안에 보석과 유리를 감입하는 클루아조네(Cloisonné)기법이 사용되었다. 이 기법에는 진홍색의 석류석이 가장 애호되었으며, 석류석과 색유리 상감의 지판에 금박을 깔아서 그 진홍색을 한층 강하게 하는 기법이 사용되었다. 다채장식양식(多彩裝飾樣式)이 대 유행하는 것은 5세기 훈(Hun)족의 아틸라(Attila)제국시대(434-454년)이다.

　　보로보에(Borovoe)출토 보검을 비롯한 계림로14호(鷄林路14號) 보검(寶劍)의 제작지와 이입경로에 대한 논의는 다음과 같다.

　　아나자와 와코(穴澤咊光), 마노메 준이치(馬目順一)는 처음으로 유럽과 중앙아시아의 자료를 비교 검토하여 제작지(製作地)를 추정하였다. 보검(寶劍)은 클로아조네(Cloisonne)기법을 활용한 다채장식양식(多彩裝飾樣式)으로 보았다. 다채장식양식(多彩裝飾樣式)은 카자흐스탄의 보로보에유적 출토품, 일본 덴리산고관(天理參考館)의 전(傳) 이란출토 보검(寶劍), 이탈리아의 랑고바르트족(Langgobards)F묘에 유례가 있다. 이러한 출토 예와 함께 벽화, 은기(銀器) 등에 보이는 도상 자료를 검토하여 A에서 D형식까지, 총 4개의 형식으로 나누었다. A형식은 계림로14호(鷄林路14號)의 형태로서, 이를 다시 검초(劍鞘) 양끝이 넓은 키질69호석굴형과 계림로(鷄林路)형으로 나누었다. B형은 검초(劍鞘) 하단부가 폭이 넓으면서 끝이 뾰족하고 가운데에 능(稜)이 있는 형태로 키질 69굴 공양자상 벽화의 것을 예로 들었다. C형은 우즈베키스탄 아프라시압형으로 초미(鞘尾)가 넓지 않은 것이다. 아프라시압, 쿠처 쿰트라석굴, 파리국립도

그림 Ⅰ-12. 4~5세기 우크라이나^{Ukraine} 게르치^{Kerch} 로마^{Rome} 유리기(琉璃器)

서관 소장 사산조 은기를 포함하였다. D형은 '카스테로 토로시노형'으로 초미(鞘尾)와 파두(把頭)가 둥근 것이다. 이 중 A-C 형식은 중앙아시아와 이란에서 많이 보이는 것이고 D식은 이들이 유럽에 전래되어 만들어진 것으로 보았다.

계림로14호(鷄林路14號)의 클로아조네 의장은 5세기 유럽의 '민족대이동시대'의 것과는 명백히 이질적(異質的)인 것으로, 이란과 중앙아시아에서 6-7세기에 유행한 양식과 관련지었다. 즉 계림로14호(鷄林路14號) 보검(寶劍)은 이란, 또는 중앙아시아에서 제작되어 전해진 것으로 판단하였다. 그 연대는 이식(耳飾) 등으로 볼 때 14호묘의 출토품은 이토 아키오(伊藤秋男) 편년(編年)의 C기(520-600년)로 추정하였다. 또한 보검(寶劍)은 이전에 전해져 전세(傳世)된 것이 아니고 6세기에 제작(製作)된 것으로 보았다. 이입경로(移入徑路)에 대해서는 실크로드를 통해 중국(中國)과 왕래(往來)한 소그드(Sogd) 상인에 의한 것과 북방 초원로를 통해 직접 이르는 경로가 고려될 수 있다고 하였다(穴澤咊光·馬目順一 1980).

요시미즈 츠네오(由水常雄)는 보검(寶劍)의 문양(文樣)과 누금기법(鏤金技法)을 그리스, 로마의 것으로 보고, 검초(劍鞘)의 태극문(太極文)은 켈트(Celts)의 문양(文樣)으로 추정하였다. 또한 상감(象嵌)된 진홍색 석류석(石榴石)의 산지는 체코, 폴란드, 러시아 지방인 것으로 판단하였다. 그는 아나자와 와코(穴澤咊光), 마노메 준이치(馬目順一)의 이란, 중앙아시아 제작설에 대해서도 이란과 중앙아시아에서 석류석(石榴石)을 상감하는 것이 일반화되지 않았음을 들어 비판하였다. 결론적으로 보검(寶劍)을 제작한 금세공기술자(金細工技術者)는 로마문화를 전통으로 간직한 인물로서, 켈트(Celts)의 왕(王)의 주문으로 제작했다는 것이다. 제작지는 로마화된 켈트의 왕이 정착해 있던 땅인 도나우강 남부, 흑해서부(黑海西部)의 트라키아지방이 유력한 후보라고 하고, 보검(寶劍)은 켈트(Celts)의 왕(王)이 신라(新羅) 최고위층(最高位層) 인물(人物)에게 직접 전달한 선물로 보았다(由水常雄 2002).

이한상(李漢祥)은 계림로14호(鷄林路14號) 보검(寶劍)의 제작지(製作地)를 아나자와 와코(穴澤咊光), 마노메 준이치(馬目順一)의 이란, 중앙아시아 제작설을 통설로 소개하며 중앙아시아에서 제작된 것으로 보았다. 요시미즈 츠네오(由水常雄)의 트라키아지방에 거주한 켈트(Celts)의 왕(王)이 제작했다는 설에 대해서는 켈트(Celts) 문화의 시간과 공간폭이 너무 넓기 때문에 의문을 제기하였다. 계림로14호(鷄林路14號) 보검(寶劍)은 제작기법(製作技法)과 의장(意匠)으로 보아 중앙아시아에서 이입된 것으로 보았다. 또한 그 이입은 인적교류(人的交流)의 소산으로 해석할 수 있을지 분명치 않다고 하면서, 위진남북조시대(魏晉南北朝時代) 중국(中國)을 매개(媒介)로 한 이입품(移入品)으로 해석하는 것이 설득력이 있다고 하였다. 한편 함께 출토된 금제이식(金製耳飾)의 형식이 6세기 1/4분기이후 이므로 계림로14호(鷄林路14號)도 이 시기로 편년(編年)하였다(李漢祥 2007).

이송란(李松蘭)은 'P'자형(字形)과 'D'자형(字形)의 패용구(佩用具)에 주목하였다. 사산조 이란에서는 6세기 전반 이전에 2개의 패용구(佩用具)를 이용하여 수평에 가깝게 검(劍)을 패용(佩用)하는 방식으로 변화하였는데, 이러한 착장방식(着裝方式)은 기마민족인 에프탈(Hephthalite)의 것으로 이란에서도 에프탈과의 전쟁 이후에 2개의 패용구(佩用具)가 달린 검(劍)이 출현하였다고 하였다. 제작지는 보석상감기법(寶石嵌裝技法)과 누금세공(鏤金細工)이 발달했던 박트리아(Bactra)를 후보지로 들었다. 보검(寶劍)의 제작집단은 이 지역을 점령한 에프탈(Hephthalite)로 파악하였다. 한편 보검(寶劍)은 에프탈(Hephthalite)의 동맹국이었던 소그드(Sogd)와 고구려(高句麗)와의 교류(交流)에 의해 신라(新羅)에 전해진 것으로 이해하였다(李松蘭 2008).

윤상덕(尹相悳)은 보검이 중앙아시아지역에서 유행한 단검의 형태에 동로마제국에서 기원하고 5세기 유럽 각지의 이민족 사이에 퍼져 나가던 금세공기술이 결합된 것으로, 제작지는 중앙아시아세력과 클로아조네 기술이 접촉할 가능성이 큰 흑해연안지역으로 보았다. 피장자(被葬者)에 대하여 서아시아 지역과의 연관성을 완전히 배제할 수는 없으나 신라인으로 보았다. 즉 계림로14호묘(鷄林路14號墓)의 부장품 가운데 보검(寶劍) 외에 유리(琉璃)로 장식된 운주(雲珠), 행엽(杏葉), 상감유리장식수하식(象嵌琉璃裝飾垂下式), 금동제수변문좌목선금구(金銅製獸面文座木先金具)가 부장되었으나 모두 신라(新羅)에서 제작된 점, 고분의 구조 역시 적석목곽묘(積石木槨墓)으로 신라(新羅)묘제인 점, 머리를 동쪽으로 둔 것도 오랜 장례전통(葬禮傳統)을 따른 점을 근거로 제시하였다. 따라서 계림로14호묘(鷄林路14號墓)의 피장자(被葬者)를 서아시아에서 온 사람으로 보기는 어렵다는 것이다(尹相悳 2010: 227-245).

필자는 계림로14호묘 출토 보검의 누금 기법이 흑해 연안의 그리스계 공인에 의해 제작된 스키타이, 사르마타이의 금제품에 보이는 것에서, 계림로14호묘 출토 황금보검을 비롯한 금제품은 4-5세기 흑해연안에 진출한 훈(Hun)족이 양자(兩者)를 결합하여 제작한 것으로 본다. 이러한 금제품은 서쪽으로는 헝가리(Hungary), 루마니야(Romania)를 비롯한 흑해(黑海) 연안에 집중적으로 분포하며, 동쪽으로는 천산(天山)산맥 일대를 거쳐 신라에 이입된 것이다. 황남대총 북분 출토 금제 누금 상감 완륜(腕輪)도 보석을 상감하고 그 주위와 여백을 삼각형의 누금으로 장식한 점에서 훈족의 금공 기법에 의해 제작된 것으로 본다(그림 I-13). 그리고 필자는 계림로(鷄林路)14호묘의 피장자(被葬者)는 신라인으로 생각하지 않는다. 왜냐하면 매장주체부가 길이 3.5m 작은 적석목곽분임에도 왕과 왕족급 부장품인 황금보검이 부장되었기 때문이다. 이는 한변 22m 방분인 소형묘임에도 로마 유리기 2점과 신라산 금제장신구가 부장된 나라현(奈良縣) 니이자와(新澤千塚)126호분의 피장자와 같이 이주민(移住民)일 가능성이 매우 크다. 니이자와(新澤千塚)126호분의 묘제도 일본열도의 방분(方墳)이며 할죽형목관을 사용하고 있어 주목된다. 묘제는 정착한 지역의 것을 채용하는 경우가 있기 때문이다. 따라서 계림로(鷄林路)14호묘의 피장자는 훈(Hun)족의 후예 또는 중국 키질석굴의 공양자상에 보이는 소그드인으로 추정된다. 양자 가운데 월성에서 5세기의 소그드인을 묘사한 토우가 출토된 점에서 후자일 가능성이 크다. 이는 유라시아 동단인 신라에 소그드인의 거주와 신라에 이입된 문물이 소그드인을 매개로 하였음을 알 수 있게 한다.

근래 신라고분 출토품 가운데 종래 지중해 일대에서 제작된 것으로 보아온 황남대총남분(皇南大塚南墳) 출토 봉수병(鳳首甁)이 중앙아시아산이라는 견해가 제시되었다. 이는 대릉원 고분군 출토 21점에 대한 화학 조성 분석에 의해 것으로, 모두 실리카, 소다, 석회를 주성분으로 하는 소다 석회 유리(soda-lime glass)로 확인되었다. 또한 유리제작에 필요한 융재(融劑)의 분석에 의해 내트론을 사용한 내트론계(natron glass) 6점, 소다회를 사용한 식물재 유리(plant ash glass) 15점이며, 전자는 지중해산, 후자는 중앙아시아산이라는 결과에 따른 것이다(阿部善也·村串まどか 2020: 306-312). 내트론계 유리기는 천마총(天馬塚) 구갑문배(龜甲文杯), 안계리(安溪里)4호분 완(盌), 황남대총북분(皇南大塚北墳) 절자구갑문배(切子龜甲文杯)이며, 식물재 유리계는 황남대총남분(皇南大塚南墳) 출토 봉수병(鳳首甁), 망목문배(網目文杯), 청색배(靑色杯), 월성로(月城路)가13호묘 파상문배(波狀文杯), 금관총(金冠塚) 파상문배(波狀文杯) 등으로 보고 있다.

그러나 필자는 신라고분 출토 유리기는 지중해연안에서 제작된 것으로 본다. 그 근거는 카자흐스탄의 카라아가치(Kara Agachi) 고분 출토 망목문배(網目文杯)이다. 이 로마 유리기는 담녹색(淡綠色)으로 기벽(器壁)이 얇고, 구순(口脣)은 감색(紺色)의 유리대(琉璃帶)를 덧붙여 장식하였다. 상위에는 구순(口脣)과 같은 색조(色調)의 굵은 띠 1줄을 파상(波狀)으로 붙여 돌렸고, 하위에는 배신(杯身)과 동일(同一) 색조(色調)의 유리대(琉璃帶) 3줄을 파상(波狀)으로 교차하게 돌려 붙여 망목문(網目文)으로 장식하였으며, 저부는 원형(圓形)의 속이 찬 유리봉을 원형으로 말아 붙여 만들었다. 이 고분 출토품은 대각(臺脚)이 부착된 점을 제외하고는 차이가 보이지 않는다는 점에서 황남대총남분(皇南大塚南墳) 출토 망목문배(網目文杯)와 흡사하다. 대각(臺脚)은 천마총(天馬塚), 금관총(金冠塚) 출토품과 형태가 같다. 이 망목문배(網目文杯)는 황남대총남분(皇南大塚南墳) 출토품과 동공품(同工品)으로 판단된다.

그림 1~13. 4~5세기 초원길로(草原路) 훈족Huns 장신구(裝身具)와 로마Rome 유리기(琉璃器)

1. [Rumania] Iasi Buhaeni 2. [Ukraine] Odassa Tiligul 3. Kerch 4. Melitopol Kiziyarskaya balka 5. Kherson 6. [Russia] Volgograd Verkhne Yablochnniy 7. [Kazakhstan] Karagachi 8. Borovoye Shchuche 9. [Russia] Shipunovo Tugozvonovo 10. [Kazakhstan] Kanattas 11. Aktasty 12. [China] Xinjiang Zhasou Boma tomb 13. Siheze site 14. [Korea] Kyoungju HwangNam 98 tomb 15. Kyoungju Gyerimno 14 tomb

그런데 중앙아시아산으로 분석 결과가 나온 황남대총남분(皇南大塚南墳) 출토 봉수병(鳳首瓶)은 구순(口脣)에 감색(紺色)의 유리대(琉璃帶)를 덧붙인 점이 주목된다. 왜냐하면 이 감색(紺色)의 유리대(琉璃帶)는 공반된 망목문배(網目文杯)에도 보이기 때문이다. 그래서 삼자(三者)는 앞서 언급한바와 같이 카라아가치(Kara Agachi)출토품과 동일지역에서 제작된 것이다(그림 I-14). 더욱이 경주(慶州) 월성로(月城路)가13호묘 출토 파상문배(波狀文杯) 2점도 구순(口脣)에 감색(紺色)의 유리대(琉璃帶)로 덧붙인 점으로 볼 때 역시 같은 지역에서 제작된 것이다. 게다가 카라 아가치(Kara-Agachi)고분의 북방에 위치하는 보로보에(Borovoe) 호수 주변에서 계림로(鷄林路)14호묘 황금보검(黃金寶劍)과 석류석(石榴石) 감입(嵌入) 및 누금기법(樓金技法)이 동일한 보검(寶劍)이 출토되었다.

더욱이 앞에서 언급한 바와 같이 흑해(黑海) 게르치(Kerch)지역에서 반점문완(斑點文盌), 봉수병(鳳首瓶)이 집중 출토되는 것에 의해서도 방증된다. 즉 중앙아시아에서 제작된 유리기

그림 I-14. 5세기 유라시아Eurasia 초원로(草原路)를 통해 이입된 신라(新羅)의 로마Rome 유리기(琉璃器)
1. 한국(韓國) 황남대총남분(皇南大塚南墳) | 2. 카자흐스탄(Kazakhstan) 카라아가치(Kara Agachi)고분(古墳)

가 서북쪽으로 북상하여 흑해에 가까운 카자흐스탄 북부 초원지대로 이입된 것으로 보기 어렵다. 그래서 지중해에서 제작된 유리기가 흑해(黑海)와 카자흐스탄 북부의 초원지대를 경유하여 이입된 것으로 보는 것이 합리적이다. 그리고 중앙아시아의 어느 지역에서 제작되었는지 구체적인 제작지에 대한 동정(同定)과 로마양식의 유리기가 어떠한 이유로 중앙아시아에서 제작되었는지 그 역사적 배경에 대한 논의가 전제되어야 할 것이다.

히팔루스(Hippalus)의 『에리트라해 안내기 Periplus of the Erythraean Sea』에는 로마의 수출품 가운데 유리괴(琉璃塊)가 있으므로 원료가 이동한 것을 알 수 있어, 성분분석 결과의 해석에 주의를 요한다.

이 시기 중원(中原)의 황제묘(皇帝墓)와 귀족묘(貴族墓)에서도 복수(複數)의 유리기를 부장(副葬)한 예가 없는데, 중국 요녕성(遼寧省) 풍소불묘(馮素弗墓)에서 5점이 부장(副葬)된 것은 신라고분(新羅古墳)의 부장양상(副葬樣相)과 매우 유사(類似)하다. 신라고분(新羅古墳)의 유리기 부장은 적석목곽분(積石木槨墳), 금제장신구(金製裝身具)와 같이 기마민족(騎馬民族)의 습속(習俗)을 따른 것으로 볼 수 있으며, 동아시아의 다른 지역에서는 유례를 찾기 어렵다. 그래서 신라(新羅)의 로마 유리기는 연(燕)-고구려(高句麗)를 통해 이입된 것으로 본다. 이는 김해 대성동(大成洞)91호묘에서 로마 유리기가 전연(前燕)의 마구(馬具)와 청동용기(靑銅容器)가 공반(共伴)된 것에서도 알 수 있다. 이 고분은 유리기(琉璃器), 전연(前燕)의 마구(馬具)와 청동용기(靑銅容器), 일본열도산(日本列島産) 조개(貝) 등의 부장품으로 볼 때 이 시기의 왕묘급 분묘이다. 그런데 문제가 되는 것은 전연(前燕)에서 직접 이입된 것인지, 경유지를 거친 것인지의 여부이다. 이에 대한 직접적인 증거를 제시할 수 없는 현 시점에서 단서를 제공하는 것은 경주(慶州) 월성로(月城路)가13호묘 출토 로마 유리기이다. 이 고분에서는 로마 유리기 2점, 금제완(金製盌) 2점, 은제완(銀製盌) 2점, 금제경식(金製頸飾) 3점 등과 함께 총 26점에 달하는 일본열도산(日本列島産) 경옥제곡옥(硬玉製曲玉)이 출토되었다.

4세기 후엽에 축조된 월성로(月城路)가13호묘에서 2점의 로마 유리기가 부장(副葬)된 것은 이 시기에 이미 유리기가 신라에 이입되었음을 시사한다. 이와 함께 이 고분에서는 대성동(大成洞)91호묘와 같은 삼연(三燕)계의 마구(馬具)가 공반(共伴)된 것에서, 이를 통해 유리기(琉璃器)가 이입된 것으로 파악된다. 더욱이 최근 4세기 후엽에 축조된 경주 쪽샘지구 L17호 목곽묘에서 금동제 진식(晉式) 대장식구(帶裝飾具)가 출토되었다. 그래서 이제까지 독자적인 교섭에 의해 이입된 것으로 주장되어온 대성동(大成洞)88호묘 출토 진식(晉式) 대장식구(帶裝飾具)도 신라를 경유하였을 가능성이 크다. 특히 문헌사료로 볼 때 금관가야(金官加耶)와 중국

(中國)의 교섭(交渉) 기사(記事)는 전혀 보이지 않으나, 신라는 377년과 382년 고구려와 함께 전진(前秦)에 사절을 파견하였다. 신라는 313년 낙랑(樂浪) 멸망 이후 고구려과 직접 접하게 되었으며, 이전 시기의 낙랑을 대신하여 고구려를 통하여 중국과 북방 문물을 받아들였다.

로마 유리기의 이입 경로는 흑해(黑海)를 경유하여 키르기스스탄 잘-아릭(Djal-Aryk)고분 출토품과 하북성(河北省) 경현(景縣) 조씨묘(祖氏墓)로 연결되는 천산북로(天山北路)를 통과하는 경로(經路)와 함께 흑해(黑海)-카자흐스탄의 카라 아가치(Kara-Agachi) 훈족묘-몽골 초원-요녕성(遼寧省) 풍소불묘(馮素弗墓)로 연결되는 초원로(草原路)가 상정된다. 이와 관련하여 북연(北燕)의 왕족(王族)인 요녕성(遼寧省) 풍소불묘(馮素弗墓)가 주목된다. 북연(北燕)의 건국자(建國者)인 풍발(馮跋)은 유연(柔然)과 통혼(通婚)하고 거란(契丹), 막고해(庫莫奚)를 복속시키고 교역(交易)하였다(堀敏一 2008: 194). 유연(柔然)은 몽골을 중심으로 서(西)는 언기(焉耆), 동(東)은 고구려, 북(北)은 바이칼, 남(南)은 음산산맥 북록(陰山山脈北麓)에 걸친 기마민족국가이었다. 연(燕)과 고구려는 화전(和戰) 양면적인 관계이었으며, 336년 안악3호분의 묘주인 전연(前燕)의 동수(佟壽)와 곽충(郭充)이 고구려에 망명한 것에서 알 수 있듯이 인적 물적인 교류가 활발하였다. 또한 『위서魏書』 거란전(契丹傳)에 479년 고구려와 유연(柔然)이 연합(聯合)한 기사가 보인다. 그래서 로마 유리기의 이입 경로는 몽골 골모드(Gol-mod)II 흉노묘(匈奴墓)로 볼 때 이미 1세기에 초원로를 경유한 점, 풍소불묘(馮素弗墓)와 부장 양상이 유사하고, 그 출토품이 유연(柔然)을 경유한 점으로 볼 때 천산북로(天山北路)보다는 몽골을 경유하는 초원로(草原路)가 더 성행(盛行)한 것으로 보인다.

따라서 신라의 로마 유리기는 훈(Hun)-유연(柔然)-연(燕)-고구려(高句麗)를 통하여 이입(移入)된 것으로 판단된다(그림 I-15).

다음으로 일본열도(日本列島) 출토 로마 유리기의 이입경로(移入經路)와 역사적(歷史的) 배경(背景)에 대해 살펴보겠다. 5세기 중엽에 조영된 나라현(奈良縣) 니이자와(新澤)126호분에서는 절자문완(切子文盌)과 감색명(紺色皿)이 금제 장신구와 함께 출토되었다. 금제(金製) 관식(冠飾), 수식부이식(垂飾附耳飾), 지륜(指輪)은 같은 형식이 경주(慶州)의 황남대총(皇南大塚)에서도 부장되었다. 당시 일본열도의 소형묘에서 이러한 화려한 문물이 부장된 예를 찾아볼 수 없고, 유리기를 2점 부장한 점에서 126호분의 묘주(墓主)는 신라로부터의 왕족급(王族級) 이주민(移住民)으로 파악된다.

같은 시기 일본열도의 최대 규모 왕릉인 오사카부(大阪府) 다이센(大仙)고분 전(傳) 닌토쿠릉(傳仁德陵) 전방부에서는 금장갑주(金裝甲冑)와 함께 백색명(白色皿), 감색호(紺色壺)가 출

그림 Ⅰ-15. 4-5세기 유라시아(Eurasia)의 로마(Rome) 유리기(琉璃器)

1. England Yorkshire Acklam 2, 5. England Kent Faversham 3. England Cambridge Dry Drayton 4. England Prittlewell 6. England Somerset Banwell Wint Hill 7. England 8. Denmark 9. Sweden Gotland Habingbo 10. Sweden Göteborg 11. Serbia Kosmaj mountain 12. Serbia Nis 13. Europe 14. Germany Bingerbrück 15~24. Germany Köln 25. Italy Pompei 26, 27. Italy Napoli 28. Ukraine Kerch Lilac Bay No.3 tomb 29, 31, 32, 36. Ukraine Kerch 30. Ukraine Crimea 33. Ukraine Družnoe 34. Ukraine Neisatz 35. Ukraine Kerch Lilac Bay No.25 tomb 37~39. Egypt 40~46. Israel Jerusalem 47~57. Syria 58. Kazakhstan Karagachi 59. Kyrgyzstan Ketmen-tobe Djal-Aryk Tomb 60. Kyrgyzstan Dzahalpak depe 61. 新疆 目末縣 札達魯克 1號塞址M49號 62. 河北省 景縣 封魔奴墓 63. 河北省 景縣 祖氏墓 64~67. 慶州市 坏石洞東墓 68. 遼寧省 北票縣 馮素佛墓 69. 浙江省 永嘉縣 匠北丁山 70. 湖北省 鄂州市 仙鶴觀M6號 71. 南京市 富貴山M4021號 72. 河南省 南陽市 南陽大學25號 73. 廣東省 曲江縣 南華寺 74~78. 慶州市 皇南大塚 南墳 79. 慶州市 月城路 가-13號 80. 慶州市 金鈴塚 81, 82. 慶州市 金冠塚 83. 陝川郡 玉田M1號墳 84, 85. 慶州市 瑞鳳塚 86, 87. 慶州市 皇南大塚 南墳 88. 慶州市 安溪里4號墳 89. 慶州市 天馬塚 90. 金海市 大成洞91號 91, 92. 奈良縣 新澤126號墳

토되었다. 이 고분 출토 유리기도 신라를 경유한 것으로 추정된다. 이는 신라산(新羅産) 금제 장신구(裝身具)가 공반된 니이자와(新澤)126호분과 색조는 다르나 기종 구성이 동일하다. 이 시기는 왜(倭)와 마찬가지로 남조(南朝)에 견사(遣使)한 백제(百濟)에서는 유리기를 찾아볼 수 없다. 한편 신라(新羅)에서는 4세기 후엽 경주시 월성로가13호묘에서 이미 출현하였고, 같은 시기에 해당하는 경주시 황남대총 남분에는 다수의 유리기가 부장된다. 이 고분 출토 금장 갑주(金裝甲冑)도 보요(步搖) 등의 제작 기법으로 볼 때 신라공인에 의해 제작되었다. 특히 주목되는 것은 유리기가 발견된 전방부는 후원부의 주피장자와 관련된 배총인 점이다. 따라서 주피장자 공간인 후원부에는 다수의 유리기가 부장되었을 가능성이 크다. 비슷한 사례로 대릉원고분군에서 왕릉인 황남대총남분에서는 8점이 부장되고 배총에서는 2점이 부장된 점을 들 수 있다. 나아가 후루이치(古市)고분군의 안칸릉(安閑陵)고분에서 절자문완(切子文盌)이 출토된 점으로 볼때 5세기 일본열도(日本列島)의 왕릉(王陵)인 모즈(百舌鳥), 후루이치(古市)고분군에 다수의 신라를 경유한 유리기가 부장(副葬)된 것으로 추정할 수 있다. 더욱이 이 시기 일본열도에서 보요로 장식한 도금제 갑주를 착장하는 점은 신라의 황금문화가 도입된 것을 상징한다.

『일본서기日本書紀』 주아이기(仲哀紀) 8년조에는 눈부신 금과 은, 비단이 그 나라에 많이 있으며, 신라라고 한다(眼念之金銀彩色 多在其國 是謂栲衾新羅國)라는 기록이 있다. 5세기 전반 왜(倭)가 가장 필요했던 금제품(金製品), 철소재(鐵素材)와 로마 유리기를 포함한 서역 문물을 보유한 가장 가까운 국(國)은 신라였다. 『일본서기日本書紀』 인교기(允恭紀)에는 가야, 백제와의 교섭기사가 전혀 보이지 않고 신라(新羅)와의 기사(記事)만이 보여 매우 주목된다. 즉 그 3년조 신라(新羅)로의 견사(遣使), 신라(新羅)로부터의 의사(醫師) 파견, 42년조 신라로부터 조문단(弔問團) 파견 기사는 당시 신라(新羅)와 왜(倭)의 상당히 우호(友好)적인 관계를 반영하는 것이다.

5세기 중엽에 축조된 오사카부(大阪府) 다이센(大仙)고분의 피장자는 신라를 경유한 로마 유리기가 부장된 점, 문헌사료로 볼 때 닌토쿠(仁德)로 볼 수 없고 인교(允恭)로 비정된다. 고고자료와 문헌사료가 일치하는 일본의 왕릉인 다이센(大仙)고분에서 신라를 경유한 유리기가 출토된 것은 신라와 왜 왕권 간의 직접적인 정치적 교섭을 상징하는 것이다.

한편 경주시 황남대총북분(皇南大塚北墳)에서 구연부를 마연하여 편평하게 하고 기면과 바다 전체에 걸쳐 원문을 절삭(切削)하여 시문한 사산조 페르시아 유리기인 절자문완(切子文盌) 1점이 돌연 부장되어 주목된다(그림 I-16). 왜냐하면 이 유리기는 유연(柔然)을 경유한 로마 유리기와 달리 북위(北魏)를 통하여 이입된 것이기 때문이다. 고구려(高句麗) 장수왕(長壽

王)은 북위(北魏)와 매우 밀접한 관계였으며 그 수도(首都)인 대동(大同)에서 사산조 페르시아 유리기가 다수 출토되는 점으로 볼 때 양자(兩者)의 교섭으로 이입된 것으로 본다.

이렇듯 황남대총북분(皇南大塚北墳) 출토 절자문완(切子文盌)은 5세기 후엽 전후 유라시아 정세를 반영한다. 나아가 신라에 이입된 유리기의 산지(産地)와 경로(經路)에 변화가 있었던 것을 보여 준다.

필자는 이 시기를 전후하여 신라에 로마 유리기 대신 페르시아 유리기가 이입되는 것으로 본다. 그럼에도 불구하고 5세기 말-6세기 초에도 대릉원고분군에는 로마 유리기가 부장된다.

이 문제와 관련하여 주목하는 것은 5세기 중엽에 축조된 다라국의 왕릉인 합천군 옥전 M1호분 출토 반점문 유리완이다. 이 고분 출토 완은 5세기 말로 편년되는 경주 금령총 출토 2점과 동일한 형식이다. 이 유리기는 창녕산 토기와 신라산 금공품이 공반되어 5세기 전엽 비화가야를 통하여 다라국에 이입된 것으로 판단된다. 반점문유리기는 유라시아에서 수백여

그림 Ⅰ-16. 5세기 후엽 한국(韓國) 황남대총(皇南大塚) 북분(北墳) 사산조페르시아 Sassanian Persia 절자문완(切子文盌)

1. 황남대총북분 절자문완 | 2. 구연부 | 3. 저부

점이 확인되나 각각 기형, 문양의 형태가 다르다. 이는 공중불기기법에 의한 것이기에 동일한 형태가 제작되기 어렵다.

그럼에도 양자는 형태가 동일한 점에서 같은 공방에서 제작되어 동일한 시기에 신라에 이입된 것임을 알 수 있다. 그래서 합천군 옥전M1호분의 피장자가 이를 입수한 5세기 전엽에는 반점문완이 이미 신라에 이입되어 이후 5세기 후엽까지 전세된 것을 알 수 있다. 따라서 신라에 로마 유리기가 집중 이입된 것은 5세기 전반이며, 이후 사산조 페르시아 유리기가 이입되었으며, 5세기 후반과 6세기 전엽에 부장된 로마 유리기는 전세된 것이 부장된다.

이처럼 5세기 후반 돌연 로마 유리기의 수입이 단절되고 사산조 페르시아 유리기가 이를 대신하여 이입되는데, 이는 훈(Hun) 제국의 붕괴와 관련이 있다고 본다(**그림 Ⅰ-17**). 453년 훈 제국의 왕 아틸라(Attila)의 갑작스런 사망으로 훈(Hun) 제국이 급속히 붕괴하면서 로마와 연계(連繫)된 교역망도 쇠퇴한다. 이후 로마 유리기가 지속적으로 제작되지만 신라에는 이입되지 않는다. 이는 훈(Hun) 제국이 붕괴하고 이를 대신해 사산조 페르시아가 유라시아 실크로드에서 대두(擡頭)했기 때문이다. 이 시기 유라시아 동부에는 사막로(沙漠路)와 해로(海路)를 통하여 사산조 페르시아의 문화가 중국에 이입된다.

신라는 5세기 후반 북위를 경유하여 사산조 페르시아 문화를 받아들이기 전까지 고구려를 통하여 유라시아 초원로의 기마민족 문화를 수용한 것을 알 수 있다. 이는 유라시아의 문명교류가 다원적임을 보여 준다.

더욱이 실크로드를 통하여 이입된 신라의 로마 유리기와 계림로(鷄林路)14호묘 출토 황금보검은 신라사를 넘어 5세기 훈(Hun) 제국이 성립과 붕괴와 같은 격동의 유라시아사를 해석할 수 있는 단서를 제공한다. 이와 더불어 매납 연대가 458년이 분명한 경주시 황남대총 남분 출토 유리기와 5세기 말 6세기 초로 비정되는 계림로(鷄林路)14호묘의 황금보검은 문자 기록과 문헌자료도 거의 없어 아직도 편년이 부정확하고 각국 연구자간에 이견(異見)이 많은 유라시아의 초원로와 중앙아시아 사막로 출토품의 편년체계(編年體系)를 정립할 수 있는 귀중한 자료이다.

유리기 | 1. Iran Dailaman Hassani-mahale tomb 2~7. Iran 8. 新疆 尉犁縣 營盤M9號墓 9. 新疆 車師縣 車木吐拉石窟 壁畵 10. 新疆 森木賽姆石窟 11. 寧夏 固原市 李賢墓 12. 山西省 大同市 南郊107號墓 13. 北京市 華芳墓 14. 漆谷郡 松林寺 15. 慶州市 皇南大塚 北墳 16. 京都府 上賀茂神社 17, 18. 大阪府傳 安閑陵古墳 19. 福岡縣 冲ノ島8號祭祀遺構 20. 陝西省 咸陽市 安伽墓 21. 江蘇省 南京市 象山7號王氏墓 22. 江蘇省 句容市 舊城 劉宋墓 23. 河南省 洛陽市 關林118號 唐墓 24. 陝西省 西安市 清禪寺 25. 陝西省 西安市 慶山寺 26. 西安市 何家村 28. Iran Gilan

은화 | 1~2. Karatepe 3, 15. Pakistan Peshawar 4. 新疆 烏恰城 5. 新疆 吐魯番 高昌古城 6. 靑海省 西寧市 7. 寧夏 回族自治區 固原 隋史勿墓 8. 陝西省 西安市 何家村 窖藏 9. Sri Lanka Anuradhapura 10. 河南省 洛陽市 北郊 岳家村 30號唐墓 11. 山西省 天鎭縣 12. 遼寧省 朝陽市 KM1號墓 13. 河北省 定縣 塔基舍利函 14. 山東省 聊城市 東阿縣 大秦村 16. Sri Lanka Anuradhapura 17. Thai Nakhon Si Thammarat 18. 廣東省 遂溪縣 南朝窖藏 19. 廣東省 曲江 南華寺 南朝墓 20. 湖北省 安陸縣 唐王氏墓 21. 江蘇省 南京市

그림 1-17. 4~6세기 유라시아Eurasia 사산조 페르시아Sassanian Persia 유리기(琉璃器)와 은화(銀貨)

2) 사산조 페르시아의 대두(對頭)와 실크로드(絲綢之路)

226년 사산조 페르시아는 파르티아(BC 247-224년)를 멸망시키고 4세기 이상 서아시아의 대부분을 지배한 이란의 왕조이다. 사산은 이란 남부 파르스지방 신전의 사제였으며, 그의 손자 아르다시르1세가 크테시폰(Ctesipon)을 수도로 하고 새로운 제국을 수립하였다. 아르다시르1세와 아들 샤푸르1세는 서쪽에서는 로마군을 물리치고 동쪽에서는 쿠산조를 병합하였다.

한편 동아시아에서는 진(秦)·한(漢)과 수(隋)·당(唐) 사이의 분열의 시대인 위진남북조 시대가 도래한다.

이 시기 사막로(沙漠路)는 사산조 페르시아 지배 영역을 통과해야 했기에 양국 간에 무역과 왕래가 성행하였다. 더욱이 페르시아는 인더스강 유역에 진출하여 종래 로마를 대신하여 인도양의 제해권과 무역을 장악한다.

페르시아는 남조(南朝) 양(梁) 무제(武帝) 중대통(中大通) 2년(530)과 대통(大通) 원년(元年) (535) 사절을 건강에 파견하여 불아(佛牙) 등을 전하였다. 양(梁) 직공도(職貢圖)에도 파사국사(波斯國使)가 보인다. 페르시아로부터의 사절(使節)은 해로를 통하여 인도양을 거쳐 중국의 강남에 도달하였다(羅宗眞 2005: 222).

페르시아는 중국의 양잠(養蠶), 제사(製絲) 기술을 입수하기 위해 사절을 북위(北魏)의 평성(平城)·낙양(洛陽), 서위(西魏)의 장안(長安)에 파견하였으며, 북위도 페르시아로 사절을 보냈다.

당시 페르시아의 활동을 보여 주는 것은 그 화폐인 은화(銀貨)이다. 페르시아 은화는 사막로(沙漠路)를 따라 중앙아시아 전역과 신장(新疆) 우차현교장(烏恰縣窖藏), 투루판(吐魯番) 고창고성(高昌古城), 섬서성(陝西省) 하가촌교장(何家村窖藏), 영하회족자치구(寧夏回族自治區) 수(隋) 사물묘(史勿墓), 하북성(河北省) 정현(定縣) 사리함(舍利函) 등에서 출토되었다.

특히 신장(新疆) 우차(烏恰)의 구시가지에서 9km 떨어진 해발 90m의 암산(岩山) 인근에서 도로 공사를 진행하던 중 적석(積石)하 바위틈에서 918매의 은화(銀貨)가 15매의 금정(金鋌)과 함께 출토(出土)되었다. 은화(銀貨)는 호스로2세(Khosroew Ⅱ, 591-628)의 546매를 비롯한 사산조 은화 565매, 사산조 은화를 모방한 아랍 사산조 은화 141매 등으로 구성되어 있다. 금정(金鋌)은 좌우 비대칭이며 중량은 100g 전후이다. 매납시기는 은화(銀貨)의 연대로 볼 때 7세기 후반이며 그 주체는 소그드인일 가능성이 크다. 사산조 은화(銀貨)는 사막로(沙漠路)

를 따라 7세기까지 이입된 것을 알 수 있다. 이는 사막로(沙漠路)를 통해 페르시아와의 교역이 지속된 것을 보여 준다.

해로에서는 스리랑카의 아누라다푸라(Anuradhapur)를 비롯하여, 태국의 나콘 시 탐마랏(Nakhon Si Thammrat)에서 5세기 후반 페로즈1세(Peroz I, 459-484)의 페르시아 은화(銀貨)가 확인(辛島昇 2000: 24)되었다. 그리고 광동성(廣東省)에서는 수계현(遂溪縣) 남조교장(南朝窖藏)에서 20점, 영덕현(英德縣) 함광(洽洸) 남조묘(南朝墓)에서 4점, 곡강현(曲江縣) 남화사(南華寺) 남조묘(南朝墓)에서 6점 이상이 출토되었다(그림 I-18). 특히 수계현(遂溪縣) 남조교장(南朝窖藏)에서는 페르시아 은화(銀貨) 20매를 비롯하여 명문이 있는 페르시아계 십이곡대부은완

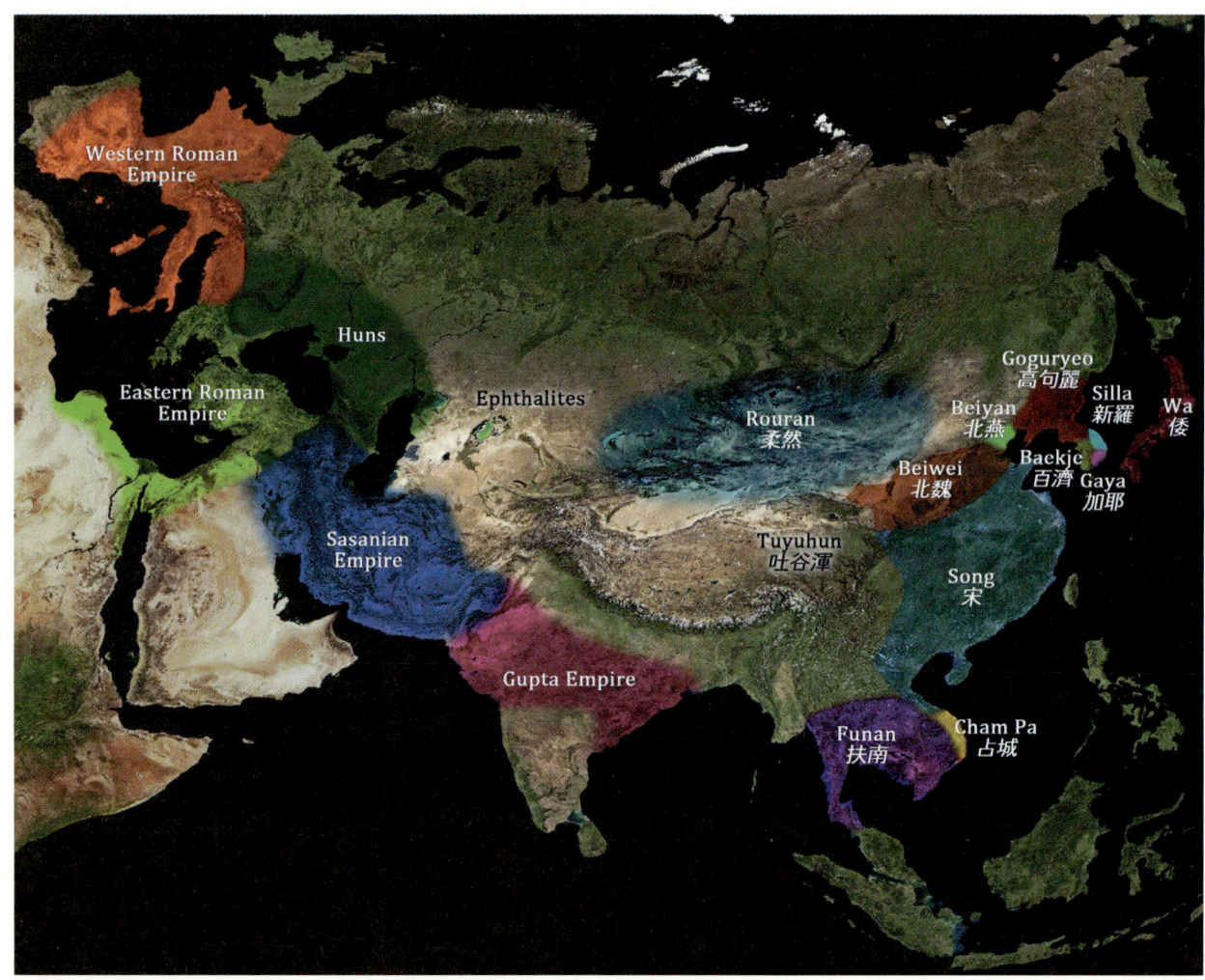

그림 I-18. 5세기 유라시아Eurasia의 훈Huns과 주변(周邊) 제국(諸國)

(十二曲臺附銀盌)이 출토되었다. 이 명문은 우즈베키스탄의 사마르칸트 교외에서 출토된 은제 용기의 아람어 명문과 일치한다. 아람 문자는 페르시아에서는 소그디아나(Sogdiana)와 호라산(Khorasan)지방에서 사용되었다(李慶新 2018: 70-74). 영덕(英德)과 곡강(曲江)은 중원(中原)과 강남(江南)을 연결하는 수로상에 위치한다. 그리고 수계현(遂溪縣)은 통킹(Tongking)만에 인접하며 해남도(海南島)를 통과하는 해로(海路)의 요충이다. 수계현(遂溪縣) 남조교장(南朝窖藏)의 은완(銀盌)과 20점의 페르시아 은화(銀貨)를 통해 볼 때 이미 한대(漢代) 말에 교지군(交趾郡)에 정착한 소그드인이 영남(嶺南)지역에서 페르시아와 남조의 교역에 종사한 것을 알 수 있다.

사산조 페르시아에서는 유리를 냉각시킨 후 돌과 같은 상태에서 가공하여 유리기를 제작하였다. 특히 표면에 균일한 원 문양을 커트하거나 돌출시킨 장식유리기가 활발히 제작되었다. 사산조 페르시아의 유리는 실크로드를 통한 원격지 교역에 의해 유라시아 각지에 전해져 고급 제품으로 인정받았다.

북조(北朝)의 경우 신장(新疆) 잉판묘지(營盤墓地)M9호묘, 영하회족자치구(寧夏回族自治區) 고원현(固原縣) 이현묘(李賢墓) 출토품 등으로 볼 때 사산조 페르시아 유리기가 사막로(沙漠路)를 경유한 것을 알 수 있다.

북주(北周)의 천하4년(天和4年, 569) 몰(沒)한 원주자사(原州刺史) 이현묘(李賢墓)에서는 은도금호병(銀鍍金胡瓶), 청금석상감지륜(青金石象嵌指輪), 유리기 등의 페르시아 문물이 출토되었다. 은도금호병(銀鍍金胡瓶)은 트로이 전쟁의 발단이 된 그리스 신화의 세 장면을 묘사한 것으로 에프탈(Ephtal)제로 보고 있다(이송란 2016: 318-319). 유리기는 동부를 2단으로 나누어 상단 8개, 하단 6개, 저부에 1개의 돌출 원문을 절삭(切削)하여 시문한 것으로, 커트 기법과 기형으로 볼 때 전형적인 사산조 페르시아 유리기이다.

5세기 전반까지 북위의 수도였던 산서성(山西省) 대동(大同)의 남쪽에 위치하는 대동남교(大同南郊北魏)고분군 가운데 M107호묘는 중형묘에 속하며 유리기 등이 출토되었다. 유리기는 동부를 4단으로 나누어 종장타원형문을 구갑상으로 배치하고, 저부는 중앙의 대형 원문을 중심으로 그 주위에 동일한 6개의 원문을 시문한 것으로, 절자(切子)기법, 기형으로 볼 때 전형적인 사산조 페르시아산으로 판명되었다. 이 고분에서도 에프탈제로 보이는 도금은제 인물문배가 공반되었으며, M109호묘에서도 출토되었다. 대동(大同) 북위 봉화돌묘(封和突墓, 504)에서는 전형적인 사산조 은기인 수렵문반(狩獵文盤)이 부장되었다.

북위(北魏) 태화(太和)5년(481) 건립(建立)된 하북성(河北省) 정현(定縣) 화탑지(華塔址)에서는 유리병(琉璃瓶), 유리발(琉璃鉢), 페르시아 은화(銀貨), 산호(珊瑚), 진주(眞珠), 금제수식부이식(金製垂飾附耳飾) 등이 출토되었다. 은화(銀貨)는 야즈데게르드2세(Yazdegerd Ⅱ, 438-457) 5매, 야즈데게르드2세식 에프탈화(Ephtal 貨) 1매, 페로즈1세(Peroz Ⅰ, 459-484) 37매로 구성(構成)되어 있다. 7점의 유리기(琉璃器)는 북위(北魏)에서 페르시아의 영향에 의해 제작된 것이다. 따라서 이 시기 사막로(沙漠路)를 통한 사산조 페르시아 문물의 수입 주체가 북위(北魏)임을 알 수 있다.

한편 강소성(江蘇省) 남경시(南京市) 상산(象山)7호묘, 구용시(句容市) 춘성(春城) 송묘(宋墓) 출토 사산조 페르시아산 절자문완(切子文盌)은 해로상의 사산조 은화 출토 예로 볼 때, 앞서 언급한 해로(海路)를 통하여 남조(南朝)로 이입된 것으로 본다. 그런데 이 시기에도 광동성(廣東省) 조경시(肇慶市) 평석강동진묘(坪石崗東晉墓), 호북성(湖北省) 악성육조묘(鄂城六朝墓), 남경시(南京市) 부귀산(富貴山)M4호묘 출토품과 같은 로마 유리기가 이입된다.

로마 유리기는 동진(東晉) 시기까지 이입되며 남조(南朝) 시기에는 주로 페르시아 유리기가 이입된다. 이는 수계현(遂溪縣) 남조교장(南朝窖藏)에서 출토된 페르시아 은화의 구성이 샤푸르3세(Shapur Ⅲ, 383-388) 3매, 야즈데게르드2세(Yazdegerd Ⅱ, 438-457) 5매, 페로즈1세(Peroz Ⅰ, 459-484)인 점에서도 알 수 있다. 양(梁) 무제(武帝) 천감(天監)2년(503) 중천축(中天竺) 왕(王) 굴다(屈多)가 파견한 사절이 건강(建康)에 도착하여 유리수호(琉璃唾壺), 각향(刻香) 등을 바쳤다는 기록이 보인다.

그런데 6세기 전반 신라고분에서 사산조 페르시아 유리기가 확인되지 않는데, 이는 이 시기 왕묘를 포함한 왕족묘가 발굴되지 않는 것에 기인한다. 이러한 가운데 경주시 식리총 2점, 금관총 1점, 인왕동C1호분 1점, 쪽샘41호분 1점 등 신라고분에 모자이크로 장식한 원문유리주(圓文琉璃珠)가 부장되어 주목된다. 이 유리주(琉璃珠)는 단면이 동심원 모자이크 문양인 색조가 다른 유리봉을 잘라 바탕에 붙인 것으로, 이란 북부 카스피해 연안 출토품에 보이는 사산조 페르시아(道明三保子 1985: 183-184)의 계통이다. 이 유리주는 후한(後漢) 말 위(魏) 초의 신장위구르자치구 니야(尼雅)유적 1호묘지 3호묘의 칠제 화장합의 빗접 장식으로 사용된 것에서 사막로를 통하여 통하여 이입된 것을 알 수 있다(그림 Ⅰ-19).

사산조페르시아산 원문유리주(圓文琉璃珠)는 신라를 경유하여 일본열도에 이입되어 가가와현(香川縣) 모리츠치야마(盛土山)고분 등에 부장된다.

식리총에는 연주구갑문(連珠龜甲文) 내에 쌍조(雙鳥)를 배치한 문양을 가진 식리(飾履)가 부장되었다. 구갑문(龜甲文)이 사산조 페르시아 유리기의 주된 문양인 점에서 알 수 있듯이 전형적인 페르시아 문양으로 보스턴미술관 소장 북위(北魏) 석조 관상(棺床)의 것과 유사하

5. 4-6세기世紀 실크로드絲綢之路 문명교류文明交流

그림 Ⅰ-19. 4~6세기 유라시아Eurasia 사산조페르시아Sassanian Persia 유리주(琉璃珠)

1. 이란(Iran) | 2. 중국(中國) 니야(尼雅)1호묘지3호묘 | 3, 4. 한국(韓國) 식리총(飾履塚)
5. 한국(韓國) 대릉원(大陵苑)41호분 | 6. 한국(韓國) 인왕동(仁旺洞)C1호분 | 7. 일본(日本) 가가와현(香川縣) 모리츠치야마(盛土山)고분

77

다. 이는 페르시아의 영향을 받은 소그드인들에 의해 북위에 도입된 것으로 보이며, 당시의 페르시아 문화가 신라에 도입된 것을 알 수 있게 한다. 그래서 필자는 6세기 신라에 사산조 페르시아 유리기가 이입되었는지 확인되지 않았으나, 다음과 같은 일본열도 출토품에 주목하여 이 문제에 대해 논하고자 한다.

6세기 후반 후쿠오카현(福岡縣) 오키노시마(沖の島)7·8호 제사유구(祭祀遺構)에서는 금동제(金銅製)의 신라산(新羅産) 마구(馬具), 옥충상감투조(玉蟲象嵌透彫) 대장식구(帶裝飾具), 금제(金製) 지륜(指輪)이 출토되었다. 특히 8호유구에서는 사산조 페르시아 유리기가 출토되었으며, 종래 일본 연구자들은 중국과의 직접 교섭에 이입된 것으로 보았다. 그러나 오키노시마(沖の島)는 신라(新羅)와 왜(倭) 간의 항로(航路)에 위치하고, 공반된 유물이 이 유리기 외에는 모두 신라산인 점에서 신라를 경유한 것으로 판단된다. 이 유리기가 북주(北周) 이현묘(李賢墓) 출토품과 유사한 점, 이 시기 왜는 중국에 가지 못하였으나 후술(後述)하는 바와 같이 신라(新羅)가 북조(北朝)에 견사(遣使)한 점으로 볼 때 신라(新羅)와 북조(北朝)의 직접교섭(直接交涉)에 의해 이입(移入)된 것으로 본다.

같은 시기 나라현(奈良縣) 후지노키(藤ノ木)고분의 금동제 안(鞍)은 그 구조적 특징과 공반 마구로 볼 때 신라산이다. 이 안(鞍)의 문양은 구갑문(龜甲文) 내에 코끼리(象), 봉황(鳳凰), 용(龍) 등의 문양을 배치하고 있으며, 행엽(杏葉)에는 연주문(連珠文) 내에 쌍조(雙鳥)를 배치하고 있다. 이러한 문양은 식리총 출토 식리(飾履)의 문양과 유사하며 그 기원은 페르시아로 볼 수 있다.

그래서 이 시기 사산조 페르시아 유리기는 아직 신라에서 확인되지 않으나, 5세기 후엽의 황남대총북분(皇南大塚北墳)에서 이미 사산조 페르시아 절자문완(切子文盌)이 보이기 때문에 앞으로 6세기에 이입된 유리기가 경주(慶州)에서 출토될 것으로 기대된다.

신라는 한강 유역을 확보하고 다음과 같이 북조(北朝)와 남조(南朝)에 견사(遣使)하였다. 『삼국사기三國史記』 진흥왕(眞興王)25년(564) 북제(北齊)에 사신을 보냈다. 더욱이 진흥왕26년(565) 북제(北齊)의 무성제(武成帝)가 칙서(詔書)를 내려, 왕을 사지절동이교위낙랑공신라왕(使持節東夷校尉樂浪郡公新羅王)으로 삼았다. 『삼국사기三國史記』 진흥왕(眞興王) 26년(565) 진(陳)에서 사신 유사(劉思)와 승려 명관(明觀)을 통하여 불교 경론 1,700여 권을 보내왔다. 진흥왕 28년(567), 31년(600), 32년(602) 진(陳)에 견사(遣使)하였으며, 진평왕(眞平王) 7년(585)에는 진(陳)에 승려를 파견하였다.

이처럼 6세기 후반 일본열도에 신라산, 또는 신라를 경유한 문물이 증가하는 역사적 배경으로는 553년 신라(新羅)가 한강(漢江) 하류역(下流域)을 확보(確保)함으로써 신라가 대중국 교섭에서 유리한 입지를 차지하였기 때문이다. 또한 옛 가야지역에 해당하는 남해안 동반부를 확보함으로써 백제(百濟)와 왜(倭)의 교통이 어려워진 것을 들 수 있다. 즉, 왜(倭)가 백제(百濟)로부터 전수받았던 중국의 선진 문물을 신라로부터 받아들일 수밖에 없는 상황이 조성된 것이다.

다음은 쿄토부(京都府) 카미가모신사(上賀茂神社) 출토품의 이입경로와 배경에 대해 살펴보자. 카미가모신사(上賀茂神社) 출토품은 사산조 페르시아 유리기인 점에서 일본열도로의 이입 시기는 후쿠오카현(福岡縣) 오키노시마(沖の島) 7·8호유구로 볼 때 6세기 후반 이후로 추정된다. 카미가모신사(上賀茂神社)는 카모씨(賀茂氏)의 씨신(氏神)을 제사 지내는 곳으로, 그런데 흥미로운 것은 카모씨(賀茂氏)와 신라로부터의 이주민으로 추정되는 하타씨(秦氏)가 혼인(婚姻)관계라는 점이다.

하타씨(秦氏)는 쿄토부(京都府) 코류사(廣隆寺)가 조영된 오우즈마사(太秦)지역을 거점으로 활동하였으며, 『일본서기日本書紀』 수이코(推古) 31년(623) 신라(新羅)로부터 이입된 불상을 코류사(廣隆寺)에 안치한 이주민 씨족이다. 불상은 목조(木造) 반가사유상(半跏思惟像)으로 경북대학교(慶北大學校) 소장의 경상북도(慶尙北道) 봉화군(奉化郡) 북지리(北枝里) 출토 석조(石造) 반가사유상(半跏思惟像)과 동일(同一) 양식(樣式)으로 신라(新羅) 불상(佛像)이 분명하다. 그래서 카미가모신사(上賀茂神社) 출토 페르시아 유리기는 7세기 전반 진씨(秦氏)와 신라의 교섭을 통하여 도입되었으며, 이후 카모씨(賀茂氏)에게 전해진 것으로 추정된다(朴天秀 2016). 북지리불(北枝里佛), 국보(國寶) 83호불, 코류사(廣隆寺)불은 복식 등으로 볼 때 모두 산동성(山東省) 청주시(青州市) 용흥사지(龍興寺址) 출토 북제불(北齊佛)의 계통으로 같은 양식이다(大西修也 2002: 137-154)(**그림 I-20**). 그래서 사산조 유리기가 북제(北齊)로부터 신라에 이입되고 불상과 같이 일본에 전해진 것을 알 수 있다.

7세기 후반 칠곡군(漆谷郡) 송림사(松林寺) 오층전탑(五層塼塔) 사리함(舍利函)내에서 페르시아 원환문유리배(圓環文琉璃杯)가 출토되었다. 이 사리함(舍利函)은 연화(蓮花)로 장식(裝飾)한 기단(基壇) 위에 활짝 편 연봉(蓮峯)으로 장식한 금제(金製) 좌대(座臺)를 설치하고 사리(舍利)가 봉안(奉安)된 작은 유리병(琉璃瓶)을 넣은 원환문유리배(圓環文琉璃杯)를 안치(安置)한 구조이다. 그 위는 사주(四柱)로 받치고 투조(透彫)와 수하식(垂下式)으로 화려하게 장식한 지붕을 올린 것으로, 수미좌(須彌座) 형태의 기단부(基壇部)와 사방(四方)의 주(柱), 이중천개(二重天蓋)로 이루어진 보장(寶帳)의 형태를 띤 특수한 구조이다. 송림사(松林寺)는 신라(新羅) 오악(五岳)의 하나인 팔공산(八公山)의 서쪽 입구(西口)에 입지하고 사역(寺域), 전탑(塼塔)의 규모

I. 실크로드絲綢之路 문명교류사文明交流史 서설序說

그림 I-20. 반가사유상(半跏思惟像)의 전래(傳來)
1. 중국(中國) 산동성(山東省) 용흥사지(龍興寺址) | 2. 한국(韓國) 경상북도(慶尙北道) 북지리사지(北枝里寺址)
3. 한국(韓國) 국보(國寶)83호 | 4. 일본(日本) 쿄토부(京都府) 교류사(廣隆寺)

와 사리함(舍利函), 유리배(琉璃杯)로 볼 때 왕실(王室)과 관련된 사찰(寺刹)로 파악된다. 이 유리배(琉璃杯)는 융착(熔着)장식에 의한 지륜상(指輪狀)의 원환문(圓環文)이 시문된 것이 특징이다. 이 원환문(圓環文)은 섬서성(陝西省) 하가촌교장(何家村窖藏) 출토품과 나라현(奈良縣) 쇼소인(正倉院) 소장품에 보인다. 이러한 원환문배(圓環文杯)와 관련된 유리기(琉璃器)는 신장(新疆) 쿰트라석굴(庫木吐拉石窟)의 벽화에 묘사되어 있다. 4세기부터 개착(開鑿)이 시작되어 9세기까지 조상(造像) 활동이 지속된 것으로 보고 있는 심심석굴(森木賽姆石窟)에서 유리기가 출토되었다. 이 유리배는 반원형 배신(杯身) 중간에 2열로 교차되게 원문으로 장식하였는데, 단추형의 소형 원판을 별도로 제작한 후 부착한 것이다. 이란 출토품 등에 유례가 보인다. 그래서 사산조 페르시아산 원환문배(圓環文杯)는 사막로(沙漠路)를 통하여 장안(長安)에 이입된 후, 신라(新羅)를 경유(經由)하여 일본(日本)으로 이입되었음을 알 수 있다. 이는 칠곡군(漆谷郡) 송림사(松林寺) 사리함(舍利函)과 유사한 형식이 중국(中國) 돈황(敦煌) 막고굴(莫古窟)148굴의 열반경(涅槃經) 변상도(變相圖)에 보이는 점에서도 알 수 있다.

　　수(隋) 인수(仁壽)연간(601-604)에는 전국에 걸쳐 사리탑이 건립되었다. 인수(仁壽)4년에 조영된 섬서성(陝西省) 신덕사탑(神德寺塔) 지궁(地宮)에서는 유리병(琉璃甁) 1점과 페르시아 은화 3매, 오수전(五銖錢) 등이 출토되었다. 유리병(琉璃甁)은 기형과 색조로 볼 때 중국제이며, 은화는 페로즈1세(Peroz I, 457-484), 호스로1세(Khosroew I, 531-578)의 것이다.

　　섬서성(陝西省) 남전현(藍田縣) 출토 사리석함(舍利石函)에는 측면에 사리영빈도(舍利迎賓圖)·분사리도(分舍利圖)·사리봉송도(舍利奉送圖)·사리신이도(舍利神異圖)가 부조(浮彫)되어 있으며, 수(隋) 문제(文帝)가 인수(仁壽) 연간에 사리(舍利)를 배포하는 장면을 묘사한 것으로 파악되고 있다. 분사리도(分舍利圖)에 수 문제로부터 사리를 분배받는 조우관(鳥羽冠)을 쓴 인물은 고구려 또는 신라인으로 추정된다. 더욱이 『광홍명집廣弘明集』 권(卷)17에 고구려(高句麗)·백제(百濟)·신라(新羅)에도 사리 1과(果)를 보냈다는 기록이 있어 7세기 이후 수대(隋代) 사리 장엄 양식이 삼국에 이입된 것으로 보인다(周炅美 2003: 142-147).

　　수(隋) 개황(開皇)9년(589) 건립(建立)된 섬서성(陝西省) 서안시(西安市) 청선사탑(淸禪寺塔) 지궁(地宮)에서는 돌출절자문유리병(突出切子文琉璃甁) 1점, 유리(琉璃)·마노제쌍육구(瑪瑙製雙六駒) 각(各) 13점 등이 출토되었다. 유리병(琉璃甁)은 구형(球形)의 동체(胴體)에 작은 통형(筒形) 구경부(口頸部)를 절출(切出)하고 구연(口緣)을 편평(扁平)하게 가공(加工)하였다. 동부(胴部)의 중앙(中央)에 돌출원문(突出圓文) 4개, 그 상위에 역삼각형문(逆三角形文)을 절출(切出)하고 같은 원문(圓文)으로 저부(低部)를 제작(製作)하였다. 이 병(甁)은 제작 기법과 문양으로 볼 때 전형적인 페르시아의 절자문유리기(切子文琉璃器)로서 사리병(舍利瓶)으로 사용되었다. 더욱이 공반(共伴)된 유리(琉璃)·마노제쌍육구(瑪瑙製雙六駒)도 원추형(圓錐形)으로 그 유례(類例)가 페르시아에서 확인(確認)되어 유리기(琉璃器)와 함께 이입된 것으로 추정된다. 청선사탑(淸禪寺塔) 지궁(地宮) 출토 쌍육구(雙六駒)는 페르시아의 물질문화와 함께 유희문화가 이입된 것을 알 수 있어 주목된다. 청선사탑(淸禪寺塔) 출토품과 유사한 쌍육구(雙六駒)가 전 이란 출토품에 있으며, 백색(白色)과 율색호마노제(栗色縞瑪瑙製)의 각(各) 15점으로 구성되어 있다. 측면이 원추형인 점과 제작 기법이 그와 동일(同一)하다.

더욱이 새클러갤러리(Arthur M. Sackler Gallery)의 쌍육인물문은기(雙六人物文銀器)가 주목된다. 이 은기(銀器)는 외면 전체에 인물문을 타출한 것으로 페르시아산 또는 이에 영향을 받아 중앙아시아에서 소그드인에 의해 제작된 것이다. 이 은기는 외면의 저부 중앙의 연주문으로 구획된 인물을 배치하고 그 외곽 즉 은기의 측면을 5기의 야자나무를 세우고 6면에 걸쳐서 인물도를 조각하였다. 그 가운데 중앙 인물의 우측에 2인이 반(盤)을 사이에 두고 쌍육(雙六)을 하는 모습이 있으며 그 좌우에는 각저도(角抵圖)와 주악도(奏樂圖)가 표현되어 있다. 타지키스탄 북서부에 위치하며, 제라프산강유역의 고대 소그드(Sogd)인들의 도시 인 펜지켄트(Pendzhikent)유적의 벽화에서는 4인이 반(盤)을 사이에 두고 쌍육(雙六)을 하는 모습이 있다. 이는 소그드(Sogd)인들이 쌍육(雙六)을 동아시아에 전해준 것을 알 수 있는 점에서 매우 중요하다. 그런데 양자의 쌍육반(雙六盤)의 형태가 후술하는 신장(新疆) 아스타나(阿斯塔那)고분군 출토품과 일본 쇼소인(正倉院)소장품과 같은 것이 흥미롭다. 당(唐)과 일본(日本)에서도 쌍육(雙六)이 전래되어 성행한 것을 알 수 있다**(그림 I-21)**.

소그드(Sogd)들은 『북사北史』서역전(西域傳)에 의하면 이들은 이란계의 월지인(月氏人)으로 원래는 감숙성(甘肅省)의 기련산맥(祁連山脈) 북록의 소무성(昭武城)에 이주하여 정착하였다. 흉노(匈奴)에 괴멸(壞滅)적인 타격(打擊)을 입고 서방(西方)으로 이주하여 중앙아시아의 파미르고원을 넘어 소그디니아(Sogdinia)에 정착하여 강국(康國 사마르칸트), 안국(安國 부하라), 석국(石國 타시켄트) 등을 건국하였다고 기록되어 있다.

소그디니아(Sogdinia)는 우즈베키스탄, 타지키스탄 가운데 북의 아무다리야(Amu Darya)와 남의 시르다리야(Syr Darya)의 대하(大河)에 둘려싸인 제라프산강을 중심으로 하는 오아시스지대이다. 사마르칸트, 부하라 등의 도시가 번성하였으며 중국과 서아시아의 동서, 인도와 북방초원의 남북을 연결하는 교통, 무역의 요충이었다. 원래 이 곳은 아케메네스조 페르시아의 영역이었으며, BC 4세기 알렉산더대왕의 원정에 의해 정복된 후 박트리아왕국, 대월지(大

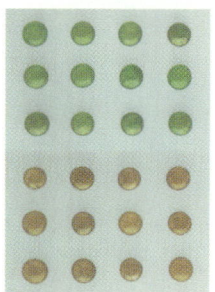

그림 I-21. 사산조페르시아^{Sassanian Persia} 쌍육(雙六)의 동전(東傳)

1~2. 이란(Iran) 마노(瑪瑙) 쌍육말(雙六駒) | 3. 사산조페르시아(Sassanian Persia) 은기(銀器)

4. 타지키스탄(Tajikistan) 펜지켄트(Pendzhikent) 벽화(壁畵)

5. 중국(中國) 서안(西安) 청선사지(淸禪寺址) 마노(瑪瑙) 유리(琉璃) 쌍육말(雙六駒)

6. 중국(中國) 신장(新疆) 아스타나(阿斯塔那) 쌍육반(雙六盤)

7~9. 일본(日本) 나라현(奈良縣) 쇼쇼인(正倉院) 쌍육반(雙六盤)·쌍육말(雙六駒)·주사위(dice)

月氏), 쿠샨조, 사산조페르시아, 에프탈, 돌궐 등에 의해 영유되었다. 그 가운데 소그드인들은 오아시스 관개농업과 목축에 종사하며 내륙아시아의 교역상인으로 활약하면서 국제적으로 기능하는 독자의 문자와 언어를 가졌다. 이들은 각지에 식민 취락을 형성하며 원거리 교역망을 구축하였다. 이들은 조로아스터교를 신봉(信奉)하였으며, 후에는 마니교도 신앙으로 하였다. 그래서 그들이 남긴 유적에는 특히 조로아스터교와 관련된 것이 보인다.

섬서성(陝西省) 서안(西安)의 안가(安伽)묘와 사군(史君)묘의 안(安)은 소무구성(昭武九姓)의 하나로서 중앙아시아 소그디니아(Sogdinia)의 사국(史國) 즉 우즈베키스탄를 본관(本貫)으로 한다.

소그드인 석장구에는 특히 사군(史君)묘 부조에는 조로아스터교의 종말론을 반영한 심판의 다리와 죽은 이를 천국으로 인도하는 여신의 모습이 등장한다. 소그드 현지의 장례 미술에서는 이와 같은 사후세계에 대한 표현이 등장하지 않는다. 사후세계에 대해 적극적으로 표현하는 것은 중국 장례 미술의 영향을 받은 것이나, 그 상장관을 받아들인 것은 아니다. 사후세계를 표현하는 중국 전통의 틀을 가져와 조로아스터교의 종교관을 표현하고 있다. 이는 소그드인이 독자적인 종교와 문화를 유지하며 중국 내에서 활발하게 활동하였음을 보여준다.

6. 7–10세기世紀 실크로드絲綢之路 문명교류文明交流

1) 이슬람, 당(唐)과 실크로드(絲綢之路)

618년 동아시아에서는 당(唐)이 건국되며, 서아시아에서는 651년 사산조 페르시아가 멸망하고 661년 우마이야(Umayya)조가 성립하여 이슬람 세계가 형성된다. 7세기 이후 이슬람 세력이 대두하는 가운데 이슬람 유리기가 유라시아 전역으로 유통된다.

이슬람 유리기는 7세기 이래 이집트와 시리아 등 지중해 주변과 이라크, 이란 등 구 페르시아지역을 중심으로 이어진 로마와 사산조의 유리공예 전통을 계승·발전시킨 것으로, 고도로 발달한 이슬람 화학과 유리 제작 기법과 결합되어 9세기경에 독자적인 양식을 발달시켰다.

로마 제국이 동서로 분열되고, 476년에 서로마 제국이 멸망하면서 제국 영내에 있던 유리생산은 쇠퇴한다. 한편 동방에 있었던 아프리카 북안과 지중해 연안의 유리 산지는 게르만족의 침입을 받지 않아 그대로의 활동이 계속되었다. 또한 이 지방은 당시 서아시아 대부분을 세력권에 포함시킨 사산조 페르시아의 지배하에 들어간 적도 없고, 동로마 제국의 지배하에 평온한 상업 활동을 전개했다. 그 결과 이 지방에서 만들어진 유리기는 그 기법과 기종, 기형 면에서 다양성을 늘려 갔으며, 로마 유리기와 페르시아 유리기의 전통을 토대로 하여 비약적인 발전을 이루었다(由水常雄 1992a: 190).

7-8세기는 북쪽의 알레포(Aleppo)부터 남쪽의 알렉산드리아(Alexandria)에 걸쳐, 로마시대 지중해 연안의 번영한 유리 산지에서 로마 유리기의 형태로 만들어졌다. 또한 메소포타미아지방 유리기의 산지에서는 원문커트 등을 시문한 페르시아 유리기의 커트 기법이 계승되었다.

우마이야(Umayya,)조의 유리공예는 다마스쿠스(Damascus)를 중심으로 커트와 틀불기문양의 유리기를 만들어 로마 유리기의 전통을 계승·발전시켰다.

당대(唐代)의 두우(杜佑)가 저술한『통전通典』193권에 인용된 두환(杜環)의『경행기經行記』에는

> "불름국(拂菻國)에서 서쪽 산을 사이에 두고 수십 리에 점국(苫國)이 있으며, ……유리의 뛰어남은 천하에 비할 바 없다."

라는 기록이 있다. 당(唐)과 사라센(Saracen)의 751년 탈라스(Talas)강에서의 역사적인 대회전(大會戰) 때 당(唐)이 크게 패하여 많은 포로가 압바스(Abbasids)조의 도시로 가게 되었는데, 두환(杜環)은 그때의 포로 중 한 사람이었다.『경행기經行記』는 그가 762년에 중국에 귀환한 후 작성한 견문록이다.

그런데 불름국(拂菻國)은 시리아, 점국(苫國)은 다마스쿠스이며, 이『경행기經行記』는 이슬람 유리기의 제작지와 그 상황에 대해 서술된 세계 최고의 문헌으로 보고 있다.

당대(唐代)의 해로는『신당서新唐書』「지리지地理志」에 수록된 가탐(賈耽, 730-805)의『황화사달기皇華四達記』의 일부가「광주통해이도廣州通海夷道」에 보이며, 그것은 크게 4구간으로 나눈다.

제1구간은 광주(廣州)에서 인도네시아 수마트라까지이다. 광주(廣州)에서 200리 가서 둔문산(屯門山, 심천深川 남두南頭지역) → 2일 후 구주석(九州石, 해남도海南島 동북 칠주열도七洲列島) → 2일 후 상석(象石 해남도海南島 만녕萬寧 동남 해상 대주도大洲島) → 3일 후 고부노산(古不勞山 베트남 꾸라오 참Culao Cham)에 도착한다. 그곳은 환왕국(環王國 임읍林邑 점파占婆)에서 200리

에 떨어진 곳에 있다. 그곳에서 이틀을 가면 육산(陸山 베트남 사호이곶 cape Sa-Hoi岬) → 1일 후 문독국(門毒國 베트남 퀴논 Qui Nhon) → 1일 후 고달국(古笪國 베트남 나트랑 Nha-Trang) → 반일 후 농타랑주(奔陀浪州 베트남 판랑 Phan Rang) → 2일 후 군돌롱산(軍突弄山 베트남 콘손섬 Con-Son島) → 5일 후 신가파해협(新加波海峽 싱가포르 해협) → 100일 후 불사국(佛逝國 인도네시아 수마트라 팔렘방)의 순이다.

제2구간은 수마트라에서 사자국(師子國 스리랑카)까지이다. 불사국(佛逝國) → 4-5일 후 가릉국(訶陵國 인도네시아 자바) → 3일 후 갈갈승지국(葛葛僧祇國 인도네시아 부라우워즈 Brouwers제도) → 4-5일 후 승등주(勝鄧州 인도네시아 수마트라 델리 Deli) → 5일 후 파로국(婆露國 인도네시아 보르네오 Borneo) → 6일 후 파사가람주(婆國伽藍州 인도 니코바르 Nicobar제도) → 4일 후 사자국(師子國) 순이다.

제3구간은 사자국(師子國)에서 이라크의 말라국(末羅國 바스라 Basra)까지이다. 사자국(師子國) → 4일 후 몰래국(歿來國 인도 서남해안 물라 Mula) → 파라국(婆羅門인도 서해안의 브라함 Braham) → 2일 후 발국(拔國 인도 서북해안의 뭄바이 Mumbai) → 10일 후 제국(提國 파키스탄 인더스강 하구 서안 데이블 Daybul 카라치 Karachi) → 20일 후 제라노화국(提羅盧和國 이란 아바단 Abadan) → 1일 후 오라국(烏剌國 이라크) → 2일 후 말라국(末羅國 이라크 바스라 Basra)의 순이다.

제4구간은 인도 서남해안의 몰래국(歿來國)에서 아프리카 동해안의 삼란국(三蘭國 탄자니야의 반다르클 살람 Bandaru'cl Salam)에 갔다가 페르시아만의 오라국(烏剌國)으로 가는 항로이다. 몰래국(歿來國) → 삼란국(三蘭國) → 20일 후 설국(設國 예멘 시르 al-Schehr) → 10일 후 산이구화갈국(薩伊瞿和竭國 오만 무스카트 Muscat) → 6-7일 후 몰손국(沒巽國 오만 소하르 Schar) → 10일 후 발이가마탄국(拔離哥磨難國 바레인) → 1일 후 오라국(烏剌國) 순이다.

가탐(賈耽)이 기술한 항로에 대하여 항해술의 발달에 의해 심해(深海) 항행(航行)을 한 점, 해로의 주역이 신흥 아랍-무슬림이라는 점, 홍해(紅海)를 통한 항행(航行)이 단절된 점이 특징으로 제시하였다(정수일 2001: 61-63).

필자는 이 시기 주목되는 것은 이전 시기 항시(港市)의 중심이었던 베트남 옥에오(Oc-Eo)와 말레이반도의 크라(Kra)지협을 통과하지 않고 불사국(佛逝國)으로 항행(航行)하는 점이다. 이는 중국과 이슬람 세계 간 교역의 중계지로서 새로이 불사국(佛逝國) 즉 삼불제(三佛齊) 스리위자야(Sriwijaya)가 등장을 의미한다. 그리고 이 항로상의 항시에는 당 도자기와 이슬람 유리기, 도기가 공반하여 출토되어 주목된다.

특히 9세기 인도네시아 자바(Java) 해역의 아랍 다우선인 벨리퉁(Belitung)침몰선에서는 다량의 중국 장사요, 금은기, 이슬람 도기와 함께 이슬람 유리기가 출토된 것에서 잘 알 수 있다.

9세기 섬서성(陝西省) 법문사(法門寺) 지궁(地宮)에서는 당(唐) 황실(皇室)이 봉납(奉納)한 사리용기(舍利容器)를 비롯한 금은기(金銀器), 유리기(琉璃器), 청자(靑瓷), 견직물(絹織物) 등 도합 900여 점이 출토되었다. 이러한 사리장엄구는 873-874년 불사리(佛舍利)를 공양(供養)할 때 의종(懿宗)과 희종(僖宗)이 법문사(法門寺)에 봉납(奉納)한 것들이다. 법문사(法門寺)는 진신사리(眞身舍利) 중 유일하게 지골사리(指骨舍利)를 봉안(奉安)하고 있는 곳이며, 당(唐) 황실(皇室)의 사리공양(舍利供養)이 이루어진 국가적으로 중대한 사찰(寺刹)이다. 이슬람 유리기는 20점이 출토되었으며, 절자기하학문(切子幾何學文)과 러스터(luster) 석류문(石榴文)의 명(皿), 첨부문병(貼附文甁) 등 고급품이 포함된 점이 주목된다. 이 가운데 기하학문(幾何學文)의 유리기(琉璃器)는 『송회요宋會要』199책에 보이는 소흥(紹興)26년(1156) 2월 25일 삼불제(三佛齊)로부터 온 삼금권배련개(滲金勸盃連蓋), 삼금성수병(滲金盛水甁) 등과 관련된 기법으로 제작된 것으로 보고 있다(由水常雄 1992b: 153).

더욱이 첨부문병(貼附文甁)은 호박색(琥珀色)의 소지(素地)를 원통형으로, 구연부(口緣部)는 반형(盤形)으로 가공(加工)한 후 대각(臺脚)을 융착(熔着)시킨 것이다. 동부(胴部)에는 4열로 융착(熔着)한 문양(文樣)을 시문(施文)하였다. 견부(肩部)에 1조의 대(帶)를 돌리고 그 아래에 8개의 청색(靑色) 이중원문(二重圓文), 동부(胴部)의 중앙에는 2열로 교차되게 호박색(琥珀色) 별문양, 그 아래에는 이중원문(二重圓文)을 6개, 최하위(最下位)에는 청색(靑色)의 플라스크형 문양(文樣)을 6개 융착(熔着)시켰다.

그런데 법문사(法門寺) 출토 병(甁)의 문양(文樣)과 유사한 첨부문병 파편이 참파의 항구인 베트남 꾸라오 참(Culao Cham)유적에서 러스터(luster)문유리기, 이슬람 도기, 중국산 도자기와 함께 출토되었다. 이 유리기는 해상 실크로드를 경유한 것으로 보고 있다(眞道陽子 2000, 2002: 160)(그림 I-22). 이는 안사의 난(安史의 亂) 이후 사막로를 통항 교통이 어려워진 것에 기인한다.

한편 이 시기 당에서 제작된 도자기가 해상 실크로드를 통하여 이집트까지 유통된다. 그 대표적인 것이 장사요, 월주요, 형요 도자기이다.

장사요(長沙窯)는 내륙에 위치하고 있으나 호남성(湖南省) 시저호(石渚湖) 양안에 위치하고 있어 수상교통이 편리하고 수자원이 풍부하며 수목이 우거져 땔감이 풍부하다. 상강(湘江)과 장강(長江)을 통한 수운으로 양주(揚州)와 영파(寧波)와 같은 국제무역항에 도착하여 유라시아 전역으로 수출되었다. 인도네시아 벨리퉁 아랍 난파선의 60,000여 점에 달하는 당 도자기 가운데 대부분이 장사요(長沙窯) 자기이다. 도자기에 장식된 아라비아 문자, 열대지역의

그림 I-22. 8~9세기 유라시아Eurasia 이슬람Islam 유리기(琉璃器)

1~3. Italia Venice San Marco Cathedral 4, 5. Afkanistan Mazr-i Sharif 25. Afkanistan Herat 26. Afkanistan Maimana 27, 28. Malaysia Bujang Valley 29. Indonesia Belitung 30, 31. Veitnam Cu Lao Cham 32~37. 中國 陝西省 寶鷄市 法門寺 38. 湖南省 常德市 南平鄕 七里橋 39, 40. 江蘇省 揚州市 揚州城 41. 廣東省 廣州市 南漢康陵 42. 廣東省 廣州市 南越宮遺址 43, 44. 韓國 慶州市 四天王寺址 45. 慶州市 雁鴨池 46. 慶州市 金丈臺 47, 48. 陝川郡 伯岩里寺址 49, 50. 日本 福岡縣 鴻臚館 51. 奈良縣 唐招提寺 52, 53. 奈良縣 正倉院

대추나무, 물소, 코끼리 등 서아시아와 페르시아풍 도안(圖案)은 장사요 자기의 국제성을 보여준다.

월주요(越州窯)는 절장성(浙江省) 항주만(杭州灣)에 인접한 상림호(上林湖) 연안에 분포하고 있어 수상교통이 편리하고 수목이 우거져 땔감이 풍부하다. 월주요 도자는 항주만(杭州灣)에 연한 영파(寧波)와 같은 국제무역항을 통하여 유라시아 전역으로 수출되었다.

형주요(邢州窯)는 하북성(河北省) 남부 형대시(邢臺市) 내구현(內邱縣)에 위치하는 당대(唐代)의 백자요지이며, 형주요 자기는 운하를 통하여 각지로 운반되었다.

당의 장사요, 월주요, 형요자기는 한국, 일본을 비롯하여 베트남, 인도네시아, 파키스탄, 이란, 이집트 등 유라시아 전역에서 출토되었다.

한국, 일본의 출토 예는 후술하며 여기에서는 먼저 동남아시아, 서아시아 출토예에 대하여 살펴보고자 한다.

인도네시아 벨리퉁(Belitung)침몰선에서는 이슬람 유리기, 도기, 당의 금은기, 동경, 주화, 자기 등의 유물이 출수되었다. 그 가운데 중국 도자기는 60,000여 점으로, 대부분 일상 생활용 용기이다. 장사요(長沙窯) 자기가 57,500여 점으로 가장 많다. 청유자기 2,000여 점, 형요(邢窯)의 백자 300여 점, 월주요(越州窯)의 청자 200여 점, 공현요(鞏縣窯)의 녹유(綠釉), 백유녹채(白釉綠彩)도기 200여 점과 청화자기(靑花磁器) 3점 등이 있다.

전체 유물에서 장사요 자기의 비중으로 볼 때 당시 장사요의 생산 규모를 추정할 수 있다. 장사요 자기는 완류가 가장 많은데, 내면에 반원형의 갈반문(褐斑文)을 구연부에 배치하고 그 중앙에 문양을 그려 넣은 독특한 의장의 것이다. 문양은 구름, 봉황, 새, 물고기, 인물, 글자 등 다양하다. 월요청자는 옥벽저완, 각화문 사각접시, 집호(執壺), 절연반, 어형천대호(魚形穿帶壺) 등 전형적인 9세기의 특징을 보이고 있다.

아랍 상인들은 당의 개방정책 속에서 인도양을 넘어 중국까지 항해하여 교역하였다. 서아시아의 상품을 매매하고, 중국 도자기를 대량으로 구입하였다. 침몰선에서 출수된 많은 양주(揚州)제품은 이 배가 강소성(江蘇省) 양주(揚州)까지 북상하여 도자기를 가득 실은 후, 남쪽 국제무역항인 광동성(廣東省) 광주(廣州)로 이동하였음을 짐작하게 한다.

파키스탄 인더스강 하구의 교역항인 반보르(Banbhore)유적에서는 당 월주요의 수주와 청자완, 장사요의 채회도기완과 첩부문갈채수주, 송의 용천요 청저발이 출토되었다. 그 외 북방에서 생산된 백자와 월요계 요에서 제작된 회록유대호(灰綠油大壺)가 있다. 이 유적에서는 9세기 전반은 장사요 제품이 주류를 이루고 10세기에는 월요제품이 주류을 이룬다. 백자

완도 월요와 같이 이입되며 10세기 후반과 11세기에는 수량이 증가한다. 회록유대호(灰綠油大壺)는 9세기부터 11세기에 걸쳐서 이입된다. 이 유적에서는 복건성(福建省) 복주(福州) 유화묘(劉華墓) 출토품과 같은 이슬람 유엽문(柳葉文) 청유대호가 출토되어 주목된다. 반보르(Banbhore)유적은 당(唐) 및 송(宋), 원시대(元時代)의 자기(瓷器)와 함께 이슬람 도기가 다수 출토되어 중국과의 교역의 거점임을 알 수 있다**(그림 Ⅰ-23)**.

이란 남부의 교역항인 시라프(Siraf)항에서는 장사요의 수출용 자기가 출토되었다. 9세기 아랍 상인 소래만(Sulaimān)의 여행기에 "상품은 바스라, 오만과 그 밖의 지방에서 시라프(Siraf)로 운반되며, 대부분의 선박은 이 곳에서 선적한다"고 기록되어 있는데 이 기록이 고고학적으로 증명이 된 것이다. 화이트하우스의 7차례에 걸친 발굴조사 중 다섯 곳에서 장사요 수출용 자기가 대량으로 출토되었다.

시라프(Siraf)는 압바스조의 수도를 다마스쿠스에서 페르시아만에 인접한 바그다드로 이전한 이후 발전하였다. 바그다드와 가까운 항구는 바스라였으나 이 곳은 큰 배가 정박할 수 없었다. 그래서 시라프(Siraf)는 977년 지진으로 파괴될 때까지 페르시아만 무역의 중심지였다(에드워드 H. 세이퍼(저)·이호영(역) 2021: 32).

이집트의 프스타트(Fostat)유적은 카이로의 남방 근교에 위치한다. 868년 이집트의 툴룬왕조가 압바스조 이슬람제국으로부터 독립하면서 수도로 건설되었다. 60여만 점에 달하는 도자기를 비롯하여 이슬람 유리기 등이 출토되었다. 도자기는 그 가운데 1만여 점이 중국제로 구성되었다, 당(唐)의 삼채(三彩), 형주요백자(邢州窯白瓷), 월주청자(越州窯靑瓷), 장사요(長沙窯), 송(宋)의 용천요(龍泉窯), 경덕진요(景德鎭窯)의 청백자(靑白瓷), 덕화요(德化窯) 등의 백자(白瓷)와 정요(定窯)계의 백자, 원(元)의 청자·백자·청백자 등 출토되었다. 이 유적에서는 중국도자기와 함께 동남아시아의 침몰선과 동아시아의 여러 유적에서 보이는 절자문이 시문된 이슬람 유리기가 다수 출토되어 원격지 동서교역의 실태를 반영한다.

2) 신라(新羅), 발해(渤海)와 실크로드(絲綢之路)

신라의 삼국 통일과 발전은 해상 활동을 배경으로 하며, 신라는 해양실크로드와 연결된 황해를 적극적으로 개척하고 활용하였다. 신라가 황해를 개척 활용하기에는 오랜시간이 소요되었으며, 6세기 중엽 황해 진출로 이어졌다.

한강 하구를 통한 황해 진출은 신라가 국제무대에 적극적으로 참여할 수 있는 계기가

6. 7-10세기世紀 실크로드絲綢之路 문명교류文明交流

그림 I-23. 8~10세기 유라시아Eurasia 중국(中國) 도자기(陶瓷器)와 이슬람Islam 도기(陶器)

1.[Egypt] Fustat 2.[Saudi Arabia] Rabadha 3.[Iraq] Ctesipohne 4.[Iran] Susa 5. Nishapur 6.[Thailand] 7. Koh Tao 8.[Malaysia] 9.[Singapore] 10.[Indonesia] Belitung shipreck 11.[Vietnam] Cu Lao Cham 12. Danang 13.[中國] 廣東省 廣州市 大馬站景寨防 14. 長沙窯 15. 浙江省 越州窯 16. 寧波市 和義路碼頭 17. 寧波市 唐子城 18. 江蘇省 揚州市 19. 河北省 邢州窯 20. 吉林省 和龍縣 西古城 21.[Russia] Koksharovka castle 22.[韓國] 慶尚北道 利川市 雪峯山城 23. 慶尚南道 慶州市 京畿道 利川市 雪峯山城 24. 日本 長崎縣 壹岐市原の辻 25. 福岡縣 沖ノ島 26. 福岡縣 福岡市 27. 奈良縣 奈良市 西大寺 28. 京都府 京都市 净明寺址

91

되었다. 또한 황해를 통한 활발한 대중(對中)교섭 과정에서 종래의 연안 항해에서 벗어나 황해 중부를 가로지르는 횡단(橫斷)항로와 황해 남부를 가로지르는 사단(斜斷)항로를 개척하여 원양항해시대를 열었다.

신라는 그 거주지인 신라방 등의 분포로 볼 때, 중국 동해안 산동반도의 등주(登州)에서 타이완에 가까운 천주(泉州)에 걸친 광범위한 지역의 동아시아 해역을 장악하게 되었다. 신라인 거주지인 신라방이 등주(登州)에서 천주(泉州)에 이르는 광역 관계망을 형성하게 된 것은 해상 실크로드를 통한 교역 활동을 배경으로 한다.

경주(慶州) 안압지(雁鴨池)에서는 이슬람 유리기가 출토되었다. 안압지는 궁성인 월성의 남쪽에 위치하는 신라 왕실의 원지(園池)로서 담녹색배(淡綠色杯)가 1점 출토되었다. 안압지에서 완형에 가까운 1점만이 수습된 것은 이슬람 유리기에 대한 인식이 부족했던 당시의 사정에 기인하는 것으로 보인다. 특히 이슬람 유리기는 무색 투명한 것이 많아 근현대 유리기가 구분하기 어렵기 때문이다. 앞으로 경주 왕경유적에서 발견이 기대된다.

경주 사천왕사지(四天王寺址)는 낭산 산록의 선덕여왕릉하에 위치하며, 문무왕때 건립되었다. 이곳에서는 금당지에서 병의 견부 또는 파수 등에 붙였던 장식으로 추정 남색파수편(藍色把手片) 등이 출토되었다.

합천(陜川) 백암리사지(伯巖里寺址)에서 병의 견부 또는 파수 등에 붙였던 장식으로 추정되는 남색파수편(藍色把手片)과 경부가 짧은 남색병편(藍色瓶片)이 출토되었다. 『삼국유사三國遺事』탑상(塔像) 백암사(伯巖寺) 석탑사리조(石塔舍利條)에 보이는 사리기일 것이다.

후쿠오카현(福岡縣) 코로칸(鴻臚館)유적은 하카다만(博多灣)에 접하여 위치하는 외교 시설이다. 코로칸(鴻臚館)은 7세기 후반 설립된 치쿠시관(筑紫館)을 계승하는 것으로 11세기 중엽까지 존속하였다. 이곳에서는 청녹색병(青綠色瓶)과 백색완(白色盌)이 이슬람 도기, 중국 도자기, 신라 인화문토기와 함께 출토되었다.

후쿠오카시(福岡市) 동구(東區) 타노츠(多の津)에 소재하는 타다라코미다(多々良込田)유적에서는 8세기 후반부터 10세기에 걸쳐서 건물지가 확인되었다. 청녹색완(青綠色盌)으로 추정되는 편이 이슬람 도기, 신라 인화문토기와 함께 출토되었다.

나라현(奈良縣) 쇼소인(正倉院) 소장 담황색고배(淡黃色高杯), 봉수병(鳳首瓶)은 전형적인 이슬람 유리기이다. 제작시기가 문제가 되었던 청색십이곡장배(青色十二曲長杯)도 그 문양이 이탈리아 베네치아의 산마르코성당에 소장된 성배와 중국 강소성(江蘇省) 남경시(南京市) 대보은사(大報恩寺) 탑기지궁(塔基地宮) 출토 이슬람 유리기인 절자문병(切子文瓶)과 팔곡장배(八

曲長杯)에도 동일한 문양이 보여 이슬람 유리기로 판명되었다(吉澤悟 2017 : 127-129).

그런데 앞에서 언급한 바와 같이 쇼소인(正倉院)의 6-7세기 페르시아 유리기인 절자문완, 원환문배는 신라를 경유하여 이입된 것이 전세되어 8세기에 납입(納入)되었다. 8-9세기의 일본열도 출토 이슬람 유리기도 코로칸(鴻臚館)유적과 다다라코미다(多々良込田)유적에서 신라인화문토기가 공반된 점과 쇼소인(正倉院)의 신라산 묵(墨), 금(琴), 사파리(佐波理), 장적(帳籍), 화엄경(華嚴經) 등으로 볼 때 신라를 경유한 것으로 판단된다. 쇼소인(正倉院)과 관련된 토다이사(東大寺)의 화엄경(華厳経) 교주(教主)인 노사나대불(盧舍那大佛) 조불(造佛)의 사상적(思想的) 계기(契機)는 텐뵤(天平)2년(740)부터 토다이사(東大寺)의 전신사원(前身寺院)인 콘슈사(金鍾寺)에서 개시된 화엄경강설(華厳経講說)로 보고 있다. 그 강사(講師)인 심상(審祥)은 7세기 원효(元曉)와 의상(義湘)을 배출할 만큼 화엄교학(華嚴教學)이 성행했던 신라에 유학(留學)하였으며 다수의 불전(佛典)을 가지고 갔다(樋笠逸人 2018).『속일본기續日本記』752년 토다이사(東大寺) 노사나대불(盧舍那大佛) 개안공양(開眼供養)시 신라에서 왕자 김태렴(金泰廉) 이하 700여 명이 7척의 배로 일본에 왔다는 기록이 보인다. 김태렴(金泰廉)이 일본에 가져간 교역물품은 그 품목인 30건의 매신라물해(買新羅物解)에서 확인된다. 그 내용은 향약(香藥), 약재(藥材), 색료(色料), 기물(器物), 직물(織物) 등으로 쇼소인(正倉院) 소장품과 일치한다(朴南守 2011: 179-213). 더욱이 유향(乳香), 침향(沈香), 정향(丁香), 서각(犀角) 등 동남아시아를 경유한 것들이 포함되어 있어 주목된다.

다음은 신라와 일본 출토 당의 도자기를 통하여 논하고자 한다. 신라에서 월주요 청자는 다른 자기에 비해 수량도 많고 기종도 다양하다. 그중에서도 완과 발이 절대적으로 가장 많은 수량을 차지하고 있다. 청자는 음다(飲茶)도구인 완과 발 이외에도 합과 호, 병, 항, 주자 등이 소량 확인되고 있다.

형주요 백자는 청자에 비하면 수량도 많지 않고 경주를 중심으로 영월 흥녕선원지와 이천 설봉산성, 울산 반구동유적, 보령 성주사지, 익산 미륵사지, 이천 설봉산성, 남원 실상사, 광양 마로산성, 완도 청해진 등 한정된 지역에서만 출토되고 있다. 경주 황룡사와 완도 청해진에서 출토된 호가 있으나 다완으로 사용하기 위한 완과 발이 절대적으로 많은 수량을 차지하고 있어 특정 기종만을 수입하였을 가능성이 있다.

장사요 청자는 첩화기법(貼花技法)을 이용하여 문양을 시문한 청자갈반첩화문주자(青瓷褐斑貼花文注子), 청자갈녹채비조문주자(青瓷褐綠彩飛鳥文注子)와 청자쌍이호(青瓷雙耳壺), 청자완이 출토되었다. 소량이지만 기종이 주자와 완·호로 매우 한정되어 있음을 알 수 있다. 출토지는 전라남도 광양 마로산성에서 출토된 청자갈녹채비조문주자를 제외하면 모두 경주지역에서 출토되고 있다. 경주지역에서 출토된 장사요 청자는 왕경 유적을 비롯하여 분황사와 추정 인용사지, 골호로 사용된 배동 출토품과 경주 출토품으로 전하는 청자갈반첩화인물문주자(靑瓷褐斑貼花人物文注子) 등이 있다. 그런데 장사요 청자는 대외 교역을 목적으로 대량 생산하여 중국뿐만 아니라 동남아 등에서 많은 수량이 확인되고 있는데 비해, 소량만 확인되고 있어 신라인들이 장사요 도자기를 선호하지 않았던 것을 알 수 있다.

당 도자기의 출토지는 신라의 수도 경주의 왕경, 사원, 대외 교역항과 치소, 지방 사원으로 구분된다. 경주(慶州)에서는 왕경(王京)의 건물지(建物址)인 월성(月城), 북문로(北門路)유적, 구황동(鳩皇洞)유적, 서부동(西部洞)유적, 노서동(路西洞)유적, 황남동(皇南洞)유적, 동천동(東川洞)유적, 탑동(塔洞)유적, 연지(蓮池)인 안압지(雁鴨池)유적, 구황동(鳩皇洞)유적, 사원(寺院)인 황룡사지(皇龍寺址), 인용사지(仁容寺址), 천관사지(天官寺址), 분황사(芬皇寺), 화장묘(火葬墓)인 배리(拜里), 석장동(錫杖洞), 조양동(朝陽洞) 골호(骨壺) 등에서 출토되었다. 경주에서는 가장 많은 수의 유적에서 다수가 출토되었으며, 화장묘에서 사용된 점, 당삼채(唐三彩)가 출토된 점이 지방과 구분된다.

당(唐)으로부터 이입되는 교역항(交易港)은 전라남도(全羅南道) 완도군(莞島郡) 청해진(淸海鎭), 울산시(蔚山市) 반구동(斑鳩洞)유적, 화성시(華城市) 당성(唐城)유적을 들 수 있다. 완도군 청해진에서는 월주요 완, 주자, 호 등 14점과 저장용기인 갈유사이호(葛釉四耳壺)가 출토되었다. 반구동(斑鳩洞)유적은 태화강 하구의 동천과 합류하는 옛 울산만에 위치 율포(栗浦)에 해당하는 외항이다. 9세기 전후의 항만접안 시설물로 추정되는 목책, 관아, 도로 등이 확인되었다. 출토유물은 월주요 청자, 형주요 백자, 개원통보(開元通寶) 등이 있다. 월주요 청자는 옥벽저완(玉壁底盌), 옥환저완(玉環底盌) 4점, 형주요 백자는 옥벽저완 1점이다.

치소는 충청남도(忠淸南道) 부여군(扶餘郡) 부소산성(扶蘇山城), 홍성군(洪城郡) 신금성(神衿城), 전라남도(全羅南道) 광양시(光陽市) 마로산성(馬老山城), 경기도(京畿道) 이천시(利川市) 설봉산성(雪峯山城), 강원도(江原道) 강릉시(江陵市) 임영관지(臨瀛館址)를 들 수 있다. 광양시 마로산성에서는 월주요 완 6점, 형주요 완 14점, 장사요 갈녹채비조문주자(褐綠彩飛鳥文注子) 1점이 출토되었다. 마로산성은 신라의 현성에 불과함에도 다수가 출토된 것이 주목된다. 이는 해로의 요충에 입지하는 점에 기인하나, 신라의 하부 행정조직에서도 당의 도자기가 다수 사용된 것을 알 수 있기 때문이다.

지방의 사원은 경상북도(慶尙北道) 군위군(軍威郡) 인각사(麟角寺), 포항시(浦項市) 법광사지(法光寺址), 전라남도(全羅南道) 광양시(光陽市) 옥룡사지(玉龍寺址), 순천시(順天市) 금둔사지(金芚寺址), 전라북도(全羅北道) 남원시(南原市) 실상사(實相寺), 익산시(益山市) 미륵사지(彌勒寺址), 충청남도(忠淸南道) 보령군(保寧郡) 성주사지(聖住寺址), 경기도(京畿道) 안양시(安陽市) 안양사지(安陽寺址), 강원도(江原道) 영월군(寧越郡) 흥녕선원지(興寧禪院址), 원주시(原州市) 법천사지(法泉寺址) 등이 있다. 신라의 영역을 대부분 망라하는 지방의 사원에서 당의 도자기가 다수 사용된 것을 알 수 있다(그림 Ⅰ-24).

일본에서는 수도인 나라현(奈良縣) 헤이죠경(平城京), 쿄토부(京都府) 헤이안경(平安京)과 지방의 치소인 후쿠오카현(福岡縣)의 타자이후(大宰府), 코로칸(鴻臚館) 등에서 출토되었으며, 신라의 수량을 능가한다. 그러나 신라의 경우 헤이죠경(平城京)와 같은 전면 조사와 헤이안경(平安京)과 타자이후(大宰府), 코로칸(鴻臚館)의 조밀한 조사가 이루어지지 않은 상태에서 수적인 비교는 무의미하다. 다만 신라의 경우 앞에서 언급한 바와 같이 지방의 치소와 사원에도 당 도자기가 일상적으로 사용된 점이 주목된다. 타자이후(大宰府), 코로칸(鴻臚館)에서 신라 인화문토기가 다수 확인된 것은 신라를 경유하여 일본열도에 이입되었음을 유추할 수 있다.

『삼국사기三國史記』의 색복(色服), 거기(車騎)조의 슬슬(瑟瑟), 대모(玳瑁), 공작미(孔雀尾), 비취모(翡翠毛), 자단(紫檀), 구수, 탑등, 침향(沈香) 등을 통하여 동남아시아, 아라비아해 주변 산물이 이입된 것을 알 수 있다. 또한 신라가 일본에 판매한 문물의 종류와 수량을 기록한 「매신라물해買新羅物解」를 통하여 동남아시아를 통하여 입수한 물자를 일본열도에 공급한 것을 알 수 있다. 일본 쇼소인(正倉院)에는 30점에 가까운 「매신라물해買新羅物解」라는 문서가 수

그림 Ⅰ-24. 9세기 한국(韓國) 경상북도(慶尙北道) 군위(軍威) 인각사(麟角寺) 월주요완(越州窯盌)

95

장되어 있다. 이 문서는 관품 5위 이상의 일본귀족들이 신라로부터 들여올 상품(舶來品)을 구입하기에 앞서 그들이 필요로 하는 물건의 품목 수량 가격 등을 기록하여 대장성(大藏省) 또는 내장료(內藏寮)에 제출한 구입허가신청서다. 여기에는 향료(香料), 약물(藥物), 염료(染料) 기물(器物), 조도(調度), 서적(書籍) 등 매우 다양한 물품명이 기록되어 있다. 「매신라물해買新羅物解」가 제출된 날짜를 보면 천평 승보(天平 勝寶) 4년 6월(752 경덕왕11)의 15-26일이다. 이는 신라 왕자 김태렴(金泰廉) 등 사절단 일행이 헤이죠경(平城京)에 머무르던 기간과 일치한다. 신라 정부는 나라 토다이사(東大寺) 대불의 개안법회(開眼法會)를 계기로 7백여 명이나 되는 대사절단을 파견한 것이다. 「매신라물해買新羅物解」에는 소방(蘇芳), 가리늑(呵莉勒), 훈륙(薰陸), 정자(丁字), 침향(沈香), 필발(蓽撥), 안식향(安息香), 동황(同黃), 용뇌향(龍腦香), 백단향(白檀香) 등이 보인다.

다음은 해로를 통해 이입된 동남아시아, 아라비아해 주변 산물의 원산지에 대해 살펴보자.

불국사 석가탑 출토 유향과 매신라물해로 볼 때, 신라에는 유향(乳香), 슬슬(瑟瑟), 대모(玳瑁), 공작미(孔雀尾), 비취모(翡翠毛), 자단(紫檀), 침향(沈香), 구수, 탑등, 소방(蘇芳), 가리늑(呵莉勒), 훈륙(薰陸), 정자(丁字), 침향(沈香), 필발(蓽撥), 안식향(安息香), 용뇌향(龍腦香), 백단향(白檀香) 등의 물품이 이입되었다. 또한 호류사(法隆寺)에는 소그드문자 등이 새겨진 백단향(白檀香)과, 쇼소인(正倉院)에는 길이 156cm에 달하는 침향(沈香)을 비롯하여 유향(乳香), 백단향 등이 신라금(新羅琴), 신라묵(新羅墨)과 함께 현존하고 있어, 이러한 물품이 신라를 경유하여 이입된 것을 알 수 있다.

유향(乳香)은 일명 훈륙향(薰陸香), 또는 마니향(馬尼香)·천택향(天澤香)·마륵향(摩勒香)·다가라향(多伽羅香)이라고 한다. 유향(乳香)은 그 방울져 내리는 것이 유두와 같아 유두향이라고도 하며, 그 원산지와 제조법 및 동방 무역에 관한 송(宋) 조여괄(趙汝适)의 『제번지諸蕃志』 권하 「유향조」의 기술에 의하면, 대식(大食, 아랍)의 마라발(麻囉拔, 아라비아 반도 남부 하드라마우트 연안의 Mirbah), 시갈(施曷, 하드라마우트 연안의 Shehr, 혹은 Esher), 노발(奴發, Nufa, 현 Dhofar) 등에서 자라는 용(榕)나무 비슷한 나무줄기를 잘라 수지(樹脂)를 흘러나오게 한 후 응결시켜 만든다. 이렇게 제조된 유향은 대식 상인들이 배로 삼불제(三佛齊, 수마트라)까지 운반되어 거기에서 번상(蕃商)들에 의해 교역이 이루어진다. 『제번지』에 의하면, 유향의 종류로는 연향(楝香), 병유(餠乳), 병향(餠香), 대향(袋香), 유탑(乳榻), 흑탑(黑榻), 수습흑탑(水濕黑榻) 등 10여 종이 있다.

『삼국사기』 색복(色服), 거기(車騎), 기용(器用), 옥사(屋舍)조에는 슬슬(瑟瑟), 대모(玳瑁), 공작미(孔雀尾), 비취모(翡翠毛), 자단(紫檀), 구수(毬毹), 탑등(毾氀), 침향(沈香) 등이 보인다. 진골 여성의 빗(櫛)과 관(冠)에 슬슬과 대모(玳瑁)의 사용을 금하고 육두품 여성의 빗에도 슬슬을 금하였다. 슬슬은 에메랄드로 보는 견해가 있다. 이와 관련하여 삼성미술관 리움 소장 통일신라시대 감옥(嵌玉) 금장(金裝) 장식 대모빗(玳瑁櫛)이 존재하여 주목된다. 이 빗에 사용된 옥은 에메랄드로 보기 어렵고, 에메랄드와 같은 색의 청색 연옥으로 보인다. 그래서 슬슬은 청색의 옥을 지칭하는 것으로 볼 수 있다. 진골 여성의 목도리에 공작미, 비취모를 쓰는 것을 금지하고 있다. 비취모는 비취새(Kingfisher)의 깃털이다. 주산지는 캄보디아이며 털의 색깔은 비취색으로 진귀한 새이다. 이 깃털로 된 사치품은 이를 꼬아서 짠 물품이다. 공작미는 공작의 꼬리 깃털이며 인도, 동남아시아에서 산출되었다. 진골의 수레 장식에 대모(玳瑁)를 쓰는 것을 금지하고 있다. 또한 진골과 육두품의 상(床)에 대모의 장식을 못하게 하였다. 대모는 보르네오, 필리핀군도, 자바 등지에서 서식하는 거북이다. 대모의 껍질은 황색을 띤 검은 반점이 있는 아름다운 반투명체로서 여러 물품의 제작에 사용되었다. 대모는 낙랑고분에서도 출토된 것으로 이전 시기부터 이입되었으며, 앞에서 언급한 삼성미술관 리움에는 대모빗(玳瑁櫛) 3점이 소장되어 있다. 진골이 사용하는 수레의 재목과 진골에서 사두품에 이르기까지 안장의 재료로 자단, 침향의 사용을 금하고 있다. 또한 진골은 침향, 육두품은 자단과 침향을 상(床)의 재료로 쓰지 못하게 하였다. 자단(紫檀)은 콩과에 속하는 인도, 스리랑카 원산의 상록활엽교목으로 인도네시아 스마트라, 필리핀 등지에서 산출되는 고급 목재이다. 재목이 향기롭고 견고하며 속이 암홍자색을 띠어 아름다워, 신라에서는 건축 및 가구, 안장 등의 재료로 널리 사용되었다. 침향(沈香)은 일명 침수향(沈水香, Aquilaria, agallocha) 혹은 노회(蘆薈). 주산지가 말레이 반도인 침향은 팥꽃나무과에 속하는 상록교목으로서 줄기 높이는 20m 이상이고 잎은 긴 타원형으로 겉에 흰 광택이 난다. 흰 꽃이 피며, 과실은 익으면 두 쪽으로 갈라진다. 13세기에 송(宋)의 조여괄(趙汝适)이 쓴 『제번지諸蕃志』 권하 「침향조」에 따르면 침향은 진랍(眞臘, 캄보디아)을 비롯해 점성(占城, 베트남)·삼불제(三佛齊, 수마트라)·사파(闍婆, 자바)·대식(大食, 아랍) 등 여러 나라에서 생산되며 그 종류와 명칭 또한 다양하다. 형태에 따라 서각침(犀角沈), 연구침(燕口沈), 부자침(附子沈), 사침(梭沈), 횡격침(橫隔沈) 등으로 구분된다. 『영외대답嶺外對答』(권7)에도 침향은 여러 번국(蕃國, 외국)에서 수입된다고 하였고, 중세 아랍 대여행가 이븐 바투타(Ibn Batutah)도 그의 동방여행기에서 크메르(캄보디아, 진랍眞臘)의 침향은 질이 가장 우수하다고 지적하였다. 구수(毬毬)는 양모를 주성분으로 하여 잡모를 함께 넣어 짠 문양이 있는 페르시아 직물이다. 탑등은 양모를 주성분으로 하여 잡모를 함께 넣어 짠 문양이 있는 페르시아 직물이다. 구수에 비해 짜임이 섬세한 것이 특징으로 북부 인도에서도 생산된다.

다음은 『매신라물해買新羅物解』에 보이는 물산에 대해 살펴보자. 소방은 약재와 물감으로 사용되며 말레이반도가 원산이다. 가리늑은 인도, 미얀마, 말레이시아 등에 서식하는 약재이다. 훈륙은 정향의 본래 이름이다. 정자는 인도네시아 등에서 서식하는 꽃을 말린 것으로 약재로 쓰인다. 침향은 인도, 인도네시아에 서식하는 나무로 만든 향이다. 필발은 인도 등에서 서식하는 넝쿨로서 약재로 사용된다. 안식향은 인도네시아, 베트남인 원산지로서 향약으로 사용된다. 동황은 베트남 등에서 서식하는 식물에서 채집되는 수지이다. 용뇌향은 인도와 인도네시아에 서식하는 갈포라(羯布羅)나무에서 나오는 진으로 만든 향이다. 백단향은 인도, 인도네시아에 서식하는 나무의 속심으로 만든 향이다. 안식향(安息香)은 『제번지諸蕃志』에서는 삼불제(三佛齊), 즉 수마트라에서 산출된다고 하였으나, 당(唐) 두우(杜佑, 735-812)가 편찬한 『통전通典』의 기술에 의하면, 안식국(安息國)은 서융(西戎)에 있는 국가로 산출국명을 따라서 '안식향'이란 이름이 지어졌다고 하였다. 따라서 이 안식향은 안식국에서 삼불제로 교역된 것이지 그곳이 원산지는 아니다. 안식이란 국명은 『사기史記』「대완전」에 나오는 페르시아의 지명이다. 단성식(段成式)의 『서양잡조西洋雜俎』권18에는 안식향(安息香)이 페르시아에서 산출됨을 지적하면서 그 형태와 제조과정을 기술하고 있다. 그에 따르면 안식향나무는 파사(波斯)즉 페르시아에서 자라는 나무로 파사국에서는 '벽사수(辟邪樹)'라고 부른다. 나무의 높이는 3장(丈)이고 껍질색은 황흑색(黃黑色)이며 잎사귀는 4각형이다. 내한성(耐寒性)이 있으며 2월에 누런 꽃이 피는데 열매는 없다. 나무껍질을 파면 수지(樹脂)가 돋아나오는데 6-7월에 응결시키면 그것이 바로 향료, 즉 안식향이 된다. 불에 태우면 신명(神明)에 통하고 제악(諸惡)을 몰아낸다고 하여 '벽사수'란 이름이 붙었다. 『당본초唐本草』에도 안식향은 서융(西戎)에서 산출된다고 하였고, 『해약본초海藥本草』에도 안식향은 남해의 페르시아에서 나온다고 하였다. 이상의 내용을 종합해보면 안식향의 원산지는 삼불제(수마트라)나 아라비아 반도가 아니라 파사(페르시아)임이 분명하다.

그리고 이븐 쿠르다지마(Ibn kuhrdadhibah, 820-912)의 『제도로諸道路 및 제왕국지諸王國誌』와 조여괄(趙汝适)이 편찬한 『제번지諸蕃誌』에 보이는 이슬람 상인들과 교역에 사용된 신라 물산에 대해 살펴보자. 확인된 물품은 조단(調段, 비단), 검(劍), 키민카우(kimiinkhau), 사향(麝香), 침향(沈香), 마안(馬鞍), 초피(貂皮, 담비 가죽), 도기(陶器), 범포(帆布), 육계(肉桂), 쿠란잔(khulan-jan), 인삼(人蔘), 수은(水銀), 송자(松子), 진자(榛子), 석결명(石決明), 송탑자(宋塔子), 방풍(防風), 백부자(白附子), 복령(茯苓), 대소포(大小布), 모시포(毛施布), 동경(銅磬, 종), 자기(磁器), 초석(草

蓆), 서모필(鼠毛筆)이다. 여기에서 먼저 주목되는 것은 인삼(人蔘)이다. 인삼은 나라현(奈良縣) 쇼소인(正倉院)에 전세된 것이 현존하고, 천주(泉州) 침몰선(沈沒船)에서 출수된 점에서 신라가 해상 실크로드를 통하여 동서로 널리 유통시킨 주력 상품임을 알 수 있다. 인삼의 주산지가 영주시 풍기읍과 같이 경상북도에 소재하는 것도 삼국시대로부터의 전통에 기인한다. 동경(銅磬)은 스님들이 쓰는 작은 종이다. 신라 종의 우수성은 성덕대왕종이 당시 당, 일본 종과 비교할 수 없는 조형미와 음을 가지고 있는 것은 잘 알려진 바이다. 신라종은 일본에 직접 이입되었으며 그 기술도 전파되어 헤이안(平安)시대 뵤도인(平等院)의 종에서도 영향이 보인다. 마안(馬鞍)은 안장으로 신라 안장의 우수성은 나라현(奈良縣) 후지노키(藤ノ木)고분 출토품에서 알 수 있으며, 8, 9세기에는 널리 일본에 수출된 것으로 보인다. 검(劍)은 845년 엔닌(圓仁)의 『입당구법순례행기入唐求法巡禮行記』의 초주楚州에서 신라도(新羅刀)를 선물 받았다는 기록으로 볼 때 당(唐)에도 널리 유통되었음을 알 수 있다. 사향(麝香)은 『신동국여지승람』에 전국에서 산출된다고 하므로 신라산으로 볼 수 있다. 초피(貂皮)는 담비 가죽으로 부여, 발해, 고구려, 발해의 특산물이나 신라가 발해로부터 구입하여 유통시킨 것으로 보인다. 특히 이븐 쿠르다지마가 기술한 내용은 홍해 연안까지 신라문물 즉 인삼, 동경, 안장, 검, 사향 등이 이입되었을 가능성이 크다는 것을 알 수 있다.

    9세기는 신라와의 교역이 공무역에서 사무역으로 전환되는 시기이다. 교역의 장소가 8세기에는 헤이안경(平安京)이었으나 이 시기에는 큐슈(九州)의 타자이후(大宰府)로 바뀐다. 이를 상징하는 것이 후쿠오카현(福岡縣) 코로칸(鴻臚館)유적이다. 이 유적에서는 신라 인화문토기가 이슬람 유리기, 도기와 공반되는 것에서 신라인의 활동으로 실크로드를 경유한 문물이 일본열도에 이입된 것임을 알 수 있다. 이 시기는 신라 하대에 해당하며 종래 왕권 간의 교섭에 의한 교역이 쇠퇴하고 장보고로 대표되는 한(韓), 중(中), 일(日) 삼각무역에 종사한 신라의 해상세력을 통해 일본열도에 서역 문물이 이입된다. 장보고(張保皐)는 주지하는바와 같이 9세기 전반 신라인의 해외 진출과 국제 무역활동을 대표하는 인물이다. 그는 흥덕왕3년 완도에 청해진을 열고 이를 본영으로 한반도 서남해안에서 동아시아 해상으로 진출하여 당과의 국제 무역을 주도하였다. 그리고 일본과의 해상 무역을 장악하여 당, 신라, 일본을 연결하는 해상 무역망을 형성하였다. 장보고 선단의 이러한 활동은 일본의 구법승인 엔닌(圓仁)의 『입당구법순례행기入唐求法巡禮行記』와 『속일본후기續日本後記』 등을 통해 알 수 있다. 『입당구법순례행기』권2 개성(開成)4년(839년) 6월 27일에 의하면 장대사(張大使)의 교관선(交關船) 2척이 적산포(赤山浦)에 이르렀다는 기록이 있다. 28일조에는 장보고(張保皐)가 보낸 대당(大唐) 매물사(賣物使)인 최병마사(崔兵馬使)에 관한 기록도 보인다. 대당 매물사인 최병마사가 교관선 즉 무역선을 타고 당으로 들어온 것이다. 청해진에 거점을 형성한 장보고는 휘하의 매물사를 당에 파견하여 신라에서 가지고 간 물품을 판매하는 한편 현지의 재당 신라상인들의 무역망을 이용하여 아라비아, 동남아시아산 희귀 사치품과 중국산 선진 문물을 구입하여 이를 신라와 일본에 판매하는 중개 무역을 실시하였다.

장보고(張保皐) 선단(船團)은 당뿐만 아니라 일본과도 활발한 무역활동을 전개하였다. 회역사(廻易使)라는 이름으로 파견된 장보고의 무역 사절들이 가지고 간 당물(唐物)은 인기가 있었다. 장보고 선단의 무역 활동은 『속일본후기續日本後記』죠와(承和)7년(840)12월조에 타자이후(大宰府)에 장보고가 방물을 가져오고, 죠와(承和)8년(841) 2월 무진(戊辰)조에는 태정관(太政官)이 장보고 선단이 가져온 화물을 민간인들과 무역하는 것을 허락하였다는 기록이 보인다. 동아시아 해상에서 행해진 장보고 선단의 국제 무역을 잘 알 수 있는 것은 『속일본후기續日本後記』죠와(承和)9년(842) 정월 을사(乙巳)조를 보면 장보고 선단의 국제 무역 형태를 알 수 있는데 그 선단은 일본과의 국제 무역을 위해 공식 문서를 가지고 무역에 종사하고 있었다. 이는 곧 일본과의 무역에 종사하는 신라 상인이 장보고 선단의 일원임을 증명하는 것이다. 또한 장보고 선단은 공식적인 서신을 가지고 국제 무역을 행하고 있었다.

장보고의 교관선에 의해 운반된 교관물은 타자이후를 통하여 교역되었는데 타자이후는 외국 상인과의 무역을 조사 감독하였다. 신라 상인들은 타자이후의 허가하에 민간과의 무역에 종사하였으며, 코로칸(鴻臚館)에 머물렀던 것이다. 장보고는 완도의 청해진을 거점으로 교관선을 이용하여 당에는 대당 매물사(賣物使)를 파견하고 일본에는 회역사(廻易使)를 파견하여 동아시아 국제무역을 주도하였다(이유진 2015: 30-33)

그런데 이 시기 신라인의 무역은 종래 왕경에 거주하였던 소그드인, 위구르인과 같은 서역인의 활동으로부터 일정 부분 영향을 받은 것으로 추정된다. 왜냐하면 중국 동해안에 연한 신라인 거주지가 소그드인의 무역 중계지에 보이는 집단 거주지를 방불케 하기 때문이다. 그리고 엔닌(圓仁)의 『입당구법순례행기入唐求法巡禮行記』에는 많은 신라인 거주지가 기록되어 있다. 엔닌은 신라 거주민의 도움을 받아 구법활동을 하였다. 귀국 후 천태총 3대 좌주로서 적산(赤山) 법화원에서 수행 중 불법연구의 수호신으로 자신의 주명신(呪命神)으로 받아들인 적산 신라명신을 모시기 위해 시가현(滋賀縣) 엔락쿠사(延曆寺)에 적산궁(赤山宮)을 건립하였다. 신라인이 주로 거주한 곳은 산동(山東)반도, 항주만(杭州灣) 등이 꼽힌다. 신라인 거주지가 형성될 수 있었던 원인으로는 당의 개방적인 이민족 정책, 신라와 당의 지속적인 교류와 우호적 관계, 두 나라 사이의 지리적 접근성 등을 들 수 있다. 대표적인 것이 신라방(新羅坊)이다. 다양한 신라인들이 중국 대륙으로 건너갔으며, 그곳에서 거주하였다. 견당사(遣唐使), 유학생(留學生), 구법승(求法僧), 상인(商人)들이었다. 본래 중국에서 방(坊)이란 성(城) 안에 구획된 거주지역을 일컫는 용어이다. 그러므로 신라방이란 신라인이 집단으로 거주하는 방을 가리킨다. 한편, 성 바깥에 형성된 신라인의 집단 거주지역은 흔히 신라촌(新羅村)으로 불리었다. 신라촌의 책임자도 신라인으로, 여러 개의 신라촌을 묶어 신라소(新羅所) 등의 관청에서 통제했다고 한다. 신라인의 해상활동이 활발해지면서 조선업과 선박수리업 등이 발달했으며, 당에 왕래하는 외국인을 대상으로 교통 편의를 제공하고 현지 사정을 알려주는 역어(譯語)와 통사(通事)가 있었다. 당의 관리가 된 신라인도 다수 확인된다.

　　신라방은 양주(揚洲) 북쪽의 연수현(漣水縣)에서 초주(楚州), 온주(溫州) 북쪽의 황엄현(黃巖縣)에 걸쳐 형성되었으며, 장강(長江) 하류의 국제 무역도시였던 명주(明洲), 산동반도의 등주(登州)와 내주(來州)의 성내에도 존재한 것으로 보고 있다(권덕영 2005: 61). 신라관은 등주, 신라원은 적산촌(赤山村), 진장촌(眞莊村), 천태산(天臺山), 천주(泉州) 등에서 보이며, 신라소는 문등현 등에 보인다(그림 I-25). 절강성(浙江省) 영파(寧波) 천봉탑(天封塔) 출토 통일신라시대 불상은 영파에 거주한 신라인들이 봉헌한 것으로 추정되어 상당수의 신라인이 거주한 것을 알 수 있다.

　　신라인 거주지인 신라방이 등주(登州)에서 천주(泉州)에 이르는 광역 관계망을 형성하게 된 것은 해상 실크로드를 통한 무역 활동에 따른 것이다. 이와 같은 광역 관계망이 형성된 것은 좁은 신라만을 대상으로 것이 아니라 배후의 넓은 일본 시장을 배경으로 하였기 때문이다.

　　698년 한반도 동북부와 중국의 동북, 연해주일대에 성립한 발해의 수도인 흑룡강성(黑龍江省) 영안시(寧安市) 발해진(渤海鎭)에 있는 발해상경성지(渤海上京城址) 내에 있는 토대자촌(土臺子村) 출토 사리함은 석제함, 칠함, 동함, 금동제함, 은제함, 금제함, 유리제병으로 구성된 7중으로 구성되어 있다. 이곳에서 청금석(Lapis lazuli)과 진주 등이 출토되었으며(李松蘭 2016: 170), 청금석은 아프가니스탄의 북동부 바다흐샨 지역산으로 진주와 함께 발해의 특산인 모피의 교역로인 초피로(貂皮路)를 통하여 이입된 것으로 보인다.

　　『신당서新唐書』에 따르면 발해에는 5도(五道)가 있었다. 동경 용원부의 동남쪽 바다와 인접한 곳은 일본도이고, 남경 남해부는 신라도(新羅道)이고, 서경 압록부는 조공도(朝貢道)이고, 장령부는 영주도(營州道)이고, 부원부는 거란도(契丹道)이다.

　　발해와 일본은 일본도(日本道)를 통해 771년이래 229년간 47회 사신이 왕래를 하였

I. 실크로드絲綢之路 문명교류사文明交流史 서설序說

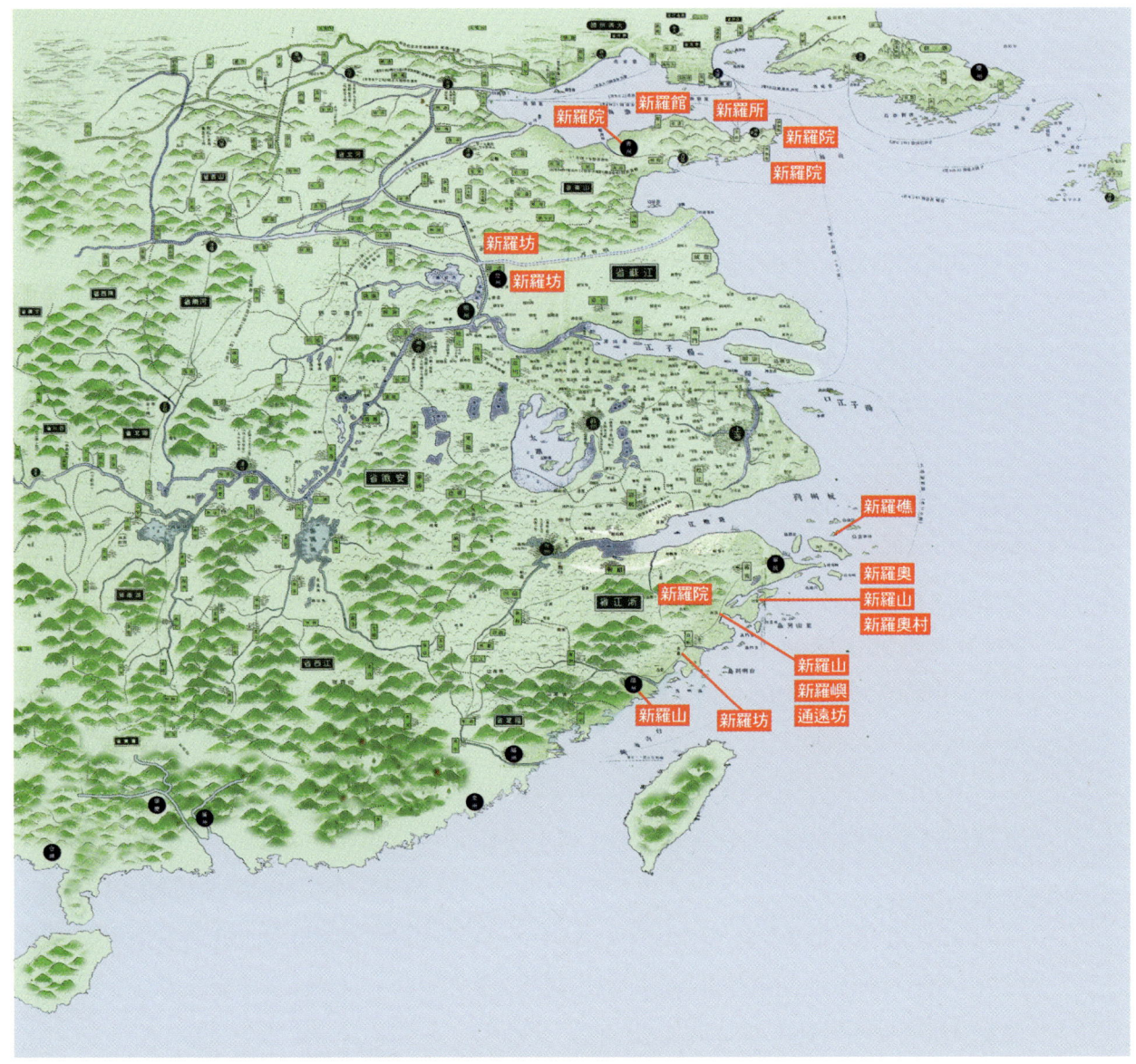

그림 I-25. 9세기 중국(中國) 동해안(東海岸) 신라인(新羅人) 거주지(居住地)

다. 발해 초기에는 일본을 통한 신라 견제라는 위한 정치적 목적에 따라 교섭을 하였다. 이후에는 경제적인 목적 중심으로 일본도를 통한 교류가 있었다. 727년 발해사의 일본 파견 물품 목록에 담비가죽 300장이 보인다. 이는 일본귀족들이 발해 특산물인 담비가죽과 학문적 교류에 대한 관심이 높았고 발해의 지방수령들도 경제적 욕구를 충족시키는데 적극적으로 일본과 교류를 하였다. 발해에서는 담비, 표범, 곰 등의 가죽, 인삼과 꿀 등의 약재 등을 보냈고, 일본으로부터는 비단, 면포, 실 등의 옷감, 황금, 수은, 칠(漆), 부채 등을 들여왔다.

러시아 연해주 하산(Khasan)의 동경 관할의 염주(鹽州) 소재지인 크라스키노성(Kraskino castle)에서는 2012년 성의 제48구역에서 쌍봉낙타의 제1지골(肢骨)이 출토되었다. 연해주는 기후 조건에 의해 낙타를 사육하기 어려워 내륙지역에서 이입된 것으로 보인다. 2015년 제47구역에서 청동제 쌍봉낙타상이 출토되었다(정석배 2017: 69, 70). 낙타는 아르세니예브스카 강 유역에서 발견된 소그드 은화, 니꼴라예브까성(Nikolaevka castle)에서 출토된 사산조 페르시아계 청동거울로 볼 때 소그드인과 모피(毛皮) 교역의 과정에서 이입된 것으로 보인다. 나아가 일본도의 교역항인 크라스키노(Kraskino)성에서 낙타가 확인된 것은 모피교역로인 초피로(貂皮路)가 일본도와 연결되었음을 보여준다. 크라스키노(Kraskino)성에서 출토된 발해(渤海) 사이부호(四耳偏壺)와 동일한 형식의 발해산 토기가 울릉도(鬱陵島) 천부동(天府洞)1호석실묘에서 출토되어 주목된다. 양자는 발해의 일본도 가운데 울릉도(鬱陵島)를 경유하는 항로가 있었음을 시사한다(그림 I-26).

엔닌(圓仁)의 『입당구법순례행기入唐求法巡禮行記』등에는 발해승 정소(貞素)가 당과 발해, 발해와 일본을 왕래한 기록이 보인다. 신라와 함께 발해는 동아시아 실크로드의 간선이었다.

그림 I-26. 러시아Russia 크라스키노성Kraskino城과 울릉도(鬱陵島) 발해(渤海) 토기(土器)

7. 11-13세기世紀 실크로드絲綢之路 문명교류文明交流

1) 송(宋), 요(遼)의 대두(對頭)와 실크로드(絲綢之路)

10세기 후반 요(遼)와 송(宋)이 건국되면서 이슬람 세계와의 교섭이 한층 활발해졌다. 특히 송(宋)은 요(遼)와 금(金)의 위협으로 남천(南遷)하면서 새로운 수익원이 필요해졌고, 그 결과 해외 무역을 중점을 두게 되었다. 한편 이슬람 세계는 십자군 원정 등 더욱 동방으로 시선을 돌리게 되었다(林梅春(저), 장민·금지아·정호운(역) 2020: 402).

그 상황은 『송사宋史』와 『송회요宋會要』 같은 정사(正史) 외에도 많은 저서에 기술되어 있다. 『송사宋史』의 대식국(大食國), 아라비아조에는 다음과 같은 기록이 보인다.

옹희(雍熙) 원년(元年)(984) 대식국(大食國)으로부터 화차(花茶)가 와서 화금(花錦), 월락(越諾), 라향(揀香), 백용뇌(白龍腦), 배사탕(白沙糖), 장미수(薔薇水), 유리기(琉璃器)를 바쳤다. 순화(淳化)4년(993) 휘밀풍(希密風)에서 상아(象牙) 50주, 유향(乳香) 1,800근, 빈철(賓鐵) 700근, 홍계길패(紅系吉貝) 1단, 오색잡화번금(五色雜花蕃錦) 4단, 백월락(白越諾) 2단, 도다(都爹) 1, 유리병(琉璃瓶), 무명이(無名異) 1괴, 장미수(薔薇水) 100병을 바쳤다(「열전列傳」 권490).

휘밀풍(希密風)은 아라비아어의 사마다아(Smāhda)를 음사(音寫)한 것으로 이곳에서 장미수(薔薇水)와 함께 유리기(琉璃器)가 이입되었음을 알 수 있으며, 다음의 기술은 더욱 흥미롭다.

지도(至道) 원년(元年)(995) 포압타려(蒲押陀黎)가 포포밀표(蒲布密表)를 가지고 왔으며, 백용뇌(白龍腦) 100량, 올눌제(膃肭臍) 50대, 용염(龍塩) 1은합(銀盒), 은약(銀藥) 20, 소유리병(小琉璃瓶), 백사당(白沙糖)3, 유리옹(琉璃甕), 천년조(千年棗), 선상오미자(舶上五味子) 각(各) 6, 유리병(琉璃瓶), 선상편도(舶上褊桃) 1, 유리병(琉璃瓶), 장미수(薔薇水) 20, 유리병(琉璃瓶), 유향산자(乳香山子) 1좌, 향금(薔錦) 2단……을 헌상(獻上)하였다(「열전列傳」 권490).

포압타려(蒲押陀黎)는 전형적인 아라비아의 인명, 즉 압둘라(Abdullha)이다. 포포밀표(蒲布密表)도 아랍어를 음사한 명칭이다. 상부(祥符) 4년(1011)에도 다시 압둘라라는 인물이 상아(象牙)와 호박(琥珀), 면(錦), 금면벽의(金錦璧衣)와 함께 백유리주기(白琉璃酒器) 등을 진상한다.

이처럼 아라비아에서는 유리기에 넣은 향료 등이 중국으로 많이 이입되었다. 공식 기록으로만 봐도 상당한 수량에 달한다. 당시의 활발한 교역활동으로 추정해 보면, 민간의 교역량까지 포함해 아라비아에서 중국으로의 유리기 이입은 막대하였을 것이다.

10세기 인도네시아 치레본(Cirebon)침몰선은 큰 범주 안에서 오스트로네시안(Austronesian) 선박으로 베트남 북부, 말레이시아, 인도네시아 등지가 출항지로 추정되고 있다. 치레본(Cirebon)침몰선에서는 중국 장사요·월주요 도자와 함께 다수의 장식 이슬람 유리기가 출수되어 주목된다. 유리기는 절자문이 시문된 상품(上品)으로 주자, 병, 소형 병 등으로 구성되었다. 그 가운데 소형 병에는 내용물이 담겨 있어 향료 등을 넣은 채로 이입된 것을 알 수 있다. 이슬람 유리기는 당(唐)과 오대십국시대(五代十國時代)에 인도네시아의 수마트라를 중계로 중국에 이입되었으며, 이후 송(宋)과 요(遼)에도 지속적으로 들어왔다. 치레본(Cirebon)침몰선에 의해 이슬람 유리기가 동남아시아를 경유하여 이입된 것이 확인되었다.

중국의 해양 관문인 광주시(廣州市) 남한(南漢) 황제묘(皇帝墓)인 강릉(康陵)에서는 도굴되었음에도 불구하고 20개체 이상의 이슬람 유리기가 출토된 것에서 상당수가 해로(海路)로 이입되었음을 알 수 있다.

송(宋)의 유적에서는 다음과 같이 이슬람 유리기가 출토되었다.

- 절강성(浙江省) 온주시(溫州市) 혜광탑(慧光塔): 절자문병(切子文瓶) 1점
- 영파시(寧波市) 천봉탑지궁(天封塔地宮): 병(瓶) 2
- 해녕시(海寧市) 지표탑지궁(智標塔地宮): 완(盌) 1, 배(杯) 1
- 강소성(江蘇省) 남경시(南京市) 대보은사탑기지궁(大報恩寺塔基地宮): 절자문병(切子文瓶) 2, 절자문팔곡장배(切子文八曲長杯) 1
- 연수현(漣水縣) 묘통탑(妙通塔): 소병(小瓶) 1
- 의정시(義征市) 허원묘(許元墓): 절자문병(切子文瓶) 1
- 하남성(河南省) 신밀현(新密縣) 법해사탑기지궁(法海寺塔基地宮): 병(瓶) 2, 호리병(瓠盧瓶) 1, 조형기(鳥形器), 삼족호형정(三足壺形鼎), 보련형기(寶蓮形器) 등
- 안휘성(安徽省) 수현(壽縣) 보은사탑석관(報恩寺塔石棺): 소병(小瓶) 1, 호로병(瓠盧瓶) 2
- 하북성(河北省) 정주시(定州市) 정지사탑기지궁(靜志寺塔基地宮): 절자문소호(切子文小壺) 1, 소호(小壺) 1, 통형배(筒形杯) 2, 소병(小瓶) 1, 세경병(細頸瓶) 1점 등
- 섬서성(陝西省) 주지현(周至縣) 선유사법왕탑지궁(仙遊寺法王塔地宮): 병(瓶) 1

- 서안시(西安市) 철탑사사리탑(鐵塔寺舍利塔): 병(瓶) 1, 완(盌) 1
- 남전현(藍田縣) 여씨가족묘군(呂氏家族墓群): M4호묘 절자문배(切子文杯), 22호묘 병(瓶) 등

이 시기도 앞에서 언급한 바와 같이 중국과 이슬람 세계의 교역 중계지는 삼불제(三佛齊), 즉 스리위자야(Sriwijaya)였다. 스리위자야는 동양의 베네치아와 같은 존재였다. 『송사宋史』에는 스리위자야로 비정되는 삼불제(三佛齊)는 남만(南蠻)의 별종으로, 점성(占城)과 이웃하고, 진랍(眞臘)과 도자(闍婆) 사이에 위치하는데, 15개의 주(州)가 그 하위에 있다고 하였다.

송(宋) 주거비(周去非)의 『영외문답嶺外代答』에서는 다음과 같이 설명하고 있다.

"삼불제(三佛齊)는 남해의 해중에 있어 제번수도(諸蕃水道)의 요충을 차지하고 있다. 그 영역은 동쪽으로 자바부터, 서쪽으로 아라비아까지 미쳐, 그 해협을 경유하지 않고서는 중국에 들어갈 수 없다.……번박(番舶)이 그 나라에 입항하지 않고 통과하지 못하였다."

소흥(紹興)26년(1156) 2월 25일 삼불제(三佛齊)……유리병장미수(琉璃瓶薔薇水) 168근을 헌상(獻上)하였다. 순희(淳熙)5년(1178) 1월 6일, 삼불제(三佛齊)……유리(琉璃) 189, 관음수병(觀音水瓶) 10, 유리병(琉璃瓶) 4, 청병(靑瓶) 6, 쌍구병(雙口瓶) 대소(大小) 5, 환병(環瓶) 2, 쌍구병(雙口瓶) 2, 정병(淨瓶) 4, 쌍병(雙瓶) 42, 천반(淺盤) 8, 방반(方盤) 3, 원반(圓盤) 38, 장반(長盤) 1, 우반(又盤) 2, 삼금정병(滲金淨瓶) 2, 삼금권배련개(滲金勸盃連蓋) 1, 삼금성수병(滲金盛水瓶) 1, 굴호(屈㿻) 2, 소굴호(小屈㿻) 2, 향로(香爐) 1, 대소관(大小罐) 22, 대소배(大小盃) 33, 대소접(大小楪) 4, 대소촉규접(大小蜀葵楪) 2, 소원접(小圓楪) 1, 번당(番糖) 4, 유리병(琉璃瓶) 공(共) 15근 8량, 번조(番棗) 3, 유리병(琉璃瓶) 공(共) 8근, 치자화(梔子花) 4, 유리병(琉璃瓶) 공(共) 180량……헌상(獻上)하였다(『송회요宋會要』199책, 由水常雄 1992b: 153).

이와 관련된 것이 앞에서 언급한 인도네시아 치레본(Cirebon)침몰선과 인탄(Intan)침몰선이다. 인탄침몰선은 스리위자야국의 선박으로 길이 30m, 폭 10m이며, 중국 광주에서 교역 후 귀항길에 올랐던 상선 혹은 정부 공식 사절 운송선으로 보고 있다.

출수품은 8,000여 건으로 이슬람 유리기, 도기, 인도 또는 인도네시아산 금제 목걸이, 금, 루비, 사파이어, 에메랄드 지륜(指輪), 목걸이, 동경, 중국산 은괴, 동경 등이 있다. 이슬람 유리기는 절자문이 시문된 상품(上品)으로 병, 소형 병 등으로 구성되었으며, 치레본침몰선

출수품과 유사하다. 918년명 동전이 출수되었으며, 그 침몰시기는 918-960년 사이로 보고 있다. 치레본침몰선과 출수품의 내용이 유사하여 10세기 후반에 침몰된 것으로 추정된다. 인도네시아 산지 제품 중 자바산은 거의 존재하지 않고 수마트라산만 존재한다. 즉 수마트라에서 자바로 향하던 선박으로 지역 간 및 지역 내 교역의 특성을 모두 보여 준다. 이 침몰선은 고대 해상 무역의 중심지인 스리위자야국의 실체를 알 수 있는 매우 중요한 자료이다. 이슬람 유리기는 당(唐)과 오대십국시대(五代十國時代) 이래 인도네시아의 수마트라를 중계로 중국에 이입되었으며, 이후 송(宋)과 요(遼)에도 지속적으로 들어왔다(그림 I-27). 침몰선에서 출수된 유물은 양과 질 모두에서 동남아시아 최대 규모라 할 수 있으며 그 산지가 중동에서 극동아시아까지 다양하여 교역 범위 역시 추정이 가능하다.

북송(北宋) 진종(眞宗) 대중상부(大中祥符) 4년(1011)에 봉헌(奉獻)된 남경시(南京市) 대보은사(大報恩寺) 탑기지궁(塔基地宮)에서는 이슬람 유리기인 절자문병(切子文瓶) 2점, 팔곡장배(八曲長杯) 1점, 불사리(佛舍利), 칠보아육왕탑(七寶阿育王塔)과 함께 유향(乳香), 단향(檀香), 침향(沈香), 정향(丁香), 견직물(絹織物)이 출토되어 송과 이슬람 세계의 교역 내용을 알 수 있게 되었다.

당시 사막로(沙漠路)는 서하(西夏)가 장악하고 있어 내몽고를 중심으로 흥기한 초원 기마민족 국가인 요(遼)는 초원로(草原路)를 이용하게 되었다. 요(遼)는 이전 시기 초원로(草原路)를 장악하였던 위구르족을 복속시키고 역참(驛站)을 설치하였다. 수도 상경(上京)에 동문역(同文驛)을 설치하고 각국 사절(使節)을 머물게 하였으며, 남성(南城)에는 위구르 상인을 위한 회골영(回鶻營)을 설치하였다. 11세기 아라비아의 기록에는 요(遼)의 카라반이 중국의 물품을 가져왔다고 전하고 있다(杭侃·表野和江 2006: 229-230). 요(遼)의 왕족과 귀족묘에 부장된 초원(草原)에서 생산되지 않는 진주(眞珠), 보석(寶石), 유리기(琉璃器) 등은 수입된 것이다.

요(遼)의 유적에서는 다음과 같이 이슬람 유리기가 출토되었다.

- 요녕성(遼寧省) 조양시(朝陽市) 북탑(北塔): 주자(注子) 1, 절자문채색완(切子文彩色盌) 1, 소병(小瓶) 1, 원문유리주(圓文琉璃珠) 7
- 조양시(朝陽市) 신화로(新華路) 석관(石棺): 소병(小瓶) 1
- 조양시(朝陽市) 고관자현(姑管子縣) 경연의묘(耿延毅墓): 주자(注子) 1, 유문완(有文盌) 1
- 법고현(法庫縣) 십무대(叶茂臺)M7호분: 방형반(方形盤) 1
- 부신현(阜新縣) 평원공주묘(平原公主墓): 유문완(有文盌) 2, 반(盤) 2, 배(杯) 1 등 6
- 하북성(河北省) 천진시(天津市) 독락사탑(獨樂寺塔): 주자(注子) 1

그림 1-27. 11~12세기 유라시아Eurasia 이슬람Islam 유리기(琉璃器)

1~5. Saudi Arabia al Rabadha 6~8. Iraq Samarra 9~14. Iran Samarra 15~17. Iran 18. Turkmenistan Dashlydja Depe 19. New Nisa 20~22. Uzbekistan Bukhara 23~27. Afrasiab 28. Kanka 29~33. Kuva 34. Kazahstan Otrar 35~43. Kuyruktobe 44~51. Tajikistan Khulbuk 52. Indonesia Intan 53~60. Cirebon 61~63. 中國 內蒙古 多倫縣 蕭貴妃墓 64. 內蒙古 赤峰市 遼 上京城 65. 內蒙古 赤峰市 遼 祖陵 66~70. 內蒙古 奈曼旗 陳國公主墓 71. 內蒙古 通遼市 吐爾基山古墳 72~73. 遼寧省 朝陽市 北塔 74. 遼寧省 潘陽市 葉茂臺 7號 75. 天津市 獨樂寺 76~83. 河北省 定州市 靜志寺 84. 陝西省 西安市 呂氏家族墓群 85. 陝西省 西安市 鐵佛寺 86. 安徽省 無爲縣 宋塔 87~89. 江蘇省 南京市 大報恩寺 90. 浙江省 溫州市 慧光塔 91. 韓國 黃海道 開城市 92~93. 傳 黃海道 延白郡 正方 94~95. 江原道 原州市 法泉寺址 智光國師塔 96~97. 崇實大學校博物館 所藏品 98. 日本 奈良縣 正倉院

© 2021, Park Cheun Soo and Bae No Chan all rights reserved.

- 내몽고자치구(內蒙古自治區) 적봉시(赤峰市) 파림좌기(巴林左旗) 조릉(祖陵) 1호배장묘(陪葬墓): 완(盌) 1
- 통요시(通遼市) 진국공주묘(陳國公主墓): 돌출문주자(突出文注子) 1, 완(盌) 1, 정자문병(切子文甁) 1, 병(甁) 1, 주자(注子) 1
- 통요시(通遼市) 토이기산묘(吐爾基山墓): 고배(高杯) 1
- 석림곽륵맹(錫林郭勒盟) 소귀비묘(蕭貴妃墓): 주자(注子) 2, 배(杯) 1 등 4
- 아노과이비기(阿魯科爾沁旗) 야률우지묘(耶律羽之墓): 유리기(琉璃器)편 등

그런데 흥미로운 것은 내몽고자치구(內蒙古自治區) 소귀비묘(蕭貴妃墓) 4점, 통요시(通遼市) 진국공주묘(陳國公主墓) 5점, 요녕성(遼寧省) 부신현(阜新縣) 평원공주묘(平原公主墓) 6점이 부장된 것으로, 이슬람 유리기가 송(宋)에서는 주로 사원의 사리장엄구, 요(遼)에서는 부장품으로 사용된 점이다. 요(遼)에서 부장품으로 이슬람 유리기를 주로 사용한 것은 오랜 흉노이래의 유목민족의 선호도에 기인한 것으로 볼 수 있겠다.

소귀비묘(蕭貴妃墓) 출토 파수부주자 2점과 파수배 1점 외 4점에 대한 성분(成分) 분석(分析)이 실시되었다. 분석 결과 소귀비묘(蕭貴妃墓) 출토 이슬람 유리기의 산지(産地)가 이제까지 서아시아산으로 막연(漠然)하게 추정되어온 중앙아시아산으로 확인되었다(中井泉 2018). 입체적(立體的)인 대형 유리기는 중국(中國)을 비롯한 동아시아에서는 제조(製造)되지 않고 주로 이슬람제국(諸國)으로부터 남해무역(南海貿易), 즉 해로를 통하여 중국(中國)으로 이입된 것에서 요(遼)도 중국(中國)과 이슬람제국(諸國)의 교역품(交易品)을 입수(入手)하였다고 생각하였다. 그러나 요(遼)의 이슬람 유리기는 중앙아시아에서 초원로(草原路)를 거쳐 직접(直接) 요(遼)의 도(都)에 운반되었을 가능성이 크다.

그리고 요(遼)의 왕족(王族)과 귀족묘(貴族墓)에는 견직물(絹織物), 금은기(金銀器), 금동제마구(金銅製馬具)가 다수 부장된다. 특히 금은기(金銀器)는 당의 공인을 초치(招致)하여 제작한 정교하고 화려한 것으로 성당기(盛唐期)의 금은기(金銀器)를 방불하게 한다. 금동제마구(金銅製馬具)도 마찬가지로 뛰어난 조형미를 가진 것이다. 더욱이 주목되는 것은 견직물(絹織物)이다. 진국공주묘(陳國公主墓)에 부장된 호박잠형품(琥珀蠶形品)이 상징하듯이 요(遼)에서는 견직물(絹織物) 생산이 성행하였다. 이는 유목민족인 요(遼)가 중원왕조(中原王朝)의 북방경제 중심지인 연운십육주(燕雲十六州)를 획득한 것에 기인한다. 요(遼)의 수도(首都)인 상경(上京)에는 상전(桑田)이 있었으며, 도성(都城) 내에는 능금(綾錦)을 직조(織造)하는 작업장이 있었다(杭侃·

그림 Ⅰ-28. 거란(契丹)의 견직물(絹織物)(내몽고内蒙古 보산촌寶山村2호묘)

表野和江 2006: 148). 요(遼)의 견직물(絹織物) 생산(生産)은 그 왕족(王族)과 귀족묘(貴族墓)에서는 화려한 견직물(絹織物)이 출토되고, 벽화(壁畫)에서도 묘사(描寫)된 것에도 확인된다(그림 I -28). 그래서 요(遼)에서는 견직물(絹織物), 금은기(金銀器), 금동제마구(金銅製馬具)가 특산품(特産品)으로 수출된 것으로 판단된다.

2) 고려(高麗)와 실크로드(絲綢之路)

고려에서는 토쿄국립박물관(東京國立博物館) 구(舊) 오구라 타케노스케(小倉武之助藏) 소장(所藏) 전(傳) 황해도(黃海道) 연백군사지(延白郡寺址) 출토(出土) 주자(注子)와 반점문완(斑點文盌), 숭실대학교박물관(崇實大學校博物館) 소장(所藏) 반점문완(斑點文盌), 국립중앙박물관(國立中央博物館) 소장(所藏) 전(傳) 개성(開城) 출토(出土) 주자(注子)와 반점문완(斑點文盌) 등이 확인된다(그림 I-29). 또한 고려청자에 이슬람 유리기의 영향이 보인다. 고려 청자병가운데 수평구연에 통형의 경부와 동부를 가진 형식은 이슬람 유리병과 기형이 흡사하다. 이슬람의 영향을 받은 송(宋) 청자에 의한 2차적인 영향일 가능성도 있으나 이슬람 유리기가 성행한 것을 보여준다(그림 I-30). 1070-1085년에 건립된 원주시(原州市) 법천사지(法泉寺址) 지광국사현묘탑(智光國師玄妙塔)에서 원형돌출절자문(圓形突出切子文)과 파상문(波狀文)이 시문된 유리완(琉璃

| 1 | 2 |

그림 I-29. 고려(高麗)의 이슬람Islam 유리기(琉璃器)
1. 전 황해도(黃海道) 연백군(延白郡) 사지(寺址) | 2. 전(傳) 개성(開城)

I. 실크로드絲綢之路 문명교류사文明交流史 서설序說

그림 I-30. 이슬람^{Islam} 유리기(琉璃器)의 영향(影響)에 의해 제작(製作)된 고려청자(高麗靑磁)
1~2. 개인(個人) | 3. 국립중앙박물관(國立中央博物館) | 4. 용인대(龍仁大)

| 1 | 2 | 3 | 4 |

盌)이 부조(浮彫)되어 있어 상당수의 이슬람 유리기가 이입된 것을 알 수 있다.

그런데 이슬람 유리기가 부조된 지광국사현묘탑(智光國師玄妙塔)의 양식에 요(遼)의 영향에 보이고 고려에 이입된 이슬람 유리기에 2점의 주자(注子)가 보이는 점이 주목된다. 주자(注子)는 송(宋)에서는 확인되지 않고 요(遼)의 왕족묘와 불탑에서 주로 출토되기 때문이다. 이는 이슬람 유리기의 일부가 초원로를 경유하여 요(遼)를 통해 고려로 이입되었음을 알 수 있다.

더욱이 요(遼)에 이입된 유리기가 제작된 중앙아시아의 유리공방(工房)에서 제작되어 1021년 토다이사(東大寺)에 시입(施入)된 감유리호(紺琉璃壺)와 흡사한 타호(唾壺)의 파편(破片)이 발굴(發掘)되어 이 유리기도 요와 고려를 경유하여 이입된 것으로 추정된다.

고려(高麗) 헌종(憲宗)15년(1018) 대식국(大食國)의 열라자(悅羅慈) 등이 와서 특산물(特産物)을 바쳤으며, 정종(定宗)6년(1040)에는 대식국(大食國) 상인인 보나개(保那盍, Barakah) 등이 수은(水銀), 용치(龍齒), 점성향(占城香), 몰약(沒藥), 대소목(大蘇木) 등을 바치자 금(金)과 견(絹)을 하사(下賜)하였다고 한다. 점성향(占城香)은 참파에서 생산된 것으로 보고 있다(權五榮 2019: 85). 이는 고려가 직접 아랍 상인들을 통하여 유리기(琉璃器)를 입수하였음을 보여 주며, 금(金)과 견(絹)을 교역하였음을 알 수 있다.

1226년경 편찬된 『보경사명지寶慶四明志』에 남송의 명주에 수입된 고려의 특산물이 다음과 같이 기록되었다.

세색(細色): 은자(銀子)·인삼·사향·홍화(紅花)·복령(茯苓)·납(蠟) 이상 6종
추색(麤色): 대포(大布)·소포(小布)·모사포(毛絲布)·주(紬)·송자(松子)·송화(松花)·비자(榧子)·조육(棗肉)·잣·은행(銀杏)·세신(細辛)·산수유(山茱萸)·백부자(白附子)·무이(蕪荑)·감초·방풍(防風)·우슬(牛膝)·백출(白朮)·원지(遠志)·강황(薑黃)·향유(香油)·자채(紫菜)·나두(螺頭)·나전(螺鈿)·피각(皮角)·영모(翎毛)·호피(虎皮)·칠기(漆器)·청기(靑器)·동기(銅器)·쌍감도(雙瞰刀)·돗자리(蓆)·합심(合蕈) 이상 36종

세색(細色)은 고가품, 추색(麤色)은 저가품을 의미한다. 이상의 물품을 생산 형태별로 분류하면 송자·송화·밤·조육·잣·비자·행인 등의 과실, 인삼·사향·홍화·복령·납·세신·산수유·백부자·무이·감초·방풍·우슬·백출·원지·강황·향유·자채 등의 약재, 은자·청기·동기·쌍감도·대포·소포·모사포·주·나두·나전·자리·합심 등 수공업품, 피각·영모·호피·칠 등으로 나눌 수 있다. 많은 고려의 생산물이 명주항을 통해 송에 이입되었음을 알 수 있는데, 대부분 송상(宋商)이 고려에 가서 들여온 것으로 생각된다.

이것들은 고려가 송에 바쳤던 진봉품 가운데 황제의 의장으로 보낸 것을 제외한 고려의 방물(方物)인 송자·인삼·생중포·생평포·세마·향유 등과 대체로 일치하고 있다. 고려의 대표적인 특산물이 송에서는 희귀한 것이고 선호하는 것이기 때문에 조공품과 교역품으로써 이용되었다. 송상(宋商)이 가져온 것은 비단·자기·금박·약재·차·서적·악기 등의 송의 산물과 향약, 침향, 서각, 상아 등 동남아시아 여러 나라와 교역해온 중계무역품이 있었다(이진한 2013: 234-237).

고려시대 이슬람과의 최대 교역항인 천주(泉州)의 상인이 고려에 10여 회 왔다는 기사와 남송시기 남부의 지방지인 『보경사명지寶慶四明志』 원대의 『지정사명속지至正四明續志』에는 고려 상인이 가져간 고려동기(高麗銅器), 고려청자(高麗靑磁), 신라칠(新羅漆), 인삼(人蔘), 잣(松子) 등과 그들이 가져온 침향(沈香), 채단(綵緞), 채금(綵錦), 궁시(弓矢), 서적(書籍) 등이 기록되어 있다. 더욱이 천주(泉州) 구 시가에 고려항(高麗港), 남안시(南安市) 금도진(金陶鎭) 심휘촌(深輝村)에 고려착(高麗厝), 영춘현(永春縣) 봉호진(蓬壺鎭) 고려산(高麗山) 아래 고려촌(高麗村)이 있다. 그래서 천주항을 통한 고려와의 활발하게 교역을 알 수 있다.

영파(寧波)는 항주만(杭州灣)에 위치하는 수륙교통의 요충으로 1128년 송의 남도(南渡) 이후 수도인 항주을 연결하는 물자집산지로서 번영하였다. 영파 시가에 위치한 월호는 당대 건설된 인공호수로 호수 주변에 고려사관이 있다. 고려사관(高麗使館)은 영파시 해서구(海曙區) 진명로(鎭明路)에 위치하는 고려의 외교시설이다.

1074년 고려가 송에 중국으로 드나들 수 있는 출입항으로 명주(明州)를 개방할 것을 요청하며 고려와 송간의 교역이 이때부터 본격화되었다. 이후 양국 간의 무역 규모가 확대되면서 북송 정화 7년인 1117년 명주 태수가 휘종 황제에게 고려 사신과 무역사절 업무를 관장할 수 있는 고려사의 설치를 건의했고 이에 휘종이 국가급 영빈관을 갖춘 고려사행관 건립을 허가했다. 이에 고려사와 고려사관이 설치됨으로써 북송에 대한 대 고려 교역의 주요 창구가 된 것이다. 고려사관 인근에서 아라비아 상인들이 묵던 파사관(波斯館)이 있어 주목된다. 이는 고려인들이 이곳에서 일상적으로 이슬람인들을 접했음을 알 수 있다.

서긍(徐兢)의 『고려도경高麗圖經』과 『송사宋史』고려전에는 명주(明州) 정해현(定海縣)을 출항하여 매잠(梅岑)에서 백수양(白水洋), 황수양(黃水洋), 흑수양(黑水洋)을 지나 소흑산도의 협계산, 진도 동쪽의 배도, 흑산도(黑山島)에 도착하여 서해안을 따라 북상하여 나주, 군산, 인천, 강화도를 지나 예성강에서 개경(開京)에 이르는 항로가 기록되어 있다. 서긍 일행은 음력 5월 28일 매잠을 출발하여 3일 뒤인 6월 2일에 협계산에 도착하였고, 3일 후에는 흑산도에 이르렀다. 이와 같이 계절풍을 이용하면 명주에서 5일만에 흑산도(黑山島)에 도달한다. 『속자치통감續資治通鑑』의 고려 사행로에도 명주(明州)를 출발하여 4일만에 흑산도(黑山島)에 도착한 것으로 기록되어 있다. 고려 인종 36년(1128) 양응성(梁應誠) 등의 상행길은 5일째에 명주 정해현에 도착하였다. 『송사宋史』고려전에는 정해현(定海縣)을 출항하여 5일만에 흑산도에 도착하고 7일째에는 예성강에 도달한다고 한다.

송상(宋商)이 가져온 것은 물품은 송의 상품이 대부분이며 앞에서 언급한 바와 같이 서남아시아와 동남아시아 산물은 아랍상인이 직접 가져왔을 가능성이 크다. 이는 광주(廣州) 회성사(懷聖寺)에 14세기의 라마단(剌馬丹)이라는 고려인 무슬림의 묘비석이 소장되어 있는 것에서도 유추된다. 고려 출신인 라마단은 광서도(廣西道) 용주(容州) 육천현(陸川縣) 지방관인 다루가치(達魯花赤)에 임명되었다가 지정(至正) 9년(1349년) 3월 23일에 38세로 사망해 그해 8월 18일에 광주성(廣州城) 북쪽 유화교(流花橋) 계화강(桂花崗)에 묻혔다는 내용이다.

8. 결結

실크로드 성립 이전 유라시아의 장대한 문명교류가 본격화된 것은 BC 3000년경이다. 이 시기 아프가니스탄의 샤리상(Sar-i Sang) 광산에서 채굴된 청금석(靑金石)과 인더스강 유역산 홍옥수(紅玉髓)가 사막로(沙漠路)와 해로(海路)를 통하여 메소포타미아에 이입되어 우르(Ur) 왕묘(王墓)의 장신구로 사용된다. 한편 아프가니스탄의 샤리상(Sar-i Sang) 광산에 인접한 청금석 교역과 관련된 테페 푸롤(Tepe Fullol)유적에서는 고대 메소포타미아의 뿔 달린 소 문양이 새겨진 금은기가 확인되어 양자 간 교류가 있었음을 알 수 있다.

BC 8세기 초원로(草原路)의 아르잔(arzhan)고분군을 비롯한 홍옥수(紅玉髓)는 인더스(Indus)강 유역으로부터 파미르(Pamir)를 넘어 타쉬쿠르칸(塔什庫爾幹)지방으로 이입(移入)된 후, 천산(天山)과 알타이(Altai) 일대로 북상(北上)하여 들어간 것으로 추정된다. 이는 인더스(Indus)강 유역의 해로(海路)와 타클라마칸(Takla Makan)의 사막로(沙漠路), 알타이(Altai) 산지의 초원로(草原路)가 종횡(縱橫)으로 연결된 것을 보여준다.

더욱이 춘추전국시대 인더스 문명에서 유라시아 동부로 이입된 홍옥수제 경식은 스키타이 왕묘, 진(秦) 왕족묘, 진(晉) 왕묘 등에 사용된 위신재로서, 인더스강 유역과 알타이 산지, 中原이 유기적인 관계망을 통하여 이미 연결된 것을 상징한다.

BC 5-BC 4세기의 페니키아를 비롯한 동부 지중해에서 제작된 돌출첩안문유리주(突出帖眼文琉璃珠)는 초원로를 통하여 이입되었다. 이 시기 요녕성(遼寧省) 동대장자고분군(東大杖子古墳群)에서는 페니키아산 돌출첩안문유리주(突出帖眼文琉璃珠)가 비파형동검(琵琶形銅劍)과 함께 출토되어, 초원로가 고조선(古朝鮮)과 연결되었음을 추정할 수 있다.

BC 1-AD 2세기 로마와 인도의 최대 무역 거점인 무지리스로 비정되는 서부 해안의 항만유적인 파타남(Pattanam)과 인도 동부해안의 최대 교역항인 아리카메두(Arikamedu)유적은 로마와의 교역을 통하여 번성한 것으로 파악되어 왔다.

그런데 같은 시기 동남아시아 옥에오(Óc Eo)유적, 남중국의 합포(合浦)유적으로 볼 때 양 교역항은 인도 남부의 동서 해안에서 지중해, 홍해, 아라비아해, 벵갈만, 남중국해를 연결하는 해상 실크로드의 최대 중계지로서 번성한 것을 알 수 있다.

더욱이 이 시기 낙랑고분 출토품으로 볼 때 인도, 태국, 베트남, 중국과 한반도가 해로(海路)를 통하여 연결된 것이 확인된다. 이로써 한반도 남해안과 일본열도의 중국산 화폐 출토 유적으로 유추되는 관계망이 기존의 인식과 같이 중국과의 교역망에 그친 것이 아니라,

유라시아 해상 실크로드와 연결된 것을 알 수 있다.

4-6세기는 사산조 페르시아의 은화(銀貨)와 유리기(琉璃器)가 사막로(沙漠路)와 해로(海路)를 통하여 이입된다. 즉 사산조 페르시아가 서아시아와 인도양의 패권을 장악하면서 유라시아 실크로드는 사막로(沙漠路)와 해로(海路)가 중심이 된다.

4세기 전반에 출현하는 신라의 적석목곽분은 유라시아 기마민족의 묘제에 기원하는 것이다. 5세기 신라의 적석목곽분에는 화려한 금관을 비롯한 황금 장신구가 부장된다.

신라 금관의 성수(聖樹), 성수(聖獸), 성조(聖鳥)는 초원 기마민족의 왕권신수(王權神授) 사상과 관련된 것이다. 더욱이 신라의 금제 관(冠)을 비롯하여 경식(頸飾), 대식(帶飾), 완식(腕飾), 식리(飾履) 등 신체를 황금으로 장식하여 매장하는 장제(葬制)는 중원(中原)이 아닌 카자흐스탄 사카(Saka)의 이식(Issyk) 쿠르간 등에서 보인다. 신체를 황금으로 장식하는 것은 초원 기마민족의 전통적인 습속이다.

신라의 적석목곽분에는 중원의 황제묘를 능가하는 수량의 로마 유리기가 부장되는데, 이는 초원 기마민족의 습속과 유사하다. 로마 유리기는 훈(Hun)-유연(柔然)-고구려(高句麗)를 통하여 이입(移入)된 것으로 판단된다.

그런데 5세기 후반 돌연 로마 유리기의 수입이 단절되고 사산조 페르시아 유리기가 이입되는데, 이는 훈(Hun) 제국이 붕괴하고 사산조 페르시아가 유라시아 실크로드에 대두(擡頭)하는 것을 상징하는 것이다. 신라고분 출토 유리기를 통하여 유라시아의 정치적 변동과 그 교역로의 변화를 알 수 있다. 618년 동아시아에서는 당(唐)이 건국되었고, 서아시아에서는 사산조 페르시아를 정복한 우마이야(Umayya)조가 661년 성립(成立)하면서 이슬람 세계가 형성된다. 이 시기 유라시아의 교류를 상징하는 것이 이집트까지 유통된 중국 도자기와 일본까지 이입된 이슬람 유리기이다.

10세기 후반 요(遼)와 송(宋)이 건국되면서 이슬람 세계의 교류는 한층 활발해졌다. 송(宋)은 남천(南遷)하면서 해로(海路)를 통한 새로운 수익원을 추구하였으며, 요(遼)는 초원로(草原路)를 통하여 이슬람 세계와 교역하였다. 이슬람 세계는 십자군 원정 등으로 더욱 동방으로 시선을 돌리게 되었다.

신라는 유라시아의 동단에 위치함에도 시기별로 초원로(草原路), 사막로(沙漠路), 해로(海路)를 통하여 서방(西方)과 문물을 교류하였으며, 나아가 이를 일본에 전한 글로벌 국가였다. 신라인의 무역 활동을 계승한 고려의 경우 그 내용을 잘 알 수 없으나, 그 수도인 개성(開城)의 외항(外港)인 벽란도(碧瀾渡)의 조사를 통하여 고려와 해상 실크로드의 교류 내용이 더욱

8. 결結

밝혀질 것이다.

그런데 앞에서 언급한 바와 같이 중국 학계에서는 실크로드의 동단(東端)은 중국에서 그치는 것으로 한정하고, 한반도는 문명의 교통로인 실크로드와 연결되지 않는 변경으로, 한반도가 중국 문명에 종속적인 위치였다고 인식하고 있다.

그러나 고조선 이래 한반도는 중원을 통하지 않고 유라시아 초원로의 문화와 연결되어 있었다. 더욱이 신라와 발해가 각각 해로와 초원로를 통하여 중원을 경유하지 않고 유라시아 세계와 직접 교류한 점으로 볼 때 이를 인정할 수 없다.

나아가 한 무제의 고조선 공략 배경에서 알 수 있듯이 동북아시아는 유라시아 실크로드에서 동남아시아에 필적하는 지역이었다. 동북아시아는 중국 실크로드 성립의 큰 배경으로 작용하였다고 해도 과언이 아니다. 즉 당(唐)으로 볼 때 신라, 발해, 일본은 그 배후의 거대한 시장이자 주요한 공급처였기 때문이다.

그리고 일본 학계의 인식 즉 사막로(沙漠路)가 서안(西安)에서 하카다(博多), 해로(海路)는 영파(寧波)에서 하카다(博多)로 바로 연결되는 것으로, 이는 중국을 통해 일본의 문명화를 이루었으며 한반도는 그저 육교에 불과하다고 주장도 사실이 아니다. 오히려 신라와 발해를 경유하지 않는 일본의 문명화는 불가능한 것이었다. 일본이 독자적으로 실크로드와 통한 것은 항해술의 발달에 의해 독자적인 선단을 보낼 수 있게 된 송대가 되어서야 가능했다.

앞에서 살펴본 바와 같이 유라시아 실크로드에서 초원로, 사막로, 해로가 연결된 지역은 중국을 제외하면 한반도가 유일한 점이 주목된다. 왜냐하면, 유라시아 실크로드의 중요 거점인 러시아와 몽골은 초원로, 우즈베키스탄과 투르크메니스탄은 사막로, 베트남과 인도는 해로로만 연결되었기 때문이다. 이는 한국이야말로 유라시아 실크로드의 동단임을 입증하는 것이다.

일국 중심주의에 기초한 실크로드사관은 역사적 왜곡에 불과하며, 지구적 규모의 신실크로드 시대에 부적절한 개념이다. 실크로드는 특정 국가가 주도한 것이 아니며 인류 공유의 문화유산이기 때문이다.

우리에게 지금 실크로드는 무엇인가. 실크로드는 정신적 물질적 상호 교환이었다. 실크로드는 평화를 전제로 하고 있으며, 전란의 땅을 거쳐서 갈 수가 없었다. 또한 서로의 관습을 존중하는 상호 대화를 전제로 한다(加藤九祚(著)·박천수, 정진, 임동미(역) 2015: 19).

현재 남북한의 분단과 중앙아시아의 찬란한 문명의 십자로였던 아프카니스탄 전란은 우리에게 실크로드의 연구의 역사적 의미를 일깨워 준다. 그래서 실크로드의 연구는 인류의 역사를 알고 그 본연을 생각하는 데 가장 중요한 분야이다. 우리가 실크로드에 주목하는 것은 인류가 나아가야 할 방향성이 여기에 있기 때문이다. 실크로드의 연구는 매우 미래지향적인 주제인 것이다.

참고문헌

저서

岡崎敬, 1973, 『東西交涉の考古學』, 平凡社.

由水常雄(編), 1992a, 『世界ガラス美術全集 第1卷 古代·中世』, 求龍堂.

由水常雄(編), 1992b, 『世界ガラス美術全集 第4卷 中國·朝鮮』, 求龍堂.

李仁淑, 1993, 『한국의 古代유리』, 創文.

前嶋信次·加藤九祚, 1993, 『シルクロード事典』, 芙蓉書房.

石澤良昭·生田滋, 1998, 『世界の歷史13 東南アジアの傳統と發展』, 中央公論神社.

辛島昇, 2000, 『海のシルクロード』, 集英社.

由水常雄, 2001, 『ローマ文化王國-新羅』, 新潮社.

周偉洲·丁景泰(編), 2001, 『絲綢之路大辭典』, 陝西人民出版社.

大西修也, 2002, 『日韓古代彫刻史論』, 中國書店.

平井聖(編), 2002, 『昭和女子大學國際文化硏究所紀記要8ベトナム·ホイアン地域の考古學的硏究』, 東京, 昭和女子大學國際文化硏究所.

요시미즈네오, 2002, 『로마문화왕국 신라』, 씨앗을 뿌리는 사람.

周炅美, 2003, 『中國佛舍利莊嚴硏究』, 一志社.

Aruz, Joan. 2003. *Art of the First Cities: The Third Millennium BC from the Mediterranean to the Indus*. Metropolitan Museum of Art Series. New York, Metropolitan Museum of Art.

해상왕장보고기념사업회, 2004, 『해상왕 장보고 유적 유물 도록』, 해상왕장보고기념사업회.

權悳永, 2005, 『재당 신라인사회 연구』, 서울, 일조각.

林俊雄, 2005, 『ユーラシアの石人』, (ユーラシア考古學選書), 雄山閣.

三杉隆敏, 2006, 『海のシルクロードを調べる事典』, 芙蓉書房出版.

林梅春, 2006, 『絲綢之路考古十五講』, 北京大學出版社.

林俊雄, 2006, 『グリフィンの飛翔 - 聖獣からみた文化交流』, (ユーラシア考古學選書), 雄山閣.

家島彦一, 2006, 『海域から見た歴史 - インド洋と地中海を結ぶ交流史』, 名古屋大學出版會.

川又正智, 2006, 『漢代以前のシルクロード』, (ユーラシア考古學選書), 雄山閣.

杭侃(著), 表野和江(譯), 劉煒(編), 稲畑耕一郎(監修), 2006, 『図説中國文明史8遼西夏金元草原の文明』, 創元社.

林俊雄, 2007, 『スキタイと匈奴遊牧の文明』, (興亡の世界史02), 講談社.

堀敏一, 2008, 『東アジア世界の歴史』, 講談社.

村川堅太郎(譯), 2011, 『エリュトゥラー海案內記』, 中公文庫.

朴南守, 2011, 『韓國古代의 동아시아交易史』, 주류성.

Manguin, Pierre-Yves, A. Mani and Geoff Wade, (ed), 2011, *Early Interactions Between South and Southeast Asia: Reflections on Cross-cultural Exchange*, Singapore: Institute of Southeast Asian Studies.

古寺智津子, 2012, 『ガラスが語る古代東アジア』, 同成社.

長田俊樹(編), 2013, 『インダス-南アジアの基層世界を探る』, 京都大學出版會.

정수일(편), 2013, 『실크로드 사전』, 경상북도·한국문명교류연구소.

정수일(편), 2014, 『해상 실크로드 사전』, 경상북도·한국문명교류연구소.

權五榮, 2015, 「한국에서 유라시아 문명교류사 연구의 성과와 과제」, 『文化財』48-3, 국립문화재연구소.

朴天秀, 2016, 『新羅와 日本』, 진인진.

金浩東, 2016, 『아틀라스 중앙유라시아사』, 사계절.

岡内三眞(편)·박천수(역), 2016, 『실크로드의 고고학』, 진인진.

蔀勇造(譯), 2016, 『エリュトゥラー海案內記』1·2, (東洋文庫), 平凡社.

國立中央博物館, 2016, 『아프카니스탄의 황금문화』, 國立中央博物館.

G. 에렉젠·양시은, 2017, 『흉노』, 진인진.

國家圖書館·劉波(編), 2019, 『絲綢之路研究論文目錄』, 學苑出版社.

국립문화재연구소미술문화재실(편), 2019, 『실크로드 연구사전 동부: 중국 신장』, 국립문화재연구소.

김장구(편), 2019, 『신북방정책과 초원 실크로드에 대한 인문학적 탐색』, 경제·인문사회연구회.

シルクロード検定実行委員會, 2019, 『読む事典シルクロードの世界』, NHK出版.

李慶新(저), 현재열·최낙민(역), 2018, 『동아시아 바다를 중심으로 한 해양실크로드의 역사』, (해양도시문화교섭학번역총서15), 도서출판선인.

정석배, 2019, 「발해의 북방-서역루트 담비길연구」, 『고구려발해연구』63, 고구려발해학회.

草原考古學研究會(編), 2019, 『ユーラシア大草原を掘る草原考古學への道標』, 勉誠出版.

權五榮, 2019, 『海上 실크로드와 東아시아 古代國家』, 세창출판사.

박천수(외), 2019, 『Silk Road 文明交流史』Ⅲ, 경북대학교인문학술원실크로드조사연구센터·경북대학교고고인류학과·중앙아시아학회·우석대학교실크로드영상연구원.

수전횟필드외(저), 이재황(역), 2019, 『SilkRoads-People Cultures.Landscapes-실크로드』, 책과 함께.

林梅春(著), 張敏·琴知雅·鄭皓云(譯), 2020, 『실크로드 고고학 강의』, 소명출판.

眞道洋子, 2020, 『イスラーム·ガラス』, 名古屋大學出版會.

林梅春(저), 장민·금지아·정호운(역), 2020, 『실크로드 고고학 강의』, 소명출판.

국립경주박물관(編), 2020, 『오색영롱 한국 고대 유리와 신라』, 국립경주박물관.

朴天秀(編), 2020, 『유라시아 실크로드 복식교류』, 경북대학교출판부.

에드워드 H. 세이퍼(저)·이호영(역), 2021, 『사마르칸트의 황금복숭아-대당제국의 이국적 수입 문화』, 글항아리.

논문

穴澤咊光·馬目順一, 1980, 「慶州鷄林路14號墳出土の嵌玉金製短劍をめぐる諸問題」, 『古文化談叢』7, 九州古文化研究會.

道明三保子, 1985, 「モザイク玉」, 『ペルシアの琉璃玉』, 淡交社.

眞道洋子, 2000, 「9-10世紀におけるガラスの東西交流―ベトナム, クーラオチャム出土イスラーム·ガラス―」, 『考古學ジャーナル―考古學から見た海のシルクロードとベトナム―』464, ニュ·サイエンス社.

權五重, 2000, 「方格規矩四神鏡의 流傳」, 全海宗博士八旬記念論叢刊行委員會(編), 『東아시아 歷史의 還流』, 知識産業社.

眞道洋子, 2002, 「ベトナム, クーラオチャム出土ガラス」, 『昭和女子大學國際文化研究所紀要8ベトナム·ホイアン地域の考古學的研究』, 昭和女子大學國際文化研究所.

黃珊·熊昭明·趙春燕, 2013, 「廣西合浦縣寮尾東漢墓出土靑綠油陶壺硏究」, 『考古』8, 考古雜誌社.

李松蘭, 2005, 「樂浪 貞柏洞3호분과 37호분의 南方系獅子形 垂飾과 商人의 활동」, 『美術史學硏究』245, 韓國美術史學會.

李漢祥, 2007, 「新羅墳墓속 西域系文物의 現況과 解析」, 『韓國古代史硏究』45, 韓國古代史學會.

小磯學, 2008, 「インダス文明の腐食加工紅玉髓製ビーズと交易活動」, 『古代文化』60-2, 古代學協會.

李松蘭, 2008, 「신라계림로14호분 금제상감보검의 제작지와 수용경로」, 『美術史學硏究』258, 美術史學會.

윤상덕, 2010, 「鷄林路 寶劍의 製作地와 製作集團」, 『慶州 鷄林路14號墓』, 국립경주박물관.

遠藤仁, 2013, 「工芸品からみたインダス文明期の流通」, 長田俊樹(編), 『インダスー南アジアの基層世界を探る』, 京都大學出版會.

黃珊·熊昭明·趙春燕, 2013, 「廣西合浦縣寮尾東漢墓出土靑綠釉陶壺研究」, 『考古』 8, 考古雜誌社.

李鎭漢, 2013, 「대송교역과 문물교류(1)송상과 예성항」, 『韓國海洋史Ⅲ 고려시대』, 한국해양재단.

加藤九祚(著)·박천수, 정진, 임동미(역), 「머나먼 실크로드」, 박천수(편), 2015, 『실크로드와 신라유리의 길』, 대구, 경북대학교박물관·경주세계문화엑스포.

이유진, 2015, 「동아시아 해양 실크로드와 장보고선단」, 『향토와 문화73-문명의 교류2 동아시아 해상 실크로드-』, 대구은행.

朴天秀, 2016, 「古代 東北亞細亞 出土 琉璃器의 移入經路와 歷史的背景」, 『韓國考古學報』 101, 韓國考古學會.

李松蘭, 2016, 「南北朝時代 北朝 고분 출토 西方系 琉璃器」, 『한국고대사탐구』 22, 한국고대사탐구학회.

李松蘭, 2016, 「상경성 사리구와 발해 공예의 미술사적 의의」, 『발해의 불교유물과 유적』, 학연문화사.

이양수, 2016, 「틸리야 테페에서 출토된 3점의 중국 거울」, 『아프카니스탄의 황금문화』, 國立中央博物館.

정석배, 2017, 「유물로 본 발해와 중부 - 중앙아시아지역 간의 문화교류에 대해」, 『고구려발해연구』 57, 고구려발해학회.

吉澤悟, 2017, 「綠琉璃十二曲長杯は乾隆ガラスか」, 『第69會正倉院展』, 奈良, 奈良國立博物館.

허진아, 2018, 「마한 원거리 위세품 교역과 사회정치적 의미 -석제 카넬리안 구슬을 중심으로-」, 『호서고고학』 41, 호서고고학회.

강인욱, 2018, 「세계의 유적-러시아튜바공화국 아르잔 유적-」, 『韓國考古學報』 106, 韓國考古學會.

朴天秀, 2018, 「琉璃器로 본 실크로드의 변천」, 『李(加藤)九祚의 생애와 실크로드 유리 직물』, 경북대학교 실크로드조사연구센터.

樋笠逸人, 2018, 「東大寺·正倉院と新羅からの將來經典」, 『正倉院寶物と新羅』, 奈良國立博物館.

林俊雄, 2018, 「ユーラシア草原文化と樹木」, 山口博(編), 『ユーラシアのなかの宇宙樹·生命の樹の文化史』, (アジア遊學228), 勉誠出版.

中井泉, 2018, 「內蒙古出土ガラス器成分分析 遼墓出土ガラス器と中央亜細亜出土ガラス器」, 『金の冠 銀のブーツ 遼代王妃墓の謎を探る』, 帝塚山大學·奈良縣立橿原考古學硏究所.

李松蘭, 2019, 「中國 南北朝時代 西方系 金銀器의 輸入과 製作」, 『崇實史學』 43, 崇實史學會.

金秉駿, 2019, 「古代 東아시아의 海洋 네트워크와 使行 交易」, 『韓國上古史學報』 106, 韓國上古史學會.

朴天秀, 2019, 「古代の朝鮮半島と日本列島」, 吉村武彦(編), 『シリーズ古代をひらく 渡来系移住民』, 岩

波書店.

古寺智津子, 2019, 「蜻蛉珠からみた中國と草原地帶の交流」, 草原考古學研究會(編), 『ユラシア大草原を掘る草原考古學への道標』, 勉誠出版.

中村大介, 2019, 「青銅器時代匈奴時代遊牧社會長距離交易」, 『社會変化とユーラシア東西交易―考古學と分析科學からのアプローチ―』, 科學研究費補助金基盤研究(B)2018-2020年度.

遠藤仁, 2020, 「インダス文明のカーネリアンロード-古代西南アジアの交易ネットワーク-」, 池谷和信(編), 『ビーズでたどるホモ・サピエンス史美の起源に迫る』, 昭和堂.

朴天秀, 2020, 「유라시아 실크로드 문명교류사歐亞 絲綢之路 文明交流史」, 朴天秀(編), 『유라시아 실크로드 복식교류 歐亞 絲綢之路 服飾交流』, 慶北大學校出版部.

박성진, 2020, 「라피스라줄리로드:실크로드 이전의 실크로드」, 『고대 문명의 교역과 교류』, (제50회동양학연구원국제학술회의), 단국대학교 동양학연구원.

阿部善也·村串まどか, 2020, 「新羅墳墓出土の古代ガラス製品はどこで作られたのか-目に見えない線で起源を探る-」, 국립경주박물관(編), 2020, 『오색영롱 한국 고대 유리와 신라』, 국립경주박물관.

II 유라시아 歐亞 초원로의 유적과 유물 遺蹟 遺物
草原路

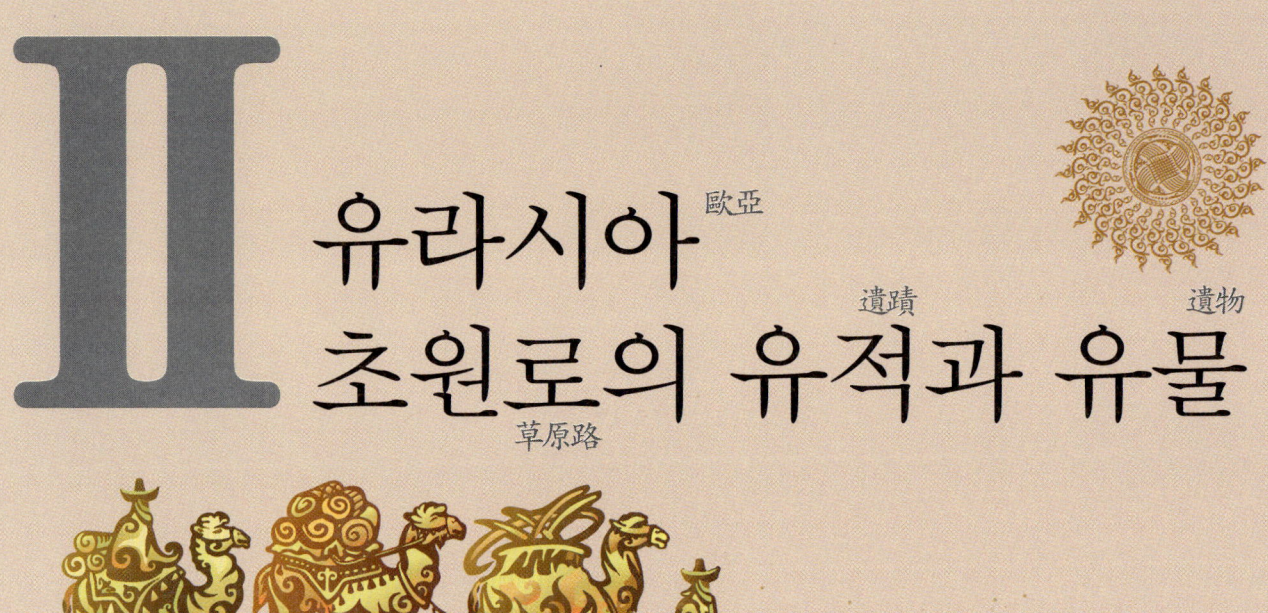

Introduction to Research History of Civilizational Exchanges on Silk Road

1. 초원로草原路 개관槪觀

초원로는 유라시아 대륙의 북방초원을 동서로 횡단하는 통로이며 가장 오래된 길이다. 초원은 대륙 온대지방의 반건조기후로 말미암아 생기는 지대로서 습윤한 삼림과 건조한 사막 사이에 펼쳐져 있다. 원래는 유럽과 러시아의 동남부나 시베리아의 서남부 등 나무가 자라지 않는 지대이다. 지질학적으로 보아 북방 유라시아는 충적세에 들어와 지각변동으로 인해 동서로 4개의 긴 기후대가 형성되었다. 가장 북쪽으로 북극해에 면한 것이 동토대(凍土帶)이고 그 다음이 침엽수림대, 초원대, 가장 남쪽의 것이 사막대이다. 초원대는 대체로 북위 50-40도 사이에 자리잡고 있으며, 그 지대를 초원로가 동서를 횡단한다(정수일 2001: 41).

초원지대는 동쪽 대흥안령에서 몽골, 신장북부, 카자흐스탄, 남 우랄, 북 코카서스, 남러시아, 우크라이나를 거쳐 서쪽 다뉴브강 중류역에 이른다. 초원로의 가장 큰 특징은 유라시아 동서를 연결하는 약 8,000km의 가장 최단 코스이며, 산맥과 사막과 같은 장애가 없는 초원에 펼쳐진 길로서 이용이 자유롭다는 것이다. 일반적으로 이 길은 건기를 제외하면 지형이나 기후의 제약을 별로 받지 않고 수시로 이용할 수 있으며, 길의 폭과 길이도 특별한 제한이 없어 활동하기에 자유롭다. 이러한 특징 때문에 이 길은 다른 두 간선에 비해 노선이 명확하지는 않다.

초원은 기온과 강수량이 계절과 지역마다 다르기 때문에 유목민은 목축에 적합한 목초지를 따라 원격지를 이동하였다. 초원의 교통은 BC 3500년경 말을 가축화하면서 시작되었다. 말은 이동과 전쟁의 수단이었으며, 특히 서아시아에서 개발되어 도입된 마차는 물자를 멀리 떨어진 곳에 빠른 속도로 다량으로 이동하는 것을 가능하게 하였다.

초원로의 주인공은 기마유목민족이다. 이 길은 기마유목민족인 스키타이에 의해 개척된 후 흉노(匈奴)와 몽골 등 북방 기마유목민족들의 교역과 이동 및 정복 활동에 크게 이용되었다. 초원은 말을 타고 이동하면서 유목 생활을 하는 민족들만이 적응할 수 있는 지형적 특성을 지니고 있어 그들의 전용이 되었다. 유목민은 농경에 부적합한 초원의 자연환경으로 인해 농경민과의 교역이 필수적이었다. 그들은 초원의 말과 북쪽 삼림지대에서 획득된 모피, 우랄산맥의 철과 구리, 알타이산맥의 금을 농경민이 생산한 곡물, 비단 등의 사치품과 교환하였다.

그런데 남방의 정주 농경 오아시스지대에는 지형적인 환경으로 인해 도시국가가 다수 병립하여 넓은 영역을 점하는 통일국가가 성립하기 어려우나, 초원지대에는 일단 유목국가

Ⅱ. 유라시아歐亞 초원로草原路의 유적遺蹟과 유물遺物

그림 Ⅱ-a. 유라시아 초원로 유적과 유물
유라시아(Eurasia) 초원(草原)(카자흐스탄Kazakhstan 콕세타우Kokchetav)

가 출현하면 흉노와 몽골제국과 같은 대제국으로 성장하였다. 이러한 유목 제국이 성립하면 그 영역내는 교통이 원활하며 상업활동과 문명교류가 촉진된다(林俊雄 2019: 8, 9). 초원지대에는 스키타이, 사카, 사르마타이, 흉노, 훈, 선비, 오환, 유연, 에프탈, 돌궐, 거란, 위구르, 몽골 등의 여러 민족이 차례로 발흥하고 멸망하였다.

유라시아 대륙 중앙부를 중심으로 민족 이동과 침입의 방향에서 특징적 경향을 볼 수 있다. 그것은 북에서 남쪽으로 향하는 물결, 동서 방향에서는 동에서 서쪽으로 향하는 물결이 압도적으로 많다는 것이다. 북에서 남쪽으로 물결은 초원 혹은 산림지대에서 유목민(遊牧民), 수렵민(狩獵民), 반농반목민(半農半牧民)이 도시문명을 가진 정주농경지대(定住農耕地帶)로 침입함으로써 일어난다. 반면 동·서간 이동은 유목민 간 충돌을 야기해 주로 초원지대에서

1. 초원로草原路 개관槪觀

일어난다. 스키타이에 이어 사르마타이(Sarmatai)가 동쪽에서 나타나 스키타이를 축출하였다. 4세기에는 훈(Hun)이 역시 동쪽에서 이주하여 사르마타이의 후예인 알란(阿蘭)을 정복하였다. 6-7세기에는 아바르(Avari)가 중앙아시아 북부에서 초원 지대를 서진하고 유럽에 나타났다. 6세기 중엽에 알타이, 몽골 고원에서 발흥한 돌궐(突厥)은 아바르(Avari)를 축출하고 아랄해(Aral Sea), 카스피해(Caspian Sea)연안에까지 세력을 넓혔다.

그리스인들은 BC 7세기에 흑해 북안에 식민지를 건설하였다. 그곳은 유럽의 해로가 끝나고 스텝지역이 시작되는 곳이었다. 이 곳이 스텝세계와 그 동쪽과의 상업 및 문화교류의 중심지가 되었다(수전횟필드외(저), 이재황(역) 2019: 82). 헤로도토스(Herodotos)의 『역사歷史』제 4권에 따르면, BC 7세기 전반에 마르모라섬 출신의 음유시인 아리스테아스(Aristeas)는 스키

Ⅱ. 유라시아歐亞 초원로草原路의 유적遺蹟과 유물遺物

타이의 교역로를 따라 흑해연안의 타나이스(Tanais)에서 동쪽으로 향해서 우랄산맥을 넘어 알타이산맥 부근에 달하였다고 한다. 이 경로에 대해 헤로도투스는 다음과 같이 상세히 기술하고 있다.

교역상들은 돈강 삼각주에 있었던 고대 그리스인 거주지인 타나이스(Tanais)를 출발하여 돈(Don)강을 거슬러 올라가, 사르마타이(Sarmatai)의 거주지를 거쳐, 지금의 볼가 돈(Volga-Don)운하의 부근에 이르고, 그곳에서 부디노이(Budinoi)인이 사는 오렌부르크(Orenburg) 부근의 삼림지대를 돌아, 계속해서 동쪽으로 향하였다. 우랄산맥의 남쪽부터 카자흐스탄의 이르기즈(Irghiz) 및 유르타(yurta)의 건조지대를 경유하여 이유르카이인이 사는 토볼(Tobol)강과 이심(Ishm)강 유역에 이른다. 계속해서 동쪽으로 나아가 지금의 세미팔라틴스크(Semipalatinsk) 부근에서 '다른 종의 스키타이'와 만나고, 그곳을 지나면 작은 돌과 바위투성이의 알타이산록에 이른다. 길은 아르기파이오(Argippaei)인의 거주지인 이르티시(Irtysh)강 상류부 및 자이산 노르호(Zaisan Nor lake) 부근에서 끝나는데, 이곳에서는 그리스 상인과 스키타이인이 7인의 통역에 의해 상거래를 행하였다고 한다.

헤로도토스의 기술과 흑해연안에서 알타이산맥에 이르는 교통로상에서 출토된 고고자료가 일치하며, 그 기록의 정확성은 스키타이의 왕묘 발굴에서 확인되는 장례습속에서도 확인되었다.

BC 6세기에 형성된 아케메네스조 페르시아 문명이 초원로상의 기마민족에 많은 영향을 미친 것은 알타이 산지의 파지리크를 비롯한 제 유적에 융전(絨氈)을 포함한 페르시아 문물이 이입된 것에서도 알 수 있다. 러시아 알타이 산록에 위치하는 BC 5-BC 4세기에 축조된 러시아(Russia) 알타이 산지에 위치하는 파지리크(Pazyryk)고분군의 5호분에서는 대형 펠트제 벽걸이가 출토되었다. 이 벽걸이에는 의자에 앉은 여신(女神)이 이 왕에게 권력을 주는 왕권신수(王權神授)의 장면을 표현한 것으로 해석되고 있다. 생명수(生命樹)를 가진 여신이 지상의 왕에게 왕권을 수여하는 신앙을 가진 세력은 월지(月氏)이다. 월지는 축조한 흉노가 발흥하기 이전 서역 일대까지 지배하였으며『사기史記』에도 기록되어 있다(林俊雄 2018: 49-51). 이는 물질문화 뿐만 아니라 페르시아(Persia)의 왕권신수사상(王權神授思想)이 알타이산맥의 초원기마민족국가(草原騎馬民族國家)에 이입된 것을 보여준다.

크리미아(Crimea)반도에 위치하는 우크라이나(Ukraina) 우수트알마(Ust-Alma)유적에서는 그리스계 금제 수식부이식, 로마 유리기와 함께 출토된 칠상(漆箱)은 흑색 칠바탕에 적색으로 문양을 그린 것으로, 1세기에 유행한 전형적인 한(漢)의 칠기(漆器)이다. 한(漢)의 칠기

(漆器)는 카자흐스탄(Kazhustan)과 몽골초원에서도 출토되어 몽골, 카자흐스탄 초원을 거쳐 이입되었으며, 흉노(匈奴), 사르마타이(Sarmatai)를 통한 활발한 동서 교역이 이루어진 것을 알 수 있다.

흉노(匈奴)는 BC 3세기 후반에는 중국 오르도스(綏遠)지방에 진출하고, BC 2세기 후반에는 동호(東胡)를 정복하는 동진 과정을 통해 초원기마민족문화는 고조선과 한반도에까지 영향을 미치게 되었다. 한반도에서 출토된 청동기와 철기, 각종 마구와 동물문양 등 북방 기마민족문화의 유물들은 흉노의 영향에 따른 것이다.

초원로의 노선은 출토 유적 유물을 통하여 다음과 같이 설정한다. 로마 유리기와 한(漢)의 칠기가 출토된 우크라이나 우수트알마(Ust Alma)유적이 위치하는 흑해 크리미아(Crimea)반도를 기점으로 로마 유리기가 다수 출토된 그 동단의 항구인 게르치(Kerchi)를 거쳐 아조프시 다치(Dachi)고분군과 로스노프나도누(Rostov Na Donu)시 코뱌코보(Kobyakovo)고분군 등이 위치하는 아죠브해에 하구를 형성하는 돈강 하류역에 도달한다. 여기서 동쪽으로 가면 초기 사르마타이의 유적이 밀집하는 볼가강을 건너 카스피해의 북쪽 러시아 접경지역인 카자흐스탄 우랄스크(Uralsk)시의 동지중해산 유리기가 출토된 탁사이(Taksay)고분군에 도달한다. 다시 동쪽으로 나아가면 우랄산맥의 남록을 지나면 카자흐스탄 콕세타우(Kokchetav)의 황금보검이 출토된 보로보에 호수(Boroboye lake)에 도달하며, 그 남쪽 아스타나 부근에는 로마 유리기와 훈족 공예품이 출토된 카라아가치(Kara agachi)고분이 위치한다.

또 다시 동쪽으로 나아가면 페르시아와 중국산 직물이 출토된 러시아 파지리크고분군이 있는 알타이산맥에 도달하며, 이를 넘으면 로마 유리기가 3점 출토된 몽골의 아르항가이 아이막(Arhangai Aimag)에 위치하는 골모드(Golmod)고분군에 이른다. 울란바드로의 인근에는 파르티아의 직물과 한의 복식이 출토된 흉노의 왕묘인 노용 올(Noyon uul)고분군이 위치한다. 이곳에서 남쪽으로 내려가면 흉노의 금관과 선비의 관식이 출토된 내몽고 오르도스(鄂爾多斯)에 도달하며 서쪽으로 나아가면 적봉(赤峰)을 지나 조양(朝陽) 인근의 로마 유리기가 5점 출토된 북연(北燕) 풍소불묘(馮素弗墓)가 있는 북표(北票)에 이른다. 이곳에서는 동쪽으로 고구려의 수도인 집안(集安)에 도달하며, 남하하면 충주(忠州)를 지나 5세기 동아시아에서 30점 전후의 로마 유리기가 출토된 신라의 수도인 경주(慶州)에 마침내 도달한다. 로마 유리기가 신라의 금공품과 같이 5세기 일본열도에 이입된 것으로 볼 때, 초원로는 신라(新羅)를 매개(媒介)로 바다 건너 왜(倭)와 연결된다.

참고문헌

Herodotos(著)·松平千秋(譯), 1994, 『歷史』, 岩波書店.

정수일, 2001, 『씰크로드학』, 창작과 비평사.

林俊雄, 2007, 『スキタイと匈奴遊牧の文明』, (興亡の世界史02), 講談社.

林俊雄, 2018, 「ユーラシア草原文化と樹木」, 山口博(編), 『ユーラシアのなかの宇宙樹·生命の樹の文化史』, (アジア遊學228), 勉誠出版.

Herodotos(저)·박광순(역), 2018, 『역사HISTORIAI』, 범우사.

수전횟필드외(저), 이재황(역), 2019, 『SilkRoads-People Cultures.Landscapes-실크로드』, 책과함께.

2. 우크라이나Ukraine의 유적遺蹟과 유물遺物

1) 톨스타야 모길라고분Tolstaya Mogila tomb

톨스타야 모길라고분은 우크라이나 남부 드네프르(Dnepr)강 연안의 오르죠니키제(Ordzhonikidze)에 위치한다. 이 고분은 1971년 발굴조사되었으며, 분구(墳丘) 직경(直徑) 52m, 높이(高) 13.5m의 원분(圓墳)으로 봉분 주변에는 주구가 돌아간다. 이 고분은 먼저 중앙에 제1묘실이 축조되고 이를 이중(二重)의 석렬(石列)로 돌렸다. 이후 석렬의 남서쪽에 제2묘실이 축조된 후 분구가 확장되고 주구가 굴착되었다.

봉분의 동북쪽의 주구가 굴착되지 않는 묘도(墓道)에는 장례 연회를 열었던 것으로 추정되는 20×6m의 공간이 확인되었는데, 이곳에서 대량의 암포라(Amphora)와 함께 말(馬), 멧돼지(猪), 사슴(鹿) 등 동물뼈가 출토되었다. 또한, 주구(周溝) 안에서도 암포라와 함께 동물뼈가 출토되었는데, 출토된 동물 유해는 개체 수는 말(馬) 35마리, 멧돼지(猪) 14마리, 사슴(鹿) 2마리 등이다.

제1묘실은 고분의 분구를 축조하기 전 지표면에서 8.5m 아래에 4×2m 방형의 수직갱(垂直坑)이 굴착하고 그 저면(底面)에서 횡(橫)으로 매장주체부를 조성하였다. 묘실에는 목판(木板)위에 남침(南枕)으로 안치된 40-50세의 남성 인골이 확인되었으며 부장품은 대부분 도굴되었다. 수직갱의 저면에서 묘실로 가는 붕괴된 통로에서 도굴의 피해를 면한 초승달모양의 금제 흉식(胸飾), 금장(金裝) 철검 등이 출토되었으며, 그 입구에서 순장 인골이 확인되었다. 입구의 동쪽 2기의 측실에는 각 3두(頭)씩 말(馬)이 순장되었으며, 그에 동반한 마부(馬夫)의 묘실이 3기 확인되었다.

그리고 고분 남서쪽에는 제2묘실이 있다. 넓은 묘실 목판(木板)위에 서침(西枕)으로 안치된 20-30세의 여성, 2세 정도의 영아(嬰兒)와 함께 4인의 시종으로 보이는 인골이 확인되었는데, 영아는 석고로 장식된 목관에 안치되었다. 제2묘실은 도굴되지 않아 부장품이 모두 잔존하였다. 여성은 좌우에 옥좌(玉座)에 앉은 여신(女神)을 표현한 문양을 가진 방형의 판을 연결한 긴 수하식(垂下飾)과 그리핀(Griffon)과 스핑크스(Sphinx), 그리핀이 초식동물을 습격하는 문양으로 장식한 6개의 대상판(帶狀板)으로 구성된 액두식(額頭式) 금제(金製) 관(冠)을 착장하고 있었다. 목에는 사슴(鹿)을 추격하는 사자(獅子)를 조각한 금제 경식(頸飾), 양팔에는 3점의 금제 완륜(腕輪)과 11점의 금제 지륜(指輪)을 착장하고 있었다. 여성의 주변에는 은제배

II. 유라시아歐亞 초원로草原路의 유적遺蹟과 유물遺物

(銀製杯), 흑색유명(黑色油皿), 유리기(琉璃器), 청동경(青銅鏡)이 부장되었다. 여성의 오른쪽(右側)에 있는 영아(嬰兒)는 소형의 경식, 이식, 완륜, 지륜을 착장하고 있었으며, 금제 리톤(rhyton)과 은제배를 부장하였다.

톨스타야 모길라고분은 유물들로 보아 해당 고분은 BC 4세기경에 축조된 것으로 보고 있다.

부장품 중 가장 대표적인 것은 초승달모양의 금제 흉식(torques, 胸飾)이다. 직경 30.6cm, 현재 중량이 1,149g인데, 유실된 다수의 세부 장식들을 포함한다면 그 중량은 1,200g으로 추정된다. 흉식은 위에서 아래까지 크게 세 구획의 장식으로 이루어진다. 이를 완성하기 위해서 160점 이상의 세부 장식을 치밀한 계산에 의해 접합한 것으로 보인다. 위에서부터 A, B, C 구획으로 나눌 수 있는데, 각기 다른 주제를 가진 도상들이 묘사되어있다.

A 구획의 중앙에는 활과 화살을 넣는 고리투스(gorytus, 弓矢筒)를 걸어놓거나 옆에 두고 상의를 벗은 두 남성이 모피 상의를 수선하는 장면, 새끼에게 젖을 먹이는 말(馬)과 소(牛), 양(羊)의 젖을 짜는 목동(牧童) 등 평화로운 도상이 중심을 이룬다. 이와 대조적으로 C 구획에는 중앙에는 말(馬)을 중간에 두며 공격하는 한 쌍(雙)의 그리핀을 3조로 배치하고 그 좌우에는 멧돼지(猪)와 사슴(鹿)을 중간에 두고 공격하는 암수 사자 한 쌍(雙)을 2조로 배치하였다. 그 좌우에는 개(犬), 토끼(兎), 메뚜기(蝗)를 각각 두었다. 그 사이의 B 구획은 새(鳥)와 식물로 이루어진 화려한 도상을 배치하였다. 장신구 여기저기에 흠집이 있는 것으로 보아 피장자가 생전에 실제 착용하였던 것으로 생각되며, 특히 꽃무늬 장식에 보이는 흠집으로 보아 큰 전투 중에서도 이 장신구를 벗지 않았던 것으로 보인다.

초승달모양의 금제 흉식(胸飾)은 스키타이의 우주관을 표현한 것으로, 그 도상을 그리스계 공인에게 제작하게 하였다. 이 유물을 통해 초원과 지중해간의 문명 교류와 스키타이의 황금문화를 알 수 있다.

참고문헌

Piotrovsky, Boris. 1986. *Scythian Art: the Legacy of the Scythian World: Mid-7th to 3rd Century B.C.* Leningrad: Aurora Art Publishers.

Alekseev. A.Y, Murzin. V.Y, Rolle. R, Chertomlyk, 1991, *skifskii tsarskii kurgan* Ⅳ, Kiev.

黃金のシルクロード展實行委員會, 1998, 『ウクライナ國立歷史寶物博物館所藏黃金のシルクロード展』,

　　　　　黃金のシルクロード展實行委員會.

初期王権研究委員會, 2003, 『古代王権の誕生 Ⅲ-中央ユーラシア・西アジア・北アメリカ編』, 角川書
　　店.

ブレートラスト, 2011, 『ウクライナの至寶展-スキタイ黄金美術の煌めき-』, ウクライナの至寶展カタ
　　ログ委員會.

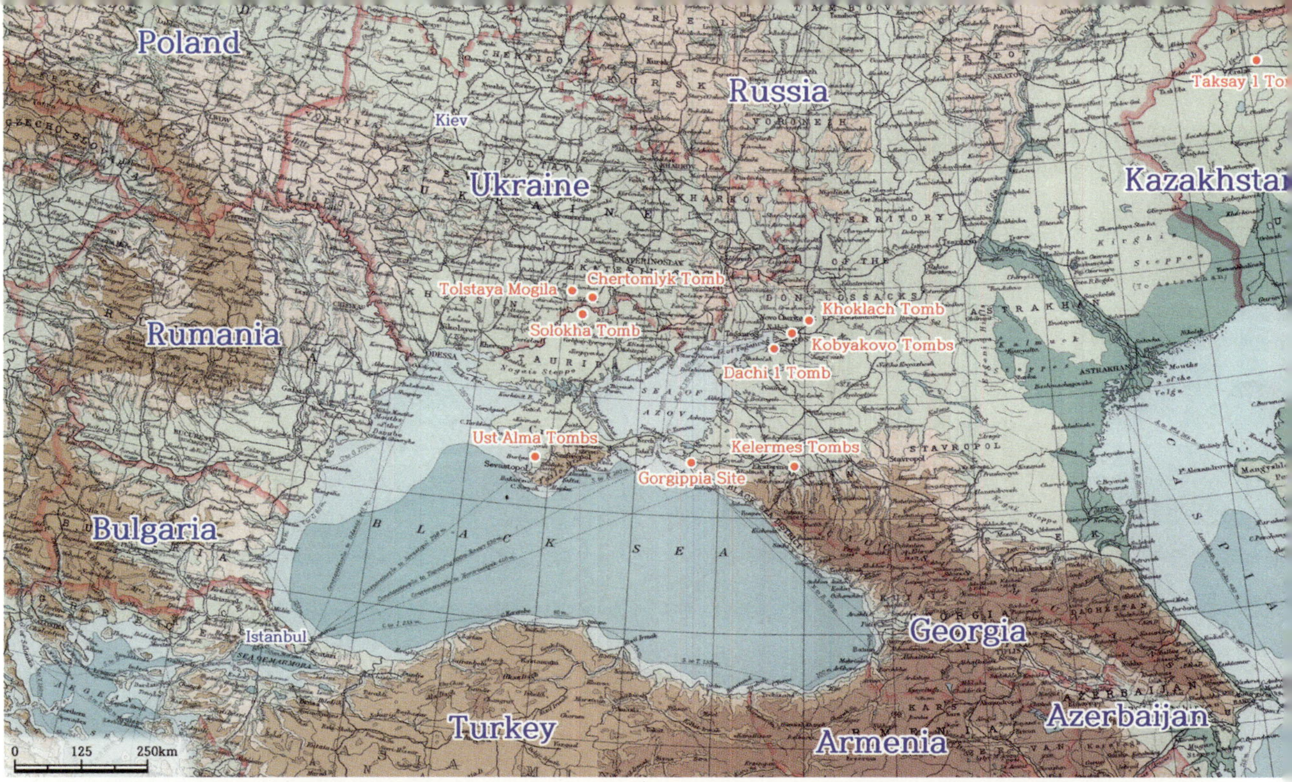

그림 Ⅱ-1. 우크라이나^{Ukraine} 톨스타야 모길라고분$^{Tolstaya\ Mogila\ tomb}$

1. 우크라이나(Ukraine), 러시아(Rusia) 서부(西部) 유적(遺蹟) 분포도(分布圖)
2. 톨스타야 모길라(Tolstaya Mogila)고분(古墳)
3. 고분(古墳) 분구(墳丘)와 제2묘실(墓室) 평면도(平面圖)
4. 묘실(墓室) 단면도(斷面圖)

1	3
2	4

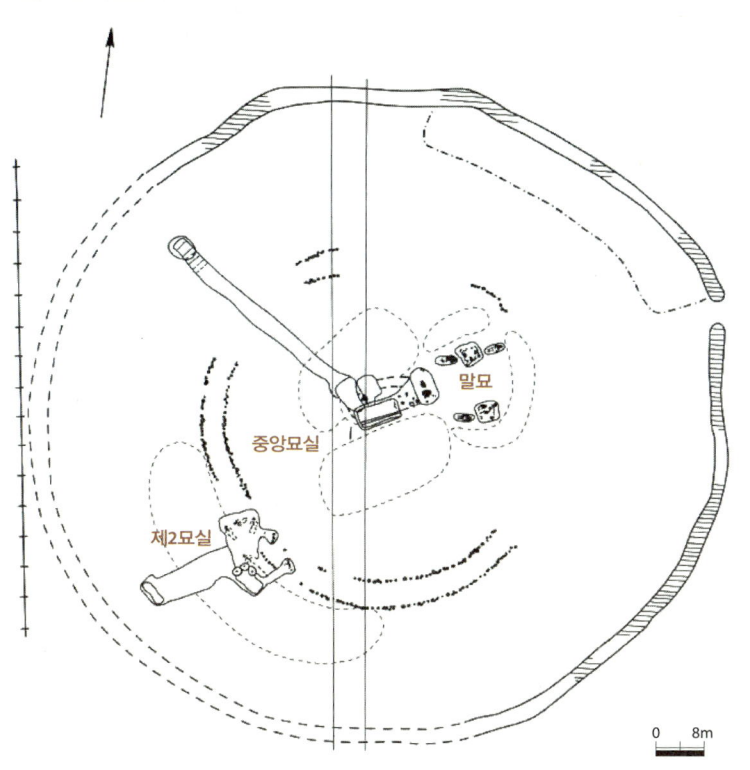

//////	동물뼈와 암포라 편의 출토 지점
-----	분구범위
-·-·-	암포라와 그 파편의 집중 출토 지점

말묘
중앙묘실
제2묘실

a 금관
b 거울
c 금제펜던트
d 은잔
e 그리스 흑색마연접시
f 금제팔찌
g 금제팔찌
h 금제반지
i 신발장식
j 유해를 덮은 직물의 후크
k 목걸이
l 리톤

제2묘실(墓室)

5. 제2묘실(墓室) 평면도(平面圖)
6. 제2묘실(墓室) 출토상태(出土狀態)
7. 금제(金製) 흉식(胸飾)
8. 금제(金製) 흉식(胸飾) 세부(細部)

5	6
7	8

2) 솔로하고분 Solokha tomb

솔로하고분은 우크라이나 드네프르강 연안의 카미얀카-드니프롭스카(Kamianka-Dniprovska)에서 약 18km 떨어진 지점에 위치하는 스키타이 고분이다. 봉분의 잔존 높이는 약 19m, 직경은 약 100m이다.

1912년부터 1913년까지 러시아의 고고학자 베셀로프스키(N. I. Veselovski)에 의해 발굴 조사되었다. 고분은 수직 갱도(坑道)에 이어진 수평 연도가 있고 그 끝에 묘실이 있는 형태로, 먼저 중앙에 제1묘실이 조영되고 직경 15m의 분구가 축조되었다. 이후 분구의 남서쪽에 제2묘실이 축조되어 분구가 확장되었다.

유물은 중앙의 제1묘실은 완전히 도굴되었으나, 그 옆의 측실에서 청동제품, 토제품, 목제품이 출토되었다. 남서쪽의 제2묘실은 지면에서 5.4m 깊이로 수직갱의 남쪽 벽에 붙어 7개의 좁은 계단이 나 있다. 갱도의 북벽에서부터 10.65m 길이로 경사진 연도가 묘실까지 이어져 있으며 묘실의 천장은 아치형으로 되어있다. 도굴되지 않았으며, 다량의 부장품이 출토되었다.

연도에서 묘실로 이어지는 부분에 아치형 천장(天障)을 가진 공간을 만들어 이곳에 중요 부장품을 수납하였다. 묘주는 다양한 금제 장신구를 착장하였으며, 묘주의 왼쪽에는 철검 두 자루가 있었다. 그중 한 점은 자루(柄部)가 금장(金裝)되었으며 동물문으로 장식된 칼집(鞘部)에 끼워져있다. 오른쪽에는 철제 갑옷(甲), 청동제 그리스식 투구(冑) 허리띠, 청동촉 등이 있었고, 묘주의 오른쪽 어깨 부분에서 금제 장식 빗(櫛)이 확인되었다. 또한 근처에서 활과 화살을 같이 넣는 스키타이의 무구인 고리투스(Gorytus)가 180개의 청동촉이 담겨진 채 출토되었다. 고리투스에는 스키타이인과 동물이 싸우고 있는 장면이 묘사되었다.

묘실의 남쪽에는 반원형의 측실이 있다. 측실 내부에는 식기와 탁상용 용기들과 동물의 뼈가 들어있는 청동복이 출토되었다. 또한, 암포라와 리톤(rhyton) 등도 확인되었다. 이 측실 맞은 편에는 암포라 10개가 수납된 또 다른 측실이 있었고, 그 북쪽으로 다시 작은 측실이 있어 금제 사자머리 장식과 금제 리톤이 확인되었다.

묘실의 바로 바깥에서는 순장자의 인골이 확인되었고, 순장자 주변에는 철검, 철모, 청동촉이 놓여있었다. 또한, 수직갱에서 서쪽으로 2.6m 떨어진 지점에는 길이 1.5m 크기의 목관이 있었다. 이 목관에는 5마리의 말이 순장되어 있었고, 마구가 출토되었다.

솔로하고분의 축조 시기는 부장품으로 볼 때 BC 4세기대로 추정된다. 이 고분에서 출토된 금제 빗(櫛)은 스키타이의 영웅 서사시에 등장하는 세 무사가 전투하는 장면을 묘사하고 있다. 무사들의 옷차림과 무기는 스키타이 문화를 잘 반영하고 있는데, 말에서 떨어진 무사가 착용한 그리스식 갑옷을 제외한 나머지 복식들은 대부분 스키타이식이라고 할 수 있다. 무사상과 빗살의 사이 공간에는 5마리의 사자가 앉아 있다. 사자와 무사, 말, 갑주와 고삐 등 모든 장식이 각각 따로 주조된 후 접합된 것이고, 이후 빗에 짜 맞추어진 것이다. 주조로 표현할 수 없는 세부 표현은 주조 이후 새겨서 마무리한 것으로 추정된다.

솔로하 고분은 그리스 문명과 초원 기마민족국가의 교류를 잘 보여주는 유적이다.

참고문헌

Alekseev. A.Y, Murzin. V.Y, Rolle. R, Chertomlyk, 1991, *skifskii tsarskii kurgan* Ⅳ, Kiev.
國立中央博物館, 1991, 『소련 국립 에르미타주박물관 소장 스키타이 황금』, 國立中央博物館.
初期王権研究委員會, 2003, 『古代王権の誕生 Ⅲ-中央ユーラシア·西アジア·北アメリカ編』, 角川書店.
Russia Hermitage Museum, https://www.hermitagemuseum.org/.

2. 우크라이나Ukraine의 유적遺蹟과 유물遺物

그림 Ⅱ-2. 우크라이나Ukraine 솔로하고분Solokha tomb

1. 솔로하(Solokha)고분(古墳) 원경(遠景)
2. 솔로하(Solokha)고분(古墳) 근경(近景)

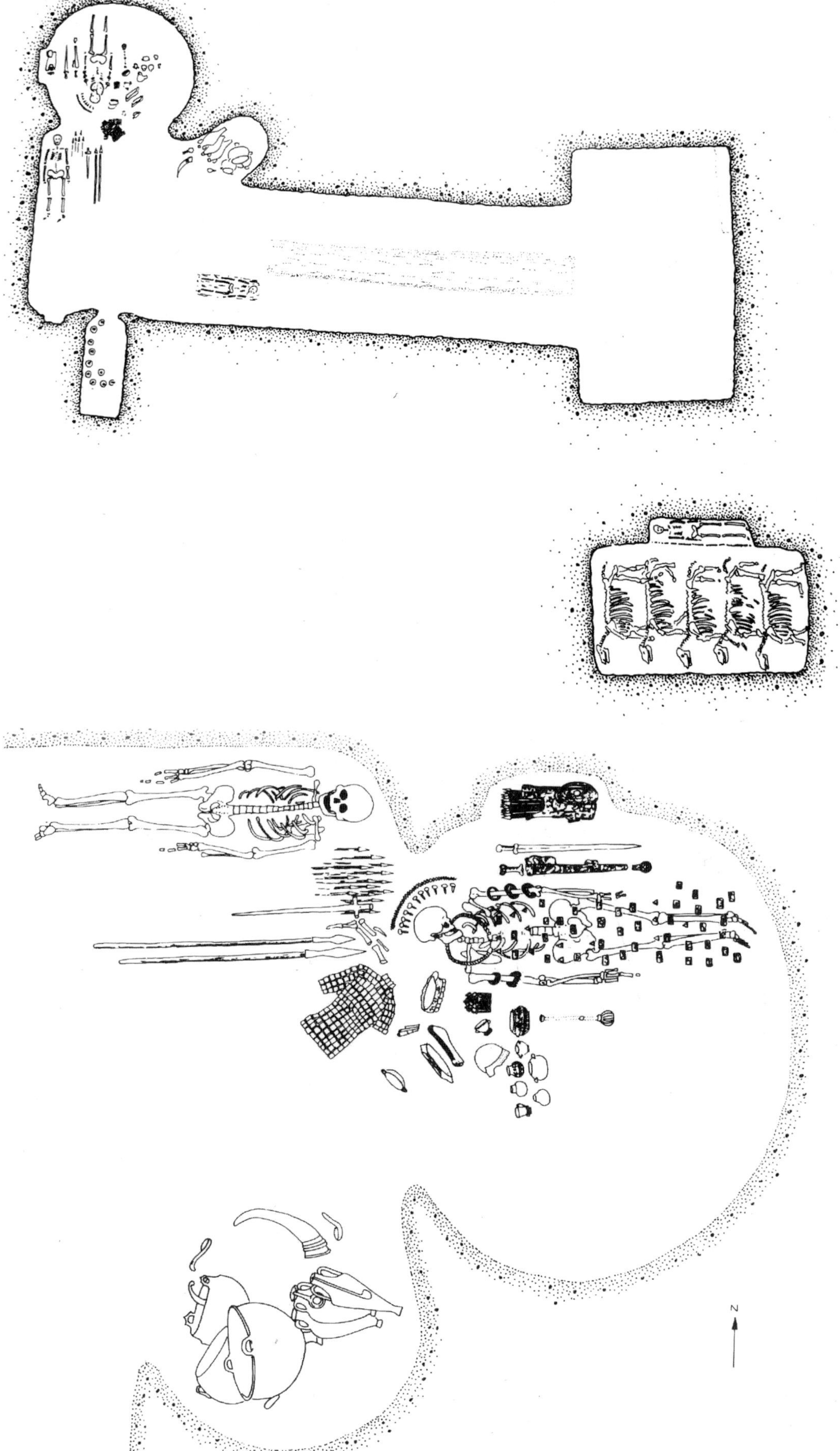
N

3. 평면도(平面圖)
4. 유물(遺物) 출토상태(出土狀態)
5. 금제(金製) 빗(櫛)
6. 금제(金製) 동물문(動物文) 완(盌) 내면(內面)
7. 금제(金製) 장식판(裝飾板)
8. 금제(金製) 장식판(裝飾板)

3) 체르톰릭고분 Chertomlyk tomb

체르톰릭고분은 우크라이나 드네프르강 서안 니코폴(Nikopol)시 북서쪽 인근에 있는 높이 21m, 직경 100m에 달하는 대형분이다. 이 고분은 1862년부터 1864년에 걸쳐 자벨린(I. E. Zabelin)에 의해 발굴조사되었으나, 해당 조사와 관련된 상세한 기록은 현재 전해지지 않는다. 이후 1980년대에 재조사되어 분구의 축조방법에 대한 상세한 연구가 이루어졌다.

체르톰릭고분의 분구 축조에는 표토블록을 이용하였는데 15×25cm의 크기의 떼잔디를 통째로 자른 표토블록을 지표면에서부터 겹쳐 쌓아 분구를 조성하였다. 이 방법을 이용하면 1m²의 분구를 쌓을 때 약 270개의 표토블록이 필요하며 약 10m²의 초지가 필요하다. 체르톰릭 고분 분구 규모로 보건대, 약 75,000m²의 초지가 소비되었던 것으로 보인다.

체르톰릭고분을 축조할 때는 표토블록으로 약 3m 높이의 토제(土堤)로 쌓고, 그 바깥에는 점토를 쌓았다. 그 후 동일한 방법으로 한 번 더 분구를 쌓고, 가장 바깥쪽에는 판석과 할석을 사용하여 높이 약 2.5m, 폭 약 7m의 총 중량이 8,000t에 달하는 석단을 둘렀다. 이를 통해 체르톰릭고분은 거대한 석단 위에 분구가 덮인 것처럼 보이게 된다.

분구 내에서는 여러 지점에서 의례용으로 생각되는 물품과 동물뼈가 발견되었다. 특히, 석단의 아래면에서는 대량의 암포라와 동물뼈, 마구를 착장한 말의 뼈와 인골이 출토되었다.

매장주체부는 제1-5실로 이루어져 있는데, 각 공간은 길이 5m, 폭 3.5m, 높이 2m 정도의 아치형을 띠고 있다. 제5실에는 3기의 측실이 있으며 제1실은 개뼈가 출토되었다. 제2, 제6, 제7실에서는 풍부한 부장품을 동반한 순장된 남성의 인골이 확인되었다. 제4실에 여성 피장자, 제5실에 남성 피장자가 안치된 것으로 추정되며 후자는 도굴되었다. 제8, 9, 10실에서는 순장된 말의 뼈가 11구 출토되었다.

제4실에는 장방형으로 통나무로 목곽을 축조하고 그 안에 여성 피장자를 안치하였다. 피장자는 금제 관(冠), 경식(頸飾), 이식(耳飾), 완륜(腕輪), 지륜(指輪)을 착장하고 있었다. 제4실의 북벽과 서벽에는 그리스식 암포라가 13점이 있었으며, 목관 가까이에는 은제 식기들이 놓여있었다. 은제 암포라에는 손잡이를 포함한 바깥면 전체에는 부조(浮彫)로 다양한 도상이 확인되었다. 경부(頸部)부터 견부(肩部)에 이르는 상단에는 그리핀, 말 조련사 등이 부조되었고, 견부(肩部)부터 저부(低部)에 이르는 하단에는 새, 생명수, 사자머리 등이 대칭을 이루며 장식되어있다.

이 고분의 연대는 고전고고학, 형식학, 이화학적 방법에 의해 BC 348년에서 BC 325년으로 비정하였다.

　제5실의 남쪽에서는 금장 단검과 활과 화살통을 겸한 고리투스(Gorytus) 등이 출토되었다. 단검은 아키나케스(Akinakes)식으로, 각각 나무로 만든 후 타출(打出)한 부조의 금판을 붙여 장식하였다. 도신과 병부의 경계부가 날개를 펼친 나비와 같은 형태로 생긴 것이 특징이다. 이 유형의 단검은 스키타이시대에 초원지대 전역 뿐만 아니라, 인접한 중국 북부나 이란 등에도 광범위하게 분포한다.

　단검의 자루(柄部) 끝에는 2마리의 양 머리(羊頭) 장식과 손잡이 부분에는 연속 기마수렵문, 칼집(鞘部)에는 전투장면이 묘사되었다. 전투장면은 코린트식 투구를 착장하고 방패를 든 그리스 전사와 이와 싸우는 오리엔트식 의복을 입은 전사가 보인다. 이 전사는 칼집(鞘部)의 선단에 위치하는 말의 안장 외연에 삼각형의 장식이 알타이의 파지리크 출토 페르시아제 융전(絨氈)의 기마의 안장에 같은 표현이 보인다는 점에서 페르시아 병사일 가능성이 크다. 돌출부에는 사슴을 습격하는 그리핀은 그리스식이나, 전투장면의 좌단에 위치하는 마주보는 2마리의 그리핀은 페르시아의 사자 그리핀이다.

　활과 화살을 같이 넣는 고리투스(Gorytus)는 타출한 금제 장식판만 잔존하는데, 아킬레우스(Achileus) 신화와 관련된 내용이 표현되었다. 고리투스는 외연에 동물투쟁문과 넝쿨문, 팔메트(palmette)문을 배치하고 그 중앙에 2단에 걸쳐 아킬레우스 신화를 조각하였다. 외연의 오른쪽 하단에는 암수 그리핀이 중앙의 표범을 습격하는 장면이 보인다.

　체르톰릭고분은 규모와 구조로 볼 때 스키타이의 왕릉이다. 이곳에서 출토된 유물은 스키타이 문양과 함께 그리스 신화가 묘사된 점에서 그리스 문화의 영향이 현저한 크리미아반도의 게르치(Kerchi)해협에 위치하였던 보스퍼러스(Bosphorus) 왕국의 공방에서 제작된 것으로 추정된다.

참고문헌

Piotrovsky, Boris. 1986. *Scythian Art: the Legacy of the Scythian World: Mid-7th to 3rd Century B.C.* Leningrad: Aurora Art Publishers.
國立中央博物館, 1991, 『소련 국립 에르미타주박물관 소장 스키타이 황금』, 國立中央博物館.
田辺勝美·前田耕作(編), 2000, 『世界美術大全集東洋編15中央アジア』, 小學館.
初期王権研究委員會, 2003, 『古代王権の誕生 Ⅲ-中央ユーラシア·西アジア·北アメリカ編』, 角川書店.

雪嶋宏一, 2008,『スキタイ騎馬遊牧國家の歴史と考古』, 雄山閣.

Russia Hermitage Museum, https://www.hermitagemuseum.org/.

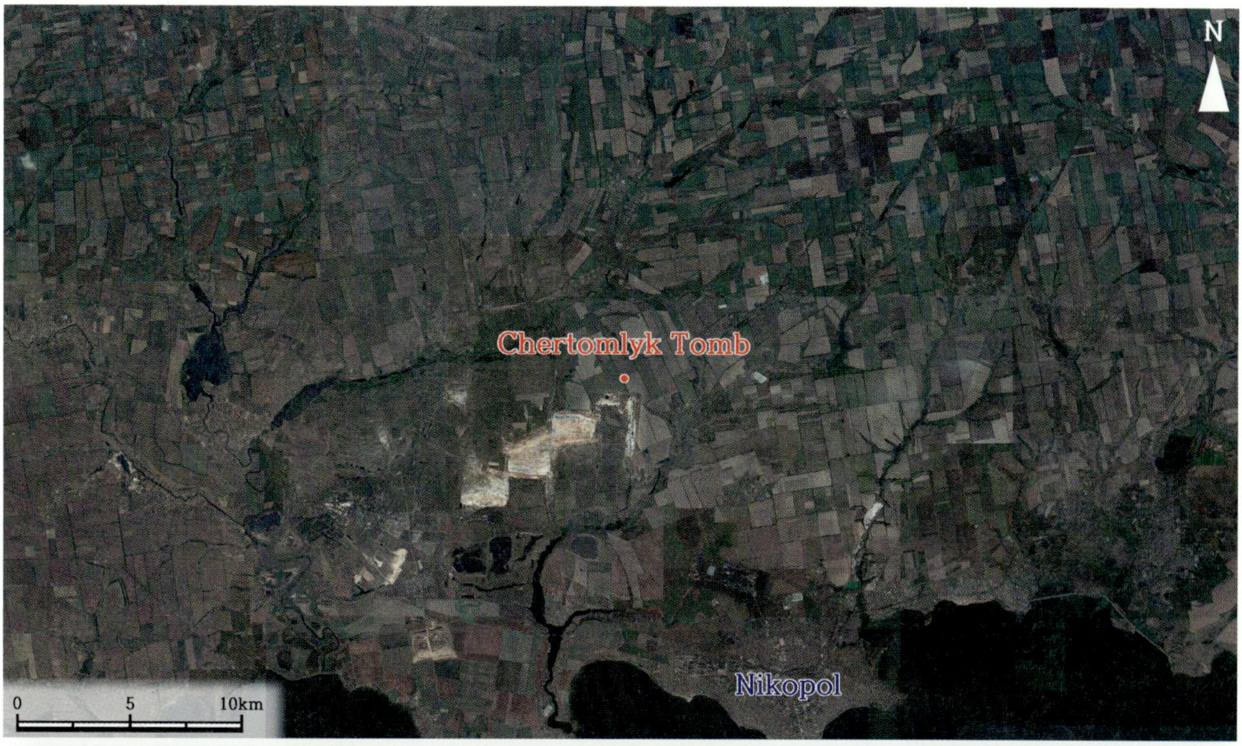

2. 우크라이나Ukraine의 유적遺蹟과 유물遺物

그림 Ⅱ-3. 우크라이나Ukraine 체르톰릭고분Chertomlyk tomb

1. 체르톰릭(Chertomlyk)고분(古墳) 원경(遠景)
2. 체르톰릭고분(古墳) 근경(近景)

1
2

Ⅱ. 유라시아歐亞 초원로草原路의 유적遺蹟과 유물遺物

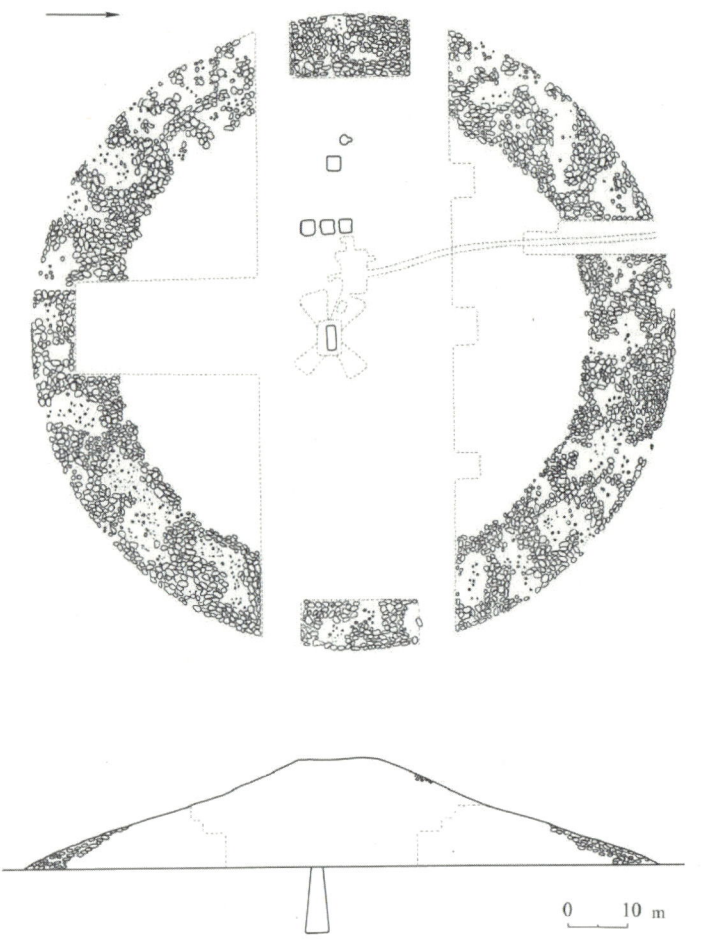

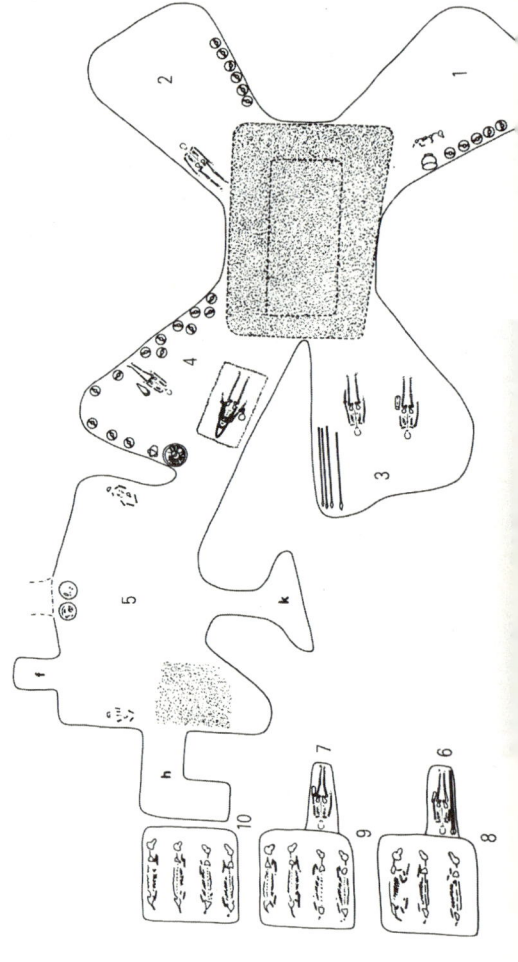

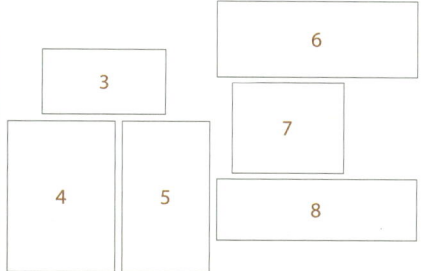

3. 체르톰릭(Chertomlyk)고분(古墳)
4. 분구(墳丘) 평면도(平面圖)
5. 묘실(墓室) 평면도(平面圖)
6~7. 금장(金裝) 칼집(劍鞘)
8. 금장(金裝) 아키나케스(akinakes) 철검(鐵劍)

Ⅱ. 유라시아(歐亞) 초원로(草原路)의 유적(遺蹟)과 유물(遺物)

9. 금제(金製) 장식판(裝飾板)
10. 금제(金製) 토르크(torques)
11. 금제(金製) 완륜(腕輪)
12. 금제(金製) 지륜(指輪)

| 9 | 10 |
| 11 | 12 |

4) 우수트알마고분군 Ust-Alma tombs

우스트알마고분군은 크림반도 남서쪽 바흐티사라이(Bakhchisarai)지방의 페시차노에 (Peschanoe)마을 인근에 위치한다. 크림반도 최남단의 산맥에서 발원하는 알마강(Alma River) 은 서쪽으로 길게 흘러 칼라미타(Kalamita)만으로 흘러가는데, 페시차노에페시차노에(Peschanoe)마을은 알마강(Alma River)이 바다와 만나는 하구둑 북쪽에 면하여 입지한다. 1970년대 이래 우크라이나 국립 아카데미 부속 고고학연구소에서 조사를 실시하여 BC 2세기부터 AD 3세기에 이르는 고분들을 확인하였으며, 1996년 수기의 사르마타이(Sarmatai)시대 고분이 발굴조사되었다.

우스트알마고분군은 현재 6ha 정도 보존되어 있으며, 이 중 620호분과 720호분에서는 전형적인 한(漢)의 칠기(漆器)가 출토되어 주목된다.

620호분의 묘실은 불규칙한 사다리꼴 형태이며 그 규모는 3.2×2.6m이다. 묘실에는 두 기의 목관이 나란히 놓여져 있었는데, 목관의 내부에는 두향(頭向)이 서로 반대인 피장자가 각각 안치되어 있다.

620호분의 1호 목관에서는 25-30세의 여성이 북서쪽 벽 옆에서 머리를 남서쪽으로 하여 안치되었다. 목관의 뚜껑에는 청동장식이 달린 토기가 두 점 있었으며 관 내부에는 복잡한 문양이 새겨진 금박 머리장식이 출토되었다. 이와 함께 진주와 다양한 문양으로 세공된 금제 장식으로 제작된 경식이 수 점 확인되었다. 피장자의 오른쪽 손 옆에는 아프로디테 (Aphrodite)를 형상화한 청동제 장식품, 철, 청동, 유리제품, 대리석제품, 오른쪽 다리 옆에는 로마 유리기가 출토되었다. 그리고 두개골 옆에는 금제 이식(耳飾)이 출토되었다. 이식은 원형의 보석 상감이 위아래로 삼각형을 이루고 있으며 그 아래로 6개의 사슬이 늘어뜨려져 있고, 사슬의 사이에는 수염이 많은 남자의 도상이 있다. 북쪽 벽 옆에는 한(漢) 대 칠기가 2점 출토되었다.

2호 목관의 피장자는 35-45세의 남성으로, 묘실의 중앙에 두향(頭向)을 북동쪽으로 한 채 안치되었다. 두개골 부위에서는 머리 장식과 금제 이식, 허리 부위에서는 금제 대장식구 (帶裝飾具)가 출토되었다. 발에는 가죽 신발이 남아있었다. 또한, 금박이 달린 철검, 철촉, 청동 및 은제 벨트 장신구, 아치형의 청동제 브로치 등이 출토되었다.

720호분의 묘실은 불규칙한 삼각형 형태이며 그 규모는 약 2.6×1.8m에 이른다. 여성 피장자가 묘실 한쪽의 목관 내부에 두향을 남동쪽으로 향하여 안치되었다. 종아리 아래로 뼈가 확인되지 않는 것이 특이하다.

　유물은 목관 내부에서 금제 관, 진주(眞珠), 홍옥수(紅玉髓), 호박(琥珀), 수정(水晶), 흑옥(黑玉), 유리로 구성된 경식(頸飾), 청동제 완륜(腕輪), 보라색 보석이 상감된 금제 지륜(指輪) 등이 출토되었고, 목관의 외부 묘실에서 램프(lamp), 한(漢) 대 칠기(漆器), 철검, 청색 유리병, 향로, 청동 파테라(patera), 적색으로 칠한 암포라, 청동거울, 은제 숟가락 등이 확인되었다.

　620호분에서는 로마 유리기를 비롯한 화장도구가 들어있는 2단의 칠기가 출토되었으며, 720호분에서도 이와 유사한 칠기가 확인되었다. 이러한 칠기는 흑색 칠바탕에 적색으로 문양을 그린 것으로, 1세기대의 전형적인 한(漢)의 칠기이다.

　우스트알마고분군의 한(漢) 칠기(漆器)는 카자흐스탄과 몽골초원에서도 출토되고 있어 흉노와 사르마타이(Sarmatai)의 교역에 의해 몽골, 카자흐스탄 초원을 거쳐 이입되는 것으로 추정된다.

참고문헌

Primosu U Verag, 2013, *Die Krim*.

大谷育惠, 2019,「草原の東から西につたわった中國の文物」, 草原考古學硏究會(編),『ユラシア大草原を掘る草原考古學への道標』, 勉誠出版.

2. 우크라이나Ukraine의 유적遺蹟과 유물遺物

그림 Ⅱ-4. 우크라이나Ukraine 우수트 알마고분군Ust_Alma tombs

1. 우스트알마(Ust~Alma)고분군(古墳群) 위치(位置)
2. 우스트알마(Ust~Alma)고분군(古墳群) 근경(近景)

1
2

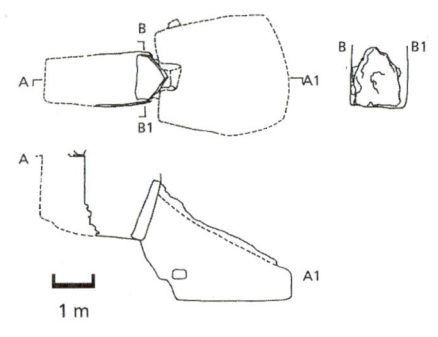
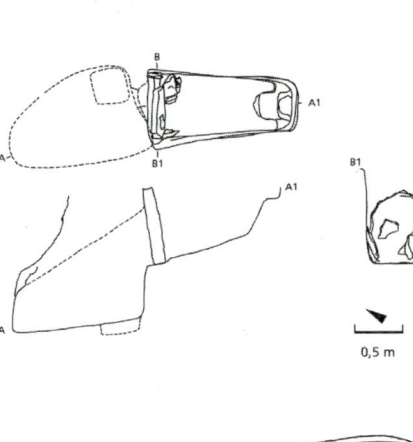

a

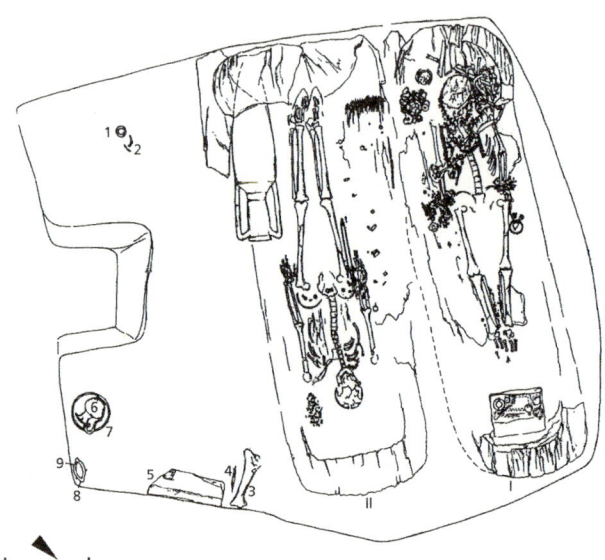

b

152

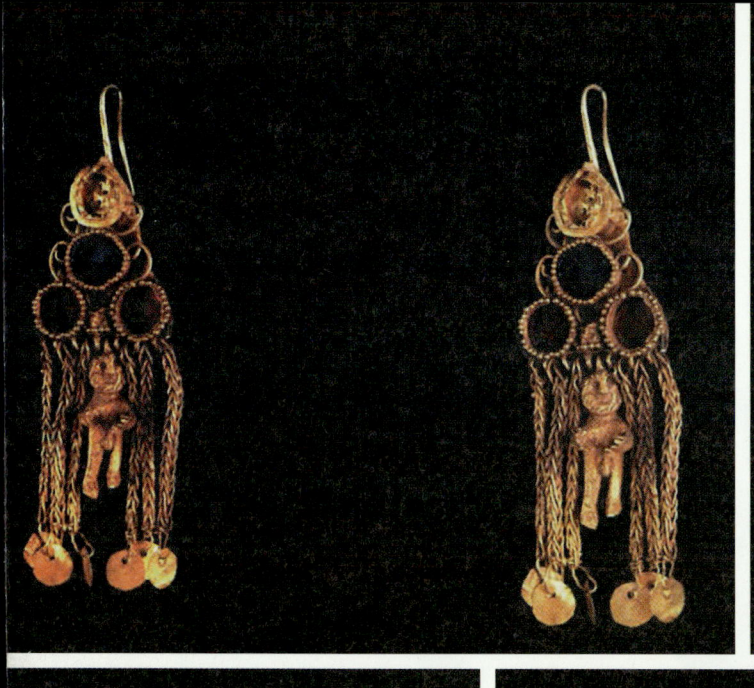
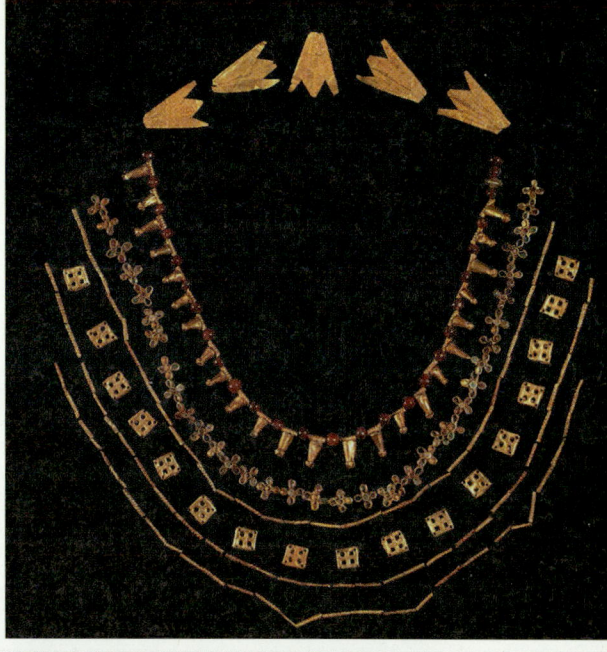

3	6	7
4	5	8	9
		10	11

3. 우스트알마(Ust~Alma)고분군(古墳群)
4. 제620호분 묘실(墓室) 평면도(平面圖)
5. 제720호분 묘실(墓室) 평면도(平面圖)
6. 제620호분 금제(金製) 이식(耳飾)
7. 제620호분 경식(頸飾)
8. 제620호분 금제(金製) 완륜(腕輪), 지륜(指輪)
9. 제620호분 금제(金製) 대장식구(帶裝飾具)
10. 제620호분 아프로디테(Aphrodite) 청동상(靑銅像)
11. 제620호분 한(漢) 칠기(漆器)

Ⅱ. 유라시아歐亞 초원로草原路의 유적遺蹟과 유물遺物

12. 제620호분 청동제(靑銅製) 용기(容器)
13. 제620호분 양이부토기(兩耳附土器)
14. 제620호분 철검(鐵劍)
15. 제720호분 경식(頸飾)
16. 제720호분 경식(頸飾)
17. 제720호분 지륜(指輪)
18. 제720호분 로마(Rome) 유리병(琉璃甁)

2. 우크라이나Ukraine의 유적遺蹟과 유물遺物

Ⅱ. 유라시아歐亞 초원로草原路의 유적遺蹟과 유물遺物

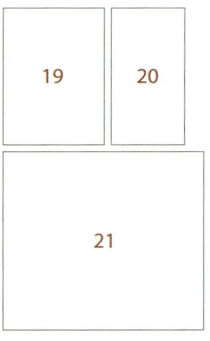

19. 제720호분 청동경(靑銅鏡)
20. 제720호분 토기(土器)
21. 제720호분 출토 한(漢) 칠기(漆器)

3. 러시아Russia의 유적遺蹟과 유물遺物

1) 고르기피아유적Gorgippia site

고르기피아유적은 러시아 서부 크라스노다르(Krasnodar)주 서부의 항만 도시인 아나파(Anapa)를 중심으로 위치한다. 이곳은 흑해 연안 크리미아반도 게르치(Kerch)의 대안에 해당한다.

고르기피아는 BC 7세기 이래 그리스인들이 진출하여 건설한 식민도시이다. BC 4세기 보스포로스(Bosporus)왕국의 교역항으로 번성하였으며 이후 사르마타이족(Sarmatians), 훈족(Huns), 아바르족(Avars)이 이주하였다.

1975년에 조사된 2호 분묘는 프레스코화가 그려진 궁륭상 구조의 횡혈식석실분으로 3세기에 축조되었다. 금관과 아키나케스(Akinakes)형 금제 단검을 비롯한 풍부한 부장품이 출토되었는데, 무덤의 구조와 부장품의 격식으로 볼 때 도시를 대표하는 집정관과 그 가족의 무덤으로 보인다.

금관은 아프로디테(Aphrodite)를 중심으로 측면에 권력의 상징인 왕홀(王笏)과 에로스(Eros)를 부조한 방형의 장식판을 중앙에 배치하고, 그 좌우 측면을 각 6매의 삼엽형(三葉形)의 판으로 장식하였다. 아프로디테는 보스퍼러스(Bosporus)왕국의 수호신이었다.

단검은 철검의 자루(柄部)와 칼집(鞘部)을 나무로 만든 후 석류석(石榴石)을 외연을 따라 띠모양(帶狀)으로 장식한 고부조(高浮彫)의 금판을 붙여 장식하였다. 자루(柄部)는 타원형으로 녹송석(綠松石)을 상감한 3마리의 독수리를 세로로 배치하였다. 칼집(鞘部)에는 독수리(鷲)가 토끼를 덮치는 동물투쟁문을 상단과 하위에 있는 4개의 돌출부를 좌우 대치하게, 그 외는 세로로 9개 반복되게 배치하였다. 칼집(鞘部) 상단 돌출부의 중앙에는 1마리의 공작(孔雀)을 단독으로 표현하였다.

그 외 유물은 마노를 상감한 인장(印章)과 지륜(指輪), 유리와 녹송석(綠松石)을 상감한 완륜(腕輪), 금제 공구체(空球體)로 구성된 경식(頸飾), 사자머리(獅子頭) 식금구(飾金具), 칠보로 장식한 향로(香爐) 등과 함께 유리기(琉璃器)가 출토되었다.

유리기는 청색 바탕에 녹색대를 S자형으로 갑입하였으며 그 주위를 흑색띠와 금색대로 모자이크한 것으로 이집트 알렉산드리아 또는 이탈리아산으로 판단된다. 이 외 유리기는 1980년 발굴된 담자색의 종릉문완(縱稜文盌)과 녹색의 주자(注子)가 있다. 이 유적 출토 유리

Ⅱ. 유라시아歐亞 초원로草原路의 유적遺蹟과 유물遺物

기는 몽골 아르항가이(Arhangai) 골모드Ⅱ고분군(Golmod Ⅱ tombs)에서 발굴된 모자이크 종릉문완(縱稜文盌)이 이곳을 경유하였음을 알 수 있게 한다.

고르기피아유적은 지중해와 초원, 즉 로마와 흉노를 연결하는 결절점(結節點)이었다.

참고문헌

江上波夫·加藤九祚(監修), 1991 『南ロシア騎馬民族の遺寶展』, 朝日新聞社.

國立中央博物館, 1991, 『소련 국립 에르미타주박물관 소장 스키타이 황금』, 國立中央博物館.

京都文化博物館, 1993, 『ロシアの秘寶-特別展ユーラシアの輝き』, 京都文化博物館.

그림 Ⅱ-5. 러시아Russia 고르기피아유적Gorgippia site

1. 고르기피아(Gorgippia)유적(遺蹟) 위치(位置)
2. 고르기피아(Gorgippia)유적(遺蹟) 원경(遠景)
3~4. 복원도(復元圖)
5. 건축유구(建築遺構)

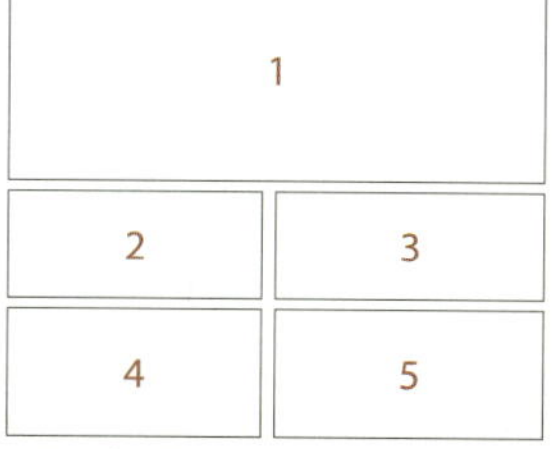

Ⅱ. 유라시아(歐亞) 초원로(草原路)의 유적(遺蹟)과 유물(遺物)

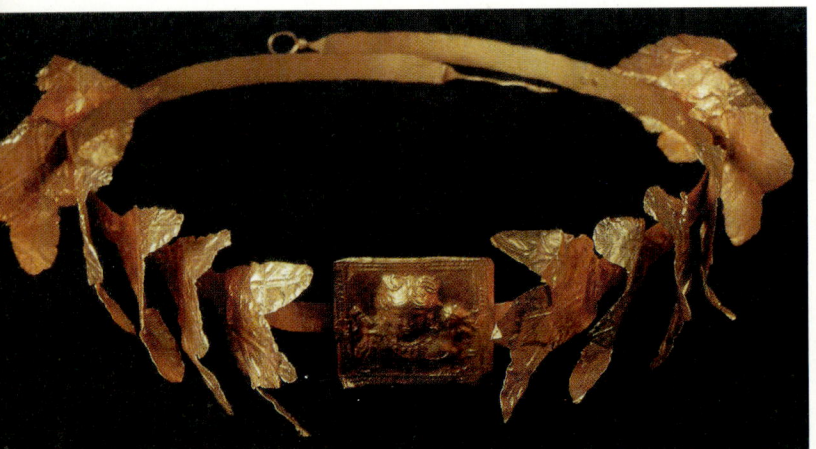

6. 2호묘(墓) 금관(金冠)
7. 금관(金冠) 세부(細部)
8~9. 금제(金製) 지륜(指輪)
10. 2호묘(墓) 보석(寶石) 상감(象嵌) 금장(金裝) 아키나케스(akinakes) 철검(鐵劍)
11. 아키나케스(akinakes) 철검(鐵劍) 세부(細部)
12. 금제품(金製品)
13. 압형등잔(鴨形燈盞)

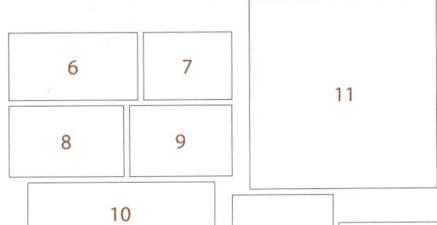

Ⅱ. 유라시아歐亞 초원로草原路의 유적遺蹟과 유물遺物

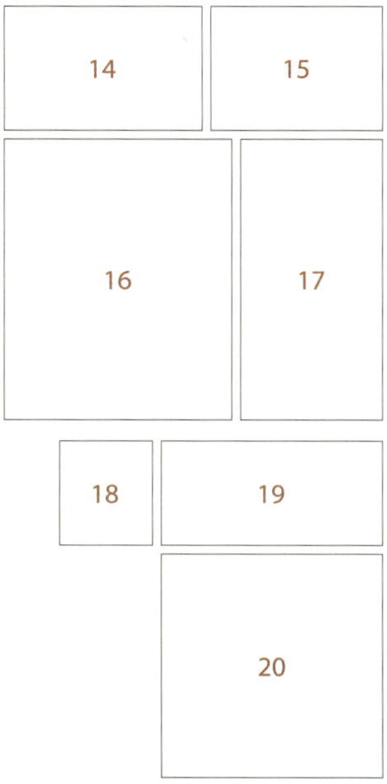

3. 러시아Russia의 유적遺蹟과 유물遺物

14. 로마(Rome) 모자이크유리명(Mosaic琉璃皿)
15. 로마(Rome) 종릉문완(縱稜文琉璃盌)
16. 로마(Rome) 유리주자(琉璃注子)
17. 향로(香爐)
18. 아프로디테(Aphrodite) 금화(金貨)
19. 비잔틴(Byzantium)금화(金貨)(콘스탄티누스Constantinus Ⅴ세 718~775)
20. 비잔틴(Byzantium) 금화(金貨)(레온LeoⅣ세 750~780)

163

2) 다치1호분 Dachi 1 tomb

다치1호분은 돈강 하류역의 아조프(Azov)시 외곽에 위치한다. 1986년 아조프박물관이 발굴조사하였다. 분구은 이미 후대의 경작으로 인해 훼손되어 잔존 분구의 높이는 0.9m, 직경은 35m 정도였다. 분구 중앙에 위치하는 1호분은 3.1×3.2m, 깊이 3.3m의 방형(方形)의 수혈식 매장주체부이다. 매장주체부 내에서는 인골의 잔해와 철겸(鐵鎌), 공물로 희생된 양의 뼈, 칼의 일부, 암포라(Amphora)와 유리기 편이 남아있었다.

도굴되지 않은 묘광의 서쪽에서 확인된 방형(方形)의 부장갱(副葬坑)에서는 마구류 세트, 아키나케스(Akinakes) 단검, 반구형(半球形) 흉식(胸飾), 사슴 장식 완륜(腕輪)이 출토되었다. 마구는 15,000여 개의 금제 장식판이 앞면에 부착된 말 덮개, 재갈 멈치 양쪽 끝에 상감(象嵌)이 베풀어진 원형의 소형 파레라(phalerae)가 부착된 철제 재갈 등이 출토되었다.

장신구는 반구형의 금제 흉식, 호마노(縞瑪瑙)가 상감된 대형의 금제 파레라 한 쌍 등이 출토되었다. 금제 파레라의 중앙의 마노와 녹송석과 석류석으로 장식한 외연부(外緣部) 사이에는 4마리의 사자가 시계방향으로 고부조(高浮彫)로 배치되었으며, 그 사이에는 여신을 새긴 4개의 원형 석류석(石榴石)을 상감하였다. 사자의 눈, 몸체에는 녹송석, 주연부(周緣部)에 녹송석(綠松石)을 상감하였으며, 마노의 중앙에는 석류석과 녹송석을 상감한 꽃문양으로 장식하였다.

단검은 철검의 자루(柄部)와 칼집(鞘部)을 나무로 만든 후 녹송석(綠松石) 2개와 석류석(石榴石) 1개가 번갈아 가며 띠모양(帶狀)의 외연을 따라 장식한 고부조의 금판을 붙여 장식하였다. 장식판은 전체적으로 독수리(鷲)가 쌍봉낙타(雙峯駱駝)를 덮치는 투쟁문이 반복되고, 병두에는 쌍봉낙타가 단독으로 표현하였다. 또한, 칼집의 상·하단에는 4개의 반원형의 돌출부가 있는데, 그중 상단 좌측을 제외한 세 곳에 유사한 투쟁문을 표현한 반구형 돌기가 부착되어 있다. 상단의 좌측 돌출부에는 몸을 비틀고 있는 그리핀이 표현되어 있다.

반구형의 금제 흉식은 모서리 부분에 원형의 산호(珊瑚)가 상감되어 있고, 그 주위로 녹송석(綠松石)과 석류석(石榴石)이 상감되어 두 겹의 연속 삼각문을 이루고 있다. 사방으로는 이와 유사한 삼각문이 뻗어 가장자리를 두르고 있다. 흉식의 가장자리 양쪽에는 각각 1-2개의 고리가 부착되어있다.

금제 사슴 장식 완륜(腕輪)은 상반신이 양쪽으로 있는 사슴과 서로를 바라보고 있는 사슴 2마리로 이루어진다. 서로를 바라보고 있는 사슴 2마리는 앞다리의 발굽을 맞대고 있다.

사슴의 목과 몸통에는 녹송석(綠松石)이 상감되었다. 다치1호분은 출토 유물로 볼 때 1세기 후반으로 편년되고 있다.

다치1호분 출토 단검은 알타이에서 기원하였을 것으로 추정되며, 아키나케스(Akinakes) 단검으로 아프가니스탄 틸리야테페(Tillya Tepe)와 코카서스(Caucasus)산맥 북서쪽 흑해 연안의 고르기피아고분에서도 출토되었다. 조각상에 표현된 예가 팔미라(Palmyra)와 아나톨리아(Anatolia) 동부에서 확인된 바 있어 광범위한 문화교류가 있었음을 알 수 있다.

참고문헌

江上波夫·加藤九祚(監修), 1991『南ロシア騎馬民族の遺寶展』, 朝日新聞社.
國立中央博物館, 1991,『소련 국립 에르미타주박물관 소장 스키타이 황금』, 國立中央博物館.
京都文化博物館, 1993,『ロシアの秘寶-特別展ユーラシアの輝き』, 京都文化博物館.
田辺勝美·前田耕作(編), 2000,『世界美術大全集東洋編15中央アジア』, 小學館.

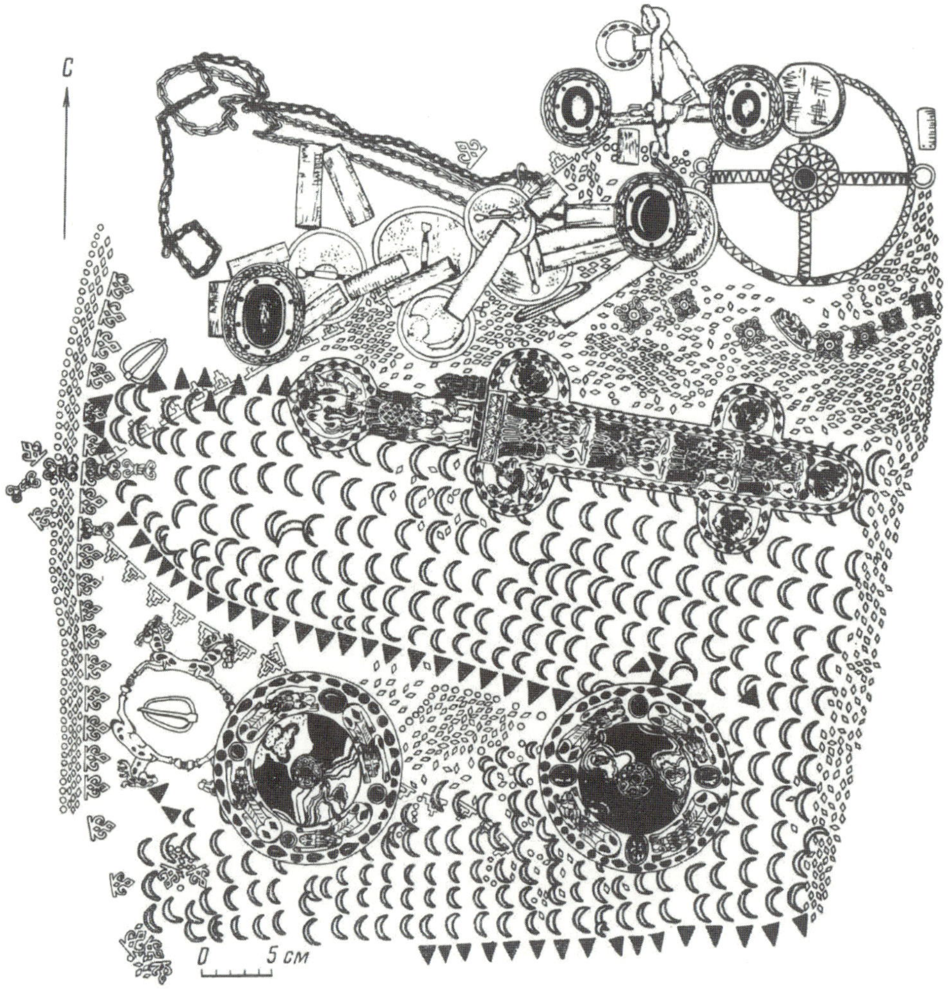

3. 러시아Russia의 유적遺蹟과 유물遺物

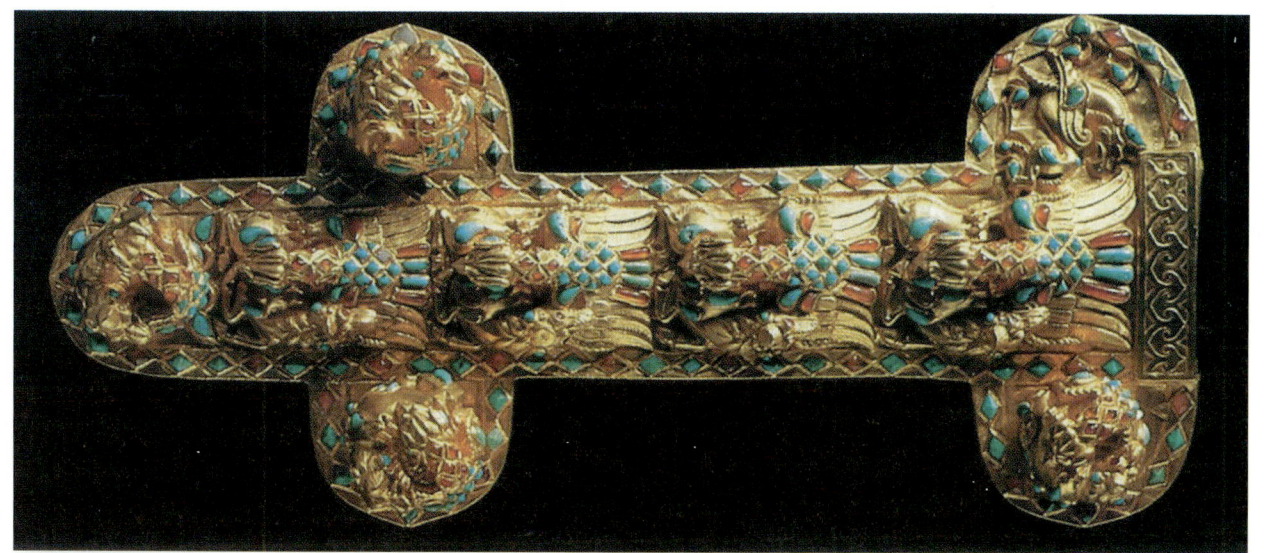

그림 Ⅱ-6. 러시아Russia 다치1호분 Dachi 1 tomb
1. 다치(Dachi)1호분 유물(遺物) 출토상태(出土狀態)
2. 제1호분 녹송석(綠松石) 상감(象嵌) 금장(金裝) 아키나케스(akinakes) 철검(鐵劍)
3~5. 제1호분 아키나케스(akinakes) 철검(鐵劍) 세부(細部)
6. 제1호분 아키나케스(akinakes) 철검(鐵劍) 후면(後面)

Ⅱ. 유라시아歐亞 초원로草原路의 유적遺蹟과 유물遺物

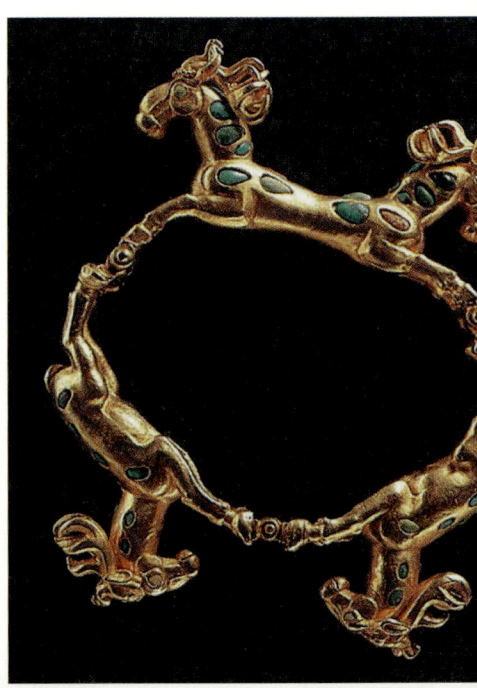

7. 제1호분 금제(金製) 흉식(胸飾)
8. 제1호분 금제(金製) 완식(腕飾)
9. 제1호분 호마노(縞瑪瑙) 상감(象嵌) 파레라(Phalerae)
10. 제1호분 호마노(縞瑪瑙) 상감(象嵌) 파레라(Phalerae) 세부(細部)

| 7 | 8 |
| 9 | 10 |

3) 코뱌코보고분군 Kobyakovo tombs

코뱌코보고분군은 러시아 야로슬라블주 로스토프(Rostov)시 외곽에 위치한다. 1987년 로스토프시립대학의 조사에 의해 호흐라치(Khoklach)고분, 폴로이고분 등 로스토프(Rostov)시 동부 돈강 연안의 중요한 사르마타이고분과 함께 조사되었다.

이 중 코뱌코보 10호분은 잔존 분구 높이 3m, 분구의 아래에는 심하게 탄 흔적이 있으며, 이곳에서는 청동제 용기편이 확인되어 일종의 제의가 있었던 것을 추정할 수 있다. 고분의 중앙에서 남동쪽에 위치하는 넓은 방형(方形)의 묘광이 매장주체부이며, 그 규모는 3.3× 3.5m에 이른다. 지표면을 2m 가량 파고 만든 수혈묘로 묘광 내부에는 25-30세로 추정되는 여성 피장자와 다양한 부장품이 확인되었다.

여성 피장자는 지면에 누운 채, 팔은 펴고 오른발이 왼발 위로 오게 겹쳐져 있었으며, 금관(金冠), 여러 동물 양식으로 장식한 금제(金製) 경식(頸飾), 완륜(腕輪)과 지륜(指輪)을 착장한 채로 발견되었다.

금관에는 얇은 금판을 투조하여 만든 생명수(生命樹)를 중심으로, 양쪽에 사슴 세 마리, 새 두 마리, 소형의 원형 아플리케(applique)가 부착되었다. 경식(頸飾)은 장검을 무릎에 올려둔 장발의 전사를 중심으로 양쪽에는 짐승 머리 장식 갑옷을 입은 공상의 인물 세 명이 그리핀(Griffon)과 싸우고 있는 도상이 표현되어 있다. 인물의 귀, 갑옷, 그리핀의 턱, 귀, 다리, 몸, 허벅지, 날개 등에는 녹송석(綠松石)이 상감(象嵌)되어있다. 금관의 생명수, 사슴, 새의 형상과 피장자의 오른쪽에서 출토된 향유통의 형태는 호흐라치고분 출토품과 유사하다.

금제 완륜(腕輪)에는 그리핀이 연속적으로 표현되어 있고, 눈, 허벅지, 손톱 등에 녹송석과 석류석이 상감되었다. 지륜(指輪)에는 귀석(貴石)이 상감되었다. 여성의 의복에는 장미문 등의 아플리케가 수놓아져 있었다.

그 외 주요 부장품으로는 표면에 석고가 도포된 목제함, 여러 가지 동물 양식으로 장식된 플라스크형의 금제 향유통, 철제 도끼, 회색 마연토기와 뚜껑, 철도자, 은수저, 사자 머리 장식의 금제 상감 파레라, 반구형의 청동제 파레라 각 2점, 철제 재갈 등이 있다. 또한, 북동쪽에서 유리기 1점이 들어있는 목제함이 발견되었다. 목곽 중앙에서 한경(漢鏡)이 출토되었다. 조사 당시에는 동경의 위에 유기물이 덮여 있어 내피가 엮인 목제함 안에 들어있었던 것으로 추정된다.

출토 유물로 볼 때 이 고분은 1세기 말-2세기에 축조된 것으로 보고 있다. 보고자는 향

Ⅱ. 유라시아歐亞 초원로草原路의 유적遺蹟과 유물遺物

로의 존재와 여러 장신구의 인물 인타글리오(intaglio)를 근거로 여성 피장자는 제의와 관련된 고위의 인물, 즉 무녀(巫女)로 추정하였다.

　　코뱌코보고분군은 도굴의 피해를 입지않아 많은 부장품이 보존되었고, 이에 사르마타이(Sarmatai)시대의 문화상, 특히 교역상을 밝히는 것에 중요한 유적이다. 출토된 한경(漢鏡)은 사르마타이와 흉노의 교역을 알려준다.

참고문헌

江上波夫·加藤九祚(監修), 1991『南ロシア騎馬民族の遺寶展』, 朝日新聞社.

國立中央博物館, 1991, 『소련 국립 에르미타주박물관 소장 스키타이 황금』, 國立中央博物館.

京都文化博物館, 1993,『ロシアの秘寶-特別展ユーラシアの輝き』, 京都文化博物館.

이지은, 2007, 「돈강(江)유역(남동유럽) 사르마트분묘 출토 동양유물」, 『석당논총』38, 동아대학교 석당학술원.

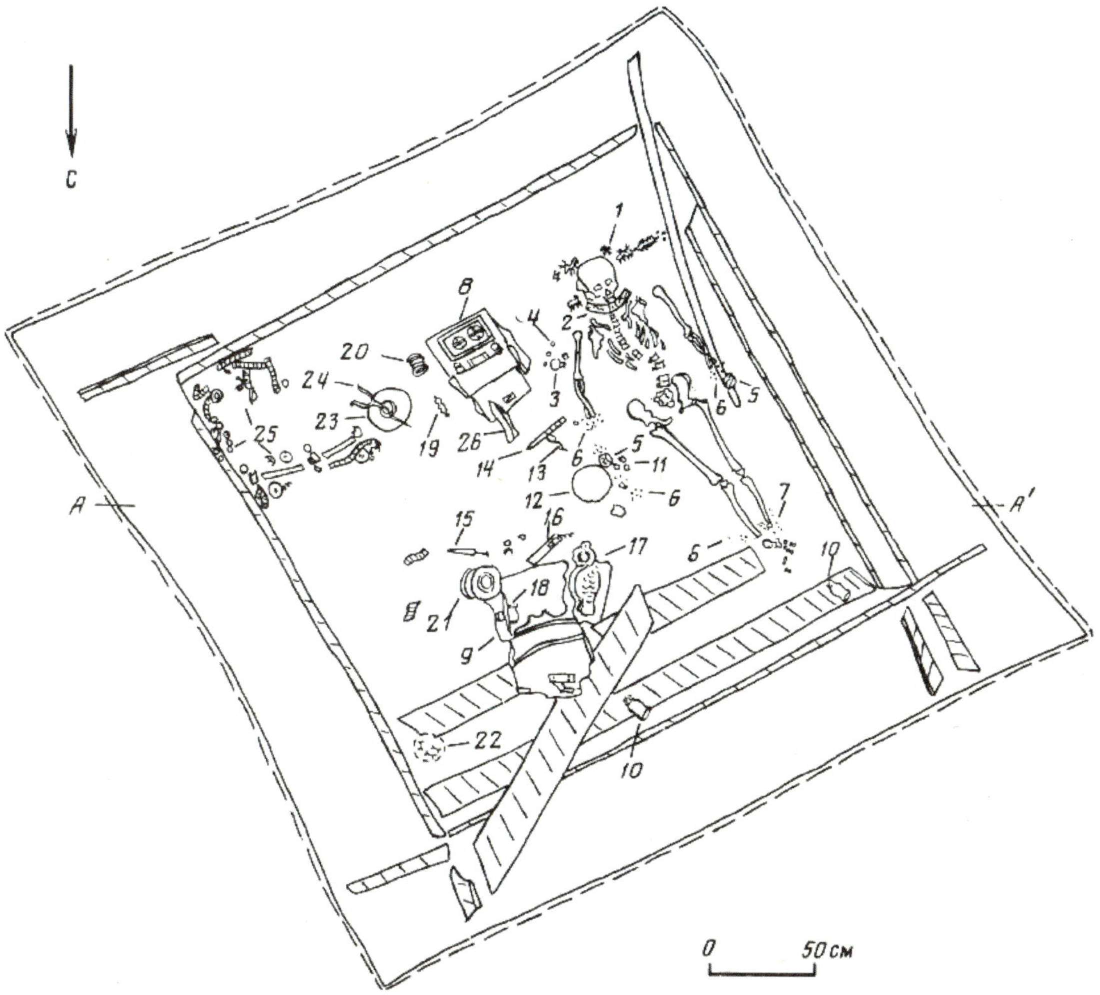

3. 러시아Russia의 유적遺蹟과 유물遺物

그림 II-7. 러시아Russia 코뱌코보고분Kobyakovo tomb

1. 코뱌코보(Kobyakovo)10호분 묘실(墓室) 평면도(平面圖)
2. 제10호분 출토 금제(金製) 완식(腕飾) 전면(前面)
3. 제10호분 출토 금제(金製) 완식(腕飾) 후면(後面)

Ⅱ. 유라시아歐亞 초원로草原路의 유적遺蹟과 유물遺物

4) 켈레르메스고분군 Kelermes tombs

　켈레르메스고분군은 코카서스(Caucasus)산맥 북쪽 크라스노다르(Krasnodar)지방에 위치하는 쿠반(Kuban)강의 중류 좌안 지류인 벨라야(Belaya)강과 파르스(Fars)강 사이 스타니치(Stanic)마을 인근 대지상에 위치한다. 서북-남동 방향으로 2km에 걸쳐 총 31기의 분구가 열을 이루고 있다.

　1903년 독일계 러시아인 채광사 슐츠(D. Schulz)는 켈레르메스고분군을 도굴에 가까운 방식으로 발굴하였다. 이때 발굴된 유물의 상당수가 유실되었으나 400점 이상의 초기 스키타이 유물이 에르미타주박물관에 남아있다. 이후 1980년-1990년에 걸쳐 에르미타주박물관에 의해 23, 24, 27, 29, 31호분 등의 조사가 행해졌다. 고분의 구조는 중앙에 지상식에 가까운 정방형의 묘광을 파고 그 서쪽과 남쪽에는 마구를 착장한 말을 순장하였다.

　슐츠(Schulz) 1호분은 분구 높이 6.4m, 직경 64m, 묘광은 6.4m의 정방형인 고분이다. 금장 단검과 투부, 금제 완 등이 출토되었다.

　단검은 철검의 자루(柄部)와 칼집(鞘部)을 각각 나무로 만든 후 타출한 부조의 금판을 붙여 장식하였다. 이 아키나케스(Akinakes) 단검의 자루와 칼집에는 동물 등의 다양한 문양이 타출(打出)되었다. 칼집의 중심 부분에는 물고기 모양의 날개를 단 공상수(空想獸)가 행진하는 장면이 표현되어 있다. 이들은 우라르투(Urartian) 미술 특유의 공상수로 여겨지고 있다. 칼집 상단에는 중앙에 상징적인 수목(樹木)을 배치하고, 그 양측에 유익신(有翼神)이 표현되어 있다. 이러한 도안은 아시리아(Assyria) 미술에서 흔히 볼 수 있으며, 복식은 후기 히타이트 유익신에 가깝다. 이처럼 칼집의 문양에는 아시리아, 우라르투, 후기 히타이트(Hittite) 미술의 혼합되어 있다.

　반면 칼집의 상단에 큼직하게 돌출된 귓불형의 부분의 문양은 스키타이 미술의 전형이라 할 수 있다. 먼저, 갈고리 모양으로 구부러진 큰 부리로 새의 머리를 연속시키는 장식들은 초기 스키타이 미술의 특징 중 하나이다. 띠에 매달아주는 가죽끈을 고정시키는 원형 장식에는 네 개의 작은 원이 달려있고 그 작은 원이 몸을 둥글게 한 맹수의 형태를 하고 있다. 이것은 초기 스키타이 동물문양 중 맹수 표현 특징의 하나이다. 귓불 형태의 중앙에는 큰 뿔을 가진 사슴이 표현되어 있다. 사슴은 뿔이 전방과 후방으로 나뉘어 자랐고, 목을 약간 숙이고 입을 다물고 있다. 그리고 앞다리와 뒷다리를 각각 앞뒤에서 접듯이 구부리고 있다. 이 사슴의 표현 중 특히 구부린 다리 형태는 초기 스키타이 미술의 초식수 특유의 특징이다. 한편 사슴의 눈은 서아시아적으로 보고 있다.

투부(鬪斧)는 철제 인부를 제외한 부분을 타출(打出)로 부조한 금판으로 장식하였다. 부신(斧身)의 상부는 3단으로 구획한 후 엉덩이를 맞대고 다리를 접고 머리를 돌려서 마주 보는 뿔을 가진 산양으로 장식하였다. 중간은 상징적인 수목을 배치하고, 그 양측에 서있는 뿔달린 산양을 부조하였다. 하부는 다리를 접은 사슴과 산양을 각각 상하로 표현하였다. 자루(柄部)는 전면에 다리를 접거나 서 있는 산양과 사슴 등을 일렬로 부조하였다. 그 하단에 부신(斧身)의 상단에 보이는 것과 같은 수목을 배치하고, 그 양측에 서 있는 뿔달린 산양을 부조하였다.

금제(金製) 완(盌)은 내외의 2매의 용기를 별도로 제작하여 접합한 것으로 외용기는 안에서 바깥으로 타출하여 동최대경에는 로제트문을 1열로, 그 하위에는 능형문을 5열로 고부조(高浮彫)로 장식하였다. 내용기는 바깥에서 안으로 타출하여 상위 1열에는 타조, 2열에는 사슴과 이를 습격하는 사자, 3열에는 사슴, 저면 중앙에는 로제트문을 저부조(底浮彫)로 장식하였다. 이 금제 용기는 제작기법과 문양으로 볼 때 아시리아(Assyria)를 포함한 서아시아에서 제작된 것으로 보고 있다.

슐츠(Schulz)3호분에서는 금관과 금제 사자장식 등이 출토되었다. 금관은 대관(帶冠)의 일종인 다이아뎀(Diadem)이며, 중앙에는 그리핀(Griffon)을 장식하였다. 그 좌우에는 로제트문으로 장식하고 선단에는 수적형(水滴形)의 수식을 달았으며, 후면의 각 선단에서 양 머리가 매달린 2줄의 고리로 연결하였다.

그리핀은 독수리와 사자를 합친 공상의 동물이며, 서아시아에는 BC 3,000년 이전부터 출현하였다. 이 그리핀은 날카로운 부리를 크게 벌리며 혀를 내밀고, 머리 위로 말과 같은 긴 귀와 중앙에 동그란 돌기를 달고 귀 밑에는 갈기가 있으며 목덜미에는 두 가닥의 말린 털이 드리워졌다. 이는 전형적인 그리스의 아르카이크(archaque)기(BC 7-5세기)초기의 독수리 그리핀이다. 로제트를 부착한 다이아뎀은 아시리아에 주로 보이나, 수적형(水滴形)의 장식물은 그리스의 귀금속 세공에서 사용된다.

사자형 장식은 양단에 그 머리가 달려있고, 사이에 작은 양머리와 석류석이 상감된 옥좌의 금제 팔걸이 장식이다. 축 부분의 표면은 잘게 구분되어 호박이 상감되어 있다. 사자는 고대에는 서아시아 전역에 널리 서식하던 맹수로서 이 사자의 눈, 귀, 코의 형태, 코 밑의 주름, 입 모양은 후기 히타이트(Hittites)시대(BC 9-8세기)의 사자상에 가깝다.

슐츠(Schulz)4호분의 봉분 규모는 높이 7.1m, 직경 53.2m이며 신수문경(神獸文鏡)이 출토되었다. 이 경은 중앙에 손잡이(鈕)가 있었으나 결실되었으며, 손잡이의 주위에는 로제트문을 배치하고 전체를 2조의 선각 돌대로 8구획한 후 각각 문양을 시문하였다. 문양을 시계 방향으로 살펴보면 우측 상단의 제1구획은 소를 습격하는 숫사자가 있으며 그 하위에는 돼지가 보인다. 사자의 갈기 표현은 아시리아의 부조 사자상에 가깝다. 제2구획에는 2마리의 스핑크스가 뒤를 돌아보며 서 있고 그 하위에는 표범이 보인다. 스핑크스는 그리스풍이지만, 그 발밑의 표범 같은 맹수는 스키타이의 동물표현에 가깝다. 제3구획에는 야자수와 같은 나무를 배경으로 표범이 있으며 그 하위에는 발을 굽힌 양이 보인다. 표범과 배후의 수목은 서아시아적이며, 그 아래에 있는 양의 다리 굽은 방식은 스키타이적이다. 제4구획에는 털이 많은 2인이 양쪽에서 그리핀을 잡고 있다. 이는 그리스 회화에 자주 보이는 표현으로 헤로도토스의 『역사』에 보이는 황금을 지키는 그리핀과 아리마스보이의 싸움을 묘사한 것으로 보고 있다. 제5구획은 독수리와 같은 맹금과 곰, 하위에는 여우와 같은 동물이 보인다. 곰은 그리스 신화의 아르테미스(Artemis)와 관련된 것이다. 제6구획에는 2마리의 스핑크스가 마주보고 있으며 그 하위에는 그리핀이 보인다. 제7구획에는 서로 마주 보는 2마리의 사자와 그 하위에는 2마리의 양이 보인다. 사자가 두 마리가 서있는 도상은 아시리아의 인장(印章)에 많다. 제8구획에는 날개를 가진 여신이 2마리 호랑이의 앞발을 잡고 있다. 야수를 거느리는 여신은 그리스의 아르테미스로 보고 있다.

31호분은 묘광의 크기는 6×5.7m, 지표면에서 깊이 2.2-2.4m 정도로 파고 조영되었다. 분구는 묘광 주위에 직경 6-10.5m, 높이 1.5m의 토제(土堤)를 돌리고 축조하였다. 토제의 북쪽 사면에서 2개의 철제 재갈이 발견되어 말이 순장된 것으로 보인다. 묘광에는 서쪽 벽과 남쪽 벽에 걸쳐 8마리씩 재갈을 착장한 총 16마리의 말이 순장되었다.

켈레르메스고분군은 아시리아, 히타이트, 그리스의 영향이 보이는 금장 옥좌 장식, 금제 장신구, 금장 무기, 금제 완 등으로 볼 때 스키타이의 왕묘군으로 추정된다. 더욱이 이 고분군은 위치와 부장품으로 볼 때 스키타이의 서아시아 침공시 그 근거지인 북 코카서스(Caucasus)에 조영된 것으로 판단된다.

참고문헌

Rice, T. T, 1957, *The Scythians*, London.

Jettmar, K, 1967, *Art of the Steppes, The Eurasian Animal Style*, London.

Piotrovsky, Boris. 1986. *Scythian Art: the Legacy of the Scythian World: Mid-7th to 3rd Centu-

ry B.C. Leningrad: Aurora Art Publishers.

江上波夫·加藤九祚(監修), 1991, 『南ロシア騎馬民族の遺寶展』, 朝日新聞社.

國立中央博物館, 1991, 『소련 국립 에르미타주박물관 소장 스키타이 황금』, 國立中央博物館.

京都文化博物館, 1993, 『ロシアの秘寶-特別展ユーラシアの輝き』, 京都文化博物館.

田辺勝美·前田耕作(編), 2000, 『世界美術大全集東洋編15中央アジア』, 小學館.

初期王権研究會, 2003, 『古代王権の誕生Ⅲ中央ユーラシア·西アジア·北アフリカ編』, 角川書店.

林俊雄, 2007, 『スキタイと匈奴遊牧の文明』, (興亡の世界史02), 講談社.

雪嶋宏一, 2008 『スキタイ騎馬遊牧國家の歷史と考古』, 雄山閣.

김재윤, 2021 『유라시아 초원 스키타이 문화의 미라와 여신상』, 진인진.

The Hermitage Museum, https://www.hermitagemuseum.org/.

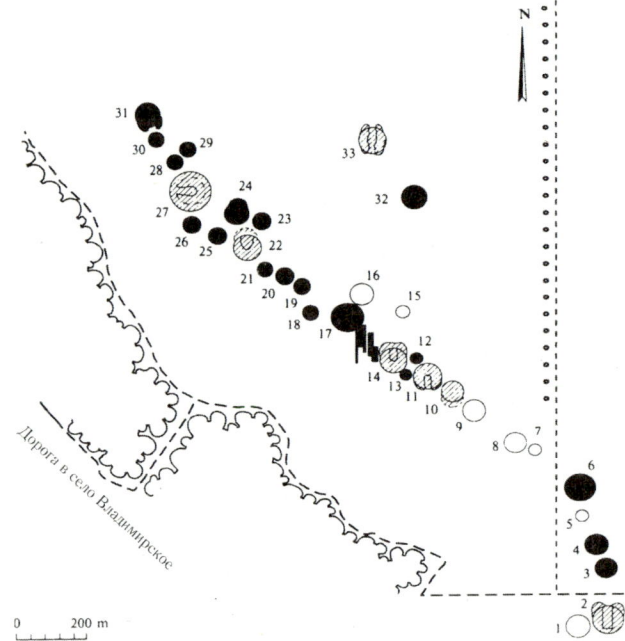

● 1981~1995년 발굴

◎ 20세기 초 발굴

▐▌ 스키타이 초기의 지상건물지

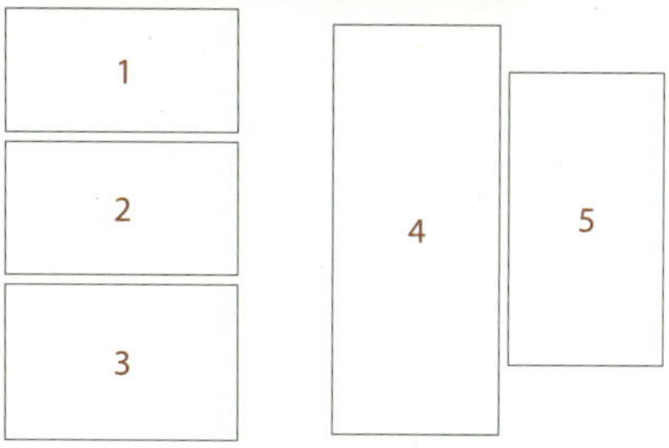

3. 러시아Russia의 유적遺蹟과 유물遺物

그림 II-8. 러시아Russia 켈레르메스고분군Kelermes tombs

1. 켈레르메스(Kelermes)고분군(古墳群) 위치(位置)
2. 켈레르메스(Kelermes)고분군(古墳群) 근경(近景)
3. 켈레르메스(Kelermes)고분군(古墳群) 분포도(分布圖)
4~5. 제1호분 금장(金裝) 투부(鬪斧)

177

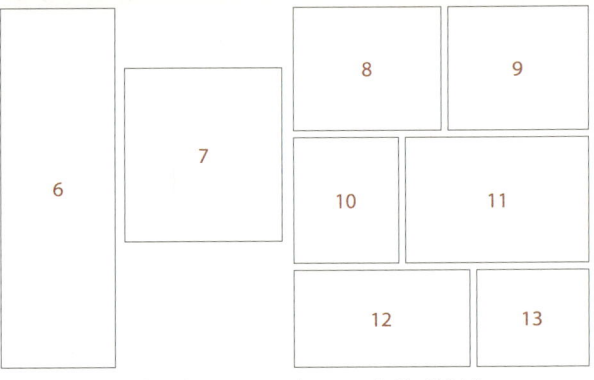

6. 제1호분 금장(金裝) 아키나케스(akinakes) 철검(鐵劍)
7. 제1호분 아키나케스(akinakes) 철검(鐵劍) 세부(細部)
8. 제1호분 금기(金器)
9. 제1호분 금기(金器)
10. 제1호분 금기(金器) 세부(細部)
11. 제1호분 금제(金製) 표범(豹) 장식(裝飾)
12. 제3호분 금제(金製) 팔걸이(腕掛) 사자(獅子) 장식(裝飾)
13. 제3호분 금제(金製) 팔걸이(腕掛) 사자(獅子) 장식(裝飾) 세부(細部)

179

14. 제3호분 금관(金冠)
15. 제3호분 금관(金冠) 세부(細部)
16. 제4호분 은도금경(銀鍍金鏡)

5) 호흐라치고분 Khoklach tomb

　　호흐라치고분은 돈강 하구 노보체르카스크(Novocherkassk) 인근에 위치한다. 1864년 건설 공사 도중 우연히 도굴당한 고분이 확인되어 발굴조사되었다. 부장품으로는 보석상감금관(寶石象嵌金冠)과 금제 경식 1점, 완륜(腕輪) 2점, 향통(香桶) 3점, 금제 용기, 사자 형상이 장식된 옥제 원통형 장신구, 피리 부는 에로스를 형상화한 장식, 컵 2점, 은제 주자(注子), 청동 용기 3점 등이 있었다. 또한, 의복을 장식하기 위한 금실, 은편, 테라코타 조각 등도 확인되었다.

　　부장품가운데 가장 주목되는 것은 보석상감금관(寶石象嵌金冠)이다. 금관은 관대(冠帶) 위의 성수(聖樹)를 중심으로 사슴(鹿)이 마주 보는 의장(意匠)의 입식으로 장식하였다. 이 금관은 관대(冠帶)의 정면 중앙에 수정(水晶)으로 조각한 그리스 여신을 배치하고 그 조각상의 머리 위와 좌우에는 횡타원형의 석류석(石榴石)을 감입하였으며, 그 주위를 금제 금수(猛禽)상과 횡타원형의 각종 색유리판(色琉璃版)으로 장식하였다. 이 관은 파손되었으나 원래는 여신의 머리 위 가지에 보요(步搖)가 달린 높은 성수(聖樹)를 세우고 이를 중심으로 같은 높이의 성수(聖樹)를 6개 배치하였으며, 그 사이 관의 정면에는 마주 보는 사슴 4마리를 장식한 것으로 복원된다. 좌우에는 염소 2마리, 새 4마리를 배치하였다.

　　금제 완륜(腕輪)은 동물이 연속되어 부조되었다. 숫염소로 보이는 동물은 상하 2열을 이루며, 상단의 숫염소들은 우측을, 하단의 숫염소들은 좌측을 향해 일렬로 줄지어있다. 동물의 머리와 앞다리, 뒷다리에는 모두 보석이 감입되었다.

　　금제 경식(頸飾)은 상상의 동물이 그리핀을 공격하는 도상이 연속적으로 묘사되어있다. 그리핀을 공격하는 상상의 동물은 그리핀의 엉덩이를 물고 있으며, 그리핀은 뒤를 돌아 이를 보고 있는 도상이다. 도상은 상하 2단으로 연속되는데 상단의 동물들은 우측, 하단의 동물들은 좌측을 바라보고 있다. 각 동물의 머리, 앞다리, 뒷다리에 모두 녹송석과 납유리를 감입하였지만, 일부만 남아있다.

　　그 외에도 다양한 의복 장식이 발견되었는데, 대부분 석류석, 홍옥수 등 붉은 색조의 귀석들을 금색 바탕에 장식하였으며 호박과 유리로 장식하였다.

　　호흐라치고분에서 출토 동물장식에는 사르마타이양식이 보여 1세기 후반-2세기 초로 편년된다. 이 고분 출토 금제관의 생명수와 사슴은 신라 금관의 출자형 입식과 녹각형 입식과 관련되는 것이다. 양자는 직접 관련된 것으로 볼 수 없으나, 신라 금관 의장의 기원이 초원기마민족 문화에 있다는 것을 보여준다.

참고문헌

江上波夫·加藤九祚(監修), 1991, 『南ロシア騎馬民族の遺寶展』, 朝日新聞社.

國立中央博物館, 1991, 『소련 국립 에르미타주박물관 소장 스키타이 황금』, 國立中央博物館.

京都文化博物館, 1993, 『ロシアの秘寶-特別展ユーラシアの輝き』, 京都文化博物館.

The Hermitage Museum, https://www.hermitagemuseum.org/.

3. 러시아Russia의 유적遺蹟과 유물遺物

1	2
3	4
5	

그림 Ⅱ-9. 러시아Russia 호호라치고분Khoklach tomb

1. 호호라치(Khoklach)고분(古墳) 금관(金冠)
2. 금관(金冠) 복원품(復元品)
3. 금제(金製) 토르크(torques)
4. 금제(金製) 토르크(torques) 세부(細部)
5. 금제(金製) 완식(腕飾)

183

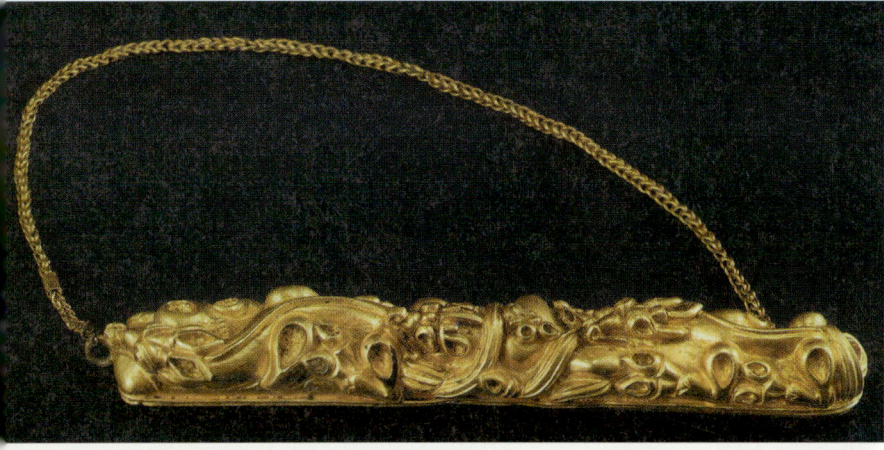

6. 금제(金製) 향통(香桶)
7~9. 금제(金製) 향통(香桶) 세부(細部)

6) 아르잔고분군 Arzhan tombs

　아르잔고분군은 투바 공화국 우육(Uyuk)강의 근처 해발 1,000m 고원지대의 아르잔(Arzhan)에 위치한다. 이 지역에는 6기의 대형고분이 동서방향으로 열을 지어 축조되었다. 그 외 주변에 10여 기의 대형분이 분포한다.

　아르잔1호분은 1971-1974년에 조사되었으며, 분구 직경 120m, 높이 3-4m이다. 매장주체부는 분구의 중앙에 외곽(外槨) 폭 8×8m, 높이 2.6m, 내곽(內槨) 폭 4.4×3.7m, 높이 1m의 이중곽(二重槨)을 가진 목곽을 설치하였다. 이 목곽을 중심으로 방사상(放射狀)으로 70여 기의 목곽이 설치되었으며, 6,000여 개의 통나무가 사용되었다. 중앙 목곽의 내곽(內槨)에는 주형(舟形) 목관(木棺)에 묘주인 남녀가 매장되었으며, 외곽(外槨)에는 북, 서, 남쪽에 목관에 안치된 8인과 동쪽에 6마리의 말(馬)이 순장(殉葬)되었다. 이 고분에는 북쪽 외곽에 접한 9호, 그곳에서 약간 떨어진 31호, 남서쪽의 13호묘에서 인간과 말의 순장이 확인되며 그 외는 말만 순장되거나 빈 공간이었다. 1호묘에서는 왕과 왕비로 생각되는 두 사람 외에 남성 15인, 160여 마리의 말이 확인되었다. 주요 유물은 전형적인 초기 스키타이시대의 동검(銅劍), 간두령(竿頭鈴), 동물장식, 재갈, 모피 등이다. 서쪽을 제외하고 이중, 삼중의 소석퇴(小石堆)가 둘러져 있으며 장례의례 때 사용된 동물의 뼈가 다수 발견되었다. BC 9세기부터 BC 8세기에 걸쳐 축조된 것으로 보고 있다.

　2001-2003년 러시아-독일 공동발굴단은 아르잔2호분을 발굴하였다. 고분의 규모는 직경 80m, 높이 2m이며, 방사상으로 목곽이 축조되었다. 2호분에서는 도굴되지 않은 상태로 묘주(墓主)가 발견되었으며, 5호곽에서는 20kg 이상의 금제품이 출토되었다. 분구 외주의 위석 시설을 포함해 분구 아래 곳곳에서 묘곽이 확인되었다.

　분구의 서북쪽에 조영된 5호곽은 지하식으로 5.4×4.4m, 깊이 3.5m의 묘광(墓壙)을 파고, 외곽(外槨) 폭 3.6×3.4m, 높이 2.6m, 내곽(內槨) 폭 4.4×3.7m의 통나무로 정교하게 결구된 이중곽을 설치하였다. 묘광과 외곽사이에는 청동복(靑銅鍑)을 2점 부장하였다. 내곽(內槨)에 묘주인 남녀 2인을 목관을 사용하지 않고 목판 위에 펠트(felt) 카펫을 깔고 좌횡와굴지(左橫臥屈肢)상태로 동측(東側) 남성(男性), 서측(西側) 여성(女性)을 안치하였다. 매장이 완료된 후 상부를 성토(盛土)한 후 적석(積石)하였다.

　남성(男性)은 금제(金製) 사슴(鹿)과 말(馬) 장식 관(冠), 1.5kg의 금제 경식(頸飾)을 착장하였다. 그리고 어깨에는 짧은 망토를 하고, 바지를 입고 무릎까지 오는 장화를 신고 있었다.

여성(女性)은 긴 금제 편으로 고정하는 금제(金製)의 사슴 장식 관(冠), 경식(頸飾)을 착장하였고, 망토와 치마를 입었으며 장화를 신고 있었다. 남녀 모두 오른쪽 허리에 동물문양으로 장식한 금장(金裝) 단검(短劍)을 착장하였다. 남성은 금제(金製) 대장식구(帶裝飾具)를 갖춘 요대(腰帶)에 활과 화살통인 금장(金裝)의 고리투스(Gorytus)를 착장하였으며, 그 주변에 금장의 투부(鬪斧)를 부장하였다.

목곽에는 고정된 목봉에 커튼처럼 펠트의 벽걸이가 드리워져 있었다. 이러한 방식은 이후의 파지리크고분에서도 볼 수 있다.

2호분과 15~30m의 간격을 두고 주위로 약 300m에 걸쳐 원형의 적석유구(積石遺構)가 2-3중으로 고분 동쪽을 둘러싸고 있었다. 큰 것은 지름 8-10m, 작은 것은 2m이다. 21기의 유구에서 양과 산양의 어깨뼈, 다리뼈, 소의 복사뼈, 어깨뼈 등이 확인되었다. 이러한 동물뼈는 1호분과 마찬가지로 고분이 축조될 당시 장례 연회에 참여한 다수의 참가자들을 위해 제공된 것으로 여겨진다.

순장자는 여성 6인, 남성 8인이며, 11호묘에는 1세의 유아가 순장되었다. 여성묘는 서쪽에 집중되고, 남성묘는 주로 동쪽에 치우쳐 발견되었다. 16호묘에서는 말이 14마리 매장되었는데, 모두 수컷이고 마구를 장착하고 있었다.

2호분은 4단계에 걸쳐서 축조된 것으로 보인다. 1단계는 묘주의 공간인 5호묘가 축조되고, 2단계는 5호묘에 매장이 이루어지며 다수의 분구가 조영되었다. 3단계는 장례가 종료되고 직경 45m의 원형 분구를 설치하였다. 분구는 그 중앙의 높은 곳에 녹석을 수립하고 또한 제단을 둘러싸는 형태로도 녹석(綠石)을 배치하였다. 4단계는 16호묘가 조영되며 말(馬)을 순장하는 의식이 행해진 것으로 보고 있다.

아르잔고분군에서 대형분은 대체로 BC 5세기대를 기점으로 사라지는데, 오히려 비슷한 시기에 이웃한 알타이 지역의 파지리크문화에서 대형 고분이 만들어지기 시작되어, 알타이 산맥 일대 유목국가의 주도권이 이동한 것으로 보고 있다.

아르잔고분의 발굴로 스키타이문화의 기원이 흑해연안이 아니라, BC 9세기 남부 시베리아임이 밝혀졌다. 2호분의 연대는 2006년 독일고고학연구소의 통나무에 대한 이화학적 분석결과 BC 619-608년으로 도출되었다. 2호분에서는 그리스와 서아시아의 영향을 받지 않은 초기 스키타이의 동물 문양장식이 사용된 금제 관, 경식, 복식, 금장 단검과 투부가 확인되어, 흑해 연안의 스키타이문화의 기원이 동방에 있었음이 증명되었다.

더욱이 2호분의 13A호묘에서는 10점의 식화홍옥수주(蝕花紅玉髓珠)가 부장되고, 13B호묘에서도 출토되어 주목된다. 또한 인접한 알타이(Altai) 노보트로스크(Novotroisk)고분군에서도 식화홍옥수주(蝕花紅玉髓珠)의 부장이 확인된다.

초원로(草原路)의 아르잔(Arzhan)고분군을 비롯한 홍옥수주(紅玉髓珠)는 인더스(Indus)강 유역으로부터 파미르(Pamir)를 넘어 타쉬쿠르간(Tashkurgan, 塔什庫爾幹)지방으로 이입(移入)된 후, 천산(天山)과 알타이(Altai) 일대로 북상(北上)하여 들어간 것으로 추정된다. 따라서 홍옥수주(紅玉髓珠)의 분포를 통하여 인더스(Indus)강 유역의 해로(海路)와 타클라마칸(Takla Makan)의 사막로(沙漠路), 알타이(Altai) 산지의 초원로(草原路)가 연결된 것이 확인된다.

참고문헌

Gryaznov, M. P. 1980. *Arzhan*: tsarskii kurgan ranneskifskogo remeni. Leningrad.

林俊雄, 2007, 『スキタイと匈奴遊牧の文明』, 講談社.

Konstantin Von Cugunov, and Hermann Parzinger, Anatoli Nagler, 2010. *Der skythenzeitliche Fürstenkurgan Arzan 2 in Tuva*: Die Magnetometerprospektion, Philipp von Zabern; Bilingual edition.

강인욱, 2018, 「세계의 유적-러시아 투바공화국 아르잔 유적」, 『한국고고학보』106, 한국고고학회.

中村大介, 2019, 「靑銅器時代匈奴時代遊牧社會長距離交易」, 『社會變化とユーラシア東西交易-考古學と分析科學からのアプローチ-』, 科學硏究費補助金基盤硏究(B)2018-2020年度.

김재윤, 2021, 『유라시아 초원 스키타이 문화의 미라와 여신상』, 진인진.

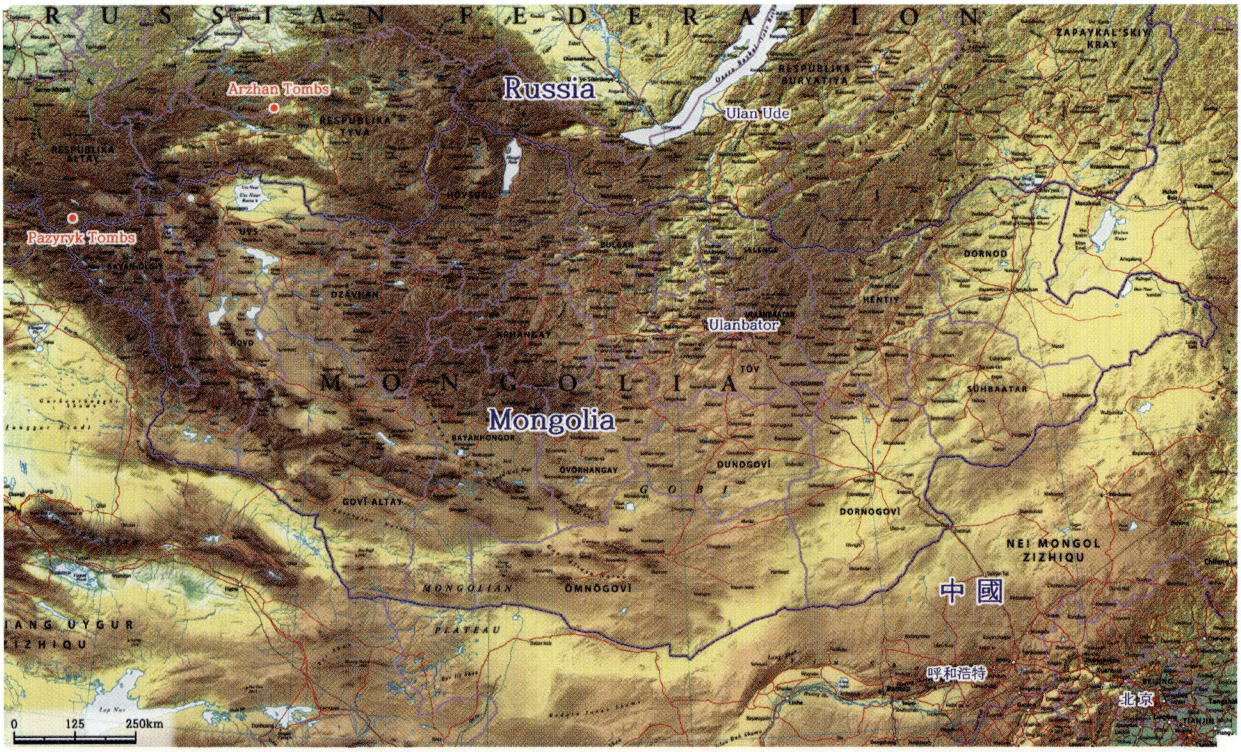

Ⅱ. 유라시아歐亞 초원로草原路의 유적遺蹟과 유물遺物

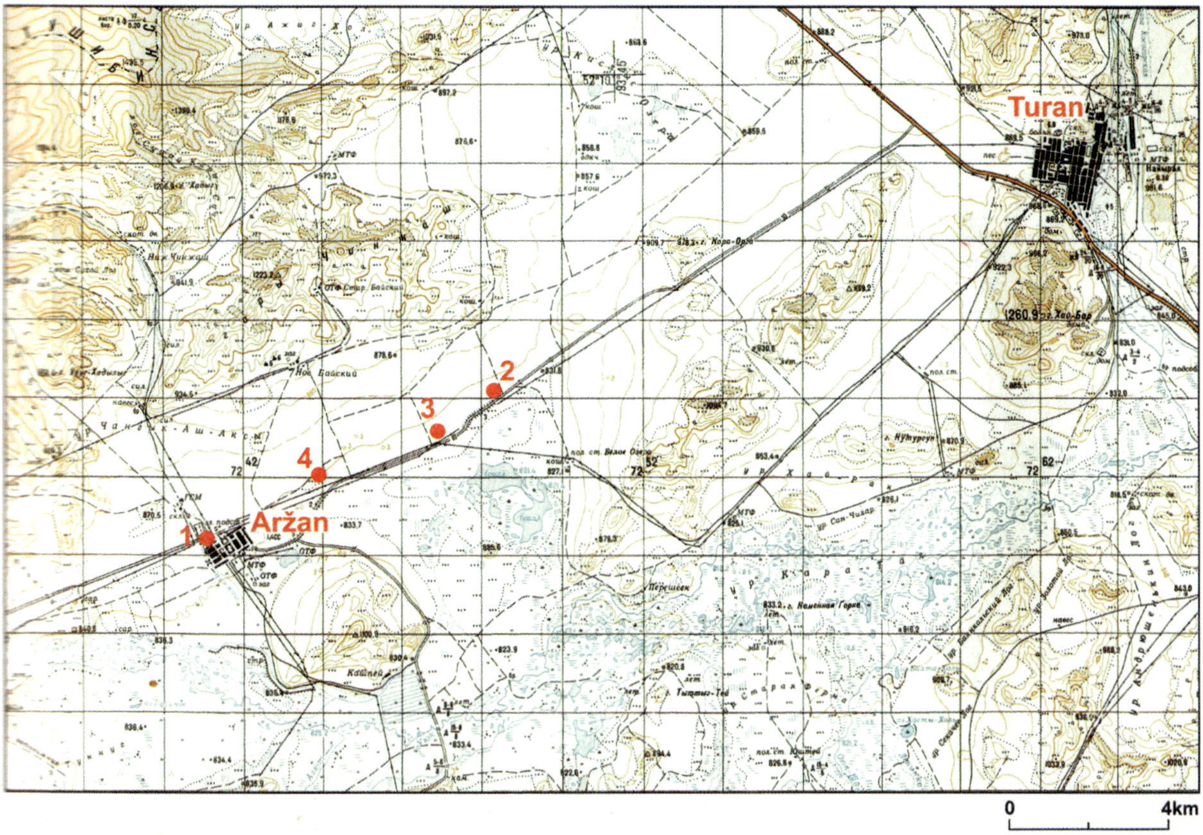

3. 러시아Russia의 유적遺蹟과 유물遺物

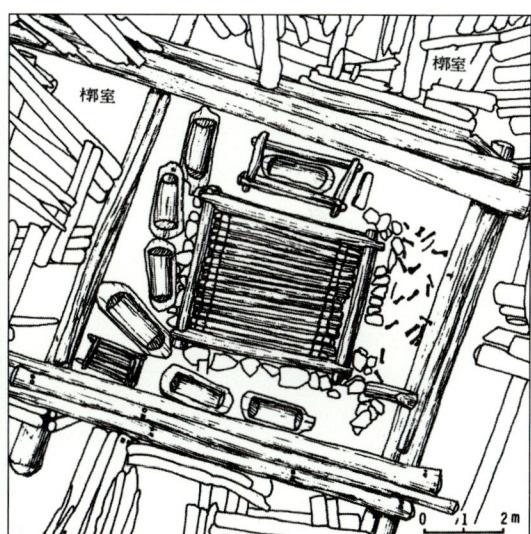

그림 Ⅱ-10. 러시아Russia 아르잔고분군Arzhan tombs
1. 아르잔(Arzhan), 파지리크(Pazyryk)고분군(古墳群) 위치(位置)
2. 아르잔(Arzhan)고분군(古墳群) 원경(遠景)
3. 아르잔(Arzhan)고분군(古墳群) 분포도(分布圖)
4. 제1호분 발굴 전경
5. 제1호분 중앙곽(中央槨)과 순장관(殉葬棺)

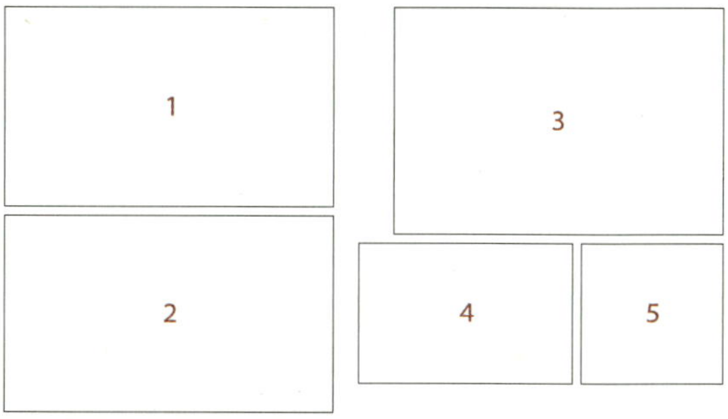

II. 유라시아歐亞 초원로草原路의 유적遺蹟과 유물遺物

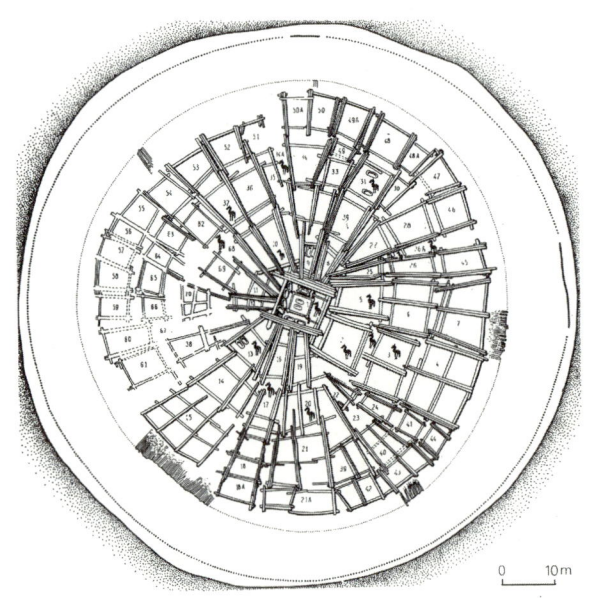

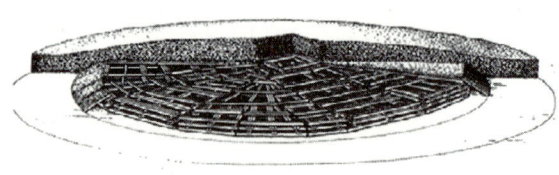

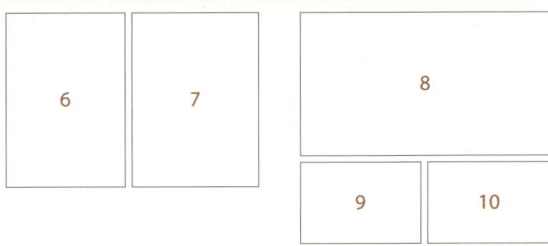

6. 제1호분 평면도(平面圖)와 복원도(復元圖)
7. 제2호분
8. 제2호분 매장주체부(埋葬主體部)
9. 제2호분 매장주체부(埋葬主體部)
10. 제2호분 말(馬) 순장(殉葬)

3. 러시아Russia의 유적遺蹟과 유물遺物

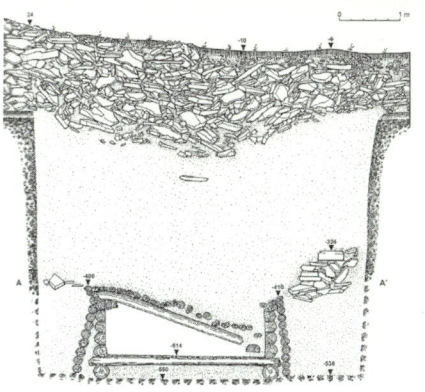

Ⅱ. 유라시아(歐亞) 초원로(草原路)의 유적(遺蹟)과 유물(遺物)

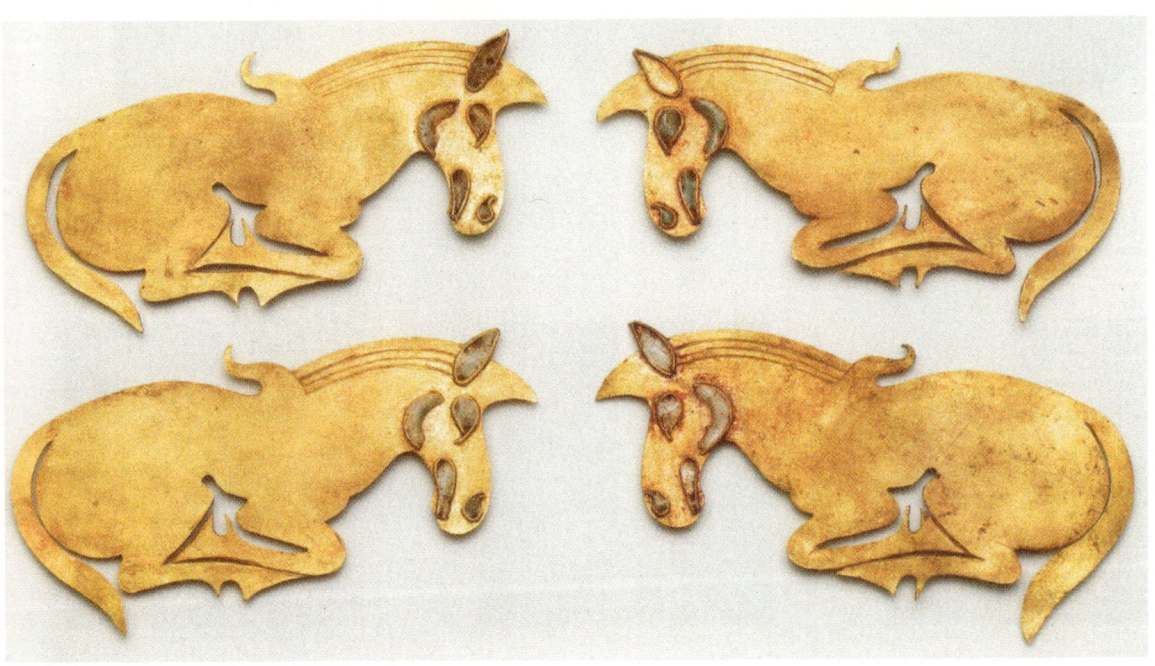

11. 제2호분 금제(金製) 장신구(裝身具)

3. 러시아Russia의 유적遺蹟과 유물遺物

12. 제2호분 금제(金製) 장신구(裝身具)

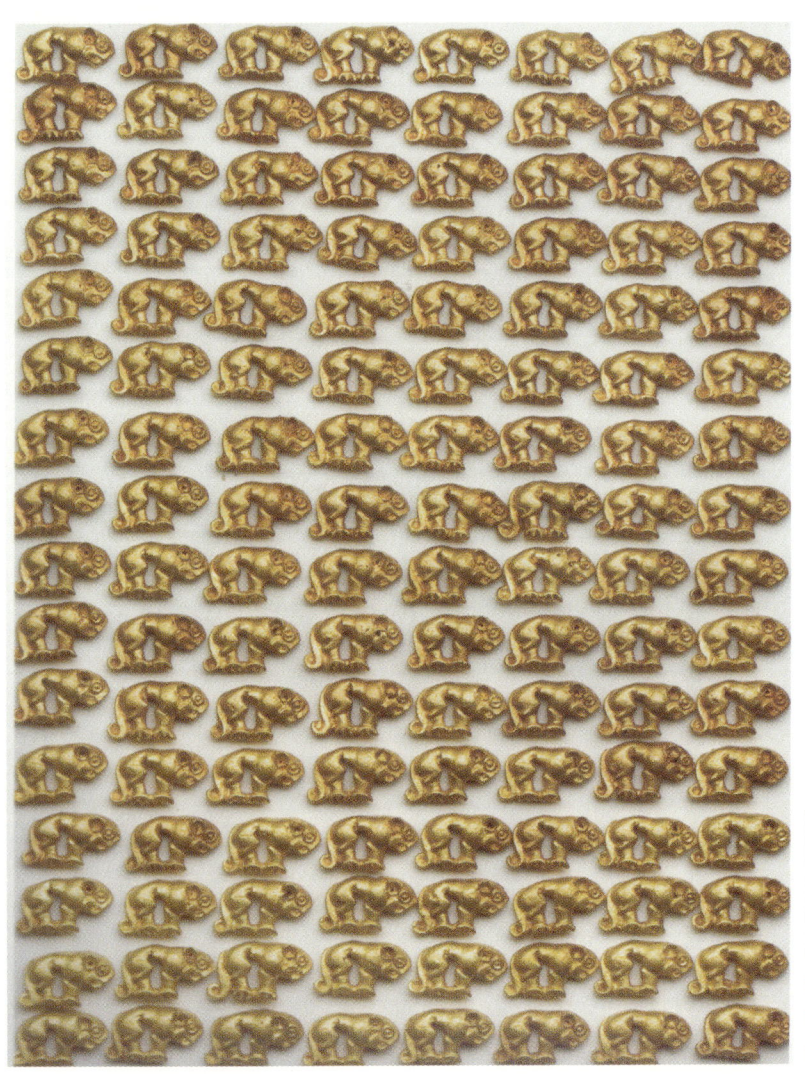

13. 제2호분 금제(金製) 장식(裝飾)
14. 제2호분 인도(India) 홍옥수주(紅玉髓珠)
15. 제2호분 금장(金裝) 아키나케스(akinakes) 철검(鐵劍)

3. 러시아Russia의 유적遺蹟과 유물遺物

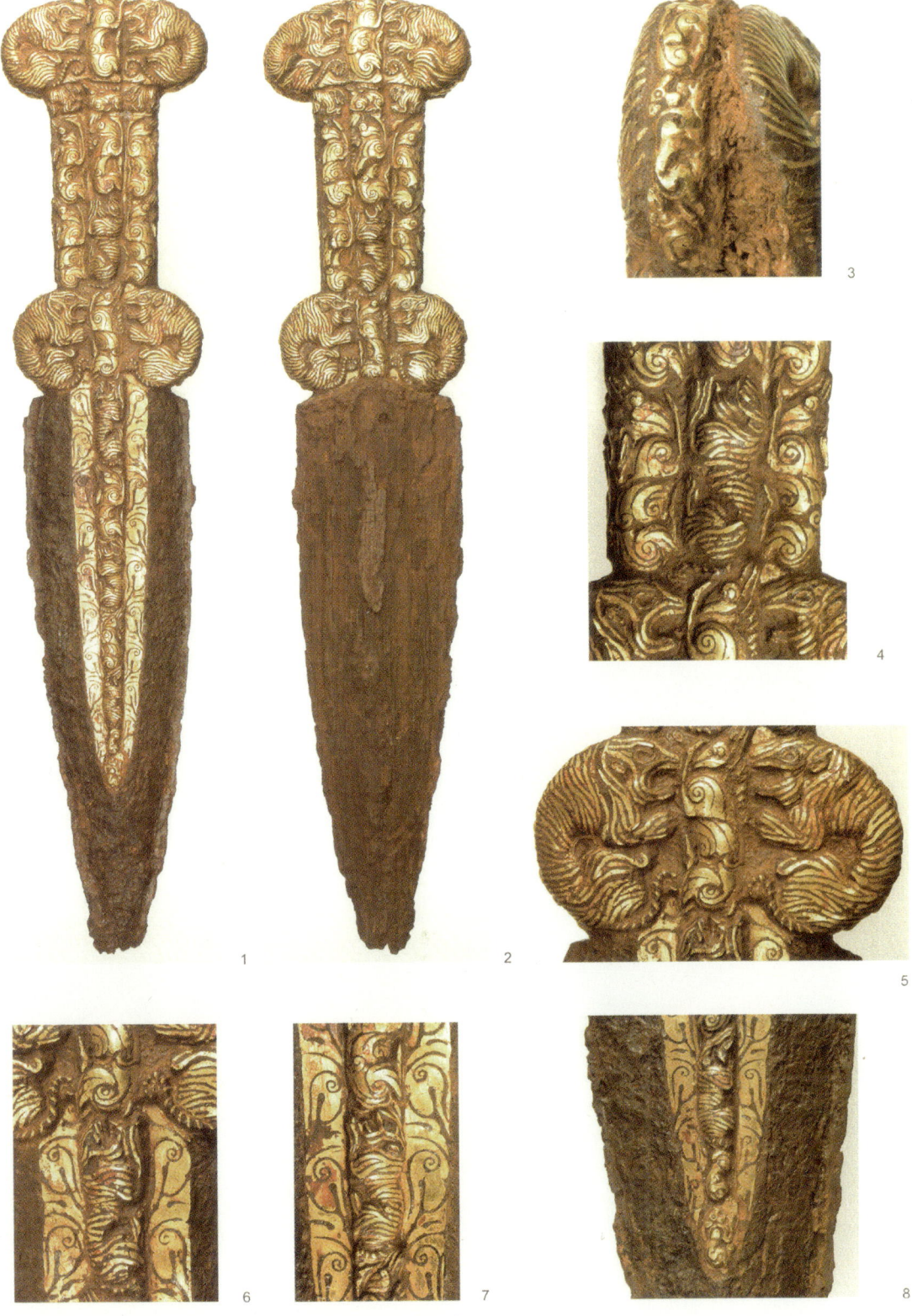

16. 제2호분 마구(馬具)
17. 제2호분 출토 동복(銅鍑)
18. 아르잔2호분 출토 복식(服飾) 복원(復元)

7) 파지리크고분군 Pazyryk tombs

파지리크고분군은 알타이 공화국의 알타이 산맥 북록 해발 1,700m에 입지하는 우라간(Ulagan)강 연안에 위치한다. 이 고분군은 산기슭을 따라 남-북으로 열을 지어 있으며, 중앙의 1호분과 남쪽의 5호분이 규모가 가장 크다. 1929년 1호분은 그라즈노프(M.P.Gryaznov)와 루덴코(Sergei Ivanovich Rudenko)에 의해 발굴되었으며, 1947-1949년 루덴코에 의해 2-5호분이 발굴되었다.

이 고분군은 내부가 빙결되어 유기질의 시신, 말, 안장 덮개, 펠트 및 카펫, 4륜 장례식 마차 등이 원형을 유지하고 있었다. 고분의 영구 결빙은 알타이의 추운 대륙성 기후와 고분의 구조 때문이다. 고분은 축조한 후 빗물이 매장주체부내로 침투하여 겨울에 빙결되었으며, 봉분은 적석으로 이루어져 여름 지표면의 열기를 차단하였다. 이렇게 보존된 목재의 연륜연대 측정으로 1호분과 2호분은 같은 해 여름, 4호분은 7년 후, 3호분은 그로부터 30년 후, 5호분은 1호분 보다 48년 후 축조된 것으로 판명되었다. 즉 고분군은 2세대 이상의 왕 또는 왕족이 매장된 것을 알 수 있다.

이 고분군은 북쪽과 남쪽으로 구분되며 북쪽 구릉에서는 정상부에 위치한 1호분이 입지와 규모가 탁월한 주분이며, 남쪽 구릉에서는 정상부에 위치하는 5호분이 주분이다.

1호분은 높이 2.2m 직경 47m이며 동서 8.3m, 남북 6m 깊이 7m의 묘광을 판 후, 그 남쪽 묘광에 접하여 동서 6m, 남북 4m 높이 2m의 외곽, 그 안에 내곽을 직경 30cm 전후의 가문비나무로 만든 통나무(丸木)로 설치하였다. 목곽 위에 8층으로 300개의 통나무를 약 1.5m 높이 쌓고 그 위에 적석하였다. 목곽의 출입구는 북쪽으로 내었으며, 이 북쪽 묘광과 목곽의 사이의 공간에는 가면과 안장 등의 마구를 착장한 10마리의 말을 순장하였다. 내곽의 바닥과 벽은 펠트와 융단을 깔거나 걸었으며, 남쪽에는 낙엽송으로 제작한 뚜껑이 있는 주형(舟形) 목관을 동-서방향으로 놓고, 방부 처리한 시신을 안치하였다. 펠트제 안장에는 그리핀이 사슴을 습격하는 문양이 보이고, 펠트제 벽걸이에는 백색 바탕에 청색과 적색의 사자 머리가 시문된 것이 있다.

2호분은 1호분과 같은 구조로서 외곽 폭 5.7×4.1m 높이 2.1m, 내곽 폭 4.9×3.6m 높이 1.5m의 이중곽을 설치하였다. 목곽 위에 통나무를 2.5m 높이로 쌓고 그 위를 돌로 쌓았다. 통나무 내에 말을 순장하였다. 2호분도 1호분과 같이 남쪽에 낙엽송으로 만든 뚜껑이 있는 주형(舟形) 목관을 동서방향으로 놓고, 목관 안에 방부 처리한 2인의 시신을 안치하였으나, 도굴에 의해 유해가 훼손되었다. 유물은 목제 그리핀으로 장식한 가죽 모자, 녹각으로 장식한 말 가면, 동물문양으로 장식한 안장, 재갈, 은제경, 대마를 흡입하기 위한 향로, 현악기 등이 출토되었다.

2호분에서 출토된 남성의 유해는 약 50세로서 강인한 몸매의 몽골로이드이며 전신을 문신으로 장식하였다. 문신은 다양한 추상적인 동물로서 정교하게 장식되었다. 오른팔에는 손목에서 어깨까지 당나귀, 산양, 두 마리의 긴뿔을 가진 사슴이 새겨졌고, 가슴에는 그리핀으로 보이는 괴수가 보이고, 왼팔에는 두 마리의 사슴과 산양을 새겼다. 오른쪽 다리 앞쪽에 물고기가 발에서 무릎까지 뻗어 있다. 오른발에는 괴수, 정강이 안쪽에는 4개의 숫양이 달리는 모습을 새겼다. 왼쪽 다리에도 문신이 새겨져 있으나 내용을 알 수 없다. 또한 등에는 척추와 나란하게 일련의 작은 원이 문신으로 새겨져 있다. 이 문신은 척추를 치료하기 위해 새겨진 것이 아닐까 추정한다. 여성은 도굴로 훼손이 심하여 상태가 좋지 않다. 왼쪽 어깨, 오른팔에 그리핀과 동물 문신이 확인된다.

5호분은 높이 3.75m, 직경 42m이며 동서 8.3m, 남북 6.7m 깊이 4m의 묘광을 판 후 남쪽에 통나무를 조합한 목곽을 3중으로 설치하고 목곽의 내부에는 주형(舟形) 목관에 시신을 안치하였다. 북쪽의 묘광과 목곽의 사이의 공간에는 말을 9마리 순장하였다.

목곽 내에서는 높이 3m의 사륜마차, 펠트제 벽걸이, 페르시아 융단, 중국산 자수견직물 등이 출토되었다. 이 가운데 주목되는 것은 4.5×6.5m의 펠트제 벽걸이다. 이 벽걸이는 묘광의 벽에 횡봉과 종봉을 조합하여 고정시켰으며, 횡봉에는 펠트제 백조로 장식하였다. 벽걸이는 상연, 하연과 중앙에 꽃과 같은 문양을 연속한 문양대를 배치하였고 그 사이에는 2단에 걸쳐서 의자에 앉은 인물과 말을 탄 인물이 마주보는 장면이 반복되게 표현되어있다. 신장은 등신대이며 의자에 앉은 인물은 긴드레스를 입고 수염이 없는 것에서 여성이다. 빛나는 문양의 왕관을 쓰고 옥좌에 같은 장식을 가진 의자에 앉아 있으며 가슴에는 3열의 경식을 차고 있다. 손에 들고 있는 나무에는 튤립형의 꽃과 석류와 같은 과실, 끝이 뾰족한 창모양의 잎이 붙어있다. 서아시아미술에서는 이와 같은 나무는 생명수, 또는 세계수, 우주수로 보며 그것을 들고 옥좌에 앉아 있는 여성은 여신이다.

한편 말을 타고 있는 인물은 곱슬머리에 높은 코, 긴 수염이 났고, 목에는 물방울 문양의 스카프를 두르고 군복과 같은 상의와 폭이 좁은 바지를 입고 있다. 허리띠에는 스키타이형의 활과 화살을 넣은 화살통을 걸치고 있다.

여왕의 앞에선 남성은 서아시아 미술에서 지상의 왕으로, 이 벽걸이는 여신이 왕에게 권력을 주는 왕권신수(王權神授)의 장면을 표현한 것으로 해석되고 있다. 왕이 말을 타고 있는 것은 기마유목민족임을 상징하는 것이다.

이 고분에서는 세계에서 가장 오래된 1.83×2.0m의 양모로 짠 카펫(絨毯)이 출토되었다. 그 중앙에는 사각형의 구획 안에 24개의 십자형 도안이 있으며, 각 도형은 4개의 연꽃 봉오리로 구성되어 있다. 외연에는 독수리 그리핀 열을 배치하고, 바깥에는 24마리의 엘크와 같은 뿔이 큰 사슴의 옆모습을 배열하였다. 다시 중앙과 같은 십자형 도안열로서 구획하고 그 외측에는 말을 타거나 내리고 있는 28명의 측면인물을 배치하였다. 카펫 외연은 중앙을 구획한 독수리 그리핀 열로 장식하였다. 조밀하게 짜여진 이 카펫은 밝은 노란색, 파란색 및 빨간색을 조합한 빛나는 색상이었다. 그 제작지는 페르시아, 아르메니아, 알타이 등으로 보고 있다.

파지리크고분군은 초원로의 동서 문명 교류를 가장 잘 보여주는 유적으로 이 고분군의 묘제는 적석목곽분(積石木槨墳)이며, 부장품은 행렬도가 그려진 페르시아산 카펫과 그리핀과 사자가 묘사된 직물, 이란산 녹송석주(綠松石珠), 아프카니스탄산 라피스라줄리 장식, 인도산 홍옥수, 보패(寶貝), 서아시아산 코리안더(Coriander) 등이 출토되었다. 아케메네스조 페르시아, 인더스 강 하구와 전국시대 중국의 문물이 알타이산맥에 도달하였음을 보여준다.

헤로도투스의 『역사』에는 스키타이의 왕이 죽으면 복부를 절개하고 내장을 적출한 후 그 안에 으깬 향료, 파슬리와 아니스 열매를 채우고 봉합하고 전신에 봉밀을 바른다고 기술되어 있다. 이후 유해를 수레에 싣고 여러 지역을 40일 순회한 후 매장한다고 한다. 시신의 방부 처리는 순회시의 부패 방지와 영생을 위한 것으로 보인다. 이 고분군 출토 유해에는 절개 후에 봉합한 흔적과 그 안에서 건초가 확인되어 기록과 일치한다. 시신은 방부처리와 동결에 의해 보존되었으며 시신에는 문신이 확인되었다. 1960년대 인골의 분석에 의해 피장자들은 코카소이드와 몽골로이드의 혼혈로 밝혀졌으며, 현재 이 고분군의 피장자 집단은 월지(月氏)로 보는 설이 유력하다.

파지리크고분군의 적석목곽분은 이중으로 조립한 통나무 목곽, 적석 등의 요소로 볼 때 경주 적석목곽분의 구조와 유사하여, 신라 묘제의 기원이 유라시아 초원지대에 있음을 알 수 있다.

참고문헌

梅原末治, 1938, 『古代北方系文物の研究』, 星野書店.

Rudenko S I, 1970, *Frozen Tombs of Siberia: The Pazyryk Burials of Iron Age Horsemen*. London, J.M.Dent & Sons.

Rudenko S I, (著), 江上波夫·加藤九祚(訳), 1971, 『スキタイの芸術』, 新時代社.

國立中央博物館(편), 1991, 『소련 에르미타주박물관 소장 스키타이 황금』, 조선일보사.

初期王権研究委員會, 2003, 『古代王権の誕生Ⅲ-中央ユーラシア·西アジア·北アメリカ編』, 角川書店

林俊雄, 2018, 「ユーラシア草原文化と樹木」, 山口博(編), 『ユーラシアのなかの宇宙樹·生命の樹の文化史』, (アジア遊學228), 勉誠出版.

김재윤, 2021, 『유라시아 초원 스키타이 문화의 미라와 여신상』, 진인진.

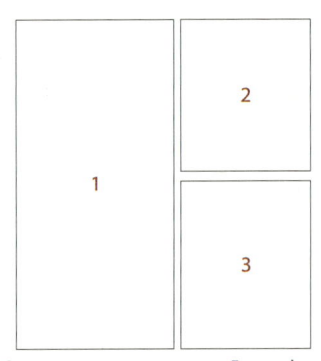

그림 Ⅱ-11. 러시아Russia 파지리크고분군Pazyryk tombs
1. 파지리크(Pazyryk)고분군(古墳群) 분포도(分布圖)
2. 제1호분
3. 제1호분 목곽(木槨)

3. 러시아Russia의 유적遺蹟과 유물遺物

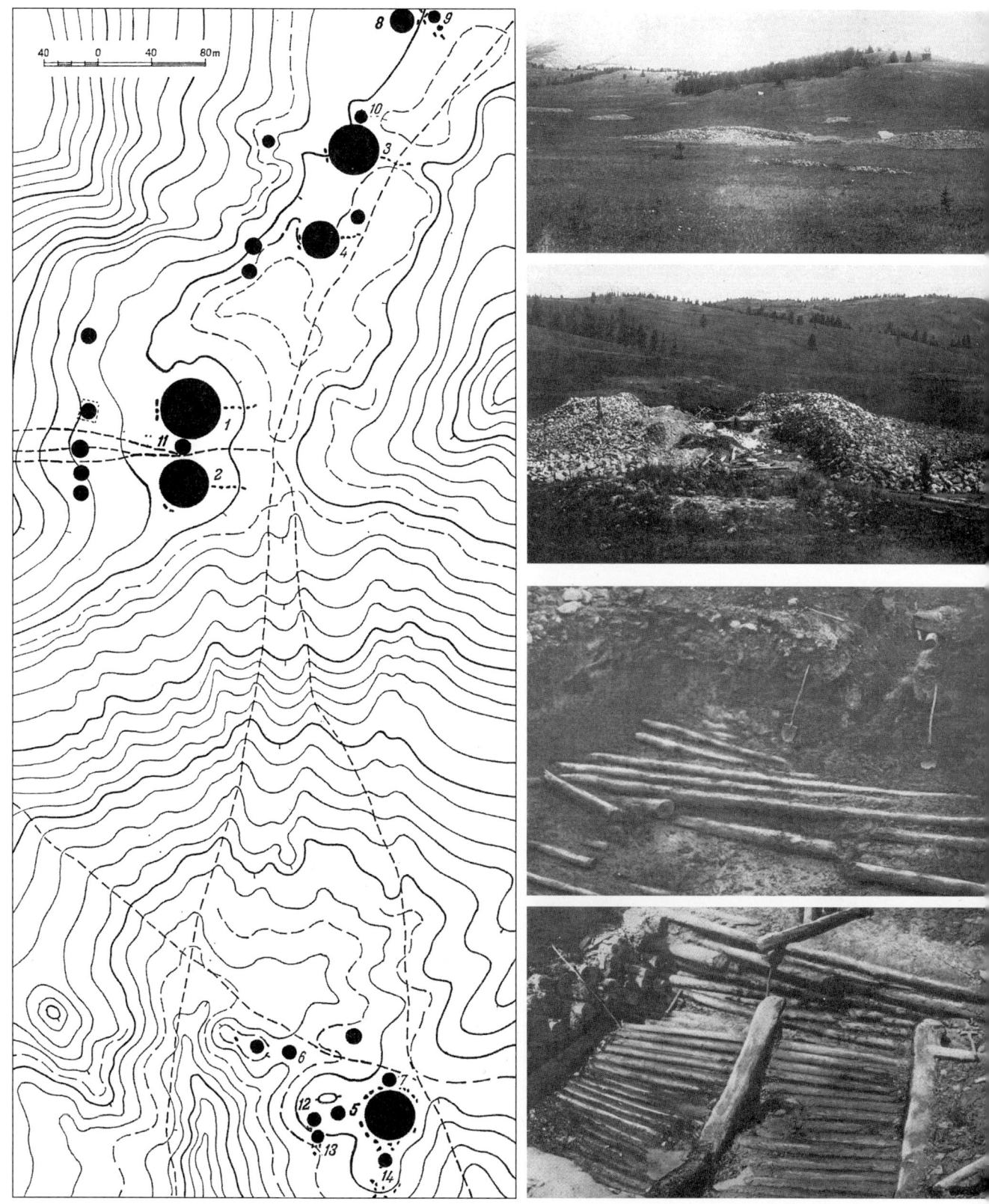

201

Ⅱ. 유라시아歐亞 초원로草原路의 유적遺蹟과 유물遺物

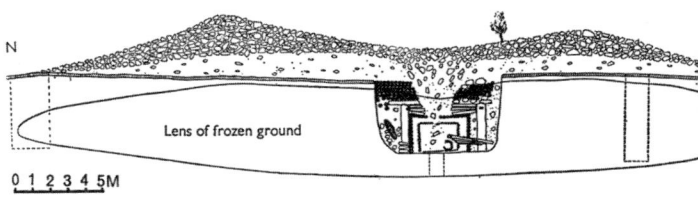

6. Sections of barrow 5 and its burial shaft.

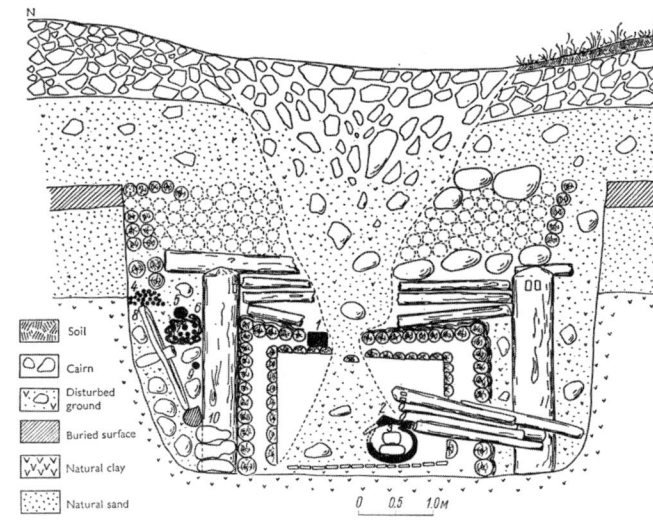

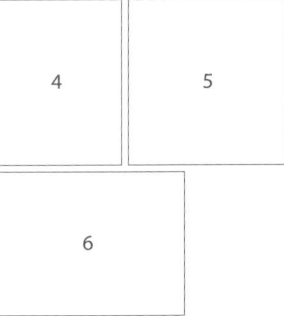

4. 제3호분 분구(墳丘)
5. 제5호분 분구(墳丘) 단면도(斷面圖)
6. 제5호분 목곽(木槨) 단면도(斷面圖)
7. 제5호분

8. 제5호분 목곽(木槨)
9. 제5호분 목곽(木槨)
10. 제1호분 안장(鞍裝)깔개
11. 제1호분 안장(鞍裝)깔개 도상(圖像)
12. 제1호분 안장(鞍裝)의 동물투쟁문(動物鬪爭文)

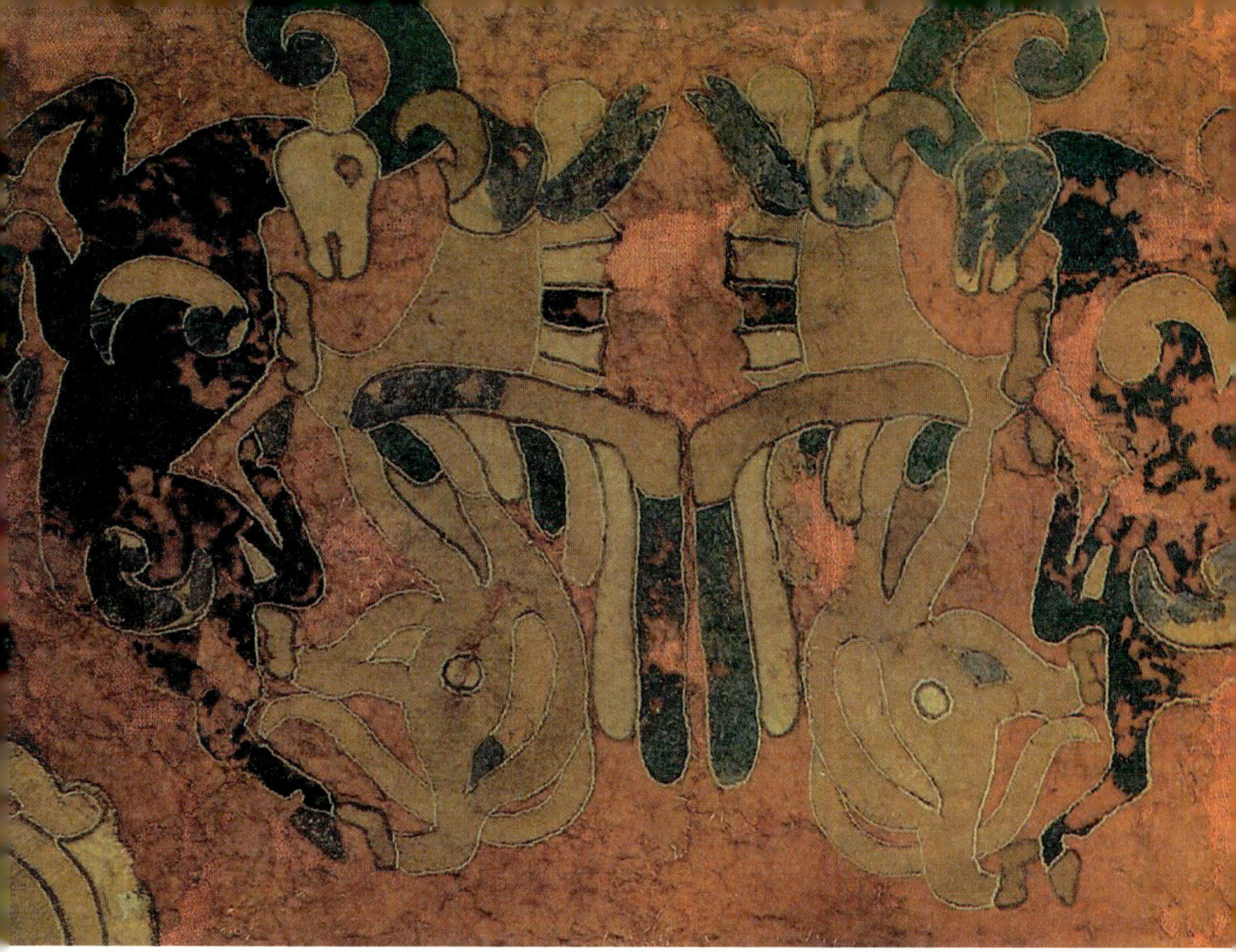

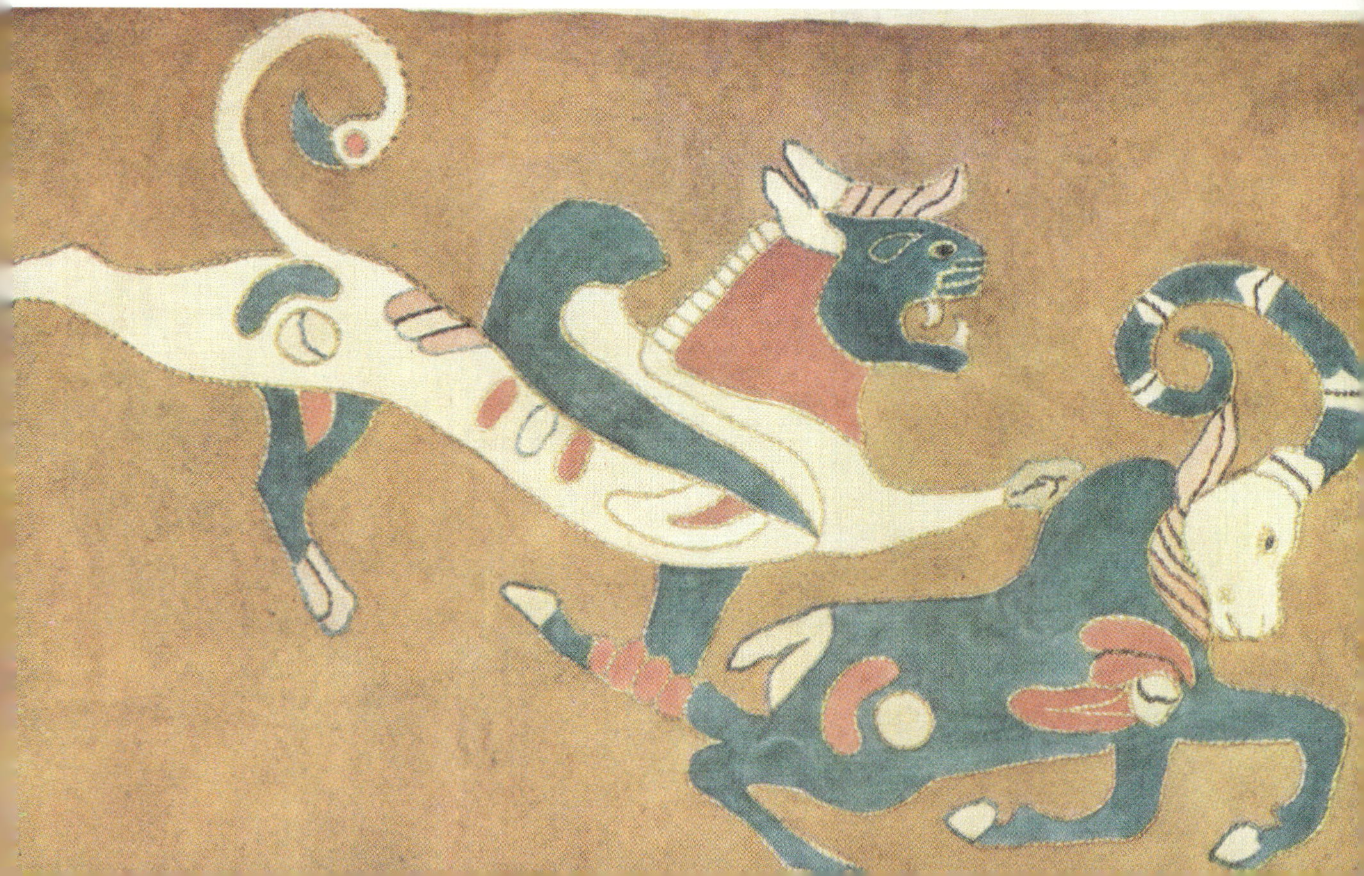

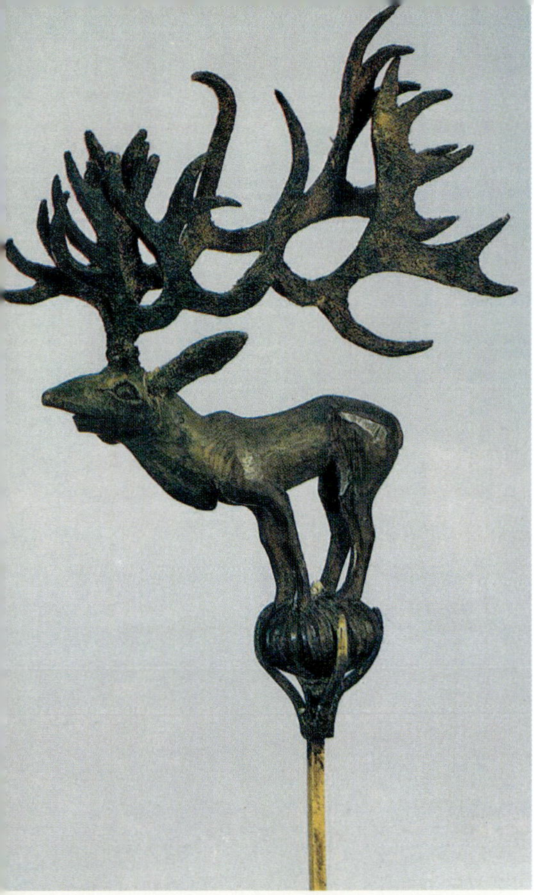

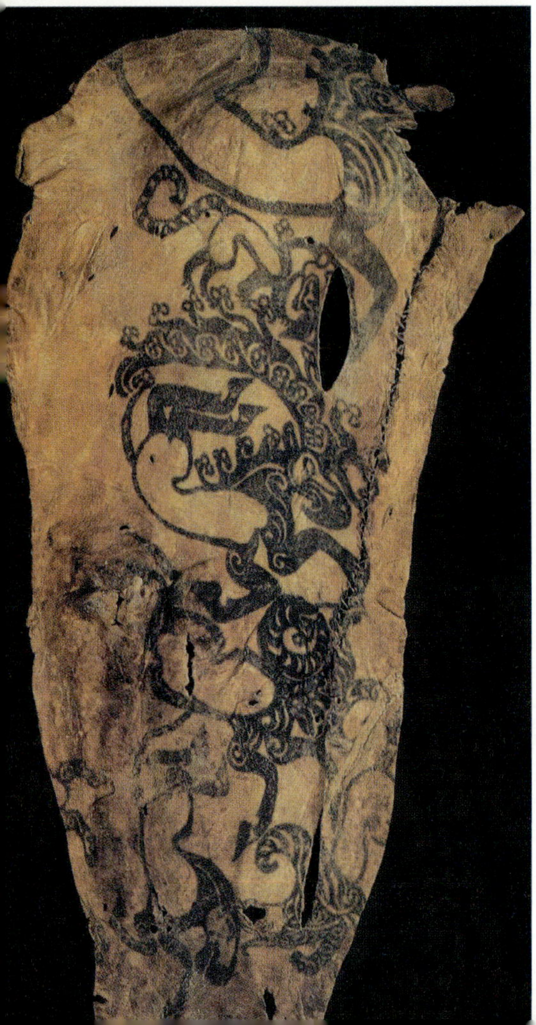

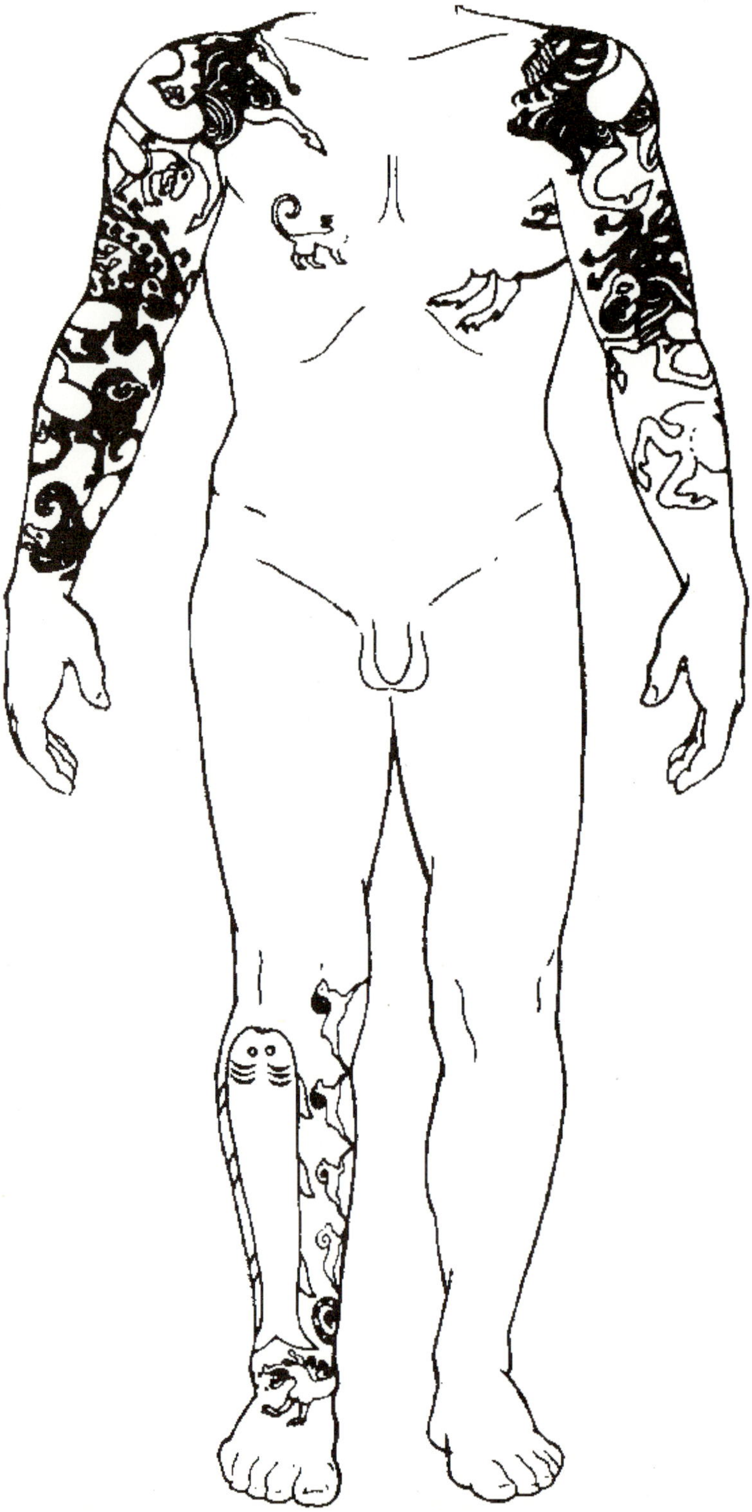

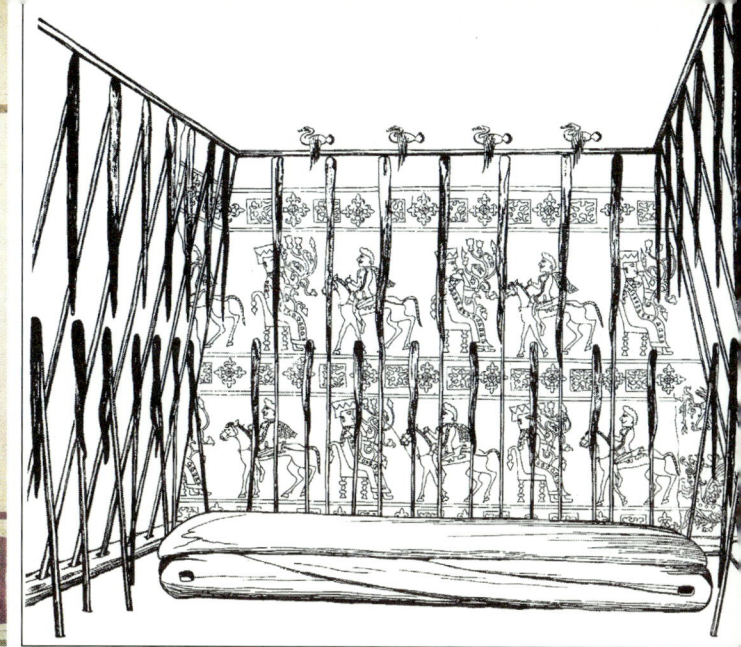

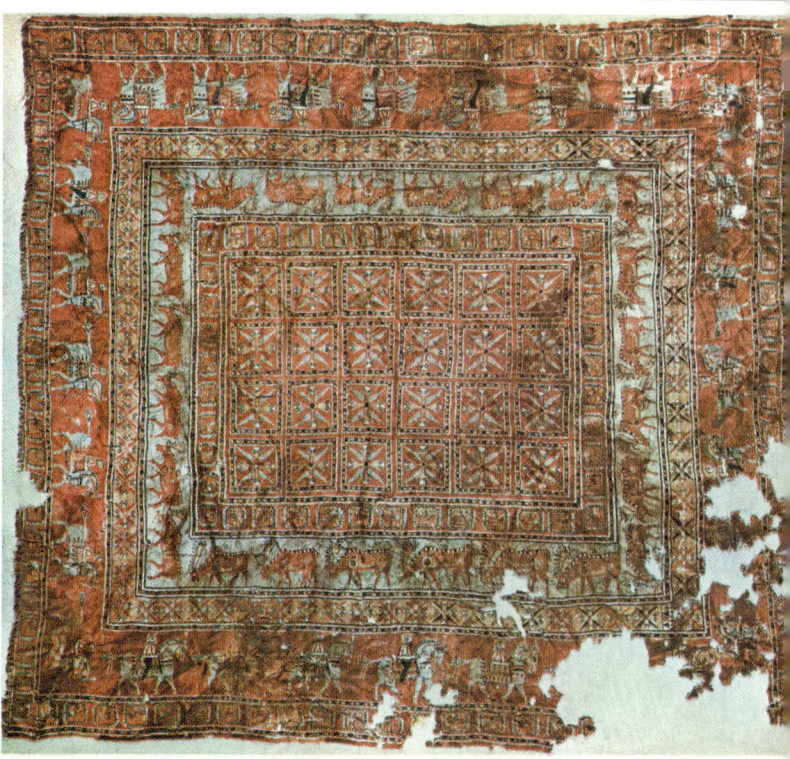

13. 제2호분 청동제(靑銅製) 간두령(竿頭鈴)
14. 제2호분 피장자(被葬者) 오른팔(右腕) 문신(文身)
15. 제2호분 피장자(被葬者) 문신(文身) 복원도(復元圖)
16. 제5호분 벽(壁) 카펫(Capet) 세부(細部)
17. 제5호분 벽(壁) 카펫(Capet) 장착 복원도(復元圖)
18. 제5호분 벽(壁) 카펫(Capet) 인면괴수문(人面怪獸文)
19. 제5호분 카펫(Capet)

207

8) 니꼴라예브까성 Nikolaevka castle

니콜라예프카성은 러시아 연해주(沿海州) 미하일로프카(Mikhailovka)지구 일리스타야강 유역 좌안에 위치하는 2기의 발해의 평지성이다.

제1성은 니콜라예프카 마을에서 남쪽으로 3km 지점에 위치한다. 일리스타야강의 지류를 따라 위치한 단구위에 입지한다. 1977년 발굴이 개시되었으며, 2010년대 수차례 조사가 진행되었다. 성의 평면 형태는 말각 장방형이며 장축은 북서 남동방향이다. 규모는 240×295m, 둘레 1,070m, 면적은 7.5ha이다. 사질점토를 판축하여 성벽을 축조하였고, 성벽의 내외부 가장자리 부분은 즙석(葺石)하였다. 높이 2m, 기저부 폭 15m, 상부 3m이다. 성벽 외부의 주혈(柱穴)은 목책으로 보고 있다. 각 성벽에는 문지가 있으며, 남동벽의 문지에는 ㄱ자형 옹성이 설치되었다. 성내에서는 유구가 확인되었으며, 발해뿐만 아니라 말갈의 토기편들도 함께 출토되었다.

제2성은 니콜라예프카 마을에서 북서쪽으로 0.5km 지점에 위치한다. 성의 평면 형태는 말각 장방형이며 장축방향은 동서이다. 규모는 140×290m, 둘레 860m, 면적은 4ha이다. 남벽과 서벽에 문지가 남아있으며, 성벽의 단면조사는 서벽측 현대 수로에 의해 관통된 부분에 대해 1975년 실시되었다. 조사 지점의 성벽 높이는 외측 1.75m, 내측 1m 이하이다. 성벽은 내·외면을 석축하면서 그 사이를 토석혼축(土石混築)으로 축조하였다.

성벽 내부의 토지작업 중 지표 1m 아래에서 청동경(靑銅鏡)이 출토되었다. 현재 유물은 러시아과학원 극동지소 역사학고고학민족학연구소에 소장되어있다. 원형의 거울은 직경이 5.6cm이며 본래 하단에 본래 하단에 자루가 있어 작은 구멍을 뚫어 띠에 매달 수 있게 한 것으로 추정되나 결실되었다. 거울의 뒷면에는 중앙에 입방체(立方體) 형태의 제단이 표현되어 있고, 제단의 상부에는 불꽃, 제단의 양측에는 무장 전사 2명, 제단 하단에는 엎드린 사자가 각각 표현되어 있다. 이 거울의 의장은 사산조 이란의 은화에서 확인되어, 중앙아시아 혹은 이란에서 제작되었을 가능성을 제기하였다.

제2성의 옆 파르티잔강에서는 물고기형 청동제 부절(符節)이 발견되었다. 부절에는 좌효위장군섭리계(左驍衛將軍聶利計)라는 구절이 있다. 계로 끝나는 이름은 당으로 온 여러 사신들의 이름에서 흔히 확인되며, 좌효위 장군은 중국의 여러 기록에서도 보이는 직책이다. 726년에 당으로 이주한 대조영의 아들 대문예도 좌효위 장군이라는 직책을 받은 것으로 알려져 있다.

니꼴라예브카 제2성에서 출토된 청동거울은 조로아스터교의 제단(祭壇)을 중심으로 좌우에 장검(長劍)을 가진 2인의 인물, 제단아래는 사자가 묘사된 사산계 문양이 표현되어 있다. 이 거울은 소그드인과 모피교역의 과정에서 이입된 것으로 보이며, 소그드인들의 담비길에서의 활동을 알 수 있다.

참고문헌

대한민국 문화재청 국립문화재연구소·러시아연방 러시아과학원 극동지부 역사학고고학민속학연구소, 2007, 『연해주의 문화유적 I』, 국립문화재연구소.

스토야킨 막심, 2017, 「연해주 발해성곽의 구조와 성격」, 『中央考古硏究』22, 中央文化財硏究院.

정석배, 2017, 「유물로 본 발해와 중부-중앙아시아지역 간의 문화교류에 대해」, 『고구려발해연구』57, 고구려발해학회.

김동훈, 2019, 「니꼴라예브까-평지성(沿海州 Nikolaevka 平地城)」 『한국고고학 전문사전(성곽봉수편)』, 국립문화재연구소.

Ⅱ. 유라시아歐亞 초원로草原路의 유적遺蹟과 유물遺物

그림 Ⅱ-12. 러시아Russia 니꼴라예브까성Nikolaevka castle
1. 러시아(Russia) 연해주(沿海州) 발해성(渤海城) 분포도(分布圖)
2. 니콜라예프카성(Nikolaevka城)

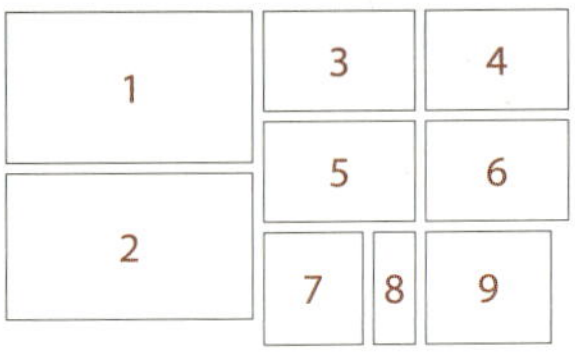

3. 니콜라예프카성(Nikolaevka城)
4. 니콜라예프카성(Nikolaevka城)
5. 니콜라예프카성 동벽(東壁)
6. 니콜라예프카 성벽(城壁)
7. 니콜라예프카성 청동제 부절(符節) 전면(前面)
8. 니콜라예프카성 청동제 부절(符節) 후면(後面)
9. 니꼴라예브까성 소그드(Sogd) 청동경(靑銅鏡)

9) 콕샤로프카성 Koksharovka castle

콕샤로프카성은 러시아 연해주(沿海州) 추구예프카지구 우수리강의 지류인 콕샤로프카(Koksharovka)강의 서안에 위치하는 2기의 발해 평지성이다. 콕샤로프카마을에서 북동쪽으로 3km, 우수리강에서 2km 지점에 있다.

제1성은 성의 평면 형태는 부정형이다. 규모는 240×295m, 둘레 1,645m(북벽 405m, 동벽 650m, 남벽 250m, 서벽 340m), 면적은 16ha이다. 성의 평면은 장방사다리꼴이다. 성벽의 최고 높이는 6m, 외벽이 내벽보다 0.6m 정도 더 높다. 우수리강 쪽으로 나 있는 서벽이 가장 두꺼워 이 방면에 대한 방어에 주력한 것을 알 수 있다. 성벽의 기저부 폭은 10-14m, 상부는 0.5m이다.

국립문화재연구소와 러시아과학원 극동지부 역사학고고학민속학연구소에서 2008년부터 2011년까지 성내 북편 대지를 발굴조사하여 7기의 건물지와 돌담, 북문지를 확인하였다. 또한, 2012년부터 2014년까지 북편 및 남편 대지, 콕샤로프카-8 석축구조물을 조사하였다.

북문지와 서문지에 옹성이 있고, 그 외 남벽에 1개소, 동벽에 2개소의 단절부가 있다. 서벽의 남쪽 부분에는 치가 1기 확인되었다. 성벽 주변에서는 해자가 확인되었는데 동벽 밖에는 콕샤로프카강이 자연 해자를 이룬다. 성 내에 3기의 기단이 있는데 북문 근처에서 북동 건물지군을 확인하였다. 건물지군에서는 쪽구들건물지와 그 주변 돌담장을 조사하였다. 건물지는 방형의 초석과 강자갈을 이용해 벽을 쌓았다. 건물지의 동서편에는 두 개의 아궁이와 두 줄의 고래로 구성된 쪽구들이 북벽에서 만나 석재로 만든 대형의 굴뚝을 통해 배연되는 평면 '呂'자 구조이다. 이 건물지는 상경성(上京城), 서고성(西古城) 등 발해 중심부의 건물 형식과 유사하여 주목된다. 건물지군을 동일한 건물 총 7동이 하나의 단위를 이루고, 약 3m 폭의 돌담으로 둘러쌓인 구조이다.

성벽은 남벽과 해자가 함께 조사되었다. 단면조사 지점의 성벽은 높이가 지표에서 3.8m, 해자 바닥에서 4.5m이다. 성벽의 조사에서는 성벽 이전 문화층, 제1단계 성벽, 제2단계 성벽이 확인되었다. 성벽 이전 문화층은 성벽의 외벽 생토 위에서 확인되었는데 목탄과 소토 알갱이가 섞인 두께 25cm까지의 흑회색 점질토층이다. 이곳에서는 연도 2줄이 25cm 거리를 두고 노출되었으며 토기, 철제 찰갑, 슬래그, 동물 뼈 등이 출토되었다.

1단계 성벽 성토층에서 성 내 건물지군에서 출토된 것과 동일한 토기들이 출토되었다. 제2단계 성벽의 토층에서는 발해 시기 이후의 수막새 등 유물이 상부에서 수습되어, 성벽의 운영시점이 발해 이후까지 이어진 것으로 간주할 수 있다.

석축 구조물은 대형 판석을 최대 4단으로 쌓아 기단을 만들고, 상부에 담장과 'ㅁ'자형 공간, 계단, 기둥 등의 시설을 설치하였다, 이 유구의 매장주체부는 불분명하나 금제 수하식, 은제 대금구, 은제 정, 청동제 천 등의 유물로 보아 고분으로 추정된다. 장례 이후 공간을 확장하여 제단으로 장기간 활용한 것으로 판단된다. 이 외 8-9세기 위구르 양식의 토기가 출토되었다.

제2성은 서남쪽의 우수리강에 접한 부분은 성벽을 축조하지 않아, 평면형태가 ㄷ자형을 띠며, 장축은 북동 남서방향이다. 규모는 둘레 800m, 면적은 3.9ha이다. 성벽은 높이 4m, 기저부 폭 13m, 상부 폭은 1.5m이다. 성벽의 모서리는 0.5m 높아 2m 정도 돌출되어 있으며, 북동벽에는 치가 2곳 있다. 그리고 옹성이 1개소 설치되었으며, 자연 해자가 있다.

콕샤로프카제1성은 발해 선왕대인 9세기의 중흥기에 지방 15부 중 안변부의 부성으로서 발해의 지방행정 거점으로 추정되고 있다. 월주요(越州窯) 청자(靑瓷)인 참외형 주자(注子)가 출토되어 주목된다. 이 청자는 당과 교역을 통해 이입된 문물이 발해의 지방에까지 도달한 것을 알 수 있다. 또한 하북성(河北省) 정요(定窯)의 백자가 확인되었다. 당 자기편들은 크라스키노성, 니콜라예프카제2성, 노보고르데예프카성, 등 같은 연해주의 다른 발해 유적에서 확인된 바 있다.

참고문헌

대한민국 문화재청 국립문화재연구소·러시아연방 러시아과학원 극동지부 역사학고고학민속학연구소, 2012, 『연해주의 콕샤로프카-1 평지성 I』.

대한민국 문화재청 국립문화재연구소·러시아연방 러시아과학원 극동지부 역사학고고학민속학연구소, 2015, 『연해주의 콕샤로프카 유적』.

스토야킨 막심, 2017, 「연해주 발해성곽의 구조와 성격」, 『中央考古硏究』22, 中央文化財硏究院.

정석배, 2017, 「유물로 본 발해와 중부-중앙아시아지역 간의 문화교류에 대해」, 『고구려발해연구』57, 고구려발해학회.

김동훈, 2019, 「콕샤로프카-1평지성(沿海州Koksharovka-1平地城)」, 『한국고고학 전문사전(성곽봉수편)』, 국립문화재연구소.

Ⅱ. 유라시아歐亞 초원로草原路의 유적遺蹟과 유물遺物

3. 러시아Russia의 유적遺蹟과 유물遺物

그림 Ⅱ-13. 러시아Russia 콕샤로프카성Koksharovka castle

1. 콕샤로프카성(Koksharovka城) 원경(遠景)
2. 콕샤로프카성(Koksharovka城)
3. 건물지(建物址)
4. 온돌(溫突)
5. 삼채(三彩) 도기(陶器)
6. 월주요(越州窯) 청자(靑磁) 주자(注子)

10) 노보고르데예프카성 Novogordeyevskoye castle

노보고르데예프카성은 러시아 연해주(沿海州) 아누치노(Anuchino)지구 아누치노 마을로부터 북동쪽 5km 지점 아르세니예프카(Arsenevka)강의 오른쪽 평지에 솟아 있는 해발 78m의 끄루글라야(Kruglaia)산 북쪽 경사면에 위치하는 발해 산성이다. 북쪽 가까이에는 우수리강의 지류인 아르세니예프카강이 흐르고 있다. 성터가 있는 곳은 강 옆의 평지에 솟은 해발 78m의 끄루글라야산 북쪽의 완만한 경사면을 성벽이 두르고 있다.

성의 평면형태는 오각형이고, 규모는 230×190m, 둘레 840m 면적은 3.25ha이다. 성벽은 언덕의 경사면을 따라서 축조되어 있다. 성벽의 최대 높이는 2m이며, 서쪽의 급경사면에서는 성벽의 높이가 0.5m 미만이다. 성벽에 대한 조사는 1970년대 초에는 북벽에 대해, 1987년에는 서벽에 대해 각각 실시되었다.

북쪽 성벽 단면조사를 통해 성벽이 여러 시기에 걸쳐 축조된 것이 확인되었다. 성벽의 높이는 3.5m인데, 가장 하단의 기반층 위로 부식토층이 전체적으로 분포한다. 그 위로 성벽의 외측에 큰 강돌층, 석립 포함 사질점토층이 있는데, 이 적석층은 초축 성벽으로 파악되었다. 그 상단으로 성벽의 가운데 부분을 중심으로 매장 표토와 석립 포함 점토층이 반복적으로 쌓여있다. 중세 초기와 12-13세기에 걸쳐 축조 및 증축된 것으로 보인다.

서벽 북쪽의 성벽은 주거지와 함께 조사되었다. 서벽 북쪽의 18호 발해 주거지에서 서쪽으로 5m 지점 생토에서 12-13세기의 토축 성벽에 의해 일부가 덮인 2열의 주혈(柱穴)이 확인되었다. 이는 성벽의 흔적으로 추정되는데, 외측 열은 단애의 가장자리를 따라, 내측 열은 외측 열과 0.6-1.1m의 거리를 두고 줄지어 있다.

성벽은 내외측의 외관을 목재로 한 폭 1m의 토축 성벽이었거나, 목책 성벽이었을 것으로 추정된다. 주혈 외에는 석축이나 토축의 흔적이 전혀 발견되지 않았기에 목책이었을 가능성이 크다.

산성의 내부에는 인공적으로 조성된 폭 5-15m의 단구대가 24기 확인되었다. 산성 남서쪽에서는 폭 20×20m, 높이 1m인 정방형의 보루가 확인되었다. 성벽의 북동쪽에서는 문지와 치가 확인되었다. 문지쪽으로는 고대의 도로가 지나가는데, 동벽을 따라서 언덕의 상부까지 올라간다. 산성에서는 여러 시기의 문화층이 확인되었다. 발해문화층은 3개 층으로 구분된다. 주거지들은 야산 경사면에 만들어진 단구대에 자리잡고 있다. 모두 평면이 방형인 지상가옥으로서, 동서로 열을 지어 있다. 하부 문화층의 주거지들은 생토를 약간 파고 축조하였는데 면적은 12-30m²이고 화덕자리는 입구 가까이에 있다. 상부 문화층의 주거지들은 30m² 이상의 면적이며 내부에 1-2개의 고래를 갖는 '一'자형, 'ㄱ'자형, 'ㄷ'자형의 쪽구들이 있다. 상부층의 주거지 근처에서는 저장수혈도 발견되었다.

성내에서는 토제범, 도가니, 주물용 국자, 슬러그, 송풍관, 은제 완륜(腕輪), 청동 숟가락, 철촉, 갑편 등이 출토되었다. 이 유물들은 이 공간이 여러 종류의 장신구를 주조하는 수공업 생산 중심지였던 것을 시사한다.

1995년 아르세니예브카강 유역에서 우연히 발견된 소그드 은화를 샤브꾸노프(E.V.Shavkunov)에 의해 노보고르제예브카 마을 일대에서 발견된 것으로 추정하였다. 이는 노보고르제에브카 성터 및 마을 유적 등 중세 유적이 집중되어 있기 때문이다. 이 유물은 현재 극동연방대학교 박물관에 소장되어 있으며 이 은화와 비슷한 도안을 가진 것은 타지키스탄 펜지켄트(Pyandzhicent)유적에서 출토된 소그드 은화에서 확인할 수 있다. 펜지켄트유적에서 출토된 은화의 앞면에는 왕관을 쓴 사산조 페르시아의 바흐람 5세(Bahram V)의 측면 얼굴과 초승달 등이 묘사되어있으며, 중앙아시아에서는 5세기부터 부하라(Bukhara)와 소그드 지방에서 바흐람 5세의 은화를 모방하였다. 또한 이 은화에 왕관의 왼쪽에 아랍어로 '알-마흐디'라는 명문을 통해 은화의 생산 연대는 8세기 3/4분기로 추정된다. 노보고르제예브카의 소그드 은화는 부하라 드라흐마 동전의 압바스조 방제품(倣製品)이며, 그 주조연대에 대해서는 무하마드 알-마흐디가 총독으로 있을 때 즉, 761-762년으로 보고 있다. 이 은화를 통해 노보고르데예프카유적이 8-10세기 소그드인의 담비길 교역 거점이었음을 알 수 있다.

참고문헌

대한민국 문화재청 국립문화재연구소·러시아연방 러시아과학원 극동지부 역사학고고학민속학연구소, 『연해주의 문화유적 I』, 국립문화재연구소.

스토야킨 막심, 2017, 「연해주 발해성곽의 구조와 성격」, 『中央考古研究』22, 中央文化財研究院.

정석배, 2017, 「유물로 본 발해와 중부-중앙아시아지역 간의 문화교류에 대해」, 『고구려발해연구』57, 고구려발해학회.

정석배, 2017, 「발해의 성벽 축조방법에 대해」, 『선사와 고대』54, 한국고대학회.

김동훈, 2019, 「노보고르데예프카평지성(沿海州Novogordeyevskoye平地城)」『한국고고학 전문사전(성곽봉수편)』, 국립문화재연구소.

Ⅱ. 유라시아歐亞 초원로草原路의 유적遺蹟과 유물遺物

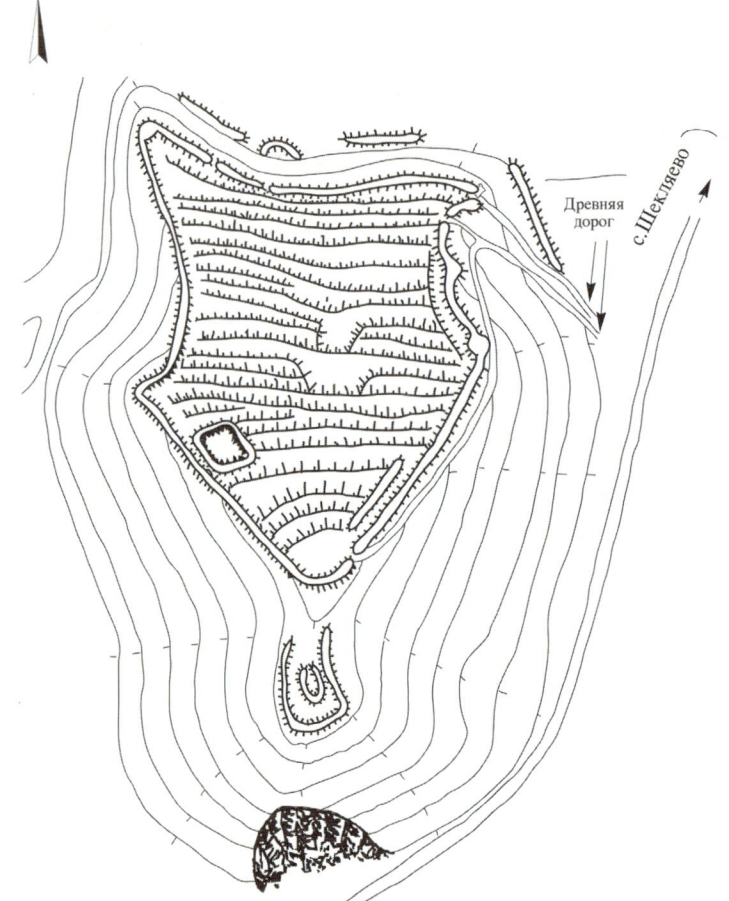

3. 러시아Russia의 유적遺蹟과 유물遺物

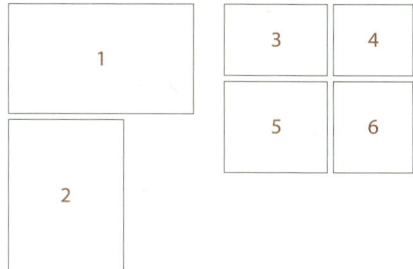

그림 Ⅱ-14. 러시아Russia 노보고르데예프카성Novogordeyevskoye castle

1. 노보고르예프카성(Novogordeyevskoye城) 원경(遠景)
2. 노보고르예프카성(Novogordeyevskoye城) 평면도(平面圖)
3. 노보고르예프카성(Novogordeyevskoye城)
4. 노보고르예프카성(Novogordeyevskoye城) 주변 출토 바흐람(Bahram)5세의 모방 소그드(Sogd) 은화(銀貨) 전면(前面)
5. 노보고르예프카성(Novogordeyevskoye城) 주변 출토 소그드(Sogd) 은화(銀貨) 후면(後面)
6. 중앙아시아(中央亞細亞) 바흐람(Bahram)5세 모방 소그드(Sogd) 은화

11) 크라스키노성 Kraskino castle

크라스키노성은 러시아 연해주(沿海州) 하산(Khasan)지구 크라스키노마을에서 남서쪽으로 2km 지점에 위치한다. 크라스키노성은 포시에트만(Posyet Bay)의 북안(北岸) 츄카노프카(Tsukanovka)강이 합류하는 해변(海邊)에 입지한다. 성의 평면 형태는 오각형에 가까운 남북이 말굽형(蹄鐵形)이다. 규모는 남북 380×동서 300m, 둘레 1,380m 면적은 13.6ha이다.

크라스키노성은 발해 동경용원부 염주의 치소가 있었던 염주성(鹽州城)으로 비정(比定)되고 있다. 츄카노프카강의 옛 이름이 얀치혜강으로 이는 염주하(鹽州河)에서 음차한 것으로 보고 있다. 염주(鹽州)는 발해(渤海) 62주(州)의 하나로서 동경용원부(東京龍原府)에 속하는 4주(州)중 하나이며 소금생산과 관련된 지명이다.

1980년 러시아에 의한 최초의 체계적인 조사에서는 불교사원이 확인된 토성의 북서부가 발굴되었다. 1997년까지 사원의 주요 건물, 종루로 추정되는 건물의 기단, 3기의 와요, 담장기초 등이 조사되어 발해시기의 유적임이 판명되었다. 1997년이래 일본 아오야마가구인대학(青山學院大學)의 조사를 통해 성벽 동문의 구조와 성벽 축조방법이 확인되었다. 1997년이래의 러시아의 조사에 의해 토성북서부에서 우물(井), 와요(瓦窯), 기단(基壇), 온돌(炕)이 확인되었다. 2006년부터 지속적으로 동북아역사재단이 발굴을 실시하여왔으며, 2011, 2013, 2014년 조사를 통하여 성내에서 도로를 확인하였다.

크라스키노성에는 동, 서, 남쪽에 성문(城門)이 있으며, 성벽(城壁)에는 보조 방어시설인 옹성(甕城)과 치(雉)가 설치되었다. 성벽의 단면조사는 1996-97년에 서벽 북쪽 부근을 중심으로, 그리고 2004년에 동벽의 치(雉) 부근을 중심으로 실시되었다. 두 곳 모두 성벽의 내부를 흙다짐으로 채우고 내외면은 석축을 하였다.

서벽 부근의 성벽은 두 단계에 걸쳐 축조된 것으로 추정된다. 이른 단계의 성벽은 석축의 내외벽이 있고, 그 사이는 흙다짐으로 채웠다. 외측 석축은 전체 높이가 약 2.6m, 두께가 1.4-1.8m이다. 외면은 8-9층, 내면은 6-7층 석축하였다. 외측 석축의 내외면 모두 기저부에 판석을 깔아 기단을 만들었다. 내측 석축의 내면은 7층으로 쌓았고, 기단이 있으며, 높이는 1.1-1.2m에 이른다. 그 아래층은 높이가 0.4m까지인 횡단면이 방형인 대형 석재를 사용하였다. 내측 석축은 안쪽에만 돌을 쌓았고, 외측 석축과 2.2m 떨어져 있다. 외측 석축은 내측 석축에 비해 0.4-0.6m 더 높다. 성벽 내에서 확인된 배수로는 증축 시 초축 성벽을 절개하고 만든 것으로 추정된다. 배수로의 양 측면에는 평행한 석벽이 세워져있고, 그 위에는 판석을 덮었다.

　　성벽 조사시 내측 석축의 북쪽 부분과 남쪽 부분의 석재를 쌓는 방식이 서로 다르다는 것이 확인되었다. 이는 성벽의 여러 구간이 서로 다른 집단에 의해 각자 축조되었거나, 각 구간의 석재가 서로 다른 곳에서 채취되었음을 보여준다.

　　성내와 성벽의 출토유물로 볼 때 초축 성벽과 증축 성벽 모두 발해 시기에 축조된 것으로 판단된다. 또한 서문 외측 200m 지점에서 발해시기의 횡혈식석실묘가 발굴되었다.

　　성내에서 두 방향의 도로가 존재하고 교차지점의 도로는 남북 16m(1호), 동서 29m(2호) 길이다. 도로 표면에는 할석과 천석을 깔았으며, 주위에서는 잘게 깨트린 토기편과 기와편 등이 출토되었다. 발해의 지방성도 도로를 정연하게 구획하고 설계한 계획도시로 조성했음이 확인되었다. 성내에서 다른 지역보다 2-3m 높은 북서쪽구역에 사지, 와요지, 우물, 쪽구들을 시설한 지상 주거지 등이 조사되었고, 동쪽에서는 성벽과 문지가 확인되었다.

　　사지(寺址)의 금당(金堂)은 12×11m, 높이 약 1m인 사질토를 다져 만든 대지 위에 조영되었다. 금당의 외곽에는 현무암 판석을 돌리고 판석 외면에는 두께 0.1m의 점토를 발랐다. 대지 윗면은 대부분 자갈로 다졌는데, 이 위에 초석 25기와 초석의 기초 수혈 5기가 확인되어 기둥은 6개씩 5열을 이룬 것으로 확인되었다. 기둥 사이의 간격은 약 1m이며, 금당의 면적은 9×8m이다. 입구는 남서쪽에 위치하며, 1.3×1.3m 크기의 작은 계단이 있다. 기와편은 대지의 남동쪽과 북서쪽에서 다량 확인되었는데 지붕은 4면이 경사져 있는 우진각으로 추정된다. 금당지에서는 양 손을 교차하며 대좌 위에 앉아 있는 금동불상과 회황색 사암에 조각한 광배가 달려 있는 좌불상, 불상을 조각한 판석도 출토되었다. 주철제(鑄鐵製) 풍탁(風鐸)은 3점 출토되었으며, 6면체로 3면에 반달형 구멍이 있고 위에도 풍탁을 매달기 위해서 끈을 꿰었던 구멍이 있다.

　　북서쪽 사지 부근에서 확인된 와요지는 사질층의 완만한 경사면을 파고 들어간 장방형의 수혈 형태이다. 요는 연소실, 소성실, 연통의 세 부분으로 구성되어 있는데, 길이 3.9m, 폭 1.4-1.6m이다. 요 바닥이 북서쪽으로 경사져 있다. 이 유구는 현재까지 연해주에서 발견된 유일한 와요지로 이 곳의 기와는 인접한 사지의 기와와 직접적인 관계가 있다.

　　『신당서新唐書』에 따르면 발해에는 5도(五道)가 있었다. 동경용원부의 동남쪽 바다와 인접한 곳은 일본도(日本道)이고, 남경 남해부는 신라도(新羅道)이고, 서경 압록부는 조공도(朝貢道)이고, 장령부는 영주도(營州道)이고, 부여부는 거란도(契丹道)이다.

　　크라스키노성은 7-10세기 일본과 신라 사이의 사절(使節)인 발해사(渤海使)와 견발해사

(遣渤海使)가 왕래하는 해륙교통(海陸交通)의 중심성곽이다. 발해 수도인 상경용천부(上京龍泉府)에서 크라스키노토성까지 일본(日本)과의 교역로(交易路)인 일본도(日本道)가 정비(整備)되었다.

발해는 무왕(武王)부터 말왕(末王)까지 34회 일본에 견사(遣使)하였으며, 일본은 13회 발해에 사절(使節)을 파견하였다. 발해가 일본에 처음 사절를 보낸 것은 무왕(武王)의 인안(仁安)9년(727)이다. 사절단(使節團)은 영원장군(寧遠將軍)·고인표(高仁表)와 고제덕(高齊德) 등 24인으로 구성되었다. 그들이 일본의 동북지방에 도착(到着)한다.

발해에서 일본으로 가는 길(道)은 수도 상경성(上京城)에서 출발하여 동경(東京) 지금의 훈춘(琿春)을 경유(經由), 염주(塩州)에 도착(到着)하여 동해(東海)로 나아가는 방법과 남경(南京) 지금의 함경남도(咸鏡南道) 북청(北青)에서 동해(東海)를 통하여 신라와 일본으로 가는 방법이 있다. 근래 동경용원부(東京龍原府)가 함경북도(咸鏡北道) 청진시(清津市) 부거리(富居里)라는 설이 제기되었다. 이는 포시에트만(Posyet Bay)이 겨울이 되면 동결(凍結)되어 12-2월에 일본(日本)으로 가는 항해(航海)에서는 이용하기 어렵다는 이유이다.

발해는 초기 정치적 목적에 따라 일본을 통해 신라를 견제하기 위해 먼저 사신을 보냈으나, 이후 발해 특산물인 담비가죽의 교역과 학문적 교류가 주류를 이루었다.

크라스키노성에서는 2012년 성의 제48구역에서 쌍봉낙타(雙峯駱駝)의 제1지골이 출토되었는데, 연해주는 몬순(monsoon)기후로 인하여 낙타를 사육한 적이 없어 내륙지역에서 이입된 것으로 보았다. 2015년 제47구역에서 청동제 쌍봉낙타상이 출토되었다. 낙타는 아르세니예브스카야강 유역에서 발견된 소그드 은화, 니꼴라예브까2성에서 출토된 사산조 페르시아계 청동경으로 볼 때 소그드인과 모피교역의 과정에서 이입된 것으로 보인다. 나아가 일본도의 교역항인 크라스키노성에서 출토된 것은 모피교역로인 담비길이 일본도와 연결되었음을 보여준다. 당(唐)과의 교역을 보여주는 유물로는 절강성의 월주요, 하북성의 정요와 자주요, 호남성의 장사요에서 생성된 자기이다. 또한, 당과 관련된 중요한 유물 중 하나는 삼채(三彩)도기이다. 현재까지 삼채도기의 출토 상황을 살펴볼 때 러시아 연해주 내의 발해유적 가운데 절반 가까운 양이 크리스키노성에서 출토된 것은 발해의 대일본 교통의 중심지이며 당시 지정학적 중요성을 말해준다.

더욱이 크라스키노성에서 출토된 발해 사이편호(四耳偏壺)와 동일한 기종이 경상북도 울릉도(鬱陵島) 천부동(天府洞)1호석실묘에서 출토되어 주목된다. 양자는 발해의 일본도 가운데 울릉도를 경유하는 항로(航路)가 있었음을 시사한다.

참고문헌

田村晃一(編), 2005, 『2004年度 ロシア・クラスキノ土城発掘調査概要報告』, クラスキノ土城発掘調査團.

淸水信行, 2008, 「クラスキノ土城の發見と調査」, 『アジア遊學特輯 北東アジアの中世考古學』107, 勉誠出版.

田村晃一, 2011, 『クラスキノ: ロシア・クラスキノ村における一古城跡の発掘調査』, クラスキノ土城発掘調査團.

淸水信行, 2013, 『論集: 沿海州渤海古城クラスキノ古城の機能と性格』, 靑山學院大學クラスキノ土城発掘調査團・ロシア科學アカデミ一極東支部歷史考古民族學硏究所.

스토야킨 막심, 2017, 「연해주 발해성곽의 구조와 성격」, 『中央考古硏究』22, 中央文化財硏究院.

정석배, 2017, 「유물로 본 발해와 중부-중앙아시아지역 간의 문화교류에 대해」, 『고구려발해연구』57, 고구려발해학회.

김동훈, 2019, 「크라스키노-평지성(沿海州Kraskino-平地城)」, 『한국고고학 전문사전(성곽봉수편)』, 국립문화재연구소.

김은국(외), 2020, 『발해 염주성塩州城 이야기』, 청아출판사.

Ⅱ. 유라시아歐亞 초원로草原路의 유적遺蹟과 유물遺物

그림 Ⅱ-15. 러시아Russia 크라스키노성Kraskino castle
1. 크라스키노성(Kraskino城) 원경(遠景)
2. 크라스키노성(Kraskino城)
3. 도로(道路)
4. 저장고(貯藏庫)
5. 연화문(蓮花文) 와당(瓦當)
6. 연화문(蓮花文) 와당(瓦當)

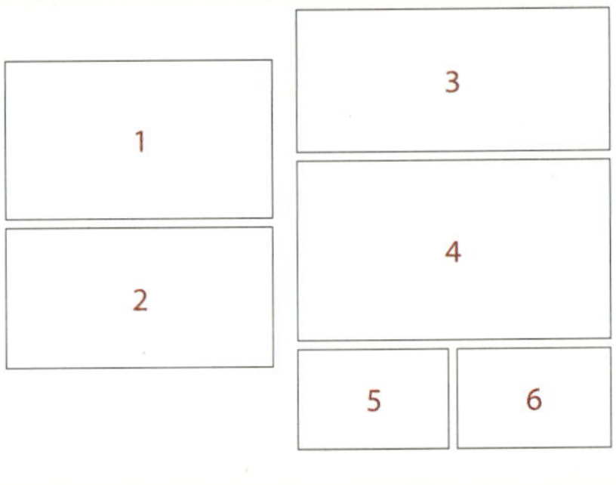

7. 금동제(金銅製) 불상(佛像)
8. 석제(石製) 불상(佛像)
9. 금동제(金銅製) 두발(頭髮) 장식(裝飾)
10. 동제(銅製) 대장식구(帶裝飾具)
11. 사이부호(四耳附壺)
12. 청동제 쌍봉낙타(雙峯駱駝)
13. 쌍봉낙타(雙峯駱駝) 뼈(骨)

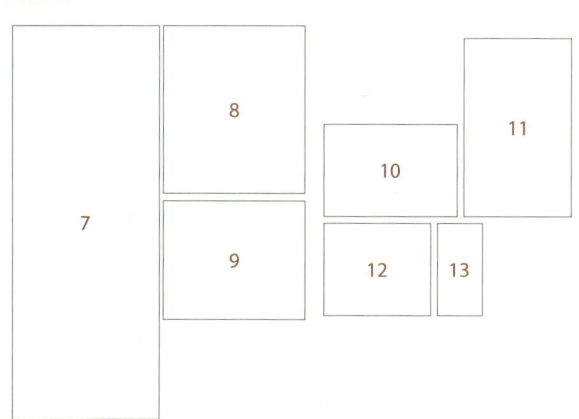

Ⅱ. 유라시아歐亞 초원로草原路의 유적遺蹟과 유물遺物

4. 카자흐스탄Kazakhstan의 유적遺蹟과 유물遺物

1) 탁사이1고분군Taksay 1 tombs

탁사이1고분군은 카스피해의 북쪽 러시아 접경지역인 우랄스크(Uralsk)시에서 50km 돌인노예(Dolinnoye) 마을에서 8km 떨어진 지점에 위치한다. 이 고분군은 초원에 남북으로 형성된 구릉에 6기의 고분이 입지한다.

고분군 동쪽에 있는 6호분은 원형으로 직경 41m, 높이 1m이다. 흙으로 쌓은 분구의 중심에 3호곽이 있으며, 서북쪽의 1호와 동남쪽의 2호는 소형으로 순장곽으로 추정된다.

3호곽은 통나무로 만든 목곽이며, 피장자는 여성이다. 인골은 1.5m 신장이며 목곽 동벽 부근 깔개 위에 안치되었다. 출토된 여성의 복식은 다양한 금제 장식금구, 금제 투공 구슬, 그리고 관모로 장식하였다. 여성은 금제 장신구를 착용하고 있었으며, 그 주변에서는 부장품이 출토되었다. 여성의 두부 왼쪽과 오른쪽에서는 2점의 금제(金製) 이식(耳飾)이 출토되었다.

이 여성은 금제(金製) 토르크(torques)를 착용하고 있었다. 손목에는 끝부분이 벌어진 Ω 모양의 금제 완륜(腕輪) 2점을 차고 있었으며, 완륜의 벌어진 끝부분에는 뿔이 달린 고양이과 맹수가 초식동물을 공격하는 장면을 단순화한 장식이 있다. 오른손 약간 위쪽에는 가래나무 재질의 상자 안에 양면 청동경이 놓여있었다. 거울은 둥글고 매끈한 원판으로 2개의 리벳을 이용해 평평한 판 형태의 손잡이를 부착하였다. 손잡이에는 금판을 씌웠다. 손잡이의 위쪽과 아래쪽에는 양식화된 그리핀의 머리가 좌우대칭으로 배치되어 있고, 이들을 합쳐보면 '만(卍)'자 모양으로 둥글게 구성된다.

왼쪽의 손목 가까이에는 암청색 소형 유리병이 놓여있었고, 목곽의 기둥에는 구연부를 따라 금판 6개로 장식한 목제 용기가 매달려 있었다. 금판에는 새의 부리, 삼각형 구멍이 있고 안쪽으로 접힌 하단의 테두리를 따라 반원 모양 돌기 3개가 있는 발굽 모양, 좌우대칭인 새 두 마리의 두상, 길고 두툼하며 구부러진 형태의 부리가 있는 맹금류의 두상이 표현되어 있다.

목제용기 근처에는 청동복(青銅鍑)이 놓여있었는데, 형태는 반구형이고 구연부로 갈수록 기벽이 좁아진다. 청동복에는 고리 모양의 파수 2개가 수직으로 부착되어 있고, 파수의 상단에는 3개의 돌기가 있다. 솥에는 쌍봉낙타 머리 모양의 주구(注口)가 있다. 낙타는 목을 뺀고 있으며, 이빨을 드러내고 있다.

청동복(靑銅鍑) 주변에서는 굴레, 재갈멈치, 뒷면에 큰 고리가 달린 원판형 투공장식, 맹조류의 부리 모양 장식으로 이루어진 마구가 출토되었다.

의례용 상자는 평평한 가래나무 판자 5개로 제작되었으며, 크기는 50×80cm이다. 상자 안에는 늑대의 송곳니와 이빨, 절 구와 절굿공이, 강돌, 늑대 두 마리의 발, 골제(骨製) 손잡이가 달린 칼, 양식화된 새 머리 모양의 투구, 포플러나무를 잘라 만든 목제 빗(櫛)이 발견되었다. 빗(櫛)은 윗부분과 아랫부분의 빗살(櫛齒)로 이루어져 있다. 빗의 중앙에는 장방형 틀 안에 저부조 장식이 있다. 장방형 틀 안에는 페르시아인과 싸우는 유목민이 부조로 표현되어있다.

6호분 3호곽 여성 피장자의 복식 복원이 출토품에 근거하여 이루어졌다. 이 여성은 높고 끝이 뾰족한 관모를 쓰고 있었는데, 그 형태는 금으로 만든 원추형 골조가 출토된 덕분에 복원이 가능하다. 관모의 골조에는 양식화된 야생염소 즉 시베리아 아이벡스(Siberian ibex)의 형상이 있다. 관모의 상부는 머리, 하부는 다리가 도식적으로 표현된 것으로, 반으로 접힌 두 개의 금판이고 끝은 양식화된 발굽 형상의 드리개로 마감되어 있다. 두개골 왼쪽에는 관모의 하단 높이에서 6점의 작은 '만(卍)'자형 꾸미개가 쌍으로 놓여 있는데, 관모 하단의 테두리를 따라 부착되었던 것으로 보인다.

의복은 길고 통이 넉넉한 소매가 달린 직선형 원피스와 짧은 카프탄(caftan)으로 이루어졌으며, 카프탄의 소매는 원피스보다 조금 짧고 소맷부리가 넓어지는 모카프탄의 소매 길이는 팔꿈치 약간 위쪽까지이다. 원피스에는 정방형의 금제 장식금구가 부착되어 있었는데, 산양 머리 두 개가 대칭으로 배치되었다. 묘곽내 장식품의 위치로 볼 때, 소매의 팔꿈치 위와 소맷 끝, 그리고 원피스 허리의 양옆에 쌍으로 부착되었던 것으로 보인다.

두 번째 형태의 꾸미개는 카프탄의 주된 장식 요소로서 '만(卍)'자형이며, 그리핀 머리 4개가 원형으로 배치된 구성이다. 30점이고 크기는 2.5×2.5cm이며, 그중 6점은 관모에 부착되어 있었다. 크기가 4×4cm인 유사한 장식금구가 16점 확인되었다.

장식금구에는 그리핀 머리 4개가 옆모습으로 표현되어 있고 서로 연결되어 원을 그리고 있다. 즉, 그리핀의 부리는 앞에 있는 그리핀의 뒤통수 부분에 맞닿아 있다. 이 공상수(空想獸)는 새 머리 모양으로 표현되어 있는데, 꼭 다문 부리는 길고 두툼하며 아래로 구부러져 있다. 볼록한 눈은 크고 둥글며 둥근 덧띠가 돌려져 있다. 눈 아래에서 뒤통수까지는 띠가 돌려진 주름이 하나 있다. 뒷면에는 4개의 고리가 땜질되어 있고, 그리핀 4마리의 부리 아래에는 구멍이 뚫려있다.

의복의 장식은 동물 양식으로 되어있는데, 이는 우랄산맥 서남부의 초기 유목민뿐 아니라 유라시아 대초원에 거주하던 민족의 신화적, 종교적 의장을 표현했던 것이다.

6호분의 3호곽에서 발견된 장식금구는 동물로 장식되었다. 동물의 형상은 맹수와 초식동물로 나뉜다. 맹수에는 독수리 머리의 맹수, 그리핀, 낙타, 뿔 달린 상상의 맹수가 있고, 초식동물로는 황소, 양, 염소가 있다. 모든 동물 형상은 두상으로만 표현되었고, 동물의 형상은 단독으로 표현되거나 다른 형상과 함께 등장하기도 한다.

이 고분의 연대는 나무와 뼈의 방사성 탄소연대와 출토 유물의 형식으로 볼 때 BC 6세기 말에서 BC 5세기 초에 축조된 것으로 보인다.

더욱이 이 고분에서 주목되는 것은 누금(縷金)장식 금제 이식, 중앙 손잡이에 페르시아인과 싸우는 유목민을 묘사한 목제 빗(櫛), 견부에 파상문이 시문된 유리기(琉璃器)가 출토되었다.

누금장식 금제 이식은 삼각형의 누금기법 등으로 볼 때 흑해 연안의 그리스계 공인이 제작한 것으로, 스키타이의 금제 이식이 카스피해 북안에 도달한 점이 주목된다. 왜냐하면 이후 이러한 금공기법이 동방으로 전파되어 중국 동북지방의 선비족과 고구려에 이입되고, 초원로의 동단인 한반도 신라에 도달한 것으로 보고있다.

목제 빗(櫛)은 문양으로 볼 때 페르시아와의 교섭을 보여주는 것이며, 유리기(琉璃器)는 코어기법으로 동지중해에서 만들어진 것으로 판단된다. 이 고분군은 BC 6세기 전후하여 카자흐스탄 초원과 페르시아, 동지중해와의 교류가 시작된 것을 상징하는 중요한 유적이다.

참고문헌

카를 바이파코프(저), 최문정 · 이지은(역), 2017, 『카자흐스탄의 실크로드』, 국립문화재연구소.
國立中央博物館, 2018, 『황금인간의 땅 카자흐스탄』, 國立中央博物館.
국립문화재연구소, 2018, 『카자흐스탄 초원의 황금문화』, 국립문화재연구소.
국립문화재연구소, 2019, 『카자흐스탄의 실크로드』, 국립문화재연구소.

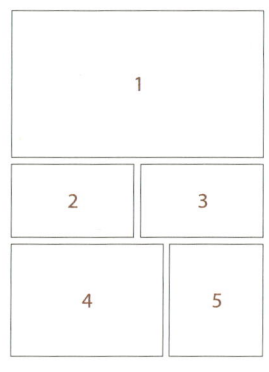

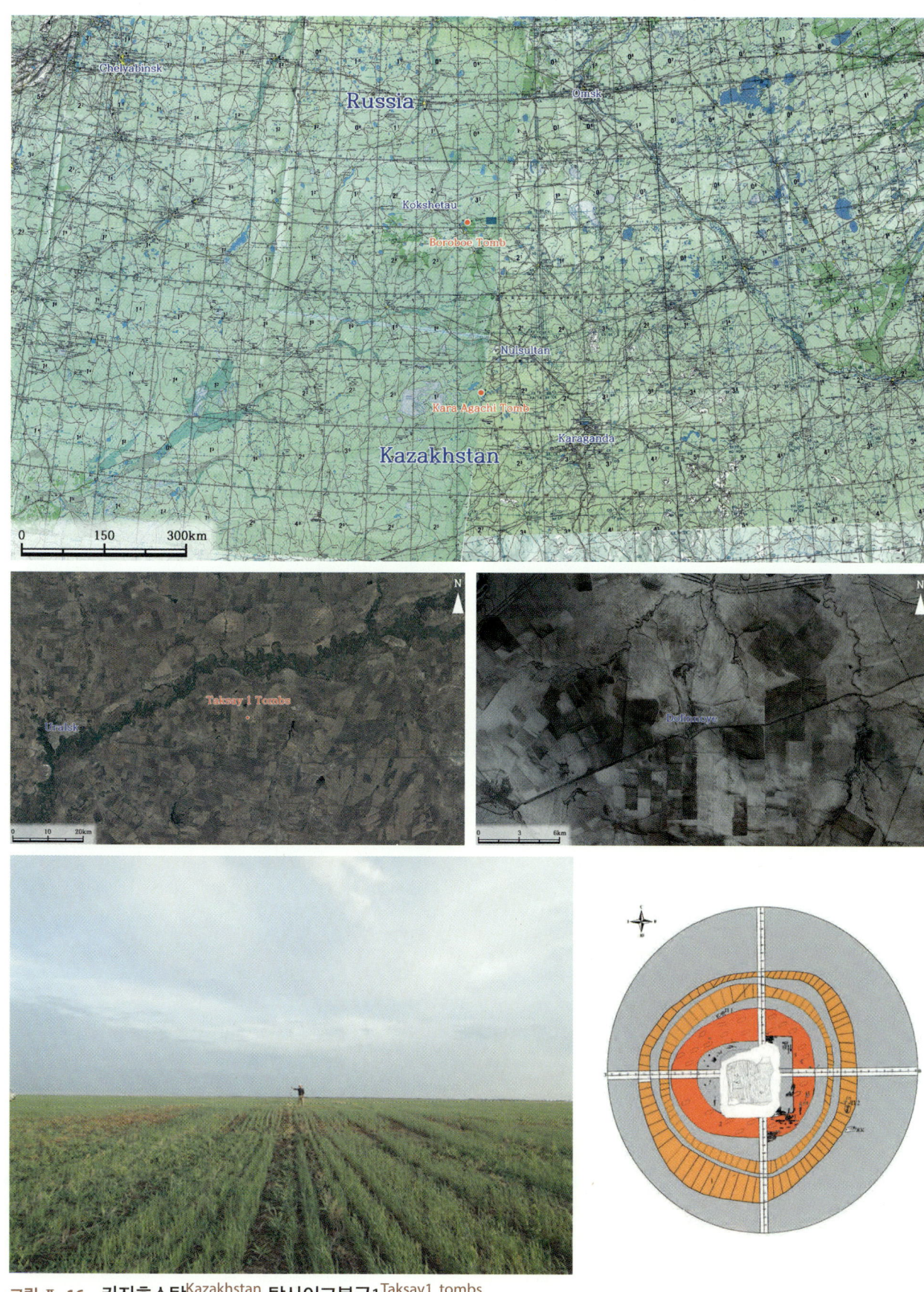

그림 Ⅱ-16. 카자흐스탄Kazakhstan 탁사이고분군1 Taksay1 tombs

1. 카자흐스탄(Kazakhstan)유적(遺蹟) 분포도(分布圖)
2. 탁사이(Taksay)1고분군 위치(位置)
3. 탁사이(Taksay)1고분군 원경(遠景)
4. 탁사이(Taksay)1고분군 제6호분 근경(近景)
5. 제6호분 분구(墳丘) 평면도(平面圖)

6. 제6호분 3호 목곽(木槨)
7. 제6호분 3호 목곽(木槨) 지중해산(地中海産) 유리기(琉璃甁)
8. 제6호분 3호곽 목곽(木槨) 유물(遺物) 출토상태(出土狀態)
9. 제6호분 3호곽 목곽(木槨) 유물(遺物) 출토상태(出土狀態) 세부(細部)
10. 제6호분 3호 목곽(木槨) 금제(金製) 이식(耳飾)
11. 제6호분 3호 목곽(木槨) 금제(金製) 완식(腕飾)
12. 제6호분 3호 목곽(木槨) 동복(銅鍑)
13. 제6호분 3호 목곽(木槨) 출토 복식(服飾) 복원(復元)

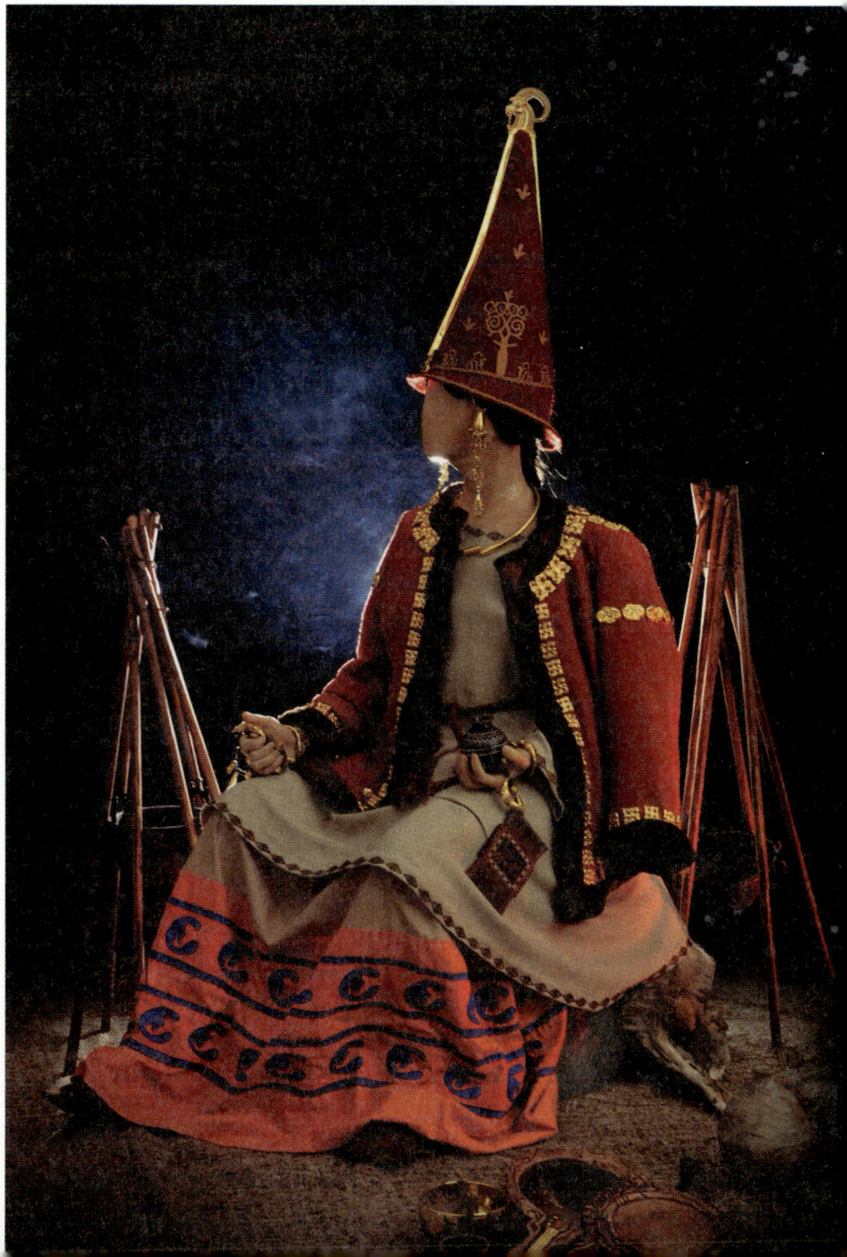

2) 카라아가치고분 Kara agachi tomb

카라아가치고분은 서부 카자흐스탄 이심(Ishim)강유역 아크몰라(Akmola)지방의 카라아가치(Kara agach)지역에 위치한다. 이 고분은 1904년 공사중 발견되어 조사되었다. 이 지역은 수원이 풍부하며 북쪽에 사라쿨(Saracool)호수가 있다. 발굴자인 코지레프(A. Kozyrev)는 보고서에서 이곳이 대초원의 오아시스와 같으며, 약 320km 정도 떨어진 지점의 금광은 카라아가치 고분이 출현하는 중요한 배경으로 작용하였다고 보았다.

카라아가치고분의 분구 형태는 절두원추형(截頭圓錐型)으로 높이 3.5m, 직경 10.5m이며, 적석부의 높이는 2.8m로서 유라시아전역에 분포하는 전형적인 쿠르간이다. 분구는 서-동, 남-북 두 부분으로 나누어 조사되었다. 발굴조사 과정에 모래와 섞인 탄화층이 깊이 0.9m 부분에서 확인되었다. 탄화층의 아래쪽에서는 높이가 0.7m가 되는 석조상이 서쪽에서 동쪽을 향한 채 발견되었다. 석조상은 화강암으로 둥근 머리와 얼굴, 어깨, 몸을 조각하였다. 깊이 1.7m 부분에서, 1m 길이의 사암제 석관이 확인되었다. 석관 안에서 나무 조각이 확인되어 목관이 사용된 것으로 보인다. 석관 안에서는 여성의 인골이 확인되었는데, 두향은 동쪽이다. 두개골의 상태는 양호하였고 다리와 팔뼈도 확인되었다. 두개골에는 검은색 또는 흑갈색의 머리카락이 일부 보존되어 있었다. 여성의 인골과 평행하게 머리가 그 족부를 향하게 말이 순장되었다.

여성의 두개골 위에는 두께 1.2mm의 금동제 관(冠)인 다이아뎀(Diadem)이 놓여있었다. 다이아뎀에는 동사(銅絲)가 상단에서 바깥을 향해 아치를 그리며 달려있고, 그 끝에는 원추형의 금제 장식이 부착되었다. 금제 원추형 장식은 총 15점 확인되었다. 다이아뎀의 내부는 모직물로 덧대었다. 다이아뎀의 둘레는 49cm, 폭은 4cm이다. 두개골의 뒤쪽에는 다이아뎀의 양쪽 끝이 서로 닿지 않고 6cm 정도 떨어져 있었는데, 얇은 동사로 연결되어 있었다. 다이아뎀의 외면에는 금립(金粒)으로 만들어진 정삼각형이 상하 6단으로 좌우로 밀집되게 장식되어있다. 다이아뎀에 부착된 원추형(圓錐形)의 장식 하단은 직경 0.9-1.3cm이고 높이 2.8cm 정도이다. 장식에는 파상문(波狀文)의 선이 있다.

다이아뎀과 함께 두개골 인근에서 장신구가 출토되었다. 금제 이식(耳飾)은 높이 3cm, 폭은 2.6cm이다. 한쪽 면은 평평하고, 장식이 풍부한 다른 면은 볼록하다. 중앙과 양쪽 상단에 총 3개씩 석류석(石榴石, garnet)이 상감되어있다. 중앙의 석류석 길이는 6.5mm, 폭은 5mm이다. 보석상감 주위로는 연주문의 누금장식이 이어지며 그 주위로 다시 삼각형의 누금장식이 장식되어있다. 경식으로 보이는 길이 8.8cm의 은제 수두형(獸頭形) 수식(垂飾) 2점이 출토되었다. 은판을 접어서 입을 벌리고 뿔과 같은 양이(兩耳)를 가진 형상으로 용 또는 늑대로 보고 있다. 작은 직육면체 형태이며 한쪽 끝에는 휘어진 삼각형 장식이 달려있다. 직육면체의 넓은 두 면에는 석류석(石榴石, garnet), 첨정석(尖晶石, spinel), 호박(琥珀, amber)을 상감하였다. 각 면 당 6개의 보석이 상감되었는데 지름은 0.6cm 정도이고, 각각 약 1.5cm의 거리를 두고 배치되었다. 보석상감 사이에는 삼각형의 누금장식이 좌우 대칭을 이루며 장식되었고, 보석상감의 주위에도 한 줄의 누금이 장식되어있다. 직육면체의 한쪽 끝에는 마찬가지로 보석들이 상감된 끝이 둥근 장식이 있고, 그 하단에 바깥쪽을 향해 휘어진 삼각형 장식판이 부착되었다. 둥근 장식의 가장자리와 휘어진 삼각형 장식판의 가장자리에도 빼곡하게 연주문(連珠文)의 누금장식이 이어진다.

여성 피장자의 골반 부위에서는 직경 1.2-2cm, 두께 0.5-0.8cm의 호박주(琥珀珠)가 16점 출토되었다. 각 호박의 중앙에는 지름 5mm의 구멍이 뚫려있다.

이 고분은 구조와 석류석을 상감한 장신구 등으로 볼 때 훈족(Huns)이 조성한 것으로 판단된다. 이 고분에서 출토된 로마 유리기는 담록색(淡綠色)으로 기벽(器壁)이 얇고, 구순(口脣)은 감색(紺色)의 유리대(琉璃帶)를 덧붙이고, 상위에는 구순과 같은 색조의 굵은 띠 한 줄을 파상(波狀)으로 붙여 돌린 것으로, 하위에는 배신(杯身)과 동일 색조의 유리대(琉璃帶)를 파상(波狀)으로 3줄을 교차하게 돌려 붙여 망목문(網目文)을 표현한 것이 특징이다. 이 유리기는 경주 황남대총 남분 출토품과 동공품(同工品)으로 판단된다. 또한 이 고분에서 출토된 은제 수식은 경주 계림로 14호묘 출토 황금보검과 같이 석류석을 감입(嵌入)하고 누금기법(鏤金技法)이 동일한 훈족 장신구이다. 이 고분 출토품을 통해 볼 때 신라고분 부장 로마 유리기와 훈족 장신구는 카자흐스탄 초원을 통하여 이입된 것으로 판단된다. 카라아가치고분 출토 유물은 에르미타주박물관(Hermitage museum)에 보존처리되어 전시되고 있다.

참고문헌

А. Козырев. 1905. *Раскопкакурганав урочище Кара-Агач Акмолинского уезда*, "Известия Императорскойархеологическойкомиссии", Вып.16.

Hermitage. 2014. *Expedition Silk Road. Journey to the West: Treasure from the Hermitage.*

Ⅱ. 유라시아歐亞 초원로草原路의 유적遺蹟과 유물遺物

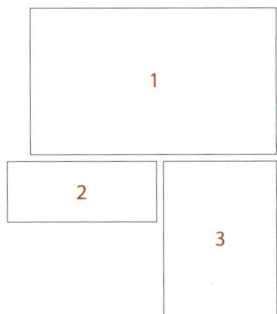 

그림 Ⅱ-17. 카자흐스탄^Kazakhstan 카라 아카치고분^Kara_agachi tomb
1. 카라아가치(Kara~agachi)고분 원경(遠景)
2. 은제(銀製) 석류석(石榴石) 상감(象嵌) 수식(首飾)
3. 로마(Rome) 망목문유리배(網目文琉璃杯)

3) 보로보에호수고분 Borovoe lake tomb

보로보에호수고분은 북부 카자흐스탄 아크몰라(Akmola)주 콕체타(Kokchetau)시의 보로보에호수(Borovoe lake) 주변 지역에 위치한다. 이 고분은 1928년 보로보에(Borovoe) 임업학교에서 2km 떨어진 송림(松林)속에서 석재 절석(切石) 작업 중 발견되었다. 현지답사 결과 그 정확한 위치를 찾기 어려우나 화강암 석재가 다수 확인되며 봉분을 가진 고분은 존재하지 않으며 석개판석묘가 있었을 것으로 추정된다.

이 고분은 화강암이 산재하는 구릉의 경사면에 길이 4.5m, 폭 1.5m, 무게 4t의 화강암 거석 하에 있었다. 거석 아래에는 2매의 판석이 있었으며 그 하부에는 청동복(靑銅鍑)이 석괴(石塊)와 함께 놓여있었다. 그 하부의 묘광 내에서 인골과 함께 금은제 장식보검, 금제 이식, 인상문금박(鱗狀文金箔), 옥류, 철창, 철촉 등이 출토되었다.

금은제 장식보검은 검파(劍把)와 검초(劍鞘)장식 일부가 출토되었다. 원형이 비교적 잘 잔존하는 한국(韓國) 경주시(慶州市) 계림로 14호(鷄林路14號) 보검(寶劍)을 참고로 이하와 같이 복원되었다. 검파(劍把)는 두식(頭飾)을 원형의 석류석으로 장식하고, 파부(把部)는 산(山)자형대의 문양을 가진 세장방형(細長方形)의 장식판(裝飾板)을 사용하였다. 이형장식(耳形裝飾) 즉 P자형 장식(P字形裝飾)이 있는 검초(劍鞘)의 상부장식판(上部裝飾板)은 검초(劍鞘)의 가장 위쪽 부분으로 검(劍)이 들어가는 초구부(鞘口部)이고, 아래쪽 사다리꼴의 검초(劍鞘) 하부장식판(下部裝飾板)에는 대중소의 3점의 누금으로 장식한 석류석(石榴石)을 배치한 것으로 추정된다. 그 사이의 중간에는 파부(把部)와 같은 세장방형(細長方形)의 장식판(裝飾板)을 붙였다. 검초(劍鞘)의 상부장식판(上部裝飾板)은 상위를 횡장방형으로 구획한 후 그 내부를 다시 X자형으로 각각의 중앙에는 소형 초록색 유리, 그 외곽에는 석류석(石榴石)을 감입하였다. 이형장식(耳形裝飾)에는 상위의 중앙에 중형의 석류석을 배치하고 외연을 따라 12개의 종장방형으로 구획하고 그 내부에 석류석을 감입하였다. 보로보에(Borovoe) 출토 장식보검은 신장(新疆) 키질69호 석굴의 공양인상(供養人像)의 허리에 찬 검(劍)과 경주시(慶州市) 계림로 14호(鷄林路14號) 보검(寶劍)과 유사하여 주목되었다.

보로보에(Borovoe) 출토 보검을 비롯한 계림로 14호(鷄林路14號) 보검(寶劍)의 제작지에 대해서는 이란, 중앙아시아, 흑해서부(黑海西部)의 트라키아 지방의 켈트왕의 주문에 의한 비잔틴 기술자 제작, 중앙아시아 박트리아 지역의 에프탈이 제작하였다는 설 등이 있다. 신라로 전래되는 과정은 중국을 매개로 한 이입, 북방 초원로를 통한 직접 이입, 소그드인과 고구려를 통한 전파, 사절에 의한 이입으로 나눌 수 있다.

　　보로보에(Borovoe) 출토 보검을 통해 경주(慶州) 계림로14호(鷄林路14號) 보검의 제작지와 이입 경로를 알 수 있다. 즉 그 제작지와 제작집단이 석류석, 누금기법과 그 출토지로 볼 때, 보로보에 호수에서 초원길로 통하는 흑해(黑海) 연안에서 훈족(Huns)에 의해 제작되었음을 알 수 있다. 따라서 계림로 14호(鷄林路14號) 보검도 보로보에(Borovoe)출토 보검과 동일한 지역에서 제작되어 카자흐스탄 초원을 경유하여 이입된 것을 알 수 있다.

참고문헌

穴澤咊光·馬目順一, 1980, 「慶州鷄林路14號墳出土の嵌玉金製短劍をめぐる諸問題」, 『古文化談叢』7, 九州古文化硏究會.

由水常雄, 2001, 『ローマ文化王國-新羅』, 新潮社.

이송란, 2008, 「신라계림로14호분 금제상감보검의 제작지와 수용경로」, 『美術史學硏究』258, 美術史學會.

李漢祥, 2007, 「新羅墳墓속 西域系文物의 現況과 解析」, 『韓國古代史硏究』45, 韓國古代史學會.

윤상덕, 2010, 「鷄林路 寶劍의 製作地와 製作集團」, 『慶州 鷄林路14號墓』, 국립경주박물관.

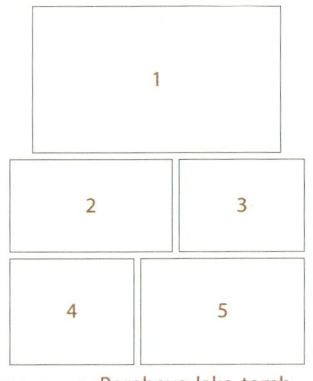

그림 Ⅱ-18. 카자흐스탄 Kazakhstan 보로보예호수고분 Boroboye lake tomb
1. 보로보예호수고분(Boroboye lake 古墳) 원경(遠景)
2. 보로보예호수고분(Boroboye lake 古墳)으로 가는 길
3. 콕세타우(Kokchetav)
4. 보로보예호수(Boroboye lake)
5. 보로보예호수고분(Boroboye lake 古墳)

4. 카자흐스탄Kazakhstan의 유적遺蹟과 유물遺物

Ⅱ. 유라시아歐亞 초원로草原路의 유적遺蹟과 유물遺物

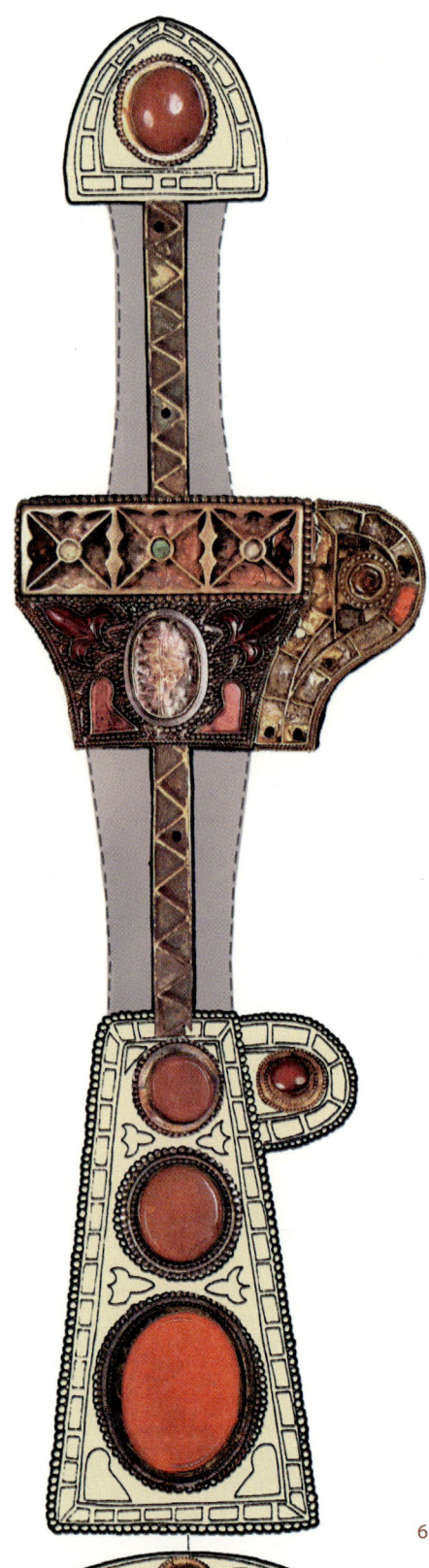

6. 감옥금장보검(嵌玉金裝寶劍) 복원(復元)

4) 이식고분군 Issyk tombs

이식고분군은 카자흐스탄 동남부 제티수(Zhetysu)지역의 알마티(Almaty)에서 동북쪽으로 50km 떨어진 천산의 북록 이식마을에 위치한다. 이 고분군은 직경 20-120m, 높이 1.5-15m의 150여 기의 고분으로 구성되어 있으며, 원래는 1,500ha 면적에 300기의 쿠르간이 분포하였다. 이식고분군은 세 개의 지군으로 이루어져 있었고, 제1군은 동남에서 서북 방향, 제2군은 동남에서 북쪽 방향, 제3군은 서남에서 동북 방향으로 위치한다.

황금인간이 출토된 고분은 중심부로부터 상당한 거리를 두고 동남부에 3기의 고분으로 이루어진 열에 위치한다. 이 고분은 1969년에 일대에 자동차 정비공장이 들어서면서 불도저로 삭평하던 중에 중앙부의 고분이 발견되었는데, 수차례에 걸쳐서 완전히 도굴된 것으로 밝혀졌다. 중앙부의 목곽을 수습하고 공사를 지속하던 중에 그 측면에서 도굴되지 않은 목곽이 발견되었다.

황금인간이 출토된 이식 쿠르간은 직경 60m, 잔존 높이 6m이며, 통나무로 짠 목곽을 놓고 강자갈층, 쇄석과 점토가 섞인 층을 교대로 분구를 쌓은 적석목곽분(積石木槨墳)이다. 중앙과 남쪽 측면에 두 개의 목곽이 있었으며 중앙의 목곽은 완전히 도굴당했다. 중앙곽에서 남쪽으로 15m 떨어진 곳에서는 장축이 동서 방향인 장방형의 목곽이 발견되었다. 목곽은 가문비나무를 통으로 가공하여 만든 5층의 목곽을 만들고 상부는 10개의 통나무로 덮었다. 목곽의 크기는 3.3×1.9m이고, 높이는 덮개를 포함하여 1.3-1.5m였다. 통나무들은 철제 꺾쇠로 결구되어 있었다.

목곽의 북쪽에는 천으로 덮인 바닥에 인골이 몸을 편 자세로 머리는 서쪽을 향한 상태로 발견되었다. 왼팔은 약간 옆으로 떨어져 있고, 오른팔은 몸통에 붙어있었으며 다리는 약간 벌어져 있었다.

피장자는 남성으로 연령은 15-18세, 키는 약 165cm로 추정되며, 다양한 금제 장식으로 덮인 짧은 가죽 상의와 장식금구가 달린 허리띠, 장식이 풍부한 고깔형 관, 가죽 신발로 구성된 복식을 착장하였다. 목은 토르크(torques)로 장식되었으며, 왼쪽 귀에는 녹송석(綠松石) 수식과 누금장식이 된 고리들이 달린 금제 이식(耳飾)이 있었다. 오른손의 손가락에는 지륜(指輪) 두 개가 있었는데, 그중 하나에는 코카서스(Caucasus)인으로 추정되는 사람 얼굴이 표현되어있다.

인골의 오른편에는 철제 검과 단검이 출토되었다. 단검의 자루(柄部)와 검신(檢身)은 금으로 화려하게 상감(象嵌)되어 있었다. 검신에는 22종의 동물이 표현되어 있었다. 자루의 장식에는 그리핀 두 마리의 옆면이 새겨져 있었으며, 검신 전면에는 뱀, 여우, 토끼, 눈표범, 염소, 멧돼지, 늑대, 산양, 호랑이 형상이 있었다. 후면에는 토끼, 늑대, 산양, 멧돼지가 두 마리씩, 뱀, 여우, 고라니, 멧돼지가 한 마리씩, 그리고 알 수 없는 동물이 한 마리 있었다.

인골의 왼편 팔꿈치 부근에서 화살대에 착장된 금제 화살촉이 출토되었다. 그 위에는 병부(柄部)를 금으로 장식한 채찍이 놓여있었다. 그리고 두부(頭部) 근처에는 금으로 장식된 가방이 출토되었다. 가방 안에서는 청동거울이 들어있었다.

목곽의 남벽 근처에는 자작나무로 만든 사발, 접시, 국자가 있었다. 서벽 근처에는 토제 주자와 발 총 16점, 은기 2점. 숟가락 1점이 발견되었고 은기 중 하나는 26개의 문자가 새겨진 명문이 있다. 이 명문은 아람어의 문자를 토대로 알파벳을 고안하였던 것으로 보고 있으나 정확한 해독은 되지 않았다.

이 고분에서 출토된 황금 인간은 국장(國章)으로 사용될 정도로 카자흐스탄의 상징이 되었다. 이식 황금인간의 관은 이란의 페르세폴리스(Persepolis) 궁전 벽화와 비수툰(Bisotun) 비문에서 보이는 것으로, 그 이식고분군 축조 세력이 천산산록(天山山麓)을 중심으로 거주한 사카(Saka)족임을 알 수 있게 되었다.

이 고분은 적석목곽분(積石木槨墳)의 구조와 황금장식 의복과 함께 고깔형 관 측면에 붙인 금제 장식이 새가 산의 나무 위에 앉아 있는 형상을 하고 있어 주목된다. 이는 신라 적석목곽분의 구조, 황금 장신구, 금관의 나무, 사슴, 새의 조형이 초원기마민족의 문화에 기원하는 것을 보여주기 때문이다.

참고문헌

Akishev, K. A. 1978. *Kurgan Issyk*. Moskva: Iskusstvo Publishers.
카를 바이파코프(저), 최문정·이지은(역), 2017, 『카자흐스탄의 실크로드』, 국립문화재연구소.
國立中央博物館, 2018, 『황금인간의 땅 카자흐스탄』, 國立中央博物館.
국립문화재연구소, 2018, 『카자흐스탄 초원의 황금문화』, 국립문화재연구소.
국립문화재연구소, 2019, 『카자흐스탄 제티수지역의 고분문화』, 국립문화재연구소.

그림 Ⅱ-19. **카자흐스탄**Kazakhstan **이식고분군**Issyk tombs
1. 이식(Issyk)고분군(古墳群) 분포도(分布圖)
2. 이식(Issyk)고분군(古墳群) 원경(遠景)

4. 카자흐스탄Kazakhstan의 유적遺蹟과 유물遺物

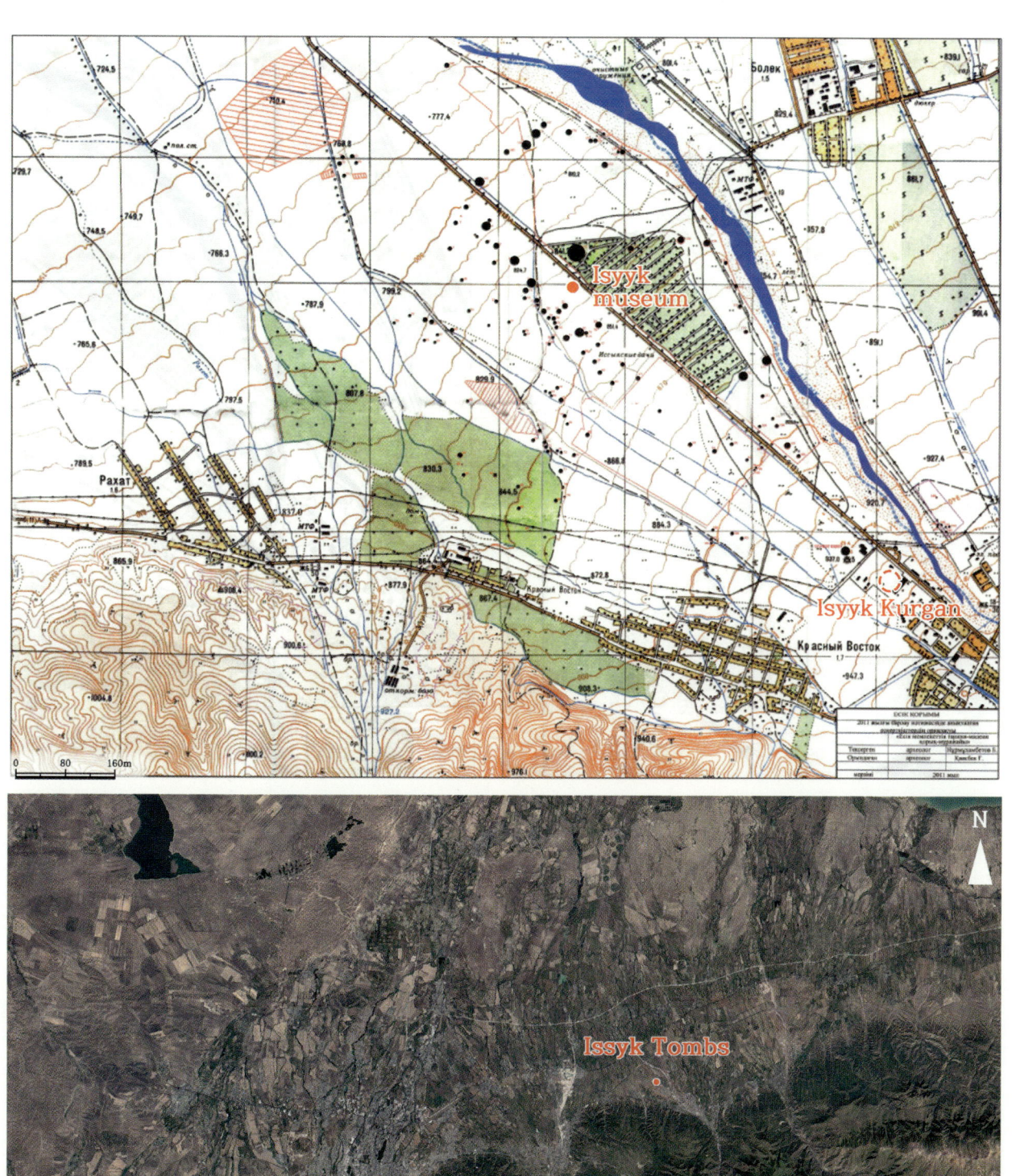

Ⅱ. 유라시아歐亞 초원로草原路의 유적遺蹟과 유물遺物

4. 카자흐스탄Kazakhstan의 유적遺蹟과 유물遺物

3. 이식(Issyk)고분군(古墳群) 근경(近景)
4. 분포도(分布圖)
5. 이식(Issyk)고분군(古墳群)
6. 이식(Issyk)고분군(古墳群)
7. 분구(墳丘) 모형(模型)
8. 유물(遺物) 출토상태(出土狀態)
9. 금관(金冠) 출토 세부(細部)
10. 금관(金冠) 장식과 완식(腕飾)

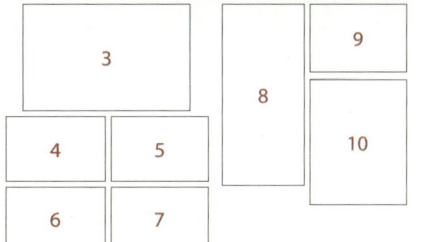

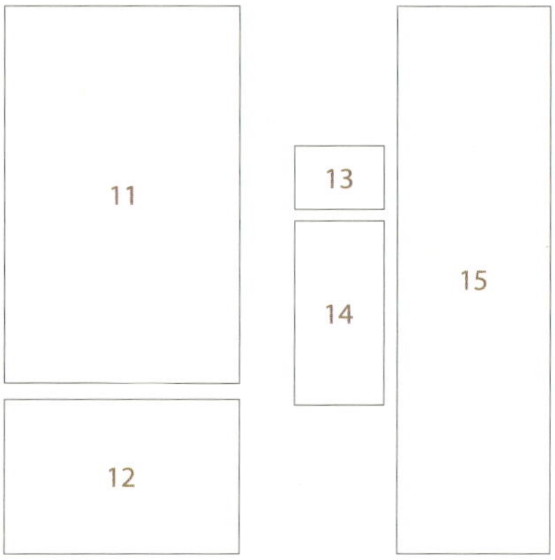

11. 금관(金冠)과 철검(鐵劍) 장식(裝飾)
12. 금장(金裝) 아키나케스(akinakes) 철검(鐵劍)
13. 은기(銀器)
14. 은기(銀器) 저부(底部) 명문(銘文)
15. 경북대학교(慶北大學校) 복원(復元) 황금인간(黃金人間)

Ⅱ. 유라시아歐亞 초원로草原路의 유적遺蹟과 유물遺物

5. 키르기스스탄Kyrgyzstan의 유적遺蹟과 유물遺物

1) 악베심유적Ak Besim site과 발라사군Balasaghun 유적

악베심유적은 카자흐스탄의 수도 비슈케크(Bishkek)의 동쪽 약 60km 지점 토크막(Tog-mag)에서, 다시 서남쪽으로 8km 지점 수이압(Suyāb)의 추이(Chuy)강 서안에 위치한다. 유적은 추이(Chuy)계곡의 동부에 위치하며, 계곡은 천산산맥 서쪽 이식쿨호 북서쪽 산맥에서 시작된다. 유적의 위치는 사료에서 서돌궐(603-704) 카간(Kagan)의 동영지(冬營地)가 있던 곳으로, '쇄엽(碎葉)'으로 기록되어 있다.

악베심유적은 샤크리스탄(Skakhristan) 성벽, 라바트(Rabat) 성벽, 성채, 주위의 벽으로 둘러싸인 외부 정착지로 구성된다. 샤크리스탄 성벽은 평면 사다리꼴의 형태를 띠며, 그 규모는 동서 약 740m, 남북 약 530m, 넓이 약 35ha에 이른다. 샤크리스탄 성벽 동쪽에 접하여 라바트 성벽이 동서 약 720m, 남북 약 1,200m, 넓이 약 60ha에 걸쳐 남아있는데, 현재는 경작에 의해 크게 훼손되었다. 성채는 샤크리스탄성벽의 남서쪽 모퉁이에 있다. 그 둘레는 동쪽을 제외한 나머지 부분이 토루로 둘러싸여 있고, 남북으로 이어지는 자연 도랑이 여기에 접해있다.

라바트요새 동쪽에서는 지표면 0.8-1.2m 아래에서 건물지의 외벽을 확인할 수 있었다. 건물지의 외벽은 점토 벽돌을 불규칙하게 쌓아 축조되었으며 이는 궁전의 외벽으로 추정되었다. 건물지 인근에는 도자기편이 출토되었는데, 고리형의 파수가 달린 잔, 취사용 접시 등이 포함되며 이는 10-11세기의 카라한 칸국(Kara-Khanid Khanate) 시기의 것으로 추정된다. 한편, 라바트 요새의 서쪽에서는 건물의 지붕에 올라갔던 8세기경의 기와가 확인되었다.

악베심유적에서 남쪽 10km 지점 발라사군(Balasaghun)유적이 위치한다. 이곳은 약 1.0×0.8km 규모의 광대한 유적으로 첨탑인 미나레트(minaret)가 있으며, 토성과 건물지가 보인다. 유적 오른쪽의 공터에는 각지로부터 가져온 석인상과 직경 1-12m의 거대한 석구(石臼)가 수십 여기 전시되어 있다. 미나레트의 잔존 높이 24m이다. 11세기의 건조물로서 원래 높이 40m였으나, 15세기의 지진으로 상부가 붕괴되었다고 한다.

악베심유적은 소그드인 이민자들이 5세기경 교역소를 설립하면서 축조된 것으로 추정되며, 소그드인은 이후 7세기 초에 설립된 서돌궐에 의해 복속된다. 서돌궐의 멸망과 함께 당(唐)의 안서도호부(安西都護府)가 설치되었다. 쇄엽성은 7세기 중엽이 지방을 지배하고 있던 서돌궐을 멸망시킨 당의 안무대식부사(安撫大食副使) 왕방익(王方翼)이 쌓아 올린 성으로, 신장 북정도호부(北庭都護府)의 외관과 유사하다. 『대당서역기大唐西域記』에 의하면, 현장이 인도로 가는 도중 '쇄엽(碎葉)'에 머물렀고, 그곳에는 여러 지역과 국가에서 방문한 많은 상인이 국제무역을 위해 거주하였다.

당(唐) 가탐(賈耽 730-805)의 『황화사달기皇華四達記』에 의하면

"열해(熱海)로부터 서쪽으로 150리 쇄엽성 하구에 이른다. 80리에 배나행군성(裴羅行軍城)······또 서쪽으로 40리에 쇄엽성"

이라고 하여, 여기서 발라사군은 배나행군성이고, 그 서쪽의 악베심이 쇄엽성인 것은 틀림없다. 발라사군은 10세기에 카라한조의 왕도가 되고, 또 11세기에는 서요(西遼)의 왕도가 되었다. 그 무렵의 발라사군은 넓은 중앙아시아의 중추를 지배한 요충이었다.

서돌궐의 본거지에 대한 기록도 가탐의 『황화사달기皇華四達記』에 보인다.

"쇄엽성의 북쪽으로 쇄엽수(碎葉水)가 있고, 그 북서 10리에 갈단산(羯丹山)이 있으며, 그 부근이 서돌궐의 아장(衙帳)이다. 10성가한(十姓可汗)은 항상 군장을 이곳에 세운다."

이 기록에 의하면, 현재 토크막시의 남쪽에 있는 쇄엽성의 북방으로 쇄엽천이 있고, 그 북쪽 40리(약16km)에 갈단산이 있어, 그곳이 서돌궐 가한의 즉위 장소인 것이다.

참고문헌

경상대학교 실크로드 문화지도 DB 구축 사업단, 2017, 실크로드 역사문화지도(Historic Cultural Atlas of the Silk Road).

キルギス共和國國立科學アカデミー歷史遺產研究所·帝京大學文化財研究所, 2018, 『キルギス共和國國立科學アカデミーと帝京大學文化財研究所によるキルギス共和國アク·ベシム遺跡の共同調查2016』, 帝京大學文化財研究所.

Ⅱ. 유라시아歐亞 초원로草原路의 유적遺蹟과 유물遺物

그림 Ⅱ-20. 키르기스스탄 Kyrgyzstan **악베심유적**Ak Besim site

1. 악베심(Ak Besim)유적(遺蹟) 위치(位置)
2. 악베심(Ak Besim)유적(遺蹟) 원경(遠景)
3. 악베심(Ak Besim)유적(遺蹟) 근경(近景)
4. 악베심(Ak Besim)유적(遺蹟)
5. 악베심(Ak Besim)유적(遺蹟)

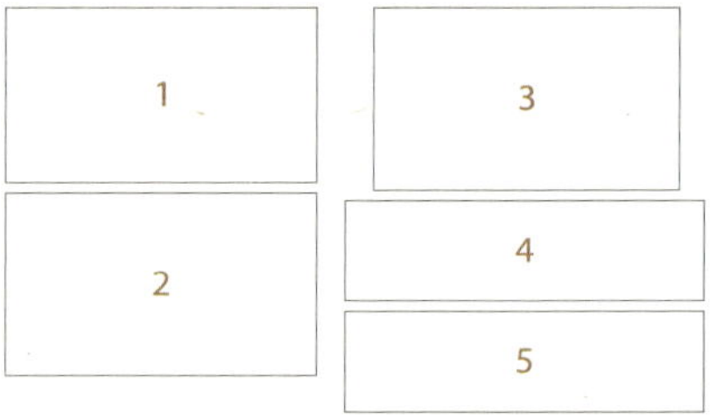

5. 키르기스스탄Kyrgyzstan의 유적遺蹟과 유물遺物

6. 판축(版築) 건물지(建物址)
7. 악베심(Ak Besim)유적(遺蹟)
8. 발라사군(Balasaghun)유적(遺蹟)

6. 몽골Mongolia의 유적遺蹟과 유물遺物

1) 골모드고분군Golmod tombs

골모드고분군은 아르항가이아이막(Arkhngai aimag) 하이르한(Khairhan) 솜 중심지에서 동남쪽으로 약 35km 지점에 위치한다. 서쪽에는 후니강이 흐르며 고분 주변에 작은 강이 흐르고 있다. 이 유적은 500여 기의 고분이 동북-서남향으로 군을 이루어 분포하고 있으며, 이들은 서로 400-500m 간격으로 남, 북, 중앙 3개 군을 형성하고 있다.

골모드고분군은 1956년-1957년에 걸쳐 대형 방형 고분 1기와 배장묘 26기가 발굴되었다. 이 조사는 매장주체부에 도달하지 못하고 중단한 뒤 이후 2000-2001년 몽골-프랑스 공동조사단에 의해 발굴조사되었다. 이와 함께 고분군의 북쪽 묘도가 있는 방형 고분 2기, 묘도가 없는 방형 고분 2기 등을 2000-2006년에 걸쳐 발굴조사를 실시하였다.

골모드20호분은 이 일대에서 규모가 큰 고분이며 주변에 배장묘 4기가 배치되어있다. 지표에 노출된 유구는 서북-동남향의 방형분구와 그 둘레에 돌려진 석축으로 이루어져 있다. 분구 석축의 길이는 서쪽 34m, 북쪽 30m, 동쪽 30m이며 묘도와 연결되는 남쪽에는 31.5m이다. 분구 높이는 석축과 비슷하며 중심부는 깊게 함몰된 상태이다. 석렬 가장자리를 따라 확인된 1차 묘광 크기는 21×14m이며 깊이 12m지점에서는 11×9m 크기로 작아진다.

목곽은 이중구조이며 외곽의 크기는 4.4×3m, 내곽은 3.5×2.1m이다. 북쪽에는 토기, 동쪽에는 노용올(Noyonyol)유적 출토 펠트카펫과 비슷한 문양을 가진 카펫 편, 말띠드리개인 행엽이 출토되었다. 외곽의 내부에서는 녹송석(綠松石)이 감입된 금제장식 등 다양한 유물이 출토되었다. 목관은 서벽에 치우쳐 있으며 철못으로 벽체를 결구하였다. 목관재 위에 금제 꽃 모양 장식과 금띠 등의 관장식이 확인되며 내곽 안쪽에는 옥 장식, 녹송석이 감입된 금제 장식 등이 출토되었다.

골모드20호분의 대표적인 유물로는 은제 말띠 드리개, 한경, 녹송석이 감입된 금제장식 등이 있다. 은제 드리개는 원형 8점, 심엽형 6점으로 일정한 모양 틀 위에 얇은 은판을 놓고 두드려서 만든 후 뒤쪽에는 얇은 철판을 덧대어 마무리하였으며, 표면 전체가 얇게 금으로 도금되어 있다. 각 장식판에 타출기법으로 표현된 동물은 뿔이 하나 달린 말 모양의 괴수로서 유니콘(unicorn)으로 불리는 일각수(一角獸)이다. 녹송석이 감입된 금제 장식은 뒤편에 굵기 1.3mm 내외의 금선으로 만든 갈고리 형태의 장식이 있는 것으로 보아 의복에 부착했던 것으로 보인다. 또한 금제 목관장식구는 타출로 만든 구름문양 사이에 녹송석과 같은 보석을 상감하는 등 화려하게 장식하였다. 한경은 규구경(規矩鏡)으로 'TLV'자 모양의 문양이 있다. 문양에 근거하여 오수규구경이며 중국에서의 제작과 사용 시기는 후한(後漢) 초기로 추정되고 있다.

그런데 로마 유리기가 골모드Ⅱ고분군 1호분에서는 2점, 1호분 30호 배장묘(陪葬墓)에서 1점 등이 출토되어 주목된다. 3점은 모두 연리문(練理文)으로 장식되었으며 가운데 2점은 종릉문완(縱稜文盌)이다. 모자이크종릉문완(縱稜文盌)은 같은 시기 크라스노다르지방의 고르기피아(Gorgippia) 쿠르간 등 흑해 연안 사르마타이(Sarmatai)의 쿠르간에서 다수 출토되어 흑해 연안을 경유한 것으로 판단된다.

참고문헌

國立中央博物館, 2013, 『초원의 대제국 흉노』, 國立中央博物館.
G.에렉젠·양시은, 2017, 『흉노』, 진인진.

6. 몽골Mongolia의 유적遺蹟과 유물遺物

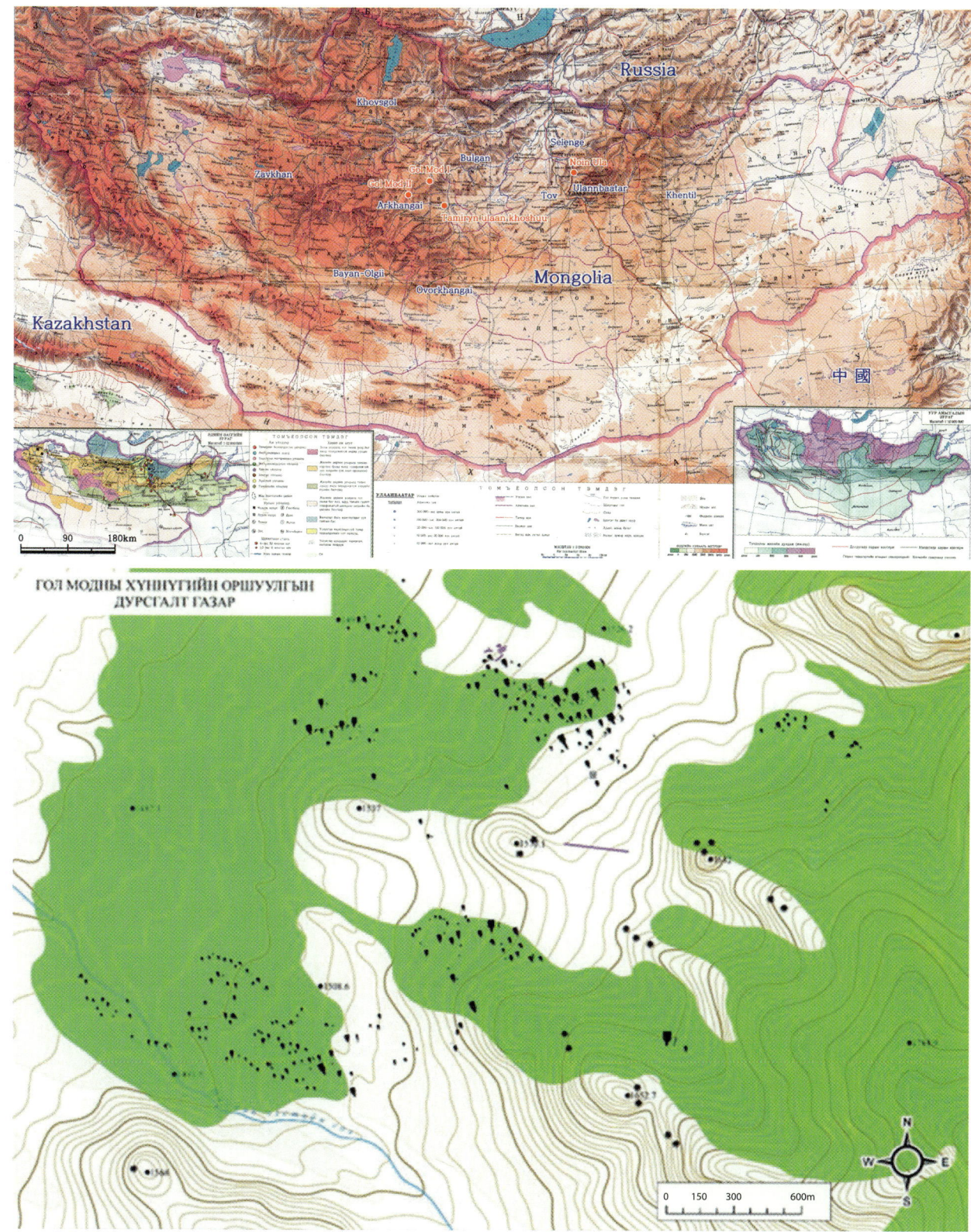

그림 Ⅱ-21. 몽골Mongolia 골모드고분군Golmod tombs
1. 몽골(Mongolia) 흉노(匈奴)고분군(古墳群) 분포도(分布圖)
2. 골모드(Golmod)고분군(古墳群) 분포도(分布圖)

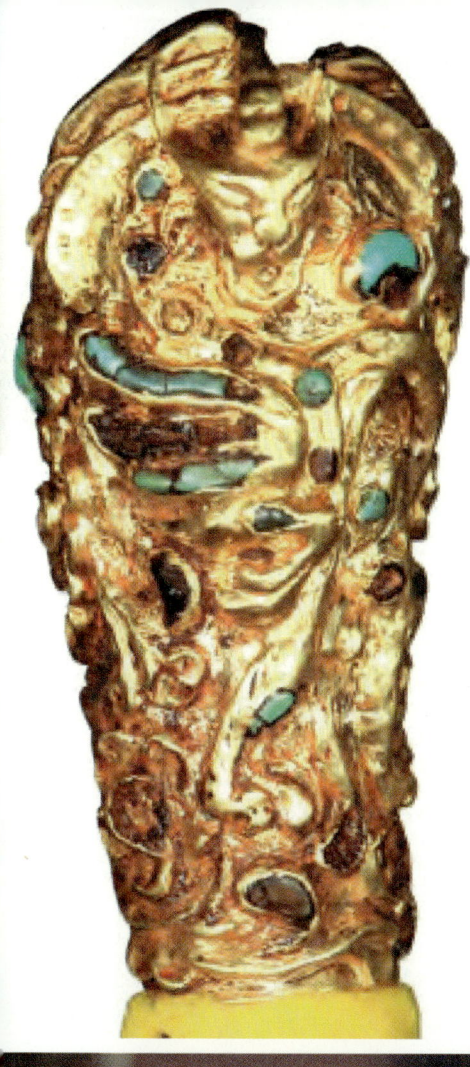

3. 골모드(Golmod)Ⅱ 고분군(古墳群) 원경(遠景)
4. 골모드(Golmod)Ⅱ 고분군(古墳群)
5. 골모드(Golmod)Ⅱ 지구(地區)1호분
6. Ⅱ지구1호분 로마(Rome) 종릉문완(縱稜文琉璃盌)과 모자이크유리완(Mosaic琉璃盌)
7~1. Ⅱ지구1호분 지중해(地中海) 유리주(琉璃珠) 측면(側面)
7~2. Ⅱ지구1호분 지중해(地中海) 유리주(琉璃珠) 상면(上面)
8. Ⅱ지구1호분 녹송석(綠松石) 상감(象嵌) 금장(金裝) 마차장식(馬車裝飾)
9. Ⅱ지구1호분 금제(金製) 행엽(杏葉)
10. Ⅱ지구1호분 30호배장묘 로마(Rome) 종릉문유리완(縱稜文琉璃盌)
11. Ⅱ지구20호분 은제(銀製) 행엽(杏葉)

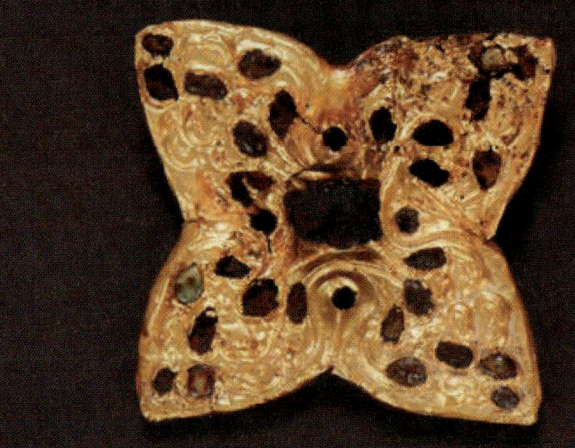

12. Ⅱ지구20호분 금제품(金製品)
13. Ⅱ지구20호분 녹송석(綠松石) 상감(象嵌) 금제품(金製品)
14. Ⅱ지구20호분 금제품(金製品)
15. Ⅱ지구20호분 마차장식(馬車裝飾)
16. Ⅱ지구20호분 일산(日傘)

12	13
14	
15	16

2) 노용올고분군 Noyon uul tombs

노용올고분군은 수도 울란바토르(Ulaanbaatar)의 북서쪽 약 100km, 투브 아이막 밧솜부르 솜 지역의 동북쪽으로 약 30km 떨어진 노용산에 위치한다. 이곳은 행정구역상 투브 아이막 버르노르와 바트숨베, 그리고 셀렝게 아이막 만달르 솜 지역이 만나는 지점에 해당한다.

노용산의 서북쪽에 있는 수직트와 남쪽의 조람트, 동쪽의 호지르트라는 세 계곡에서 230 여기의 흉노 고분이 분포한다. 이 고분군은 1912년 금광회사의 금광탐사업자에 의해 발견되었다. 1924년 구소련 과학아카데미의 몽골 티베트 조사단에 의해 본격적인 발굴조사가 이루어졌으며, 이후 여러 차례 지표조사 및 발굴조사를 실시하였다. 이 고분군의 묘제는 남쪽에 묘도가 있는 묘광을 파고 이중의 목곽을 놓고 그 위에 적석을 한 구조이다.

1호분은 수직트 계곡 고분군의 가장 동남쪽에 위치하며 몽골-티베트 조사단에 의해 발굴되었다. 분구의 크기는 21.9×21.9m, 길이 21m의 묘도는 분구와 접하는 북쪽 폭이 9m, 중앙부 폭이 6.5m, 남쪽 폭이 4.5m이다. 지표로부터 8.5m에서 매장주체부가 확인되며 통나무로 만든 이중 목곽의 내곽 동벽쪽으로 목관을 안치하였다. 외곽은 4.61×2.9×1.75m이고 내곽은 3×1.55×1.45m이며 목관은 1.94×0.74×0.54m이다. 내곽의 벽 안쪽과 바깥쪽에 비단과 직물편이 부착되어 있었던 점으로 보아 내곽 양면에 직물을 걸어 장식했음을 알 수 있다. 내곽 바닥에도 문양이 있는 펠트 카펫 흔적도 확인되며 목관 바닥과 양측 벽에 채색 흔적이 남아있다. 목관 주변에서도 비단과 직물편이 수습되었는데 그중 금박이 부착된 것도 확인된다.

1호분의 대표 유물로는 직물과 장옥 등이 있다. 직물은 여러 색의 실로 바느질하여 문양을 표현한 직물이 확인되고 있으며 삼족오(三足烏) 문양을 가진 것이다.

6호분은 수직트 계곡 동쪽 고분군 중 북쪽의 가장 높은 곳에 위치한다. 분구는 크기 24.5×24.5m, 북쪽 높이 1.62m, 남쪽 높이 1.95m이다. 묘도 길이 22.5m이며 분구와 접하는 북쪽 폭 9.25m이다. 매장주체부 시설은 외곽 5.34×3.99×1.98m이며 내곽 3.31×2.23×1.66m이다. 내곽을 외곽 중앙에 설치하였기 때문에 내외곽 사이는 사람이 다닐 수 있을 공산이 조성되어 있다. 내곽 벽의 양면과 외곽의 안쪽에 다양하게 수놓은 비단을 걸어 장식하고, 내곽 바닥에는 펠트 카펫을 깔았다. 내곽 남벽에는 말을 탄 사람 등 다양한 무늬가 수놓아진 비단이 걸려있었다.

20호분은 2006년 몽골-러시아 합동발굴단이 발굴조사하였다. 고분은 깊이 18.35m에 이르는 대형분이며 마차 부속을 포함한 다수의 부장품이 출토되었다. 대표적인 유물로는 그리스 로마 양식의 은제장식판과 중국제 명문 칠반, 은제 말띠 드리개, 은제 산양머리장식, 직물 등이 있다. 20호분 출토 카펫에 표현된 동물들은 독수리 형태에 가까운 그리핀과 넓은 뿔을 가진 순록, 황소로 보이는 동물들로서, 6호분 출토 동물장식들과 유사한 양식을 보여준다. 또한 의자에 앉아 있는 귀족과 그의 앞에 서 있는 9명의 모습을 자수해 놓은 직물이 확인된다.

20호분에서는 직물 이외에도 은제 산양머리 장식 출토품이 확인되는데 이는 동물 문양의 옷 장식으로 추정된다. 신화적 동물인 일각수와 산양 그리고 용이 표현된 은제 장식판이 확인된다. 은제 장식판중에서 철제 말 재갈편이 부착된 채로 출토되어 이 은제 장식판들은 마구의 장식품이었음을 알려준다.

이외에도 20호분에서는 3점의 칠이배(漆耳杯)가 출토되었다. 한(漢)에서 수입된 것으로 장방형의 몸체와 그 양쪽에 긴 손잡이를 지닌 작은 목제용기이며 크기가 길이 9cm, 폭 5cm 정도이다. 그중 2점에는 각각 46자와 8자의 명문이 있다. 명문의 승여(乘輿)는 어용(御用), 즉 황제를 위해 만들어진 것으로, 원연(元延) 4년이라는 명문을 통해 BC 8년에 제작한 것으로 추정된다.

그리스 로마 양식 은제장식의 도상은 헤라클레스와 옴팔레 이야기 또는 케피소스왕의 딸 안드라메다 여신의 모습과 유사하다. 6호분 등에서 발견된 복식과 문헌을 바탕으로 보면 흉노인들은 곧은 깃, 혹은 둥근 깃을 가진 카프탄 형태의 상의(上衣)를 왼쪽으로 여며 입고 아래에는 통이 넓은 발목 부분을 모아 묶는 바지를 입었던 것으로 보인다. 이 고분군에서 출토된 의복과 생활용품은 알타이의 파지리크고분군에서 출토된 상의과 바지, 신발 등과 아주 유사하다.

31호분에서 출토된 직물에 사용한 실과 직물을 만든 기법 등 대한 분석을 실시한 결과 시리아와 팔레스타인지역에서 제작되었고 자수 문양에 대해서는 고대 인도 북부의 사카족의 장인이 제작한 것으로 밝혀졌다. 또한 이 직물에 고대 인도와 페르시아에 전파된 조로아스터교의 행사 장면을 표현된 것으로 보았고, 인물 표현과 의상의 특징에 의거하여 월지 통치하에 있던 박트리아인을 묘사하였으며, 이는 월지국이 흉노에게 공물로 바친 것으로 해석하였다.

참고문헌

梅原末治, 1960, 『蒙古ノイン・ウラ発見の遺物』, 東洋文庫.
G.에렉젠·양시은, 2017, 『흉노』, 진인진.

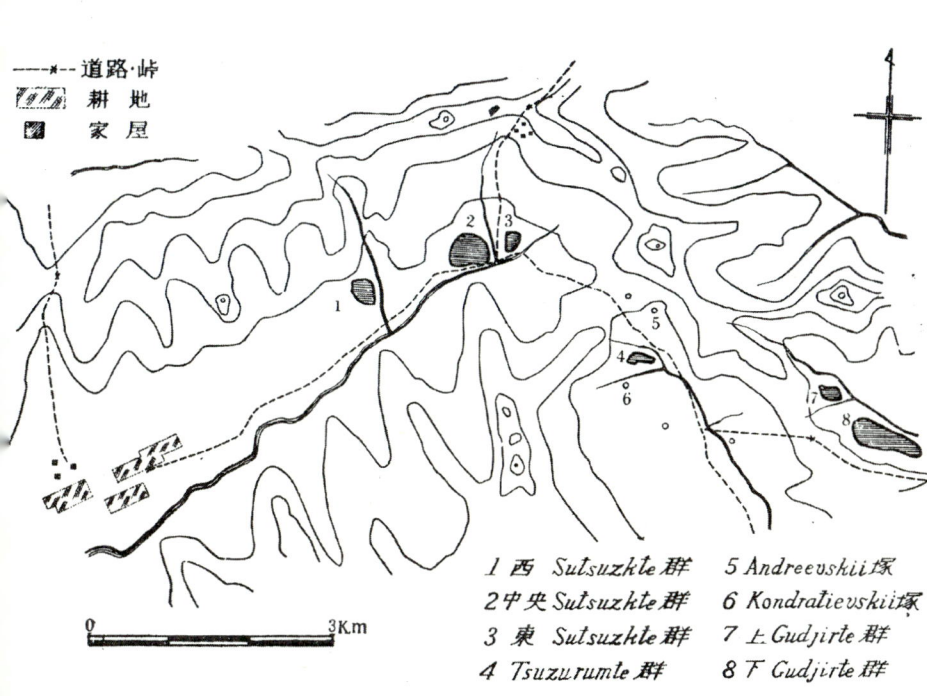
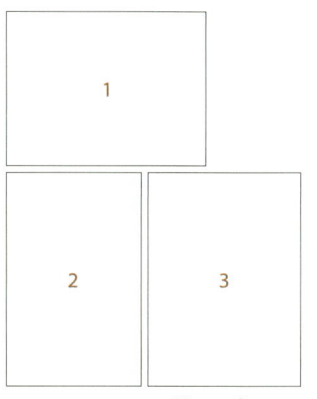

그림 II-22. 몽골 Mongolia 노용올 고분군 Noyon uul tombs

1. 노용올(Noyon uul)고분군(古墳群) 분포도(分布圖)
2. 노용올 22호분
3. 제1호분 장옥(葬玉)

Ⅱ. 유라시아歐亞 초원로草原路의 유적遺蹟과 유물遺物

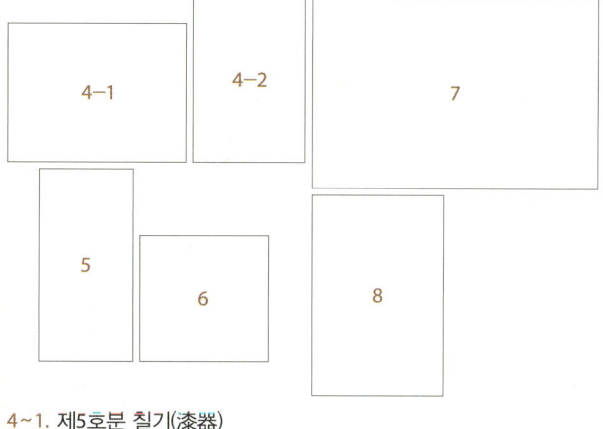

4~1. 제5호분 칠기(漆器)

4~2. 제5호분 칠기(漆器)

5. 제6호분 행엽(杏葉)

6. 제20호분 신상(神像) 부조(浮彫) 은판(銀板)

7. 제20호분 카펫(Capet)

8. 제20호분 견직물(絹織物)

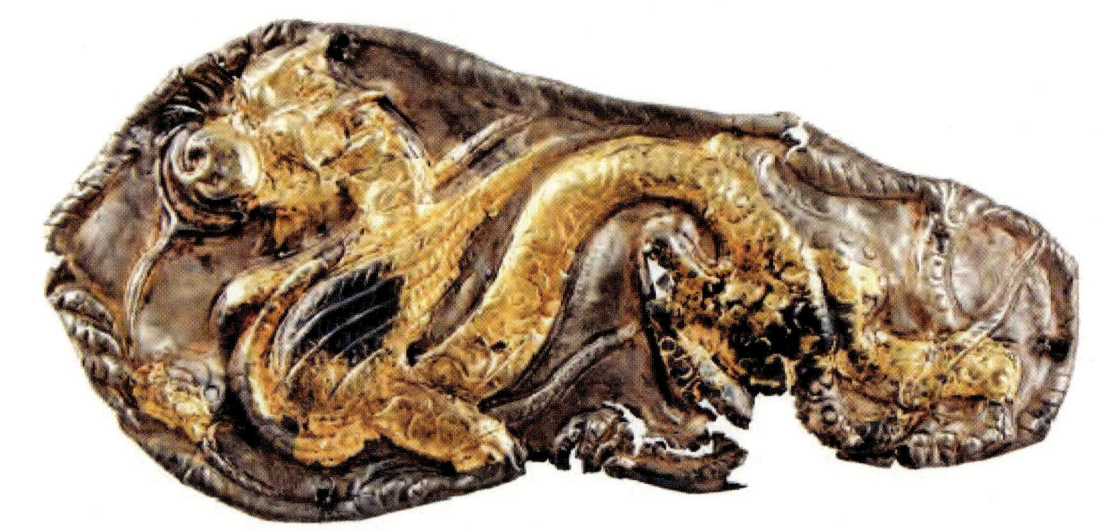

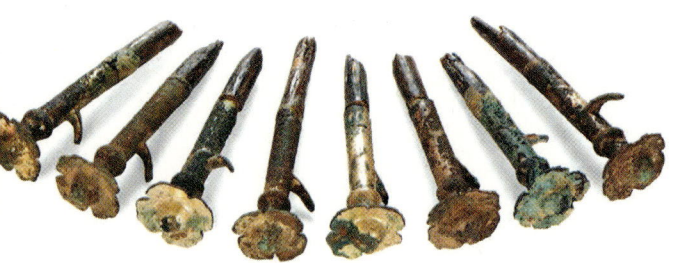

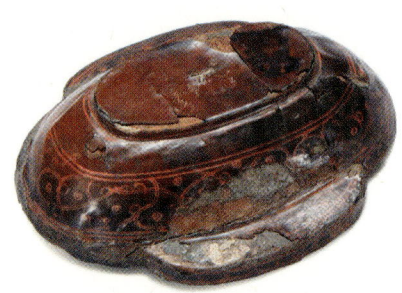

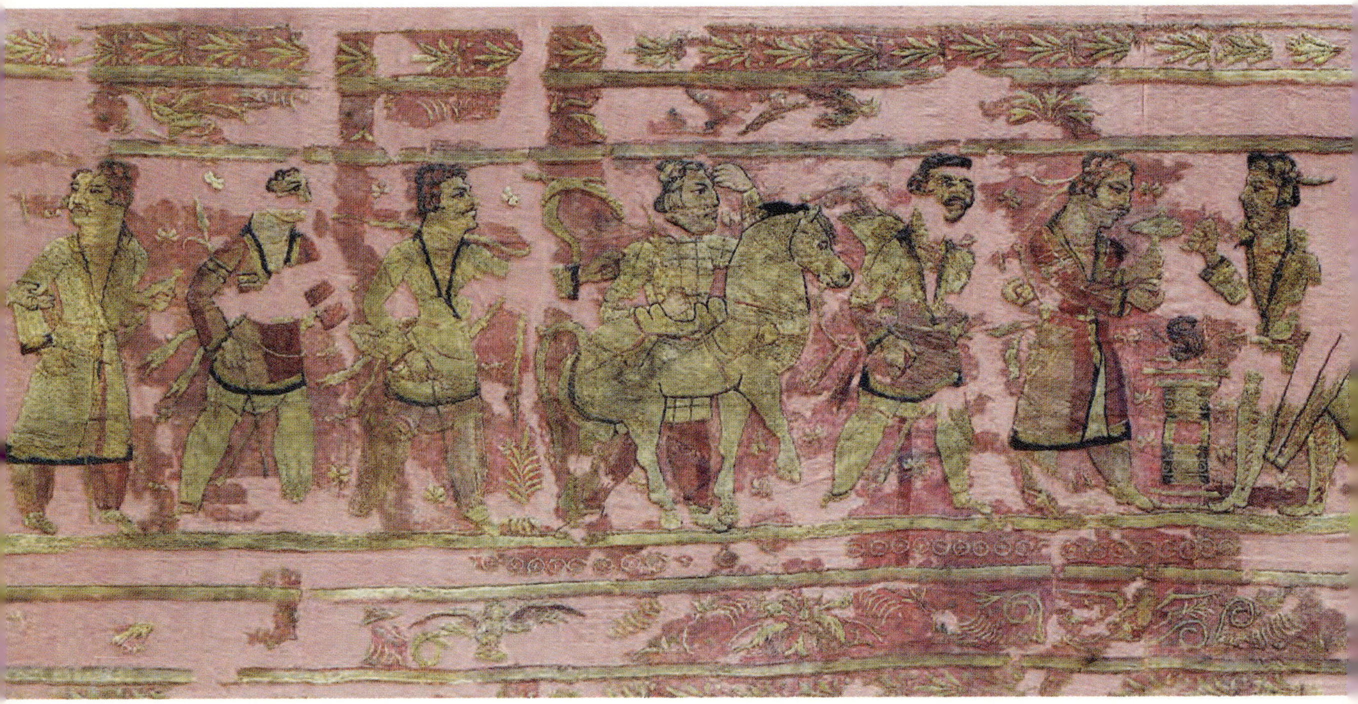

9. 제20호분 행엽(杏葉)
10. 제20호분 일산(日傘)
11. 제23호분 칠기(漆器)
12. 제31호분 카펫

9
10 11
12

3) 타미린 올란 호쇼고분군 Tamiryn ulaan khoshuu tombs

　　타미린 올란 호쇼고분군은 아르항가이 아이막(Arkhangai aimag)의 타미르 골(Tamir gol) 분지에 위치하고 있다. 이 고분군은 울란바토르에서 서쪽으로 450km 떨어진 타미르 골의 북부이며, 오르혼 골과 타미르 골의 합류지점에서 서쪽으로 10km 떨어진 지점에 있다. 타미린 골 분지는 흉노고분군가운데 가장 높은 밀집도를 보이고 있는 유적이다. 이흐타미르 솜(Ikhtamir sum)부터 바트쳉겔(Battsengel)과 우기노르 솜(Ugiinuur sum)에 걸쳐 호이드 타미르 골(Khoid Tamir gol)분지부터 오르혼(Orkhon-타미르Tamir)초지까지 2,000여 기의 고분이 분포한다.

　　우기노르 솜의 타미린 올란 호쇼고분군은 2001년 바트사이한(Z.Batsaikhan)이 처음 발굴하였다. 그로부터 12년 동안 몽골 국립대학교와 몽골 국립교육대학교에 의해 12기의 고분이 조사되었다.

　　2013-2015년 몽골 과학아카데미 역사학고고학연구소와 프랑스 툴루즈대학교(Université de Toulouse)는 32기의 고분을 발굴 조사하였다. 2017년 이후 16기의 무덤을 발굴 조사하였으며 200여 점의 유물이 출토되었다. 지금까지 70여 기가 조사되었으며, 이는 고분군의 18%를 차지한다.

　　타미린 올란 호쇼13호묘는 묘광 깊이는 5m이며, 매장주체부에는 통나무로 격벽을 만들고 긴 막대로 뚜껑을 덮었으며 그 안에 판재로 만든 목관을 설치하였다. 2013년에 발굴한 2호묘에서 출토된 64점의 금층유리주(金層琉璃珠)가 출토되었다. 2호묘에서 출토된 이 청동 인장은 흉노묘에서 출토된 최초이며 유일한 중국제 인장이다. 이 청동 인장의 몸통은 네모 모양으로 이루어진 두 층이며 그 위에는 구멍이 뚫린 둥근 고리 모양인 손잡이로 이루어져 있다.

　　13호묘에서 출토된 금제 귀걸이는 청금석과 녹송석을 감입하고 누금으로 장식한 것이다. 13호묘에서는 홍옥수제 관옥이 출토되었다. 관옥의 형태와 재질로 볼 때 인도의 구자라트지방산으로 추정된다. 더욱이 29호묘 출토 유리구슬은 돌출첩안문유리주(突出帖眼文琉璃珠)로서 지중해산이다. 이와 함께 2호묘, 20호묘 등에서 출토된 금층유리주(金層琉璃珠)도 지중해산이다.

참고문헌

G.에렉젠·양시은, 2017, 『흉노』, 진인진.
국립문화재연구소·몽골아카데미고고학연구소, 2020, 『흉노匈奴 제국의 미술』, 국립문화재연구소·몽골아카데미고고학연구소.

Ⅱ. 유라시아歐亞 초원로草原路의 유적遺蹟과 유물遺物

Tamiryn Ulaan Khoshuu

7km

6. 몽골Mongolia의 유적遺蹟과 유물遺物

그림 Ⅱ-23. 몽골Mongolia 타미린 올란 호쇼고분군Tamiryn ulaan khoshuu tombs

1. 타미린 올란 호쇼(Tamiryn ulaan khoshuu) 위치(位置)
2. 타미린 올란 호쇼(Tamiryn ulaan khoshuu)고분군(古墳群)
3. 제8호분
4. 제2호분 동제(銅製) 인장(印章)
5. 제13호분 금제품(金製品)
6. 제13호분 홍옥수(紅玉髓) 관주(管珠)
7. 제13호분 오수전(五銖錢)
8. 제20호분 금제(金製) 경식(頸飾)
9. 제20호분 금제(金製) 이식(耳飾)

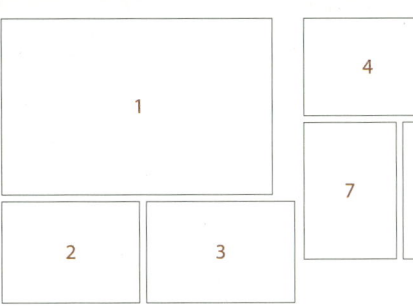

Ⅱ. 유라시아歐亞 초원로草原路의 유적遺蹟과 유물遺物

10. 제25호분 금제(金製) 대장식구(帶裝飾具)
11. 제25호분 녹송석(綠松石) 상감(象嵌) 은제품(銀製品)
12. 제29호분 지중해(地中海) 유리주(琉璃珠)
13. 타미린 올란 호쇼고분군 출토 유리보석주(琉璃寶石珠)

7. 중국china의 유적遺蹟과 유물遺物

1) 보마고분波馬古墳, China Boma tomb

보마고분은 일리카자흐자치주(伊犁哈薩克自治州) 자오스수현(昭蘇縣)에서 서남쪽으로 약 100km 떨어진 74단장(團場) 서쪽 남취안산(南天山)의 북쪽 산기슭인 쑤우사이거우(蘇吾沙依溝) 경사면에 위치한다. 보마는 신장(新疆)의 북서쪽 끝에 위치하며, 일리강(伊犁河)의 지류인 터커쓰하(特克斯河) 유역으로 카자흐스탄과 경계를 두고 있다. 이곳은 여름에는 비가 많이 내리고, 겨울에는 눈이 많이 쌓이는 강수량이 높은 지역으로 유목민의 생태환경에 아주 적합한 조건을 지니고 있다.

이 유적의 범위는 동서 2.5km, 남북 1.3km이며 모두 49기의 고분이 확인되었다. 대부분이 원형봉토분(圓形封土墳)으로 분구 직경 6-20m, 높이 1-2m이다. 그중에는 분구가장자리를 따라 석렬을 두른 대형 방형봉토분(方形封土墳)도 2기가 확인되는데, 분구의 지름은 50m, 높이는 4-6m이다.

1976년 발굴이 개시되었으나 도로 공사에 의해 분구가 파손되어 구조를 파악하기는 어려웠다. 1997년 재조사에 의해 금·은제 장신구, 직물, 인골 등 70여 점이 출토되었다. 또한 2001년 단동(丹東)에서 기존에 도굴된 물품 9점이 압수되었다.

보마고분군에서는 적색 보석이 감장된 금제(金製)의 가면(假面), 배(杯), 호(壺), 보요(步搖)장식, 지륜(指輪), 칼집(鞘部), 도금(鍍金) 은병(銀瓶)이 출토되었다. 묘주(墓主)의 얼굴을 덮는 석류석감장가면(石榴石嵌裝假面)은 완만한 사각형이고 두툼한 눈썹, 큰눈과 높은 코, 조금 벌어진 입과 두꺼운 콧수염 등 실제로 존재한 남성의 얼굴처럼 묘사되었다. 단조기법으로 제작되었으며, 눈동자와 눈썹, 수염 등에는 석류석을 감입하였다.

석류석감장호병배(石榴石嵌裝虎柄杯)는 가죽으로 만든 기물을 연상하게 하며, 몸체에는 호랑이 모양의 손잡이가 부착되어 있다. 호랑이는 가늘고 긴 형태로 만들었고 표면에는 갈기와 얼룩무늬를 표현하였으며, 입과 앞발, 뒷발 등이 기물의 상부에 용접되어 있다.

유개석류석감장호(有蓋石榴石嵌裝壺)는 짧은 목, 둥근 외형의 몸체, 낮은 굽의 형태이다. 몸체에 못을 박았던 구멍이 양쪽에 두 개씩 남아 있어, 원래 귀가 달렸던 것으로 추정된다. 뚜껑에도 손잡이를 연결하였던 흔적이 4군데 확인되고 가운데는 구멍이 뚫려 있다. 뚜껑과 몸체에 있던 손잡이는 공반된 금배를 참고하면 동물 모양일 가능성이 있다. 기물의 손잡이를

Ⅱ. 유라시아歐亞 초원로草原路의 유적遺蹟과 유물遺物

동물의 형상으로 표현한 것은 페르시아, 스키타이, 사르마타이 계통의 유물에서 확인된다.

펜던트로 보이는 보요(步搖)장식은 금판을 만들어 형태를 오려 내고 서로 연결하여 만든 장식물이다. 모두 3점이 출토되었고 2점은 같은 모양으로 만들었다. 1점은 금판 위에 적색 보석을 끼워 넣은 점이 구별된다. 금제 지륜(指輪)은 윗면과 뒷면 양쪽에 석류석을 감장하고 주변은 누금세공으로 장식하였다. 단검의 칼집(鞘部)도 표면에 석류석을 감장하고 주변은 누금세공기법으로 장식하였다.

다양한 기물에 감입된 보석은 모두 적색이지만 색상과 투명도에는 다소 차이가 있으나 석류석이 사용하였다. 석류석은 흑해 주변을 비롯한 초원기마유목문화에서 주로 선호한 재료였으며, 주변으로 전파된 이후 오랜 기간 유행이 지속된 보석이다. 강렬한 붉은빛과 황금의 조화는 이상적인 아름다움을 표현하는 데 효과적이었으며, 최고 권위와 신분을 상징하는 재료였다.

은제품가운데 도금은병은 비교적 완전한 모습이고 다른 1점은 장식편 일부만 남아 있다. 은병은 둥글고 긴 몸체에 구연부가 외반된 형태이며, 하단으로 갈수록 좁아지고 받침은 편평하다. 어깨부분에 폭 2cm의 도금한 띠를 두르고 문양을 채워 넣었으며, 다른 공간에는 장식이 없다. 상복부에는 손잡이가 있었던 것으로 추정되며, 접합된 청동 장식이 위아래로 두 곳 남아있다. 은병의 기형은 카자흐스탄의 이식(Issyk)고분에서 출토된 도기와 유사하다.

보마고분 출토 금·은제품의 기형과 석류석의 사용, 제작기법, 장식된 문양 등에는 실크로드를 통한 동서 교류의 흔적과 유목 문화의 특징이 반영되어 있다. 금제 가면은 키르기스스탄 추이(Chuy)강유역 등에서 출토 예가 있어 주목된다.

보마고분의 피장자는 석류석과 누금으로 장식한 훈족과 관련된 장신구를 착장한 점에서 훈족과 교류하였던 5세기의 유연(柔然)과 관련된 인물로 볼 수 있다. 유물은 신장위구르자치구 일리카자흐자치주박물관에 소장되어 있다.

참고문헌

祁小山·王博, 2008, 『絲綢之路: 新疆古代文化』, 新疆人民出版社.
祁小山·王博, 2016, 『絲綢之路: 新疆古代文化(續)』, 新疆人民出版社.
국립문화재연구소미술문화재실(편), 2019, 『실크로드 연구사전 동부: 중국 신장』, 국립문화재연구소.

7. 중국china의 유적遺蹟과 유물遺物

그림 Ⅱ-24. 중국(中國)China 보마고분(波馬古墳)Boma tomb

1. 보마고분(波馬古墳) 위치(位置)
2. 보마고분(波馬古墳) 원경(遠景)

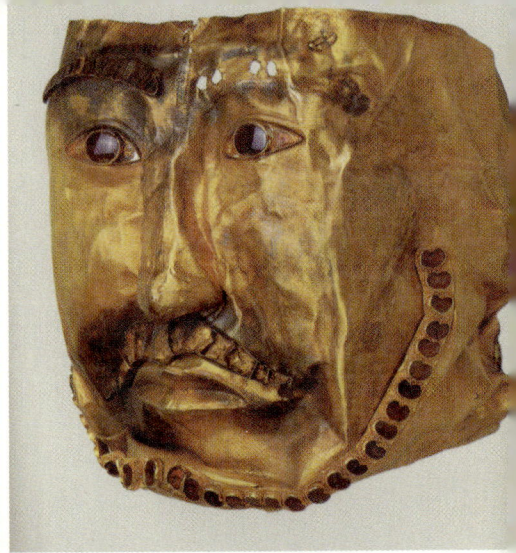

3. 보마고분(波馬古墳)
4. 금제(金製) 가면(假面)
5. 경식(頸飾)
6. 금제(金製) 지륜(指輪)
7. 금장 칼집(劍鞘)
8. 금장 칼집(劍鞘) 세부(細部)
9. 석류석(石榴石) 상감(象嵌) 금제호(金製壺)
10. 석류석(石榴石) 상감(象嵌) 금제개(金蓋)
11. 금제유개호(金製有蓋壺)

2) 이화뇨이고분군伊和淖爾古墳群, Yihe Nao'er tombs

　　이화뇨이고분군은 내몽고자치구의 중앙부 정양백기(正鑲白旗) 이화뇨이소목(伊和淖爾蘇木) 보일도륵개알사(寶日陶勒蓋嘎査)에서 동북쪽으로 5km 떨어진 곳에 위치한다. 유적에서 서북쪽으로 1km 떨어진 곳에는 합달기격은(哈達其格恩)호수가, 동북쪽 4.5km 떨어진 곳에는 이화(伊和)호수가 있다. 이 고분군은 혼선달극(渾善達克)사막 남쪽 가장자리의 구릉 골짜기에 자리하고 있으며, 그 주변은 전형적인 초원지대이다.

　　2010년과 2014년, 두 차례에 걸쳐 조사가 진행되었다. 2010년 6월 중순 정양백기공안국(正鑲白旗公安局)에서 도굴된 유물들을 회수하였다. 이후 이 고분(M1호묘)을 구제 발굴하였고, 2014년에는 고분 3기(M4-M6호묘)가 조사되었다.

　　M1호묘는 토광수혈편동실묘(土壙竪穴偏洞室墓)이다. 묘실 바닥까지 깊이는 5.5m이고, 묘실 길이는 3.5m, 폭 2.5m, 높이는 3.1m였다. 묘실 중앙에는 소나무로 만든 관이 놓여있었다. 관은 바깥쪽에 칠을 한 후 비단으로 한 겹 감쌌고 네 주위는 유금동포정(鎏金銅泡釘)으로 장식하였다. 그리고 관판(棺板) 외측은 시체형(柿蒂形) 포수함환(鋪首銜環) 14점으로 꾸며졌다. 관 주변에서는 유리기, 은기, 청동용기, 도기, 철기 등 200여 점의 부장품이 출토되었다.

　　M4호묘는 수혈목곽묘(竪穴木槨墓)이며, 묘광은 지표에서 0.7m 아래에 있으며 평면은 장방형이다. 바닥 중앙의 장방형 목관에서는 앙신직지(仰身直肢)이고 두향이 서북쪽인 인골 1구가 출토되었다. 묘광 남쪽 충전토 정상부에서는 동령(銅鈴) 1점, 두부 북쪽에서 도호(陶壺) 2점, 두부 서남쪽에서는 패(貝) 1점, 우측 팔 서남쪽에서는 철도(鐵刀) 1점이 출토되었다.

　　M5호묘는 경사 묘도가 있는 토동묘(土洞墓)이다. 묘도의 평면형태는 사다리형이고 서남단이 동북단에 비하여 좁다. 용도(甬道) 입구에 있는 도굴갱 퇴적토에서 금제 지륜(指輪), 동포정(銅泡釘), 수파문(水波文)도기편, 봉합 흔적이 남아 있는 가죽제품, 목관 부스러기, 철정 등이 출토되었다. 묘실 중앙의 관목(棺木)에는 채회도안(彩繪圖案)이 확인되었다. 도굴로 인하여 관 내부 부장품은 남아있지 않았으나, 묘실 서남쪽 모서리에서 도호 1점과 소량의 동물 뼈가 출토되었고, 서북 모서리와 동북 모서리에는 불탄 흔적이 남아있는 동물 뼈 1구가 놓여 있었다. 서북 모서리 동물 뼈 아래에서는 칠기 편이, 동북 모서리 동물 뼈 주위에서는 일련의 철제 휘장 고리가 출토되었다.

　　M6호묘는 경사 묘도가 있는 토동묘이다. 묘도의 평면 형태는 장방형이고 묘도 양측으로 계단형 답도(踏道)가 있으며, 바닥 비탈면 상에서는 계단 형태의 얕은 홈이 다수 확인되었

다. 묘실 입구는 목판을 수직으로 세워 막았다. 묘실의 평면 형태는 장방형이며 직벽이다. 목관은 묘실 동벽과 가까운 곳에 놓여있었다. 목관 중앙에서 앙신직지(仰身直肢)이고 두향은 동북쪽으로 둔 인골 1구가 출토되었다. 두개골 동북쪽에는 칠완(漆盌)과 통형(筒形)칠기가 놓여 있었고, 두부 양쪽에서 각각 금제 이식이 1점이 출토되었다. 금제 요대(腰帶)가 착장되어 있었으며 손가락에는 금제 지륜이 끼워져 있었다. 우측 팔 바깥에서는 목제 화살대, 양발 사이에서는 골제 궁미(弓弭) 1점이 출토되었다. 발끝 위쪽으로는 도호 1점이, 도호 아래에는 가죽제품에 연결된 괘련(掛鏈) 1점이 놓여 있었다. 그리고 묘주 흉부 좌측에서는 동물 뼈가 확인되었다

M1, M5, M6호묘는 북위 평성(平城)시기의 고분이며, M4호묘는 부장된 비선문(篦線文) 도호가 조형 및 문양에서 모두 요대의 것으로 판명되었다. 이화뇨이고분군은 석림곽륵맹(錫林郭勒盟) 초원의 중심지에 위치하는데 이곳은 북위 육진(六鎭)과 북위장성(長城) 북쪽에 해당한다.

특히 M1호묘에서는 사산조 페르시아계 인물문 은완(銀盌)과 함께 유리기가 출토되어 주목된다. 이 은완은 구연부에 연주문을 시문하고 인물은 측면상으로 고부조이다. 인물은 심목고비(深目高鼻)의 얼굴을 하고 있으며 3명의 여성과 1명의 남성으로 구성되었다. 대동(大同)남교 북위M109호묘 출토 은배와 유사하며, 이 은완의 인물상은 사산조페르시아의 영향에 의해 박트리아에서 제작된 것으로 보고있다. M1호묘의 피장자는 선비귀족으로 보고 있으며, 북위와 중앙아시아와의 교류를 알 수 있다.

참고문헌

中國人民大學歷史學院考古文博系·錫林郭勒盟文物保護管理站·正鑲白旗文物管理所, 2017,「內蒙古正鑲白旗伊和淖爾M1發掘簡報」,『文物』1, 文物出版社.

국립문화재연구소, 2019,『중국동북지역 고고조사 현황-내몽고자치구편』, 국립문화재연구소.

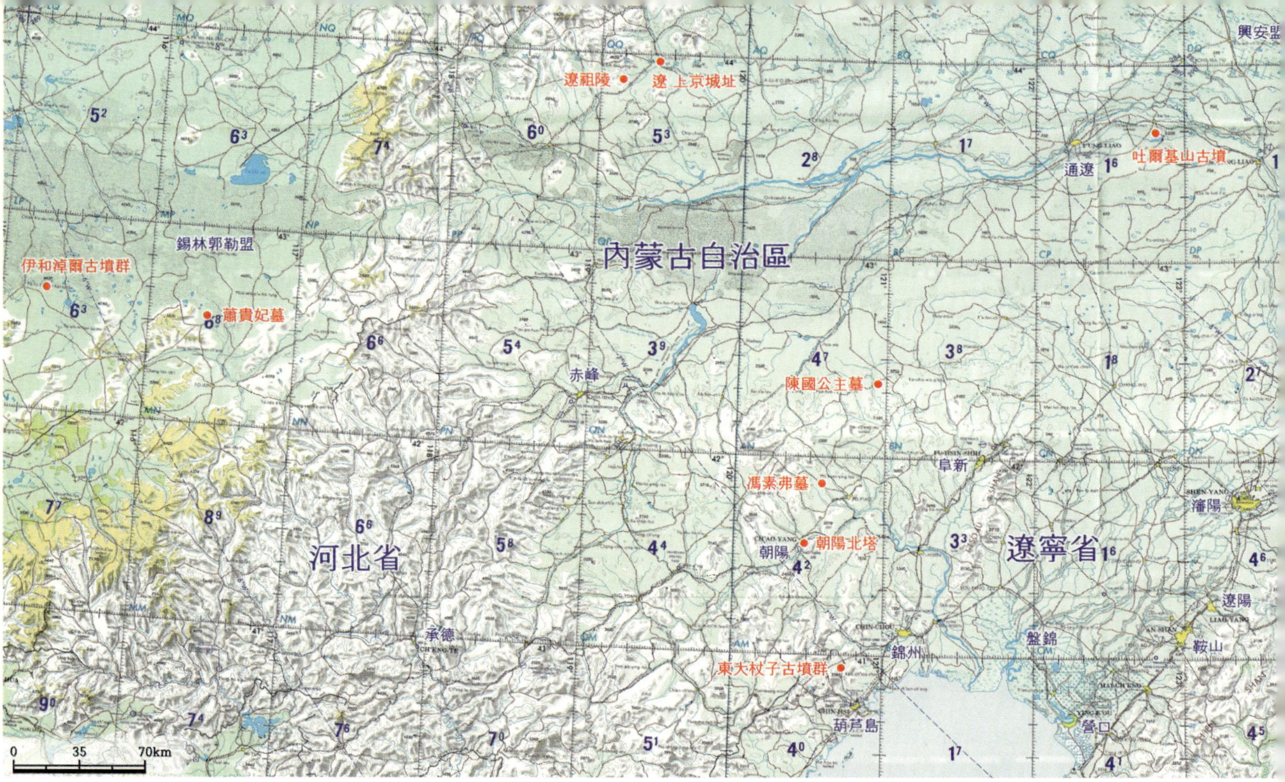

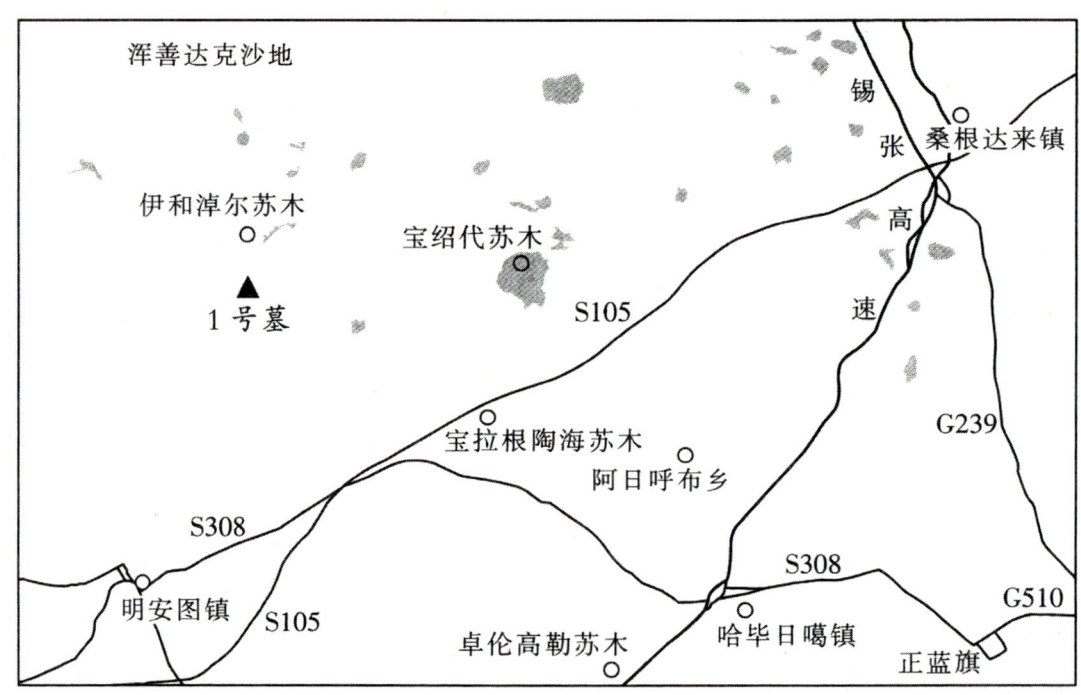

그림 Ⅱ-25. 중국(中國)China 이화뇨이고분군(伊和淖爾古墳群)Yihe Nao'er tombs

1. 내몽고(內蒙古), 요령성(遼寧省) 북위(北魏), 요(遼)유적(遺蹟) 분포도(分布圖)
2. 이화뇨이(伊和淖爾)고분군(古墳群) 위치(位置)
3. 이화뇨이(伊和淖爾)고분군(古墳群) 원경(遠景)
4. 제1호분 금제(金製) 장신구(裝身具)
5. 제1호분 출토 동제(銅製) 이배(耳杯)
6. 제1호분 출토 로마(Rome) 유리완(琉璃盌)

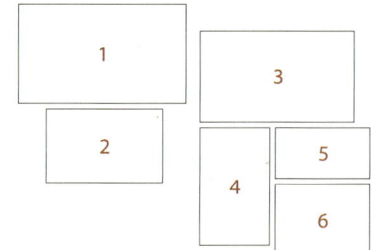

7. 중국china의 유적遺蹟과 유물遺物

伊和淖爾古墳群

II. 유라시아歐亞 초원로草原路의 유적遺蹟과 유물遺物

7. 제1호분 출토 은기(銀器)
8. 제1호분 출토 은기(銀器 세부(細部))

3) 요상경성지 遼上京城址 Liao Shan Gjing site

요상경성지는 내몽고자치구(內蒙古自治區) 적봉시(通遼市) 파림좌기(巴林左旗) 임동진(林東鎭) 남쪽에 위치한다. 상경임황부(上京臨潢府)가 있었던 곳으로 요(遼)의 5경(京) 가운데 면적이 가장 넓고 보존이 잘된 유적이다.

중국사회과학원 고고연구소와 내몽고 문물고고연구소가 1997, 2001, 2011, 2014년 4차례에 걸쳐 조사하였다. 2001년 남북대로에 대한 시굴조사를 실시한 결과 도로면, 바퀴자국, 도로의 기초, 대로 주변의 건축유구 등을 확인할 수 있었다. 이 도로는 기초와 도로 양측의 주거지 퇴적 현상에 근거하여, 4차례에 걸쳐 대규모 수축이 이루어졌던 것으로 밝혀졌다. 도로 양측에는 여러 층이 중복된 주거지가 축조되어 있으며, 그중 F4와 F13유구에서 온돌이 확인되었다.

2011년 궁성의 서문인 건덕문(乾德門)을 발굴하였다. 건덕문은 성문과 옹성으로 구성되었으며 문도 내외에는 전와(塼瓦)가 퇴적되어 있어 성문 위에 성루가 있었을 것으로 확인되었다. 도로 건설로 인하여 문도 기초 남쪽은 훼손되었고 북쪽의 일부 석제 지복 및 그 위의 목제 지복과 배차주(排叉柱) 흔적만 남아있다. 석제 지복은 직접 퇴적토 위에 놓였으며 현재 약 6.3m 가량만 남아있다. 문도의 폭은 확실치 않으며 총 길이가 약 19m이다. 옹성의 평면 형태는 마제형(馬蹄形)으로, 동서 내경 26.4m, 남북 내경 약 22.8m이다. 옹성벽은 크게 세 차례에 걸쳐 수축되었다.

2011년 건덕문 발굴과 함께 황성 동, 서, 북 성벽 밖에서 해자를 확인하였으며, 폭 16-19m, 깊이 약 1.5m 정도이다. 2014년 궁성성벽과 서문, 후기 서대원(西大院) 북벽유구를 조사하였다. 궁성 성벽은 북벽 일부만 지표상에 남아있고 나머지 성벽은 모두 지하에 매몰되어 확인할 수 없다. 궁성 북벽, 남벽, 서벽에 대한 발굴과 절개 조사를 통하여, 현재 남아있는 성벽이 판축되었으며, 지상 벽체와 지하 기조(基槽) 두 부분으로 구분됨이 확인되었다. 지상에 남아있는 일부 벽체의 높이는 0.3-2.0m이다.

궁성 서문은 궁성 서벽 중앙에 위치하며 황성 서문과 마주하고 있다. 궁성 서문 유적은 문 양측의 돈대(墩臺)와 중간의 문도(門道) 두 부분으로 구성된다. 성문 중간에는 단문도(單門道)를 축조하였는데 폭은 약 6.4m이다. 문도 내에서 장군석(將軍石), 지복석(地栿石) 등의 건축 기초가 확인되었다.

후기 서대원 북벽유구는 궁성 서부에 1기가 남아있다. 평면 형태는 장방형이고 동서 폭 약 240-270m, 남북 길이 약 360-390m이다. 2014년 발굴조사를 통하여 서대원 북벽이 요대 궁성 성벽이 폐기된 후 만들어진 퇴적토와 완벽히 중첩되며 퇴적토와 층을 나누어 건축되었음이 확인되었다. 잔존 높이 0.8-1m이고, 바닥면 폭 약 5.3-5.5m이다.

출토품은 유리와(琉璃瓦), 와(瓦)등의 건축부재, 도자기, 동전, 동인(銅印)과 동경 등 청동기, 철기, 용문(龍文) 골제품 등 골기, 대자석각(帶字石刻) 편 등이다. 수백 점의 동전은 주로 송대의 것으로, 당대(唐代), 오대(五代), 요대(遼代)와 금대(金代)의 것도 확인되었다.

요(遼)의 수도(首都)인 상경(上京)에는 상전(桑田)이 있었으며, 도성(都城) 내에는 능금(綾錦)을 직조(織造)하는 작업장이 있었다. 그래서 요(遼)에서는 견직물(絹織物), 금은기(金銀器), 금동제마구(金銅製馬具)가 특산품(特産品)으로 수출된 것으로 판단된다. 차후 조사로 요의 수출품 제작 공방이 상경성내에서 확인될 것으로 기대된다.

참고문헌

中國歷史博物館遙感與航空撮影考古中心·內蒙古自治區文物考古研究所, 2002, 『內蒙古東南部航空撮影考古報告』, 科學出版社.

唐彩蘭編著, 2005, 『遼上京文物擷英』, 遠方出版社.

董新林, 2006, 「遼上京城址的發現和研究述論」, 『北方文物』3, 雜誌社.

董新林, 2008, 「遼上京城址考古發掘和研究新識」, 『北方文物』2, 雜誌社.

국립문화재연구소, 2019, 『중국동북지역 고고조사 현황-내몽고자치구편』, 국립문화재연구소.

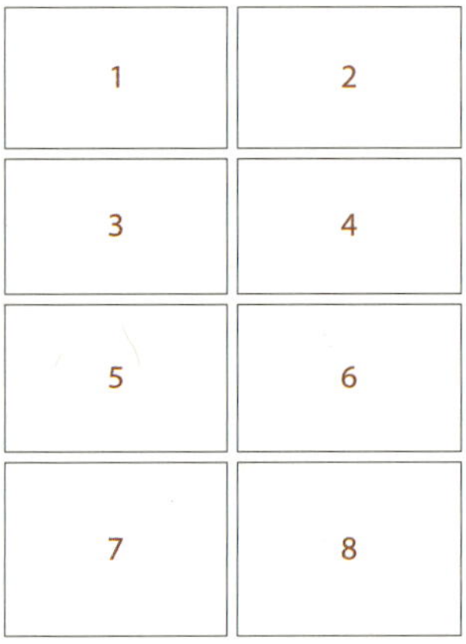

1	2
3	4
5	6
7	8

그림 Ⅱ-26. 중국(中國)China 요상경성지(遼上京城址)Liao Shang Gjing castle

1. 요(遼) 상경성(上京城) 원경(遠景)
2. 상경성(上京城)
3. 성벽(城壁)
5. 성벽(城壁)
6. 성벽(城壁)
7. 문지(門址)
8. 문지(門址)

9. 귀부(龜趺)
10~11. 상경성(上京城)
12. 상경성(上京城) 남탑(南塔)

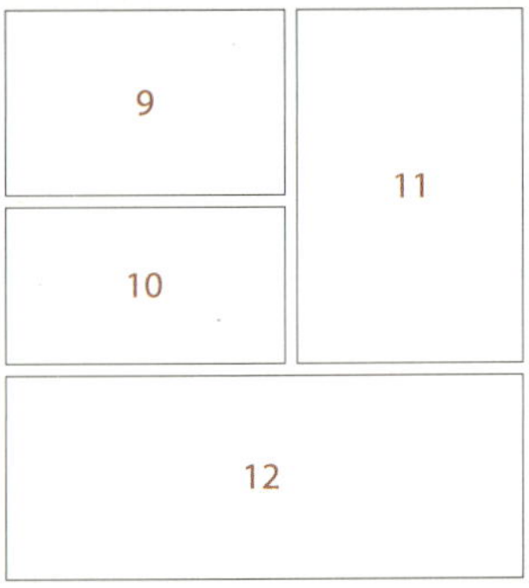

4) 요조릉遼祖陵, Liao Taizu tomb

조릉은 요의 수도였던 상경 임황부가 있었던 내몽고자치구(內蒙古自治區) 적봉시(赤峰市) 파림좌기(巴林左旗) 남서쪽에 있는 계곡에 위치하며, 석방자촌(石房子村)의 서북쪽에 해당한다. 이곳에서 동남쪽으로 약 2.5km 떨어진 곳에 봉릉읍(奉陵邑)인 조주성(祖州城)이 있다. 조릉은 요(遼)의 태조(太祖) 야율아보기(耶律阿保機)와 그의 부인이었던 순흠황후의 능으로 천현(天顯) 2년(927)에 축조되었다.

2003, 2004, 2007, 2008, 2009년의 총 5차례에 걸쳐 중국사회과학원 고고연구소와 파림좌기박물관, 내몽고문물고고연구소에 의해 조사되었다.

조릉은 계곡 전체를 능으로 하는 당(唐)의 능제인 인산위릉(因山爲陵)의 형태를 취한다. 산으로 둘러싸여 있으며 동남쪽 계곡 입구는 조릉 능원의 출입구이다. 그리고 계곡 전체를 담장으로 둘린 석장(石墻)이 확인되어 능원이 존재하였음을 알 수 있다.

2003년에는 조릉의 신도(神道) 위치를 확인하기 위해 남동쪽에 있는 능묘 석각(石刻)에 대하여 1.5×2.5m² 범위로 시굴조사를 실시하였다. 깊이 1.2m 위치에서 석인의 밑받침이 확인되었으며 석인의 서쪽에서 엎드려 있는 개의 석상이 출토되었다.

조릉 바깥쪽의 동쪽에서는 건축기단이 확인되었다. 귀부는 잔존 길이 2.8m이고, 높이 1m며, 비석의 파편이 출토되었는데 전면에는 거란문자, 후면에는 해서체로 한자가 새겨졌다. 조릉 바깥쪽의 서쪽에도 건축기단에서 출토된 묘비 파편에서 '……류막(劉莫)……장의천성(葬依天城)'이라는 명문이 확인되었는데 이는 『요사遼史』의 '장태조황제우조릉(葬太祖皇帝于祖陵), 치조주천성군절도사이봉릉침(置祖州天成軍節度使以奉陵寢)'이라는 기록을 통해 요(遼) 태조릉(太祖陵)인 것이 밝혀졌다. 2004년에는 조릉 정중앙의 동남부에 비교적 넓고 평탄한 지대인 동부광장을 발굴하였다. 동부광장에는 "凹"자형 지면의 능침(陵寢)건축 조합이 남북방향으로 존재하고 있었다. 이 유구를 조릉(祖陵) 갑조기지(甲組基址)라고 칭하고, 그중 서쪽 기지는 A, 북측 기지는 B, 동쪽기지는 C라고 명명하였다. 갑조기지에는 와당(瓦當), 와(瓦), 전(塼)등의 건축부재가 산재되어 있다.

2007년에는 요대 조릉 내의 1기의 도굴된 고분(PM1호묘)과 현궁 동쪽에 있는 귀부산(龜趺山) 건축기단에 대해서 발굴을 실시하였다. 1호 배장묘(PM1호묘)는 태조묘 현궁의 남쪽 구릉에 위치하며 2호건축기지와 4호건축기지의 중간에 해당한다. 이 고분은 전체 길이 50m이며 묘도, 용도, 전실, 중실, 후실과 두 개의 이실(耳室)로 구성된 전실묘(塼室墓)이다. 묘도는 동남쪽을 향해 나 있으며 완만하다. 묘문의 윗부분은 권정(券頂)으로 원래는 나무문으로 이루어져 있었다. 전실(博室)의 평면은 장방형이고 권정(券頂)이다. 중실, 후실과 두 개의 이실은 모두 원각호방형(圓角弧方形)에 궁륭형(穹隆形) 천장을 이루고 있다. 후실의 중앙 뒷부분에는 전(博)으로 쌓은 관대가 만들어져 있다. 부장품은 도굴되었으나 유리기, 금은기, 금은옥제 장신구, 개원통보(開元通寶), 형주요 백자, 월주요 청자가 출토되었다.

귀부산 건축기단에서는 대량의 비편이 확인되었으며, 전면에는 거란문자가 있고 후면에는 한자가 있다. 남아 있는 비석에 "天贊五年(천찬5년)", "升天皇帝(승천황제)", "李胡王子(이호왕자)"가 확인되며 류수문(劉守文)과 북점구(北淳口)에서 동맹을 맺은 사건과 발해를 정벌한 사건 등의 내용이 기록되어 있다. 문장으로 보아 이 비석은 요태조(遼太祖) 야율아보기(耶律阿保機)의 공적을 기록하였으며, 『요사遼史』와 기본적으로 일치하고 있다. 그러므로 이 건물지는 요(遼) 태조(太祖) 기공비(紀功碑)의 누각터이다.

2008년 7월-9월, 요대 조릉 내 "남령" 동쪽의 대형건물지에 대한 발굴을 실시하였다. 이곳은 태조릉 동남쪽의 광활한 지역에 위치하며, 문헌의 "남령"과 동서로 연결되어 하나의 보호벽을 형성하여 조릉을 내외 두 개의 능역으로 나누는 역할을 하고 있다. 갑조건축기지는 수기의 건물지로 구성되어있으며, 서쪽과 북쪽의 건물지 두 기(J1, J2)에 대해 실시되었다.

2009년은 조릉 능문지 보존상태 파악을 위한 시굴조사, 능원 내 주요 건축기지의 규모와 경계에 대한 조사, 태조릉 현궁 앞 분구에 대한 조사, 동북 골짜기에 있는 도굴된 유구에 대한 발굴조사가 실시되었다.

능사면이 산으로 둘러싸여 있으며, 조주(祖州)와 가까운 동남방향에만 작은 능문이 하나 있는데, 문헌에 흑룡문(黑龍門)으로 기록되어 있다.

현궁은 능원 내 세 번째 능선의 동단에 동남향으로 위치한다. 분구는 높이가 약 50m이며, 동북쪽과 서남쪽에 호석이 보인다. 분구는 판축과 돌을 교대로 쌓았으며, 조주성의 일부 성벽 구조와 유사하다.

배장묘(陪葬墓)인 PM1호묘는 전, 중, 후실의 구조를 가지고 이슬람 유리기, 금은 옥제 장신구, 월주요자기가 부장된 점에서 왕족묘로 추정된다. 피장자는 『요사遼史』등으로 볼 때 태조의 제3자(第三子)인 야률이호(耶律李胡)로 추정되고 있다. PM1호묘 출토 이슬람 유리기는 초원로를 통하여 이입되었으며, 요 왕실에서 유리기가 애용되었음을 알 수 있게 한다.

참고문헌

中國歷史博物館遙感與航空攝影考古中心·內蒙古自治區文物考古硏究所, 2002 『內蒙古東南部航空攝影考古報告』, 科學出版社.

국립문화재연구소, 2012, 『중국동북지역고고조사현황-중국고고학연감(2000-2010)을 중심으로 [내몽고자치구편]』, 국립문화재연구소.

中國社會科學院考古硏究所內蒙古第2工作隊·內蒙古文物考古硏究所, 2016, 「內蒙古巴林左旗遼祖陵1號陪葬墓」, 『考古』10, 考古雜誌社.

董新林, 2020, 「遼祖陵陵寢制度初步硏究」, 『考古學報』3, 考古雜誌社.

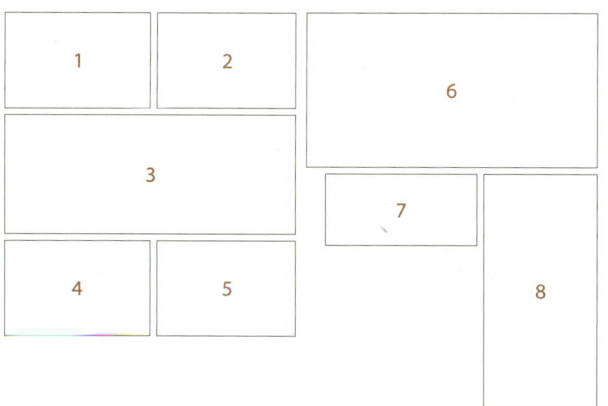

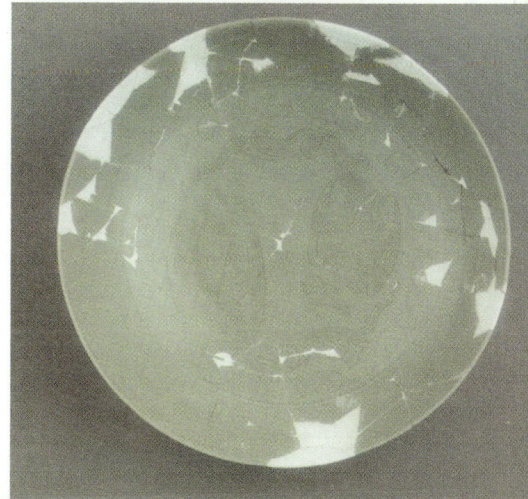

그림 Ⅱ-27. 중국(中國)China 요조릉(遼祖陵)Liao Taizu emperor tomb
1. 요(遼) 조릉(祖陵)과 조주성(祖州城) 원경(遠景)
2. 조릉(祖陵)과 조주성(祖州城)
3. 조릉(祖陵) 능원(陵園) 입구(入口)
4. 능원(陵園) 내부(內部)
5. 조릉(祖陵) 능원(陵園) 유구(遺構)
6. 조릉(祖陵) 배장묘(陪葬墓)
7. 배장묘(陪葬墓) 이슬람(Islam) 유리완(琉璃盌)
8. 배장묘(陪葬墓) 월주요(越州窯) 도자기(陶磁器)

9. 능원(陵園) 초석(礎石)
10. 요(遼) 조주성(祖州城)
11. 성벽(城壁)
12. 성벽(城壁)
13. 석조(石造) 건축(建築)

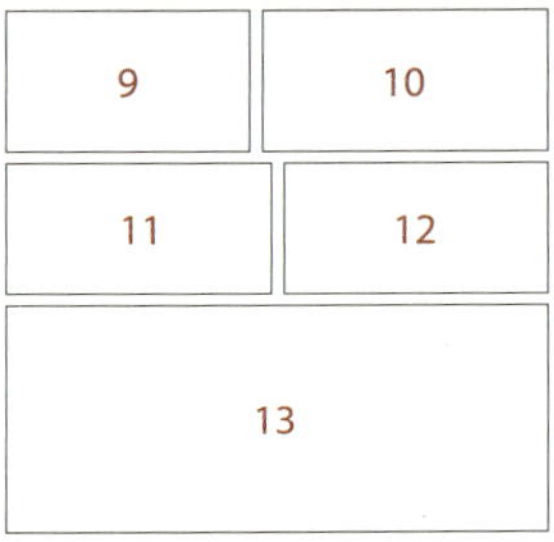

5) 진국공주묘陳國公主墓, Princess of State Chen tomb

진국공주묘는 내몽고자치구 통요시(通遼市) 내만기(奈曼旗) 청룡산진(靑龍山鎭) 동북 10km에 위치한 사포격도촌(斯布格圖村) 서쪽의 북묘산(北廟山) 동남쪽 언덕에 위치한다. 1985년에 발견되어 M3호분으로 병명되었으며, 1986년 내몽고문물고고연구소에서 발굴조사하였다. 묘역의 동쪽에는 이 고분과 관련된 2,500m²의 제사유구가 위치한다.

요(遼) 5대 황제인 경종(景宗)(948-982)의 손녀인 진국공주(陳國公主)(1000-1018)와 부마(駙馬)인 소소구(蘇紹矩)의 합장묘이다. 이 묘에서 발견된 묘지에서 고진국공주묘지명(故陳國公主墓志銘)라는 명문이 확인되어 묘주가 진국공주와 부마임을 알 수 있었다. 묘지석에는 요 경종의 차남인 야율융경의 딸인 진국공주의 부마인 소소구가 먼저 사망하였으며 뒤이어 공주가 18세의 나이에 사망하였다고 기록되었다.

진국공주묘는 계단식 묘도, 전실, 동, 서 이실(耳室), 후실로 구성되어 있다. 전체 길이는 16.4m이며 묘문의 폭은 1.93m, 높이는 2.65m이다. 전실에 달린 동, 서 이실(耳室)은 총 길이 6.7m, 후실은 원형으로 직경 4.38m, 천장(天障)의 높이는 3.5m이다. 천장은 궁륭형이다.

벽화는 묘도 양쪽에 목조 기둥과 운문을 배경으로 지상으로 향하는 말과 마부, 전실 양측에는 후실을 향하여 호위하는 문지기와 남녀 시종, 후실을 향하여 날아가는 학과 성좌를 묘사하였다. 전실 천장에는 일월성운과 성좌를 묘사하였으며, 묘주의 영혼이 향하는 내세를 그렸다.

전실에서는 진국공주와 그 부마의 애책(哀册)과 함께 토기, 도자기류의 부장품이 발견되었다. 서쪽 이실에서는 마구류가 집중적으로 출토되었다. 동쪽 이실에서는 도자기류가 집중적으로 출토되었다. 후실에서는 진국공주와 그 부마의 시신과 함께 장신구가 다량 발견되었다. 후실의 시상대의 크기는 길이 2.6m, 폭 1.47m, 높이 0.36m로 진국공주와 부마가 관이 없이 그대로 시상대 위에 안치되어 있었다. 시상대의 끝에 칸막이를 세워 시상대를 직사각형으로 보이게 하였으며, 측면에 문양을 새겨 장식성을 더하였다. 그리고 시상대 앞에 공물을 둘 수 있는 대를 두었다. 장신구로 볼 때 남쪽에 공주, 북쪽에 부마가 안치되었으며, 부장품이 놓여있는 위치와 상태를 보면 부마를 먼저 장례를 치른 후, 공주를 추가장한 것이다. 이는 묘지에서도 부마가 먼저 사망한 것으로 확인된다. 후실에서는 묘를 전(塼)으로 쌓은 다음에 목재를 결합해 벽을 축조한 것이 확인된다. 그리고 목재로 벽을 만들기 전에 전돌의 벽과 목재의 벽 사이에 백회를 바른 것이 확인된다.

부장품은 금제와 은제, 동제, 철제, 청자, 백자, 녹유도자, 유리기, 옥제유물, 관류, 대장식구, 호박제, 마구류로 3,227점이다. 금관은 공주와 부마가 각각 착장한 채로 발견되었고 대장식구는 7점이 확인되었다.

요(遼)는 거란족(契丹族)이 내몽고(內蒙古) 중심으로 북(北)은 흑룡강성(黑龍江省) · 요녕성(遼寧省) · 길림성(吉林省) · 몽골에서 연해주(沿海州), 서(西)는 중앙(中央)아시아까지 판도(版圖)를 넓힌 거대(巨大)한 기마민족왕조(騎馬民族王朝)이다. 요(遼)는 강대(強大)한 기마군단(騎馬軍團)을 배경(背景)으로 송(宋)을 압박하여 매년 거액의 화해금(和解金)을 받았으며, 당시(當時) 세계(世界)에서 가장 부유한 국(國)이었다. 거란족(契丹族)은 진국공주묘(陳國公主墓)에서 확인된 것과 같이 유체(遺体)를 금은(金銀)으로 장식하고 호화(豪華)로운 부장품(副葬品)을 매납하고 있어 흉노(匈奴)이래의 기마민족의 습속이 유지된 것을 알 수 있다.

진국공주묘에서 특이한 것은 호박제잠형품(琥珀製蠶形品)이 부장된 것이다. 이는 요(遼)의 견직물(絹織物) 생산을 상징하는 것이다. 진국공주묘에서는 금은기(金銀器), 금동제마구(金銅製馬具)가 다수 출토되었으며, 특히 금은기(金銀器)는 당(唐)의 공인을 초치(招致)하여 제작한 정교하고 화려한 것으로 성당기(盛唐期)의 금은기(金銀器)를 방불하게 한다. 금동제마구(金銅製馬具)도 마찬가지로 뛰어난 조형미를 가진 것이다. 나아가 진국공주묘(陳國公主墓)에서는 이슬람 유리기인 돌출문주자(突出文注子) 1, 완(盌) 1, 절자문병(切子文瓶) 1, 병(瓶) 1, 주자(注子) 1점이 부장되어 주목된다. 왜냐하면 이 유리기들은 문양을 가진 고급품이면서도 다수가 부장되었기 때문이다. 유리기를 선호하는 것은 초기마민족의 오랜 습속이며, 유리기는 출토 위치로 볼 때 초원로를 통하여 이입된 것으로 판단된다.

참고문헌

內蒙古文物考古硏究所 · 哲里木盟博物館, 1993, 『遼陳國公主墓』, 文物出版社.
中國歷史博物館 · 內蒙古自治區文化廳, 2002, 『內蒙古遼代文物精華 契丹王朝』, 中國藏學出版社.
九州國立博物館, 2011, 『草原の王朝 契丹』, 西日本新聞社.
국립문화재연구소, 2013, 『중국동북지역 고고조사 현황-내몽고자치구편』, 국립문화재연구소.

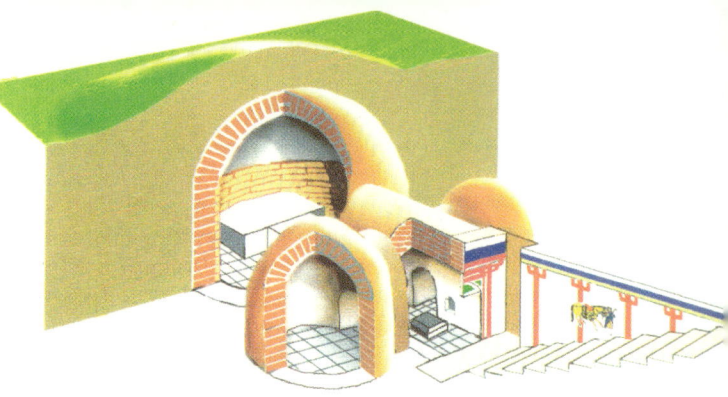

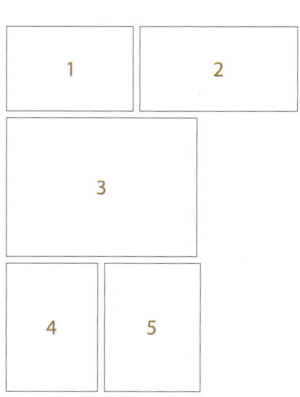

그림 Ⅱ-28. 중국(中國)China 진국공주묘(陳國公主墓)Princess of State Chen tomb

1. 요(遼) 진국공주묘(陳國公主墓)
2. 진국공주묘(陳國公主墓) 묘실(墓室) 투시도(透視圖)
3. 진국공주묘(陳國公主墓) 벽화(壁畫)
4. 금제(金製) 장신구(裝身具) 출토상태(出土狀態)
5. 이슬람(Islam) 유리주자(琉璃注子)

291

7. 중국china의 유적遺蹟과 유물遺物

6. 이슬람(Islam) 절자문유리병(切子文琉璃瓶)
7. 이슬람(Islam) 유리주자(琉璃注子)
8. 이슬람(Islam) 유리완(琉璃盌)
9. 금관(金冠)
10. 용문(龍文) 과대(銙帶)
11. 과판(銙板)

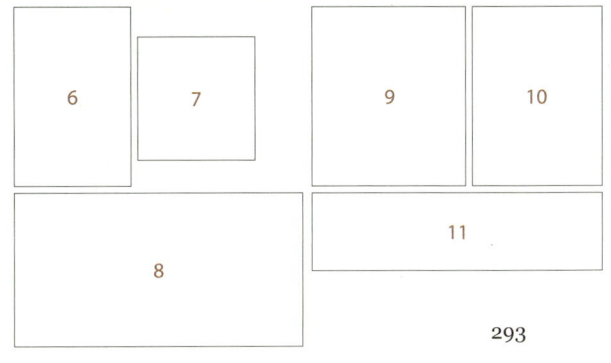

6) 소귀비묘蕭貴妃墓, Xiao Guifei tomb

　소귀비묘는 내몽고자치구(內蒙古自治區) 석림곽륵맹(錫林郭勒盟) 다륜현(多倫縣) 소왕력구(小王力溝)에 위치한다. 2015年에 발굴조사된 요묘(遼墓)가운데 M2묘는 묘실(墓室)에서 출토된 묘지명개(墓誌銘蓋)에「故貴妃蕭氏玄堂志銘」라는 명문(銘文)이 있어 통화11년(統和11年, 993년) 몰(歿)한 요(遼) 황제(皇帝) 성종(聖宗)의 귀비묘(貴妃墓)인 것이 판명되었다.

　고분의 구조는 전실묘(塼室墓)로서 현실의 평면형태는 원형이고 궁륭상천장(穹窿狀天障)를 가진 단실묘이다, 현실문에는 벽화가 그려져 있었으며, 내부에서 다수의 부장품(副葬品)이 출토되었다.

　부장품은 금화은루공봉황문관(金花銀鏤空鳳凰文冠), 은류금루공봉문고시관(銀鎏金鏤空鳳文高翅冠), 금화은루공봉황문화(金花銀鏤空鳳凰文靴), 마노병룡문은류금단도(瑪瑙柄龍文銀鎏金短刀), 금양옥용문옥한요(金鑲玉龍文玉捍腰), 은사련옥조패(銀絲鏈玉組佩), 은편대설단과문휴칠묘침(銀片對碟團棐文髹漆墓枕)과 같은 금은제품, 이슬람 유리기, 정요백유자기(定窯白釉磁器), 월요청유자기(越窯青釉磁器), 경덕진청백유자기(景德鎮青白釉磁器) 등이 출토되었다.

　소귀비묘(蕭貴妃墓) 출토 이슬람 유리기인 파수부주자 2점과 파수배 1점 외 4점에 대한 성분분석이 실시되었다. 분석 결과 소귀비묘 출토 이슬람 유리기의 산지(産地)가 중앙아시아산으로 확인되었다.

　입체적인 대형 유리기는 중국을 비롯한 동아시아에서는 제조되지 않고 주로 이슬람세계으로부터 남해무역 즉 해로를 통하여 중국으로 이입되었다. 요(遼)와 송(宋)은 이슬람제국(諸國)으로부터 교역품(交易品)으로 입수하였다고 생각된다. 한편 요(遼)의 이슬람 유리기는 중앙아시아에서 초원로(草原路)를 거쳐 요(遼)의 수도로 운반되었을 가능성이 크다.

　소귀비묘(蕭貴妃墓) 출토품으로 볼 때 진국공주묘(陳國公主墓)와 같이 요(遼)에서 이슬람 유리기를 선호한 것을 알 수 있다.

참고문헌

內蒙古文物考古研究所·錫林郭勒盟文物保護管理站·多倫縣文物管理局, 2016,「內蒙古多倫縣遼代貴妃蕭氏家族墓葬」,『考古』10, 考古雜誌社.
车田口章人, 2016,『リモートセンシング技術を用いた中國內蒙古自治區の遼代皇帝陵の同定と文化財

調査』, (2016年-文部科學省科學研究費 基盤C), 帝塚山大學文學部.

牟田口章人, 2017,「内蒙古博物院における遼代高級貴族墓出土遺物の調査」,『帝塚山大學文學部紀要』 39, 帝塚山大學文學部.

牟田口章人, 2018,「遼・蕭氏貴妃墓発掘のガラス器と修復」,『GLASS』62, 日本ガラス工芸學會.

帝塚山大學・大和文華館共催學術報告會, 2019,「10世紀契丹考古學の新発見：聖宗貴妃墓(蕭氏貴妃墓)と乾陵・顕陵」,『十世紀アジア世界の精華：遼代の宮廷文化と平安文化を探る』, 大和文華館.

盖志勇, 2018,「内蒙古考古學最新成果 蕭氏貴妃墓の発掘を中心に」,『金の冠 銀のブーツ 遼代王妃墓の謎を探る』帝塚山大學 奈良縣立橿原考古學研究所.

中井泉, 2018,「内蒙古出土ガラス器成分分析 遼墓出土ガラス器と中央亜細亜出土ガラス器」,『金の冠 銀のブーツ 遼代王妃墓の謎を探る』帝塚山大學 奈良縣立橿原考古學研究所.

Ⅱ. 유라시아歐亞 초원로草原路의 유적遺蹟과 유물遺物

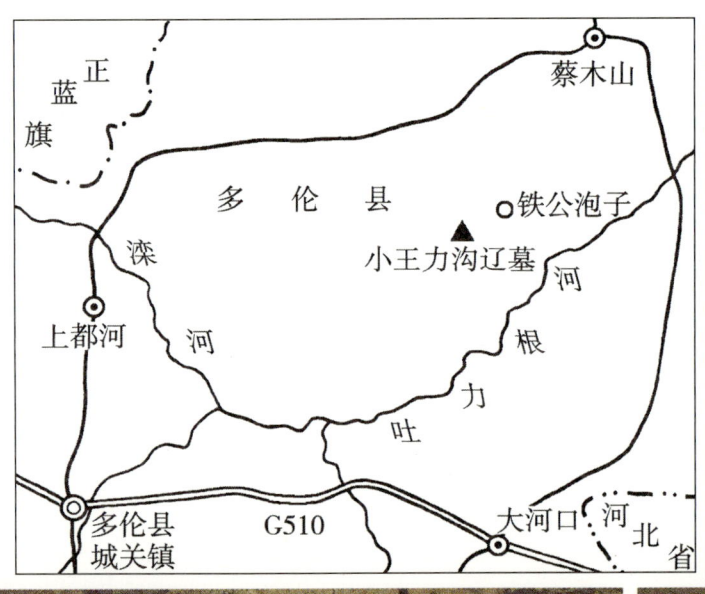
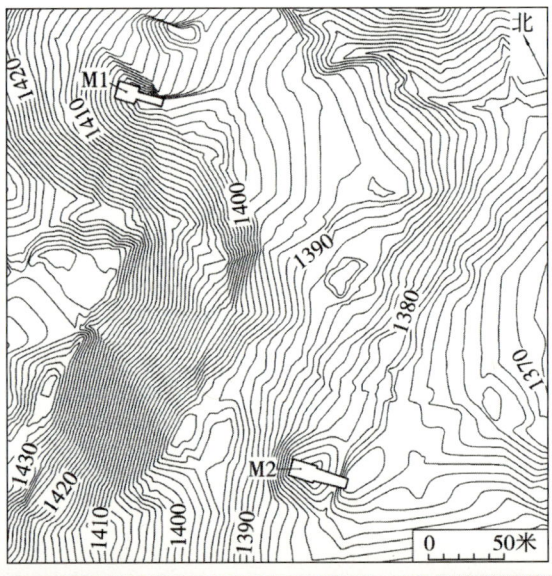

그림 Ⅱ-29. 중국(中國)China 소귀비묘(蕭貴妃墓) Xiao Guifei tomb

1. 요(遼) 소귀비묘(蕭貴妃墓) 위치(位置)
2. 소귀비묘(蕭貴妃墓) 위치(位置)
3. 소귀비묘(蕭貴妃墓) 묘실(墓室)
4. 묘지석(墓誌石)
5. 옥제(玉製) 과대(銙帶)

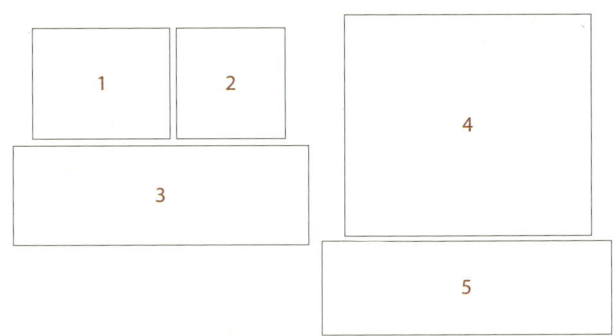

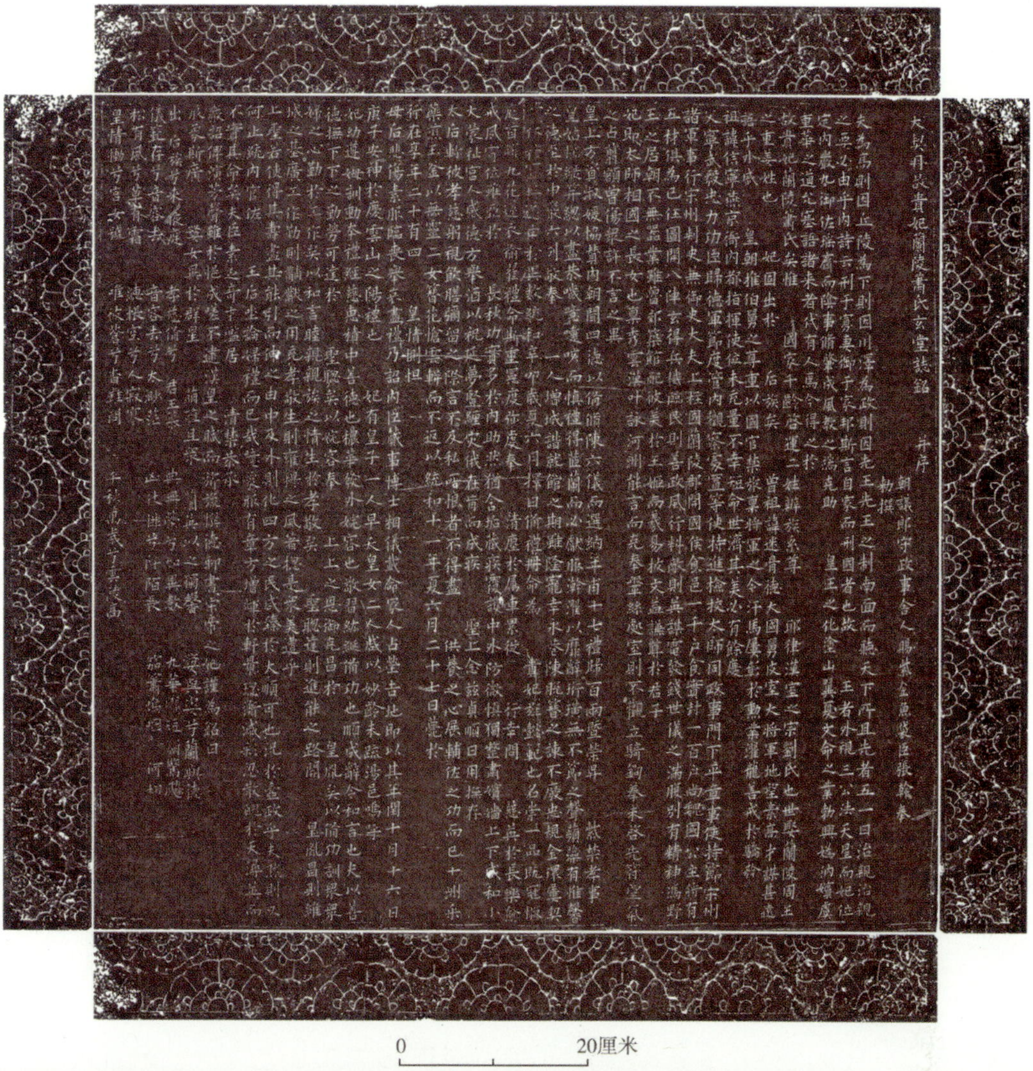

7. 중국china의 유적遺蹟과 유물遺物

297

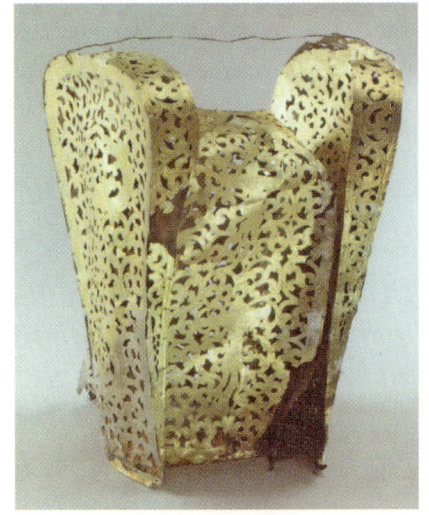

6. 금동제(金銅製) 장신구(裝身具)
7. 이슬람(Islam) 유리배(琉璃杯)와 유리주자(琉璃注子)

7) 토이기산고분吐爾基山古墳, Tuerjisan tomb

　　토이기산고분은 내몽고자치구(內蒙古自治區) 통요시(通遼市)에서 50km 떨어진 과이심좌익후기(科爾沁左翼後旗) 토이기산(吐爾基山) 동남기슭 경사면에 위치한다. 2003년 내몽고자치구 문물고고연구소에서 조사하였으며 요(遼)대 미도굴분으로 확인되었다.

　　고분은 묘도(墓道), 묘실(墓室)과 이실(耳室)로 구성된 전실묘(塼室墓)이다. 묘도는 긴 경사식으로 길이는 48m에 달한다. 묘문 입구는 봉문석으로 막혀 있고, 용도 중간에 하나의 나무로 만든 문이 설치되어 있다. 묘실은 정방형(正方形)에 가깝고, 말각조정식이며 현실 규모는 3.92m, 폭 3.7m, 높이 3.36m이다. 조정(藻井)은 직경이 약 1.78m이고, 묘실의 벽화는 이미 대부분 탈락된 상태이다. 이실(耳室)은 묘실의 앞부분에 위치하며, 장방형에 두 이실 모두 목문(木門)이 설치되어 있다. 묘실의 후면에는 채색된 목관과 관상(棺床)이 있다.

　　외관(外棺)은 가형(家形)으로 터널형 천장으로 길이 2.31m, 폭 1.30m, 높이 0.9m이다. 홍, 흑색이 주로 쓰였는데, 상면에는 선학(仙鶴), 봉황(鳳凰), 가지가 얽힌 목단(牡丹), 운문(雲文)이 그려져 있고, 그중 선학과 봉황에는 금으로 장식하였으며, 주위에는 동령을 달았다. 관수(棺首) 중간 부분에 작은 문이 하나 있고, 동쇄(銅鎖)를 달아 놓았고, 문 양쪽에는 각각 골타(骨朶)를 들고 있는 유금시위(鎏金侍衛)가 있다.

　　내관(內棺)은 보존상태가 비교적 양호한 편으로 내관의 관뚜껑 정면에는 세 무리의 용문이 그려져 있다. 양측에 각각 한 쌍의 금봉(金鳳)이 날개를 펴고 비상하는 그림이 있다. 피장자 머리에는 금테가 돌려져 있고 모발이 일부 잔존한다, 11겹의 의복을 착용하고 있다.

　　관상(棺床)은 수미좌(須彌座) 형태로, 길이 2.56m, 폭 1.48m, 총 높이 1.07m이며, 모두 8층으로 구성되어 있다. 상부에는 투조된 난간이 있는데, 난간에는 모두 6마리의 금동제 사자(獅子)가 장식되어있다. 난간 아래에는 상하 두 줄로 동령이 달려있고, 중간 부분에는 두 마리씩 대응되게 네 마리의 금으로 채색한 봉황이 묘사되어있다.

　　목관과 관상은 당 경산사, 법문사, 돈황 막고굴에 묘사된 사리함과 유사하여 주목된다. 출토된 부장품은 주로 유리기, 은기, 금기, 칠기, 동기, 마노기, 목기, 마구와 견직물 등이 있다. 유리기는 투명한 고족배(高足杯)로서 이슬람 유리기이다. 피장자는 묘의 축조 시기와 부장품으로 볼 때 요(遼) 태조(太祖) 야율아보기(耶律阿保機)의 여동생(妹)으로 추정되고 있다.

　　토이기산(吐爾基山)고분은 목관과 금은기에 당(唐)의 강한 영향이 요대의 사회생활과 풍습, 복식, 예술, 그리고 상장풍습을 연구하는데 매우 중요한 자료를 제공해 주고 있다.

참고문헌

塔拉·張亞强, 2005, 「通遼吐爾基山遼墓」, 『中國古考學年鑒2004』, 文物出版社.

九州國立博物館, 2011, 『草原の王朝 契丹』, 西日本新聞社.

국립문화재연구소, 2019, 『중국동북지역 고고조사 현황-내몽고자치구편』, 국립문화재연구소.

7. 중국china의 유적遺蹟과 유물遺物

그림 Ⅱ-30. 중국(中國)China 토이기산고분(吐爾基山古墳)China Tuerjisan tomb
1. 요(遼) 토이기산묘(吐爾基山墓) 목관(木棺)과 관대(棺臺)
2. 목관(木棺)과 관대(棺臺)
3. 이슬람(Islam) 유리고배(琉璃高杯)
4. 금제(金製) 지륜(指輪)

1	
	2
3	4

5. 경(鏡)과 보석상감(寶石象嵌) 금동제합(金銅製盒)
6. 은도금합(銀鍍金盒)
7. 은도금반(銀鍍金盤)

8) 발해상경성지 渤海上京城址, Bohai Shang Gjing site

발해상경성지는 흑룡강성(黑龍江省) 영안시(寧安市) 발해진(渤海鎭)에 있는 발해시대의 수도터이다. 영안시(寧安市)에서 서남쪽으로 약 35km 지점 동경성진(東京城鎭)에 이르며, 성은 이곳에서 다시 서쪽으로 약 3km 떨어진 곳에 있다. 성내에는 발해진을 비롯하여 6개의 마을이 있다. 성은 주위가 수백 리나 달하는 평탄한 분지에 위치한다. 남쪽에는 홀한해(忽汗海), 즉 경박호(鏡泊湖)가 있다. 이곳에서 흘러내리는 홀한하(忽汗河), 즉 목단강(牧丹江)은 성의 남쪽과 동쪽 및 북쪽의 성벽 밖으로 흐른다. 목단강과 성의 북벽 사이에 발해포(渤海浦)가 있는데, 이 호수 안의 섬에는 발해시기의 기와편과 초석이 남아있는 것으로 보아 당시 이곳에 누정을 지었던 것으로 추정된다. 성 부근에는 대목단둔성(大牡丹屯城)·우장성(牛場城)·승리촌고성보(勝利村古城堡) 등의 성지, 평안교(平安橋)·칠공교(七孔橋)·오공교(五孔橋)의 다리유적, 대주둔(大朱屯)·삼령둔(三靈屯)·대목단둔(大牡丹屯) 등의 고분군이 자리잡고 있다.

상경성은 발해 도읍지 중 가장 오랫동안 도읍한 곳으로, 당시에는 '홀한성(忽汗城)'이라고도 불렸다. 문왕이 756년 초에 이곳으로 도읍을 옮겼고, 780년대 후반부터 793년경까지 동경(東京)으로 일시 천도했던 것을 제외하고는 멸망 때까지 계속 발해의 수도로 기능하였다. 926년에 발해가 멸망하고 928년에 유민들이 요동지방으로 강제 이주된 뒤에는 폐허가 되었다.

1909년 시라토리 쿠라키치(白鳥庫吉)가 이 성을 답사하였고, 1931년에는 하얼빈박물관(哈爾濱博物館)에 있던 러시아의 포노소프(B.B. Ponosov)가 조사하였다. 1933년과 이듬해에는 일본의 동아고고학회(東亞考古學會)에서 최초로 발굴하였다. 1963년에는 북한학자들과 공동으로 대대적인 발굴을 하였고, 1980년대 초부터 흑룡강성에서 다시 부분적인 발굴을 지속하고 있다.

성은 외성(外城), 궁성(宮城), 황성(皇城)으로 구성되어 있다. 벽은 서로 일정한 비율을 유지하며, 성문도 일직선으로 연결된다. 성벽은 처음에 황성과 궁성이 함께 축조되고, 나중에 궁성의 북벽을 확장하면서 외성이 축조된 것으로 보고 있다. 성문은 외성 10기, 궁성 3기, 황성 3기가 있다. 여러 성문중에서 외성의 남북벽의 중간 문과 궁성 남문 및 황성 남문은 문도가 3개씩 있는 대문(大門)이고, 나머지는 문도가 하나인 소문(小門)이다. 성문들은 놓인 위치와 역할에 따라 구조를 달리하였다.

외성은 동서로 긴 장방형으로 북벽은 밖으로 돌출하여 '凸'자형을 이룬다. 동벽은 3,358.5m, 서벽 3,398m, 남벽 4,586m, 북벽 4,946m로 전체 둘레가 40리를 넘는 16,288.5m

이다. 성벽은 안팎 양쪽으로 돌을 정연하게 쌓아 올리고 안쪽에 흙을 채워 넣은 구조이다. 보존상태가 양호한 부분은 높이 3m이나, 당시의 규모는 높이 6m, 하부 폭 16-18m, 상부 폭 6-7m로 추정된다. 성벽 밖에는 해자(垓子)를 돌렸는데, 동벽과 북벽 밖에 흔적이 잘 남아 있다. 또 네 모퉁이에는 각루(角樓)를 세웠던 흔적도 있다.

성은 주작대로를 기준으로 동반성(東半城)과 서반성(西半城)으로 나뉘며, 도로가 성 전체를 여러 구역으로 나누고 있다. 각 구역 안에는 거주구와 사원, 시장 등이 있던 이방(里坊)이 있다. 서반성 이방은 41개로 큰 것이 9개, 작은 것이 32개이다. 동반성에도 자세하지는 않지만 40여 개가 있었던 것으로 추정된다.

외성 안에는 11개의 도로가 종횡으로 연결되어 있어서 도시 전체가 바둑판 모양의 방(坊)을 이루어 구획되었다. 방의 전체 숫자는 81개 이상으로 추정되며, 4개의 방이 한 단위를 이루어 전(田)자 모양을 하고 있다. 여기에는 거주구와 시장, 사원도 있었다. 사지(寺址)는 성 안팎에서 10여 기가 확인되었고, 2호 사지에는 발해시대의 석등(石燈)과 석불(石佛)이 남아있다. 또 상경성 안에 있는 토대자촌(土臺子村), 백묘자촌(白廟子村) 등에서 4개의 사리함이 출토되었다.

궁성은 북쪽 중앙에 있으며 장방형(長方形)으로 현존 높이 3~4m의 석벽이 주위를 에워싸고 있다. 전체 둘레는 3,986m로서, 동벽 900m, 남벽 1,050m, 서벽 940m, 북벽 1,096m이며 잔존 높이는 3-4m이다. 네 모퉁이에서 각루 흔적이 보이고, 성 밖으로 해자를 돌린 흔적도 있다. 궁성 정문은 오봉루(五鳳樓)라 불리는데, 5m 정도의 축대와 그 위의 초석이 잘 남아 있다. 궁성 내부는 4개 구역으로 나뉘는데, 중심구역에 7기의 궁전 건물들이 있고 나머지 구역에 부속시설이 있었다. 그중 제1-5궁전지는 『영안현지寧安縣誌』에 오중전(五重殿)으로 기록되어 있다. 궁전 건물은 회랑으로 연결되어 있다. 제4궁전 건물과 서쪽 구역의 침전터에서는 쪽구들 시설이 확인되었다. 제2궁전지 옆에는 '팔보유리정(八寶琉璃井)'이라 불리는 우물이 남아 있다. 또 동쪽 구역에는 '어화원(御花園)'이라 불리는 궁궐 정원터가 보존되어 있다.

황성은 궁성 남쪽에 도로 하나를 사이에 두고 있다. 평면은 가로로 긴 장방형으로, 동벽 447m, 남벽 1,045m, 서벽 454m, 북벽 1,050m로 전체 둘레가 2,996m인데, 모두 돌로 쌓았다. 3개 구역으로 나뉘는 내부에는 10개의 관청지(官廳址)가 확인되어 그 일부가 발굴되었다. 이곳에 3성(三省) 6부(六部)가 있었던 것으로 추정한다.

1975년 4월 토대자촌에서 남쪽으로 100m 떨어진 경작지에서 사리함이 발견되었다. 인근에서 6기의 비교적 높은 판축기단이 확인되었는데, 이를 사원 기단부로 비정하고 있다. 또한, 소형의 니제 불상과 동제불상 등 불교 관련 유물들이 다수 발견되었다. 1997년 8월 25일 궁성 서쪽의 서내원(西內苑)에서 200m 떨어진 백묘자촌에서 사리함이 발견되었다. 사리함이 발견된 서쪽 구역에서는 높고 큰 흙 기단이 발견되어 사원로 비정되고 있다.

토대자촌 출토 사리함은 석제함, 칠함, 동함, 금동제함, 은제함, 금제함, 유리병으로 구성된 7중으로 구성되었다. 외함은 2중 석함으로 6매의 현무암 판석을 구성되었다. 덮개는 폭과 길이가 각 1m이다. 제3함은 녹정형 뚜껑의 철함으로, 내부에 평탈칠함이 놓여져 있다. 평탈칠기 안에는 네 면에 사천왕상이 시문된 은제녹정형함, 은제함 안에 은제도형병, 그 안에서는 사리가 들어 있는 녹색 유리병이 확인되었다. 5과의 석영 사리 외에도 10여 개의 호박, 청금석(Lapis lazuli), 진주 등이 발견되었다. 청금석은 아프가니스탄의 북동부 바다흐샨지방 산이다. 토대자촌 출토 사리함에는 사천왕상을 표현하였다. 사천왕상의 도상을 통해, 토대자촌 사리기는 8세기 후반에서 9세기 초으로 보고있다.

백묘자촌 사리함은 돌, 철, 동, 은, 평탈, 금동, 은함 그리고 유리병의 7중 구조이다. 외함은 6매의 현무암 판석으로 구성되었고, 덮개는 폭과 길이가 각 1m이다. 외함 안에는 연화문이 장식된 금제평탈칠함이 있으며, 청동제 함, 금동제 함, 은제 함, 금제 함이 순서대로 안에 놓여 있다. 특히, 금함 안에는 사리가 든 비취색의 유리병이 놓여 있다. 동함에서 유리병까지 각각 직물로 포장되었고, 칠함 안에는 골회로 보이는 하얀 가루가 든 작은 병이 확인되었다.

토대자촌과 백묘자촌 사리함에서 출토된 청금석(Lapis lazuli), 진주 등은 중앙아시아에서 초원로, 사막로, 담비길을 통해 발해로 유입되었을 것으로 추정된다. 이는 중앙아시아의 소그드인의 중개에 의한 것으로 보인다.

발해의 수도 상경성은 전체 둘레가 16km에 달하며, 당의 장안성에 이어 동아시아에서 두 번째로 큰 도성이었다. 상경성은 초원로와 사막로를 통하여 받아들인 문물을 일본으로 보내는 실크로드의 거점이었다.

1961년 3월에 전국중점문물보호단위로 지정되었다. 황성 동쪽 부분에 상경유지박물관(上京遺址博物館)이 세워져 출토품을 전시하고 있다. 상경성 주변에는 삼릉둔(三陵屯)고분군, 대주둔(大朱屯)고분군, 칠공교(七孔橋)·오공교(五孔橋)의 다리(橋), 행산(杏山) 요지(窯址) 등 많은 유적들이 있다.

참고문헌

東亞考古學會, 1939, 『東京城-渤海國上京龍泉府址の發掘調査』, 東亞考古學會.

조중공동고고학발굴대, 1966, 『중국 동북지방의 유적 발굴보고(1963-1965)』, 사회과학원출판사.

黑龍江省文物考古工作隊, 1985, 「渤海上京宮城第2·3·4號門址發掘簡報」, 『文物』11, 文物出版社.

中國社會科學院考古研究所(編), 1997, 『六頂山與渤海鎮-唐代渤海國的貴族墓地與都城遺址』, 中國大百科全書出版社.

崔順子, 2000, 「渤海的佛敎與蓮花文裝飾圖案」, 『渤海文化硏究』, 吉林人民出版社.

김기섭·김진광, 2007, 「발해의 상경 건설과 천도」, 『韓國古代史硏究』45, 한국고대사학회.

沈洪才·趙湘萍·朱春雨·趙哲夫·李陳奇, 2015, 「黑龍江寧安渤海上京城出土渤海國舍利函」, 『文物』6, 文物出版社.

한국학중앙연구원, 2017, 「영안동경성 [寧安東京城]」, 『한국민족문화대백과』, 한국학중앙연구원.

국립문화재연구소, 2001, 「상경성 [寧安 上京城]」, 『고고학사전』, 국립문화재연구소.

국립문화재연구소, 2014, 『북방지역 고구려·발해 유적 지도집』, 국립문화재연구소.

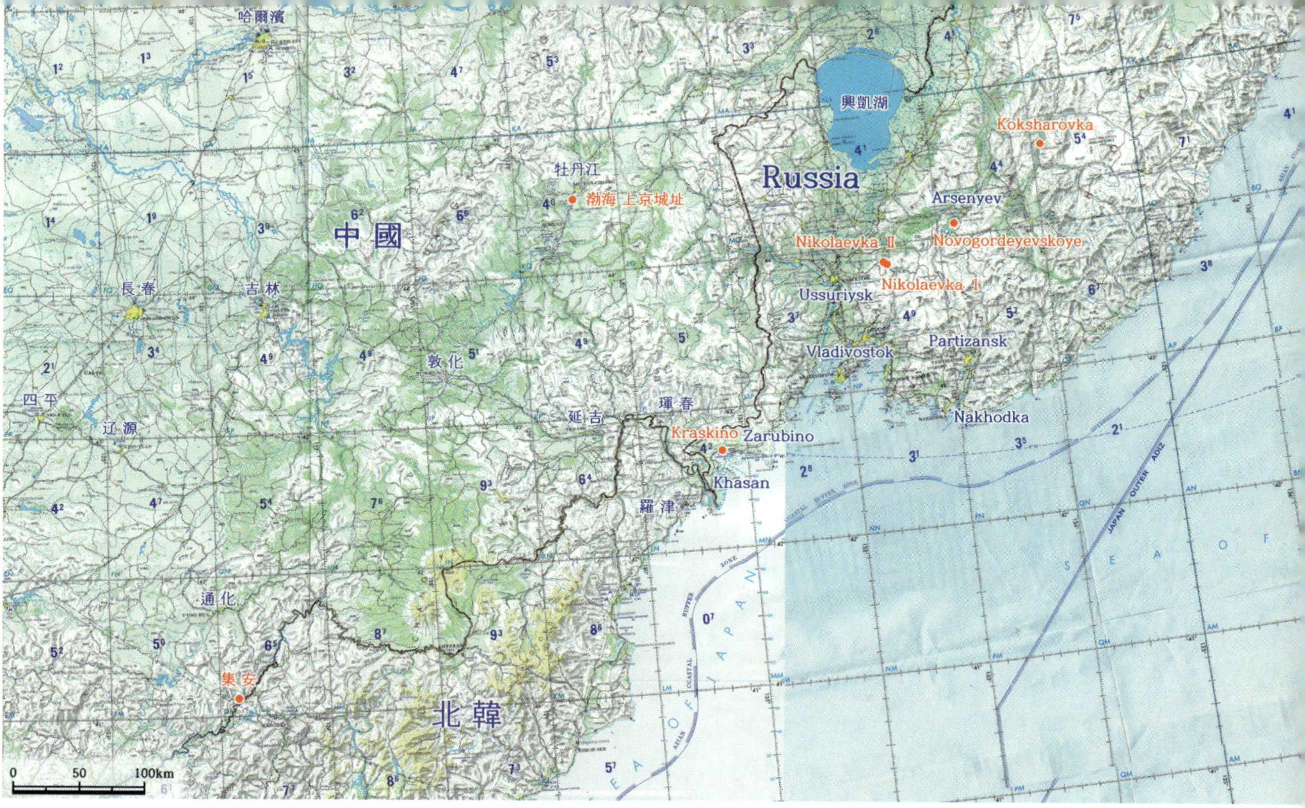

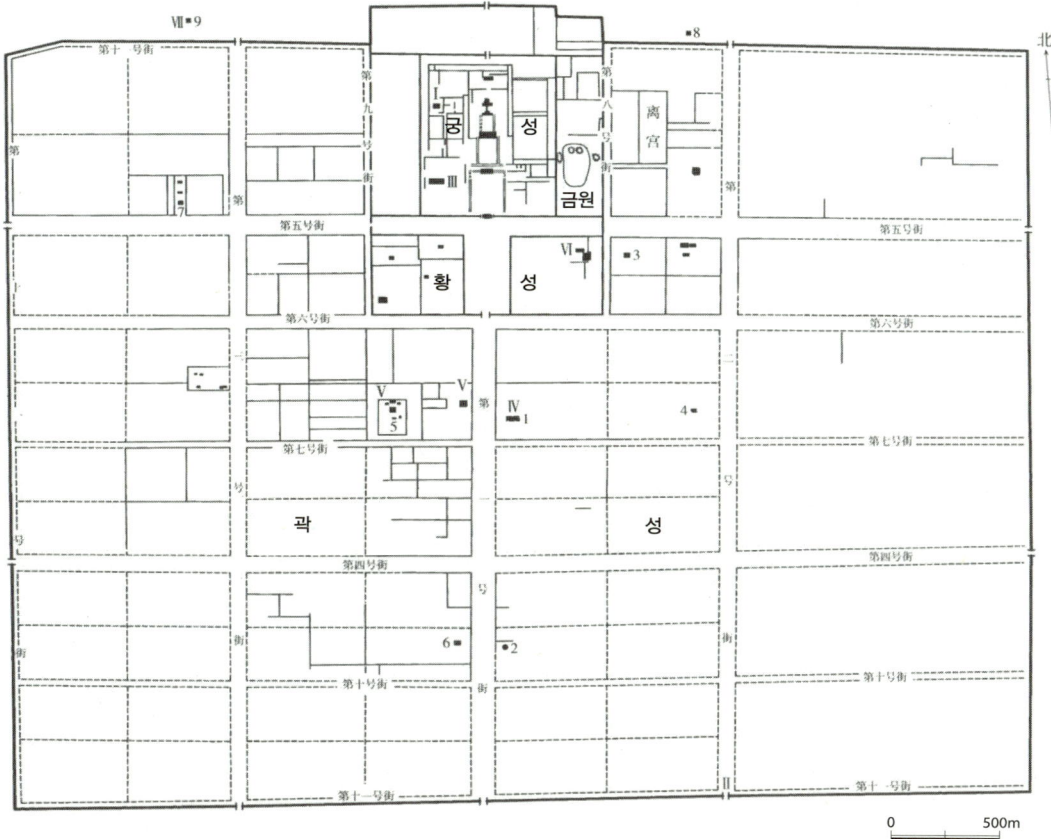

그림 Ⅱ-31. 중국(中國)China 발해상경성지(渤海上京城址)Bohai Shang Gjing castle
1. 발해(渤海) 상경성(上京城)과 연해주(沿海州) 발해성(渤海城) 분포도(分布圖)
2. 평면도(平面圖)

3. 상경성(上京城)
4. 궁성(宮城)
5~6. 궁성(宮城) 남문(南門)
7. 궁성(宮城) 남랑지(南廊址)
8. 석등(石燈)
9. 궁성(宮城) 북문(北門)
10. 와당(瓦當)
11. 귀면와(鬼面瓦)

309

Ⅱ. 유라시아歐亞 초원로草原路의 유적遺蹟과 유물遺物

12. 석제(石製) 사자(獅子)
13. 발해(渤海) 일본(日本) 국서(國書)

9) 동대장자고분군東大杖子古墳群, Dondazhangzi tombs

동대장자고분군은 요녕성(遼寧省) 호로도시(葫芦島市) 건창현(建昌縣) 동대장자촌(東大杖子村)에 위치한다. 전체 면적 약 10만㎡이며, 1999년 이래 요녕성문물고고연구소에 의해 발굴이 이루어졌다. 2014년까지 확인된 고분은 137기이며 그중 47기가 발굴되었으나, 아직 민가 일대의 조사는 이루어지지 않아 전체 고분은 약 200기가 넘을 것으로 추정된다.

고분은 대부분 동서 방향이며 규모에 따라, 대·중·소형으로 구분된다. 대형묘는 길이 7-9m, 폭 6-8m, 중형묘는 길이 3-5m, 폭 2-4m, 소형묘는 길이 2-3m, 폭 1-2m이다. 이 중 대형묘는 주로 구역의 중남부에 집중되어 있으며, 주변에는 중·소형분이 혼재되어 있다. 전국 후기 단계의 대형봉토묘(M40, M47호묘)를 제외하면, 토광묘는 대부분 중형, 소형에 한정되며, 매장주체부는 직장 또는 목관이다. 이에 비해 적석목관묘형(積石木棺形) 분묘들은 중대형이 많고, 매장주체부도 목관이나 목곽을 사용한다.

또한, 부장품 역시 적석목관묘형 분묘들이 토광묘에 비해 훨씬 풍부하여 청동제 무기, 청동제 차마구, 청동제 예기 등이 다수 부장되었다. 대표적인 대형묘는 M40호묘이다. 평면 형태는 '철(凸)'자 형태로 남북 9m, 동서 8m, 동·남·북벽에 모두 7개의 반타원형(半楕圓形) 기둥 흔적이 발견되었다. 서쪽으로 단면 사다리형의 묘도(墓道)가 있으며, 묘광과 접하는 곳은 계단이다. 묘벽은 계단 형태로 되어있다. 2곽 1관 형식으로 동서 5m, 남북 2.7m, 높이 1.45-2.2m이다. 관은 평면 사다리형이며, 길이 2m, 폭 0.8-1.04m, 높이 0.4m이다. 인골은 치아 이외에는 모두 부식되었다. 부장품은 대부분 곽 밖의 두감에 있으며, 청동채회도예기(靑銅彩繪陶禮器)를 중심으로 정(鼎), 두(豆), 호(壺), 반(盤) 등이 총 10점 확인되었으며, 동물 조형, 활석루공식(滑石鏤空飾)과 도관주(陶串珠) 등이 확인된다. 관 내부의 부장품으로는 청동갈고리, 환두도(環頭刀), 마노(瑪瑙) 경식(頸飾), 녹송석주(綠 松石珠) 등이 있다.

발굴된 43기에서는 약 1,000여 점의 부장품이 출토되었다. 청동 예기류 및 무기류, 차마구류, 공구류, 장식류 등 높은 빈도로 전국 연계 유물들이 확인된다. 동과(銅戈), 동검(銅劍), 동모(銅矛) 등이 조합되는 중원지역의 청동무기 체계가 보인다. 토착 청동 무기는 세형동검, 동과, 세형동모가 확인된다. M45호에서는 돌출첩안문유리주(突出帖眼文琉璃珠) 7점이 출토되었다.

고분군의 연대는 청동 예기를 기준으로 BC 5세기 후반에는 연(燕) 문화 혹은 중원계 요소가 등장하기 시작한 것으로 보고 있으며, 연대 상한은 전국 초중반, 하한은 전국 말기에 해당한다.

　　동대장자고분군에서는 비파형동검의 말기형과 요령식 세형동검의 초기형이 모두 확인되어, 비파형동검에서 세형동검으로 변화하는 양상을 모두 가지고 있는 유적이다. 『삼국지三國志』 동이전(東夷傳)에 인용된 『위략魏略』에 따르면, 고조선(古朝鮮)과 연(燕)은 군사적, 문화적 교류가 있었다. 동대장자 집단은 고조선과 전국연의 중간지대에 위치하는 독자적인 정치체이거나 고조선의 관계망에 포함되는 지역 정치체일 가능성이 있다.

　　그런데 M45호묘에서 페니키아산 돌출첩안문유리주(突出帖眼文琉璃珠)가 중원의 청동정, 비파형 동검과 동과가 공반되어 주목된다. 이 중층첩안문유리주는 흑해 연안에서 집중적으로 출토되며, 같은 시기 알타이 산록에서도 확인된다. 지중해 연안에서 제작된 중층첩안문유리주가 흑해(黑海)를 경유하여 알타이산맥을 넘어 중국 동북지방에 도달한 것을 알 수 있다. 동대장자(東大杖子)고분군의 축조 집단을 고조선으로 보는 견해가 있어, 초원로가 한반도와 연결되었음을 유추할 수 있다.

참고문헌

배진성, 2015, 「동주시기 연나라와 동대장자 유적 청동예기 부장고분의 연대」, 『백산학보』103, 백산학회.
國家文物國, 2011, 「遼寧建昌東大杖子战國墓地M40」, 『中國重要考古發現』, 文物出版社.
成璟瑭·孙力楠·華玉冰·韩洋, 2014, 「遼寧建昌縣東大杖子墓地2001年发掘简报」, 『考古』12, 考古雜誌社.
遼寧省文物考古研究所·葫芦島市博物館·建昌縣文物局, 2015, 「遼寧建昌東大杖子墓地2000年发掘简报」, 『考古』11, 考古雜誌社.
遼寧省文物考古研究所·葫芦島市博物館·建昌縣文物管理所, 2015, 「遼寧建昌東大伙子墓地2003年發掘簡報」, 『邊疆考古研究』18, 科學出版社.

그림 Ⅱ-32. 중국(中國)China 동대장자고분군
(東大杖子古墳群)Dondazhangzi tombs

1. 동대장자(東大杖子)40호묘
2. 제40호묘 마노(瑪瑙) 완륜(腕輪)
3. 제11호묘 청동정(靑銅鼎)
4. 제7호묘 동돈(銅敦)

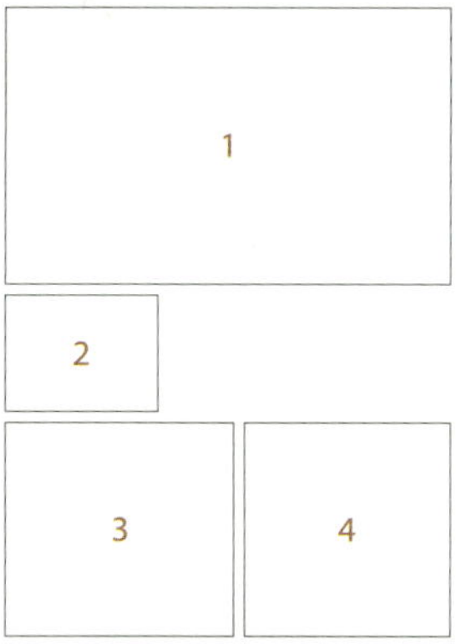

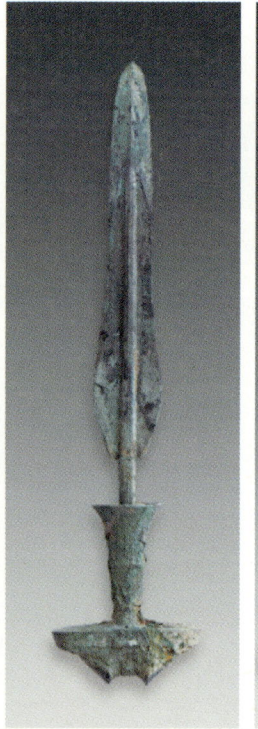

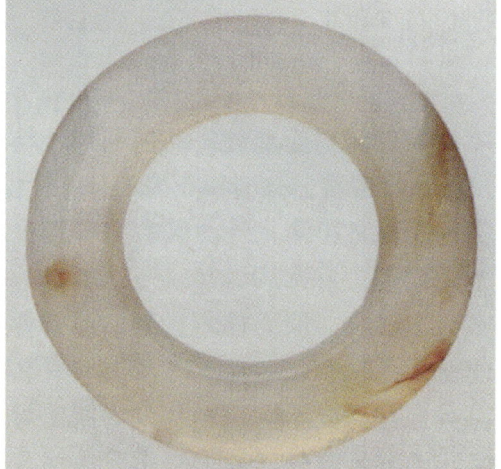

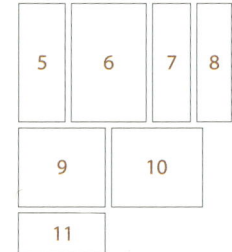

5	6	7	8
9	10		
11			

5. 제28호묘 동개두(銅蓋豆)
6. 제5호묘 동과(銅戈)
7. 제5호묘 동검(銅劍)
8. 제11호묘 동검(銅劍)
9. 제20호묘 마노(瑪瑙) 완륜(腕輪)
10. 제45호묘 지중해(地中海) 유리주(琉璃珠)
11. 제45호묘 지중해(地中海) 유리주(琉璃珠) 세부(細部)

10) 조양북탑朝陽北塔, Chaoyang Beita Pagoda

조양북탑은 요녕성(遼寧省) 조양시(朝陽市) 모용가(慕容街)에 위치한다. 조양 시내에 3기의 탑이 배치되었으며, 방위를 따라 북탑, 남탑, 동탑으로 불리었다. 현재 동탑은 결실되었으며, 북탑과 남탑만 여러 번의 중축을 거쳐 원래의 자리에 있다.

1988년 보수 공사 중 탑의 지궁(地宮)과 중궁(中宮), 천궁(天宮)에서 다양한 시기의 유물이 출토되었다. 탑의 기단부는 수미좌(須彌座) 형식이며, 탑신부는 2층부터 탑신을 낮게 한 밀첨식(密檐式)이다. 1층 답신은 하부에 정교한 수미좌 형식의 받침을 마련하였고, 중궁 내부로 통하는 문비가 마련되어 있다. 1층 탑신에는 각 면마다 금강계 사방불(四方佛)을 조각하였는데, 탑신 각 면의 한가운데에는 삼존불(三尊佛), 좌우에 팔대영탑(八大靈塔), 상부에 공양비천상(供養飛天像) 6구를 배치하였다. 본존불 상부에는 화려한 보개(寶蓋)를 별도로 올렸다. 팔대영탑(八大靈塔) 옆으로 연화좌(蓮花座)와 이수(螭首)를 갖춘 벽비(壁碑)를 만들었다. 또한, 탑신 모서리마다 원형 기둥을 세우고 상부에는 목조건축의 공포를 그대로 재현하였다.

석함(石函), 금제 사리탑(舍利塔), 은제 도금탑, 칠보(七寶) 사리함, 금동제 경탑, 보개, 은제 보리수(菩提樹), 유리제 사리병, 유리완, 금동제 보살상, 북위 소조불, 북위 무사상, 금은제 법륜, 사각형 백자접시, 동경 등이 출토되었다. 또한, 지궁 내에서 다라니경이 새겨진 석경당(石經幢)이 출토되었다. 석경당 표면에는 중희(重熙) 13년(1044)이라는 명문이 있다.

칠보 사리탑은 방형(方形)의 단처마로 대좌(臺座), 연좌(宴坐), 탑신, 처마, 보주(寶珠)로 이루어져 있으며, 탑 위는 금·은사, 산호, 진주, 마노, 옥석, 수정 등으로 꾸며졌다. 칠보 사리탑에는 목태(木胎) 은관이 안치되어 있고, 은관에는 방형의 금제(金製) 사리탑이 있고, 탑 안에는 매우 정교한 금개(金蓋) 마노병(瑪瑙瓶)이 있다. 병에는 부처의 사리 2과, 금박을 한 진주 5과가 담겨 있다.

지궁에서는 유리기가 다수 출토되었다. 금개(金蓋) 파수부주자(把手附注子), 통형병, 감색 대장식완이 있으며 이슬람 유리기이다. 파수부주자(把手附注子) 내에는 파수부병(把手附瓶)이 들어가 있다.

북탑의 아래에서는 삼중(三重)의 편축 기단이 확인되었는데 이는 전연(前燕)의 화용궁(和龍宮)의 유지이다. 즉, 전연의 목조 구조의 궁전에서 시작하여, 그 위에 북위 효문제의 조모인 풍씨가 목조 누각식 불탑을 조성하였고, 602년 수대(隋代)에 들어서서, 밀첨식 전탑인 보안사(寶安寺)탑을 축조하였다. 이후, 당대의 742-756년 사이에 탑신에 채식(彩飾)을 하는 등의 증축이 이루어졌고, 요(遼)대에 들어서는 태조(太祖) 야율아보기(耶律阿保機)가 916년 보안사탑을 다시 증축하여 연창사(延昌寺)탑을 중건하였다. 1043년 중희 12년에는 전탑 내부에 지궁과 천궁을 추가하여 다시 중건하게 된다.

조양북탑은 전연 시기부터 요대에 이르기까지 많은 변천이 있었다. 전연(前燕)의 화용궁이 정확히 축조된 연대를 알 수는 없으나, 전연의 모용황(慕容皝)이 용성(龍城)에 천도하는 341년 이후에 축조되었을 것으로 추정된다. 수와 당, 그리고 요대에는 중건 기록이 남아있어 정확한 연대를 알 수 있다.

지궁 내에서 이슬람 유리기가 다수 출토되어 조양지역까지 실크로드가 연결되었음을 알 수 있다. 이 유리기는 적봉(赤峯)을 경유한 초원로를 통하여 이입된 것으로 판단된다.

출토 유물은 현재 북탑 옆에 위치하는 조양북탑박물관(朝陽北塔博物館)과 심양시 요녕성박물관에 소장 및 전시되고 있다.

참고문헌

정영호 · 최인선 · 엄기표 · 오호석, 2019, 『중국 요탑(遼塔)』, 서울: 학연문화사.

遼寧省文物考古研究所等(編), 2007, 『朝陽北塔考古發掘与維修工程報告』, 文物出版社.

首都博物館(編), 2018, 『大遼五京內蒙古出土文物暨遼南京建城1080年展』, 文物出版社.

그림 Ⅱ-33. 중국(中國)China 조양북탑(朝陽北塔)Chaoyang Bei pagoda

1. 조양(朝陽) 북탑(北塔)
2. 이슬람(Islam) 유리주자(琉璃注子)
3. 이슬람(Islam) 유리완(琉璃盌)
4. 이슬람(Islam) 유리병(琉璃瓶)

1	2
3	4

11) 풍소불묘 馮素弗墓, Feng Su Fu tomb

풍소불묘는 요녕성(遼寧省) 북표시(北票市)의 서북 21km 지점 서관영자촌(西官營子村) 장군산(將軍山) 동쪽에 위치한다. 풍소불묘는 서관영자하(西官營子村河)가 동남쪽에서 흘려 북표시를 경유하여 대릉하(大陵河)에 합수되는 단구상(段丘狀)에 입지한다.

1965년 요녕성박물관에 의해 발굴조사가 이루어져 총 3기의 고분을 확인하였으며, 약 470여 점의 유물이 출토되었다. 고분은 1기의 분구 아래에 2기의 석곽묘(石槨墓)가 매장주체부로 축조된 구조이다. 분구는 경작에 의해 삭평되었으나, 동서로 길이 10m, 폭 6m, 높이 2m 잔존하였다.

M1호분은 묘광 평면이 제형이며 내부에 수혈식석곽(竪穴式石槨)을 축조하였다. 묘광은 길이 8.1m, 폭 4.46-5.2m, 묘광 바닥은 길이 6.25m, 폭 3.4m로 면적이 점점 좁아지는 형태이다. 서벽에 감실(龕室)이 있고 감실 안에 시유도호(施釉陶壺)와 회도대관이 각 1점이 있으며, 소의 대퇴골과 늑골이 출토되었다. 석곽은 평면 장방형으로 길이는 4.25m, 폭 1.34-1.53m, 높이 1.7-1.75m이다. 백색 사암을 이용해 축조하였으며, 석곽 상부는 9매의 장방형 대석(大石)으로 봉하였다. 석곽의 바닥은 크기가 다른 석판을 사용해 3열로 깔았다. 석판 하부의 지면은 판축(板築)기법으로 정지하였다. 석곽은 폐쇄하였고 벽의 틈새는 쇄석(碎石)을 끼워 넣어 봉하였고, 개석(蓋石) 틈새는 목탄을 이용해 밀봉하였다. 석곽 벽면에 벽화를 그렸으며 채색화로 장식한 목관을 사용하였다. 벽화는 인물 및 건축물을 표현했다.

M2호는 평면 장방형으로 동쪽이 높고 서쪽은 낮은 형태이다. 묘광의 길이는 6.7m, 폭 3.18m이다. 석곽에 사용된 석재는 M1호와 같다. 묘실(墓室)은 서쪽은 넓고 동쪽은 좁으며, 평면 장방형에 가깝다. 네 벽은 다듬어지지 않은 자연석으로 쌓았고, 석재의 크기와 형태는 다양하다. 석곽의 길이는 4m, 폭 1.3-1.7m, 높이 1.24-1.7m이다. M2호의 석벽에도 벽화를 그렸으며, 도굴로 인해 부장품이 유실되었다. M2호에는 석곽 내부에 개를 순장하고 있어 선비족 고유의 장례관습이 유지되었음을 알 수 있다.

부장품은 총 470점으로 로마 유리기, 인장, 금제(金製) 장신구, 금동제(金銅製) 마구, 칠기, 옥기, 청동제 용기, 철제 무기, 갑주(甲胄), 토기 등이 출토되었다.

M1호에서 출토된 4점의 금제(金製)와 금동제(金銅製) 인장(印章)에 새겨진 '遼西公章' 혹은 '車騎大將軍' 등의 명문을 통해, 풍소불묘(馮素弗墓)임이 밝혀졌다. M2호는 그 부인묘이다.

북연왕 풍발(馮跋)의 동생인 풍소불(馮素弗) 부부의 합장묘이다. 이곳은 풍씨 일족의 능원인 '장곡릉(長谷陵)'이 소재한 곳이기도 하다. 『진서晉書』에 의하면 풍소불은 북연(北燕) 천왕(天王)인 풍발(馮跋)의 동생으로 태평(太平) 7년(415)에 사망하였다.

415년이라는 역연대는 신라와 가야의 고분과 출토유물의 연대 추정에 근거 자료로 활용되고 있다. 특히, M1호묘 출토 등자는 경주 황남동 109호분 3·4곽, 부산 복천동 10·11호분의 등자와의 비교를 통해 신라, 가야 고분의 상한 연대를 결정하는 데 중요한 역할을 한다.

더욱이 풍소불묘(馮素弗墓)에는 로마 유리기가 5점 출토된 것이 주목된다. 북연(北燕)의 건국자(建國者)인 풍발(馮跋)은 유연(柔然)과 통혼(通婚)하고 거란(契丹), 고막해(庫莫奚)를 복속시키고 교역(交易)한 것으로 볼 때, 풍소불묘(馮素弗墓)의 로마 유리기는 몽골을 경유하는 초원로(草原路)를 통하여 이입된 것을 알 수 있다. 이 시기 중원의 황제묘(皇帝墓)와 귀족묘(貴族墓)에서도 다수의 유리기를 부장한 예가 없는데, 풍소불묘(馮素弗墓)에서 5점이 부장된 것은 신라 고분과 매우 유사하다. 그래서 신라인들의 유리기 선호와 고분의 부장 습속은 초원로의 기마민족을 통하여 전래된 것으로 판단된다.

참고문헌

黎瑤渤, 1973, 「遼寧北票西官營北燕馮素弗墓」, 『文物』, 3, 文物出版社.

奈良文化財研究所·遼寧省文物考古研究所, 2004, 『三燕文物精粹』, 奈良文化財研究所.

조윤재, 2009, 「풍소불묘(北票 馮素弗墓)」, 『韓國考古學專門事典-古墳篇-』, 國立文化財研究所.

遼寧省博物館, 2015, 『北燕馮素弗墓』, 文物出版社.

그림 Ⅱ-34. 중국(中國)^{China} 풍소불묘(馮素弗墓)^{Feng Su Fu tomb}

1. 풍소불묘(馮素弗墓) 원경(遠景)
2. 풍소불묘(馮素弗墓)
3. 풍소불묘(馮素弗墓) 석곽(石槨)
4. 인장(印章)
5. 금제(金製) 관식(冠飾)
6. 동복(銅鍑)

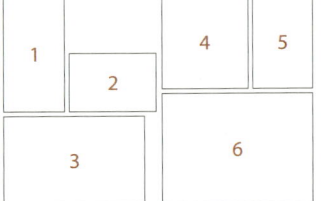

322

7. 금동제(金銅製) 등자(鐙子)
8. 청동제(靑銅製) 호자(虎子)
9. 로마(Rome) 압형유리리톤(鴨形琉璃 rhyton)
10. 로마(Rome) 유리완(琉璃盌)
11. 로마(Rome) 유리완(琉璃盌)
12. 로마(Rome) 유리완(琉璃盌)
13. 로마(Rome) 유리완(琉璃盌) 저부(底部)

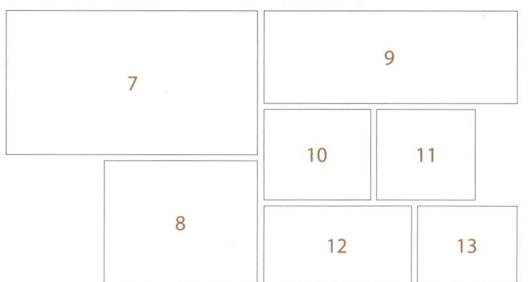

12) 집안集安, Jian

집안은 길림성(吉林省) 동남부 통화시(通化市)의 현급시(縣級市)이며 압록강을 경계로 북한의 만포진(滿浦鎭)과 마주보고 있다. 동남쪽으로는 압록강과 북한의 자성군(慈城郡) · 초산군(楚山郡) · 위원군(渭原郡) · 만포시(滿浦市)와 가깝고, 서남쪽으로는 요령성 관전 · 환인현과 접하며, 서북쪽으로는 통화현의 혼강(渾江)과 경계를 이룬다.

한(漢) 무제 시기에는 현도군의 관할 지역에 편입되었다가 고구려가 현도군을 물리치고 옛 땅을 회복하면서 3년에 오녀산성에서 국내성으로 천도하였다. 427년에 고구려가 수도를 평양으로 옮기기 전까지 집안은 고구려의 정치 · 경제 · 문화의 중심 역할을 425년간 지속했다. 집안의 남쪽 압록강과 통구하에 면한 국내성이 있었으며 북쪽에는 환도산성이 있다. 집안 시가지에서 동쪽으로 4km 정도 떨어진 우산(禹山) 남록에는 태왕릉을 비롯한 왕릉이 있으며, 압록강에 연하여 동서로 왕릉이 분포한다. 태왕릉(太王陵) 남쪽 100m 거리에 집안에서 북한의 만포(滿浦)로 향하는 철로가 지나간다. 태왕릉의 동쪽과 서쪽은 약간 들어간 골짜기이고 북쪽으로 우산의 산록이 이어진다. 동북쪽 360m 거리에 광개토왕릉비가 있다. 대형 적석총으로는 동쪽 700m 거리에 임강묘(臨江墓), 북쪽 900m 거리에 우산하992호분, 동북쪽 2km 지점에 장군총(將軍塚)이 위치하며, 남쪽으로는 압록강이 조망된다.

태왕릉은 우산하고분군(禹山下古墳群)의 동남쪽에 위치하는 초대형 고구려 계단석실적석총이다. 일찍이 "태왕릉이 산악처럼 안전하고 굳건하기를 원한다(願太王陵安如山固如岳)"라는 명문이 찍힌 전(塼)이 출토되어 '태왕릉'이라 불렸다.

태왕릉은 경사가 완만한 언덕 정상의 평탄면에 계단상으로 조성했다. 현재 각 변의 길이는 동변 62.5m, 북변 68m, 서변 66m, 남변 63m이며 본래 한 변 62m인 정방형이었다. 각 모서리의 방향은 4방의 방위각과 거의 일치하며, 정상부에 위치한 현실은 서남향이다. 태왕릉은 안으로 1.5-1.8m씩 들이면서 계단상으로 고분을 축조하였다. 현재 8층 계단까지 확인되지만, 총 11층 계단이 있었던 것으로 추정되며 높이는 14m이다. 정상부는 한 변 24m인 평평한 면을 이루고 있다. 중앙에 매장주체부인 횡혈식석실이 있으며, 현실은 폭 3.2×2.9m이며 서벽 중앙에 폭 1.9m, 길이 5.4m의 연도가 있다. 내부에는 관대를 2개가 설치된 가형(家形)석관이 있다.

명문 벽돌과 더불어 연화문와당, 기와편 등이 다수 출토되었다. 금제 유물로는 각종 보요 장식품 140여 점을 비롯하여 금실 28점 · 금못 1점 · 말편자 1점 등이 출토되었다. 금동제품 역시 보요 장식품 468점을 비롯하여 관식·대식 등이 출토되었다. 말편자 3점·말띠꾸미개 3점·행엽 1점·등자 1점 등의 금동마구도 출토되었다. 청동기로는 부뚜막 1점, 사다리꼴 방울 3점 등이 출토되었는데, 청동방울에 '辛卯年(신묘년) / 好大王(호대왕) / △造鈴(△조령) / 九十六(906)'이라는 명문이 새겨져 있다. 이러한 부장품은 태왕릉의 조영 연대나 피장자를 파악하는데 중요한 단서를 제공한다.

태왕릉은 장군총을 광개토왕릉으로 비정하고, 391년에 사망한 고국양왕릉으로 비정하는 견해가 주류이다.

2004년 경내의 고구려왕성, 왕릉 및 귀족묘, 요녕성(遼寧省) 환인만족자치현(桓仁滿族自治縣)의 오녀산성(五女山城)와 북한의 고구려유적과 함께 UNESCO의 세계문화유산으로 등재되었다.

집안 일대에 있는 고구려 고분 중에는 서역과의 문명교류를 확인할 수 있는 벽화가 있는 무용총(舞踊塚)과 각저총(角觝塚)이 있다. 무용총은 집안시(集安市) 태왕진 과수촌(果樹村)에 위치한다. 우산의 남쪽 기슭의 완만한 구릉 위에 나란히 놓인 두 기의 고분 중 북쪽이 무용총이며, 남쪽은 각저총이다.

방대형의 분구는 높이는 4m, 한 변의 길이는 17m의 규모이며 각저총과 마찬가지로 묘도 좌우로 이실(耳室)이 달려있는 전실(前室)이 있고 그 뒤로 후실(後室)이 있다. 후실은 폭 3.3m, 길이 3.5m, 높이 3.5m의 방형이며, 전실 천장은 뾰족한 돔형으로 내경하는 궁륭상천장(穹隆狀天障)이며, 후실은 말각조정천장(抹角藻井天障)이다.

묘실 벽에는 마치 고분을 목조 건물처럼 묘사한 듯한 기둥과 보 등이 그려져 있고 이외에 무용, 노래, 수렵, 연화, 해와 달 등이 묘사된 벽화가 있다. 특히 후실 동남벽에서 발견된 사람들이 춤을 추고 있는 무용도와 수렵도가 유명하다.

무용도에는 남녀 5인 이상의 무용대, 그리고 7인의 합창대와 1명의 말을 탄 인물이 그려져 있다. 남자들은 원문이 베풀어진 바지에 저고리를 입고 있으며 머리에는 새 깃털로 장식된 절풍(折風)과 조우관을 썼다. 여자들은 주름치마와 저고리 위에 외투인 포를 두르고 있다. 특히 포의 아랫부분을 띠로 돌려 마감하여 주름치마와 구분되어 묘사되어 있다. 모두 흰색과 주황색 의복을 입고 있으며 소매가 특히나 길고 폭이 넓은 점에서 의상과 색을 이용한 군무(群舞)를 추고 있었던 것으로 볼 수 있다.

가장 유명한 벽화인 수렵도에는 말을 탄 인물이 각궁(角弓)을 들고 산수를 누비며 호랑이와 사슴 등을 사냥하는 장면이 묘사되어 있다. 모두 남자로 바지와 저고리를 입고 절풍을 썼다. 특히 이와 유사한 수렵도는 이란의 타그이부스탄 벽화에 있으며, 말 위에서 몸을 돌려 활을 쏘는 페르시아 사법(射法)이 보여 유라시아의 장대한 문명교류를 보여준다.

각저총은 무용총의 남쪽에 위치한다. '각저총(角觝塚)'이라는 이름은 현실의 벽화중 씨름도에 기인한다. 봉분의 평면은 사각형으로 위가 평평한 방대형(方臺形)이며, 장축 15m, 단축 13m 높이 5m이다. 인접한 무용총과 거의 비슷한 구조로, 양쪽에 이실(耳室)이 달린 작은 전실(前室)과 용도(甬道)로 이어진 큰 후실(後室)로 이어진 이실묘(耳室墓)이다. 전실은 궁륭상(穹隆狀)이며 후실은 말각조정천장(抹角藻井天障)이다. 후실의 규모는 길이와 폭 3.2m로 정방형이며 높이 3.4m이다. 고분을 마치 목조 건물처럼 묘사한 기둥과 보가 그 아래로 장막을 친 것을 벽화로 묘사하였다.

현실 동편에 있는 씨름도는 나무 아래에서 상의를 벗은 두 남자가 어깨를 맞대고 겨루고 있으며 그 오른쪽으로는 노인이 마치 심판을 보는 듯 바라보듯이 묘사되었다. 노인은 흰색 바지와 홍색의 저고리에 검은 허리띠를 맸으며 머리에는 절풍(折風)을 썼다. 씨름하는 남자들은 옷을 거의 입고 있지 않지만, 왼쪽의 인물의 코가 매부리코이며 눈매가 이국적이라는 점에서 서역인으로 보기도 한다.

장천(長川)1호분에는 40여 명의 인물이 등장하는데, 이 중 9명이 서역인의 모습을 하고 있다. 이와 같이 일상생활을 표현한 그림에 서역인의 모습이 다수 등장하는 것은, 실제로 그들이 고구려에 와서 정착하였음을 보여준다. 고구려 고분에 보이는 말각조정천장(抹角藻井天障)의 조형은 아프카니스탄의 바미안(Bamian) 석굴과 신장의 키질(Kizil) 석굴에 찾을 수 있다.

5세기 중엽까지 신라에 이입된 로마 유리기는 흑해의 훈족(Huns)으로부터, 몽골의 유연(柔然), 연을 통하여 고구려에 도달하였으며, 이후 신라에 전래되었다. 다만 고구려 유적에 현재까지 유리기가 출토되지 않는다. 고구려고분 대부분 도굴된 것으로 추정되기 때문이며, 앞으로 국내성과 환도산성의 조사로 유리기가 확인될 것으로 기대된다.

참고문헌

池内宏, 1938, 『通溝上』, 日満文化協會.
池内宏·梅原末治, 1940, 『通溝下』, 日満文化協會.
여호규, 2009, 「태왕릉(太王陵)」, 『韓國考古學 專門事典-古墳編-』, 國立文化財研究所.
한국학중앙연구원, 2017, 『한국민족문화대백과』, 한국학중앙연구원.

정수일, 2013, 『실크로드 사전』, 창비.

중앙문화재연구원, 2015, 『고구려 고분문화Ⅱ: 길림성 집안시 통구고분군』, 과천: 진인진.

박아림, 2015, 『고구려 고분벽화 유라시아문화를 품다』, 학연문화사.

그림 Ⅱ-35. 중국(中國)China 집안(集安)Jian
1. 집안(集安)유적(遺蹟) 분포도(分布圖)
2. 집안(集安)유적(遺蹟) 분포도(分布圖)
3. 집안(集安)
4. 광개토왕비(廣開土王碑)
5. 광개토왕비(廣開土王碑)
6. 태왕릉(太王陵)
7. 장군총(將軍塚)

	3	
1	4	5
2	6	7

8. 환도산성(丸都山城)
9. 국동대혈(國東大穴)
10. 국동대혈(國東大穴)에서 본 압록강(鴨綠江)
11. 무용총(舞踊塚) 수렵도(狩獵圖)
12. 각저총(角觝塚) 씨름도(角觝圖)

8. 한국Korea의 유적遺蹟과 유물遺物

1) 안악3호분安岳3號墳, Anangak 3 tomb

안악3호분은 황해남도 안악군 오국리에 위치한다. 재령평야 북편 오국리 벌판 한가운데 솟은 산꼭대기 서편에 있는 고구려 석실봉토벽화분이다. 1949년 4월 13-15일에 걸쳐 북한의 물질문화유물조사보존위원회에 의해 발굴 조사가 이루어졌다.

고분의 주축 방향은 남향이며, 전실·좌우에 측실이 있는 중실(中室)·회랑·후실로 이루어진 복실묘이다. 봉분의 크기는 바닥 부분의 길이 30m, 폭 33m이며, 높이 약 7m이며, 방분이다. 문방 입구에 폭 243cm, 높이 76.5-75cm 크기의 두 개의 석문이 있다. 연도 입구는 판석을 세워 막았으며, 입구에 돌문을 달았다. 각 실의 벽면을 한 장의 곱게 다듬은 판석을 세워 만들었으며, 천장의 고임석은 면을 다듬은 것을 사용하였으며, 말각조정천장(抹角藻井天障)이다. 묘실 안에서 다수의 토기편과 관정·철창·칠관 편 등이 발견되었으며, 30여 점의 인골도 수습되었다. 회랑의 입구에 2개의 돌기둥을 세웠고, 후실 앞부분에 3개의 돌기둥을 세웠다.

전실 서벽 북쪽 벽면 위에 7행 68자의 묵서명문이 있으며, 벽화 장면마다 사람의 직명이나 장면에 대한 설명이 적혀 있다. 벽화는 돌벽 위에 직접 그렸으며, 주제는 생활풍속이다. 안악3호분 묵서명의 원문과 해석은 다음과 같다.

□和十三年十月戊子朔卄六日 □丑使持節都督諸軍事 平東將軍護撫夷校尉樂浪 相昌黎玄兎
帶方太守都 鄕侯幽州遼東平郭 都鄕敬上里冬壽字 □安年六十九薨官

'영화(永和) 13년(年) 초하룻날이 무자일(戊子日)인 10월 26일 계축(癸丑)에 사지절 도독제군사 평동장군 호무이교위이자 낙랑상(樂浪相)이며, 창려·현도·대방태수요 도향후인 유주 요동 평곽현 도향 경상리 출신 동수(冬壽)는 자(字)가 □안(安)인데, 나이 69세로 벼슬하다 죽었다.'

영화(永和)는 중국 동진(東晉)의 연호(年號)이다. 12년으로 끝나고 이어 승평(升平)을 쓰지만, 이전 연호인 영화를 계속 사용하여 13년이다. 357년으로 고구려 고국원왕 27년, 동진 목제(穆帝) 13년(승평 1년)에 해당한다. 묵서명의 주인공 동수(冬壽)는 북중국 5호 16국의 하나이던 전연(前燕)에서 고구려로 망명한 동수(冬壽)와 동일 인물로 추정된다. 동수는 전연의 왕 모용황 밑에서 사마(司馬)로 있던 인물로서 336년 곽충 등의 인물과 함께 고구려로 망명한다.

안악3호분의 중실(中室) 남벽에는 의장기수와 부월수(斧鉞手), 고취악대 등을 그렸고, 중실 동벽에는 수박희(手撲戱) 장면과 부월수(斧鉞手) 등을 배치하였다. 중실 동벽에 잇대어 설치된 동쪽 측실 내부에는 방앗간, 우물, 마굿간, 차고, 부엌 등 가내시설과 남녀 시종들의 모습이 묘사되었다.

전실의 서벽에는 두 사람의 호위 무관이 그려졌고 남쪽의 장하독(帳下督) 곁에는 7행 68자의 묵서명이 쓰여 있다. 서벽에 잇댄 서쪽 측실 내부는 묘주인 부부를 위한 공간이다. 측실 안의 서벽에 묘주와 시종들, 남벽에 부인과 시녀들, 동벽에는 호위무관이 그려졌다. 묘주는 얼굴이 넓고 길며 콧마루가 길고 눈매가 가늘며, 눈썹이 진하다. 검은 내관 위에 하얀 덧관을 썼다. 오른손에 자루에 귀면(鬼面)을 새긴 주미(塵尾)라 불리는 깃털부채를 들었다. 부인은 눈초리가 가늘고 길며, 입술이 작은 반면 매우 살찐 얼굴을 지녀 고구려 여인의 일반적인 형상과는 차이를 보인다.

후실의 동벽에는 세 사람의 악사와 한 사람의 무용수가 등장하는 무악도(舞樂圖)가 배치되었다. 무용수는 무릎을 꿇고 앉은 자세로 피리와 완함(阮咸), 거문고를 연주하는 악사들의 음악에 맞추어 다리를 꼬고 손뼉을 치는 듯한 자세로 춤을 추고 있다. 무용수의 얼굴은 코가 앞으로 튀어나왔고 얼굴 세부도 이국적이어서 서역계 인물로 보인다. 중실의 천장에는 해와 달·별자리가, 후실의 천장에는 연꽃이 그려졌다.

동쪽 및 북쪽 회랑은 대규모 행렬도로 채워졌다. 대행렬도는 전체 길이 10.13m, 높이 2.01m인 회랑의 동벽 남쪽에서 출발하여 북벽 서쪽을 향하고 있다. 행렬은 크게 북벽의 전열과 동벽의 중열로 이루어졌으며, 소가 끄는 수레를 탄 묘주는 중열 가운데에 표현되었다. 좁게는 5열, 넓게는 8-9열에 달하는 종대행렬(縱隊行列)을 위에서 비스듬히 내려다본 관점으로, 즉 조감도식(鳥瞰圖式)으로 그려내어 행렬 구성이 잘 드러난다.

대행렬도를 포함한 안악3호분 벽화는 내용, 구성, 기법 등에서 4세기 중엽의 고구려 회화 수준을 그대로 반영한 것으로 보기는 어렵다. 묘주를 포함한 등장인물의 복식(服飾)도 집안을 중심으로 형성된 고구려 고유의 것과는 거리가 있다. 묘주의 부인과 시녀들의 얼굴은 한(漢)부터 위진(魏晋) 시기까지 중국 벽화에서 흔히 볼 수 있는 풍만한 얼굴로, 갸름한 고구려 여인 특유의 모습과 다르다.

안악3호분의 피장자인 동수(冬壽)는 전연(前燕)에서 고구려로 망명한 인물로서, 전연과 고구려 관계를 추정할 수 있다.

그래서 신라에 이입된 로마 유리기를 비롯한 실크로드 경유 문물이 전연과 고구려의 외교와 교역, 인적 교류를 통하여 이입된 것을 알 수 있다.

참고문헌

황욱, 1958, 「安岳第3號墳發掘報告」, 『遺蹟發掘報告』3, 科學院考古學及民俗學研究所, 科學院出版社.

朝鮮畫報社編輯部, 1985, 『高句麗古墳壁畫』, 講談社.

조선유적유물도감편집위원회, 1990, 『조선유적유물도감 6-고구려편4』, 외국문종합출판사.

전호태, 2009, 「안악3호분(安岳3號墳)」, 『韓國考古學 專門事典-古墳編-』, 國立文化財研究所.

박아림, 2015, 『고구려 고분벽화 유라시아문화를 품다』, 학연문화사.

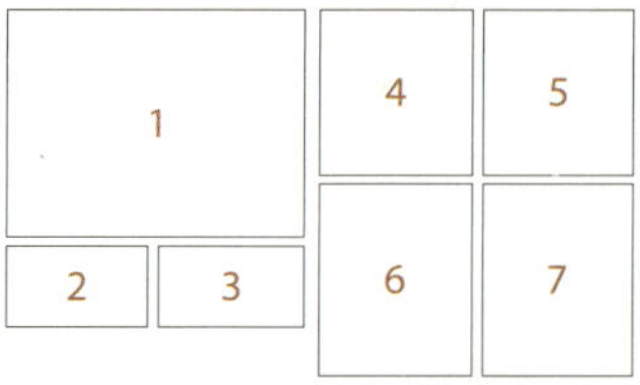

그림 Ⅱ-36. 한국(韓國) Korea 안악3호분(安岳3號墳) Anangak No 3 tomb

1. 안악(安岳)3호분 위치(位置)
2. 안악(安岳)3호분
3. 안악(安岳)3호분에서 본 전망(展望)
4. 묘주도(墓主圖)
5. 부인도(婦人圖)
6. 동수(冬壽) 묘지(墓誌)
7. 행렬도(行列圖)

1		4	5
2	3	6	7

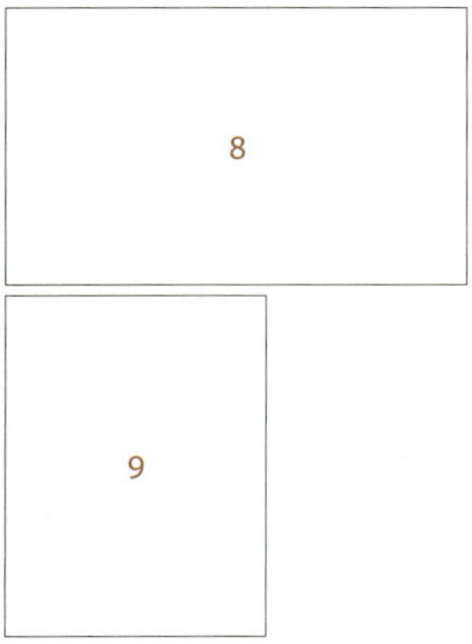

8. 생활도(生活圖)
9. 말각조정(抹角操井) 천장(天障)

2) 대릉원고분군 大陵苑古墳群, Daereungwon tombs

대릉원고분군은 경상북도 경주시 황남동, 황오동, 노서동 일대에 위치한다. 왕궁인 월성의 북쪽에 위치하여 월성북고분군이라고도 한다. 이 고분군이 입지한 곳은 경주시내의 중심에 위치한 미고지에 해당한다.

4세기대 고분은 대릉원고분군 동쪽에, 왕릉의 배총인 왕족묘로 추정되는 월성로가13호분 주변에 형성된다. 5세기가 되면, 왕릉의 배총인 왕족묘로 추정되는 교동68번지고분으로 보아 월성로고분군 일대를 벗어나 그 서남쪽에 인교동119호분이 조영된다. 119호분은 99m에 달하는 초대형분으로 왕릉임이 틀림이 없으며 이 고분은 문헌 사료와 배총의 성격과 시기로 볼 때, 내물왕릉으로 추정된다. 5세기 초에 조영된 119호분의 남쪽에 위치하는 교동68번지고분은 금관이 포함된 출토품으로 볼 때 월성로가13호분과 마찬가지로 배총으로 추정된다. 그래서 내물왕릉은 문헌사료뿐만 아니라 고고학적으로도 교동68번지고분의 존재로 볼 때 119호분으로 파악된다.

5세기 중엽에 축조된 황남대총남분은 인교동119호분의 북쪽으로 뻗은 일직선상에 위치하며 내물왕의 아들인 눌지왕의 무덤으로 생각된다. 그 연장선상에 봉황대고분이 위치하는 점에서 이 시기 신라의 능원은 남북 방향으로 형성된 것으로 본다. 봉황대고분은 그 배총인 금관총, 금령총, 식리총의 연대로 볼 때 479년 몰한 자비왕으로 추정되며, 서봉황대는 소지왕릉으로 추정된다.

월성로가13호분(月城路가13號墳)은 황오동 381번지에 위치하며, 팔우정 삼거리에서 남남동으로 200m에 지점 도로변에 있다. 지하식 적석목곽묘로, 묘광의 규모는 길이 3.5m, 폭 2.4m, 깊이 0.8-9m, 곽은 길이 3m, 폭 1.6m 정도로 추정된다. 적석은 40cm 이하의 크기의 괴석으로 일정치 않다. 목곽의 장축은 거의 동서방향이다. 월성로고분군 중 대표적인 적석목곽묘로 출토유물이 가장 많고 화려하며, 장신구의 출토위치 및 기타 유물의 배치로 보아 5인이 매장된 합장묘로 판단된다. 시신 중 네 구는 머리를 동향으로 한 채 두 명씩 동서 방향으로 직렬로 배치하고, 곽의 서편에 남침으로 1구가 안치되어 적석목곽묘 중 매우 독특한 매장방법에 속한다. 이 고분은 부장품으로 볼 때 4세기 후엽에 축조된 것으로 판단된다. 2점의 파상문배(波狀文杯)와 함께 금제 완 2점, 은제 완 2점, 금제 경식 3점, 금제 수식부이식 6점과 함께 총 26점에 달하는 경옥제 곡옥 등의 부장품이 출토되었다. 유리기는 전형적인 로마유리배이며 주로 북방 초원지대에서 발견되는 파상문, 망목문을 시문한 유형이다.

금관총(金冠塚)은 노서동에 위치한다. 1921년 이 고분에서 처음으로 금관이 출토되어 금관총이라 이름 붙여졌으며, 2015년 재조사되었다. 금관총의 잔존 봉분은 남북 길이 약 36m, 동서 길이 약 15m, 높이 약 6m로 남아 있었으나 봉분의 원래 직경은 45m, 높이는 약 12m 정도로 추정되어 대체로 천마총과 비슷한 규모였을 것이다. 목곽은 고분 바닥층 지반을 40cm로 파고 거기에 냇돌을 깔고 세워 목곽과 목곽 주변으로 쌓은 적석부가 모두 지상에 있었던 것으로 되어있다. 근래의 재조사로 적석부의 규모는 동서 길이 20m, 남북 20m로 밝혀졌다. 장축을 동서로 둔 목곽의 크기는 길이 5.7m, 폭 3.0m로 추정되었다.

목곽 안에는 목관과 부장품수장궤가 놓이고 그 주위로 석단(石壇), 그 밖으로 약간의 거리를 두고 석단을 두었다. 목곽 바닥에 두께 9cm 정도의 판재가 깔려 있었고, 목관은 길이 약 2.m, 폭 1m의 칠관으로 추정되었다. 동쪽에서 금관(金冠), 그 서쪽으로 금제 이식(耳飾), 금제 완륜(腕輪)와 지륜(指輪)·금제 과대(銙帶)가 출토되어 피장자는 머리를 동쪽으로 두고 있었음을 알 수 있다. 목관 주위에는 장방형 철판, 즉 철정(鐵鋌)이 열을 지어 있고, 그 안쪽으로 대도와 다른 철기들이 있었다. 목관 동쪽에서는 4개의 철솥과 토기, 청동사이호와 초두, 금·은·금동제 소형용기, 칠기와 로마 유리기, 그리고 마구들이 출토되었다.

금관총 출토 청동초두는 연꽃무늬 뚜껑이 있고, 긴 손잡에 끝에는 인동잎을 물고 있는 용머리를 조각하였다. 그 도상의 특징과 북위시기의 하북성(河北省) 정주시(定州市) 정지사탑(靜志寺塔)에서 확인되어 북위산(北魏産)으로 판단된다. 이는 고구려를 통하여 신라로 들어온 것으로 당시의 활발한 국제관계를 말해주고 있다.

2015년 재발굴조사에서 로마 유리기가 2점 출토되었다. 그래서 이 고분에서는 1921년 조사로 고배 2점, 재발굴조사에 의해 파수(把手) 1점과 고배편 1점이 확인되었다.

파상문고배(波狀文高杯)는 팔자형 대각(臺脚)위에 저부(底部)에서 구연부(口緣部)까지 직선적으로 외반하는 긴 광구배(廣口杯)이다. 담록색(淡綠色)으로 기면에는 하위에 배신과 동일 소재의 굵은 돌대를 돌리고 그 상하에 감색(紺色)에 가는 적색선문(赤色線文)이 가미된 유리띠로 각각 파상문을 표현하였다. 상위 파상문은 배신과 동일 소재의 가는 7조의 유리띠를 돌리고 그 위에 시문하였다. 돌대문고배(突帶文高杯)는 파상문고배(波狀文高杯)보다는 약간 높은 팔자형 대각(臺脚)위에 저부(底部)에서 구연부(口緣部)까지 직선적으로 외반하는 긴 광구배(廣口杯)이며, 파상문고배(波狀文高杯)에 비해 소형이다. 담록색(淡綠色)으로 대부(臺部)는 팔자(八字)형으로 배신과 접합하는 곳에 돌대를 돌렸으며 단부는 구연부와 같이 접어서 말아 붙여 만들었다. 기면에는 배신을 접어서 속이 빈 굵은 돌대를 돌렸다. 고배편(高杯片)은 약간 높은 팔자형 대부(臺部)만 남은 것으로 담록색(淡綠色)으로 투명도가 높다. 기벽은 위의 2점 보다 두꺼우며 대부는 상하에 잘록하게 홈을 두 줄 돌렸다. 남색파수편(藍色把手片)은 옅은 남색의 불투명한 유리편으로 외면을 타원형으로 말아 붙였다. 내면에는 부착되었다가 떨어진 박리면이 보인다. 병의 견부에 붙였던 고리로 추정된다.

금관총은 5세기 말에 조영되었으며 왕릉으로 추정되는 봉황대고분과 관련된 왕족묘이다. 그런데 이 고분에서는 왕비릉인 황남대총 북분에 필적하는 4점의 로마 유리기가 출토된 점이 주목된다. '尒斯智王'명의 환두대도(環頭大刀)가 부장된 것에서도 금관총의 피장자가 유력 왕족이었음을 알 수 있다.

금령총(金冠塚)은 노동동의 봉황대고분 남쪽에 식리총과 접하여 위치한다. 1924년 조선총독부에 의해 발굴되었다. 2019년 국립경주박물관에 의해 재조사되었다. 금령총은 직경 28m의 고분으로 이단 구조의 호석을 돌렸다. 목곽은 지하에 묘광을 파고 목곽 바닥층을 만들고 그 위에 설치하였다. 목곽 가운데에 목관을 안치하고, 그 동쪽에는 부장품을 수납한 목궤를 놓았다. 목관에서는 머리를 동쪽으로 둔 피장자가 착장한 금관 등의 장신구가 출토되었다. 피장자는 금관을 쓰고 로마 유리기 등이 부장되어 봉황대고분의 묘주인 신라왕과 같은 가계의 왕족으로 보이며, 금관이 소형이어서 왕자로 추정된다.

금령총의 축조시기는 출토유물의 형식, 특히 신라토기의 형식으로 보아 황남대총은 물론 금관총, 천마총과 비슷한 시기인 5세기 말에서 6세기 초로 추정된다.

금령총에서는 동일한 형태의 2점의 반점문완(斑點文盌)이 출토되었다. 반점문완은 저부에서 완만하게 올라가다가 구연부에 꺾여서 외반하는 광구완이다. 담록색(淡綠色)으로 투명도가 높으며 기포가 다수 보인다. 구연부는 끝을 반원형(半圓形)으로 처리하였다. 기면에는 중앙에 2열에 걸쳐 감색의 원형 돌출문을 붙여 장식하였다. 저부는 환저이며 그 중앙에는 반원형의 폰티 흔적이 남아 있다.

그런데 5세기 중엽에 축조된 합천군 옥전M1호분에서 금령총과 같은 형태의 반점문 유리완이 출토되어 주목된다. 왜냐하면 이 고분 출토 완은 5세기 말로 편년되는 경주 금령총 출토 2점과 동일한 형식이기 때문이다. 그래서 합천군 옥전M1호분의 피장자가 이를 입수한 5세기 전엽에는 반점문완이 이미 신라에 이입되어 이후 5세기 후엽까지 전세된 것을 알 수 있다.

이처럼 금령총의 유리기는 5세기 전반에 이입된 것이 전세되었을 가능성이 크다. 신라 고분에서의 전세는 호우총의 호우 등에서도 보인다.

천마총(金冠塚)은 황남동에 위치하며, 황남동155호분으로 황남대총과 동서로 마주 대하고 있다. 1973년 문화재관리국에 의해 발굴조사되었다. 황남동155호분은 내부에서 천마도가 그려진 백화수피 장니가 출토되어 발굴 후 천마총으로 명명되었다.

천마총은 그 외형이 지름 47m, 높이 12.7m의 반구형 봉토분이다. 이 고분은 지반을 정지하고 황갈색 점토를 두껍게 깔아 다져 바닥층을 구축한 후 봉분의 가장자리로 냇돌을 쌓아 지름 47m의 호석을 돌렸다. 호석의 두께는 1m 내외, 높이는 1.2m 내외였다. 목곽은 고분 중심부인 지상에 설치하였다. 목곽의 측벽은 바닥 가장자리에 강돌로 석단(石檀)을 쌓고 그 위에 세웠는데, 일부 남아 있는 측벽 목재로 보아 반절 통나무로 짜 올렸던 것으로 판단되었다. 목곽의 크기는 동서 길이 6.6m, 남북 폭 4.2m였으며, 높이는 2.1m로 동서 방향으로 두었다. 석단 안쪽 목곽 바닥에는 목판을 깔고 그 가운데에 동서로 긴 목관을 놓았다. 목관은 길이 2.1m, 폭 0.8m였으며 내면은 주칠(朱漆)하고 그 위에 금박무늬를 배치하였다. 목관의 동쪽에는 석단에 붙여 목판으로 짠 남북 장축의 부장품 수장궤를 놓았다. 목곽은 지상에 설치되었기 때문에 그 주위에 축조한 적석부도 모두 점토를 깔아 다진 바닥층 위로 지상에 냇돌을 쌓아 구축하였다. 적석부는 목곽 측벽부 쪽과 상부 쪽이 별도의 공정에 따라 단계적으로 축조되었다. 목관 안의 피장자는 동쪽으로 머리를 두고 금관·금제 세환이식·경흉식(頸胸飾)·금제 완륜(腕輪)과 지륜(指輪)·금제 과대(銙帶) 등의 장신구를 착용하고 있었다. 피장자의 머리 쪽에서 출토된 금관은 대관(帶冠)뿐이었으며, 목관 밖 석단(石檀) 동남쪽 모서리 부분에 투조문 금제관모와 백화수피제 관모가 나란히 놓여 있었고, 금제 조익형관식과 조형관식은 부장품 수장궤 뚜껑 위에 놓여 있었다. 그 외 목관 주위 석단 상면에는 은제 과대와 요패 등의 장신구와 각종 철기들이 부장되어 있었으며 목관에 근접한 서남쪽 모서리 부분에 금동제 식리(飾履)가 놓여 있었다. 부장품 수장궤 안에는 3층으로 구분되었다. 하층인 바닥에는 철솥 4개와 토기를 부장하였다. 남쪽 안쪽의 철솥 바로 위에는 서조도(瑞鳥圖)와 기마인물도를 그린 백화수피 채화판(彩畵板)이 겹쳐져 얹혀 있었다. 중간층에는 각종 금속용기와 칠기, 그리고 로마 유리기가 담겨 있었다. 이 중간층의 용기들은 각종 무늬가 있는 비단으로 포장하였다. 상층에는 마구류를 배치하였는데 먼저 칠판장니를 깔았다. 그 위에 금동장 안교 3구·은장 안교 1구를 펴두고 그 사이에 등자·재갈·말방울과 행엽·운주 등 장식구를 놓았다. 그 위로는 안욕(鞍褥)을 덮고 백화수피제 장니 2짝과 대나무로 삿자리처럼 엮고 겉에 투조금동판을 씌운 죽심금동장 장니 2짝을 겹쳐 놓았다. 천마도는 바로 부장품 수장궤의 백화수피장니에 그려져 있었다.

천마총의 축조시기는 5세기 후엽으로 보는 견해도 있으나 부장된 토기의 형식이 황남대총 북분보다 1단계 이상 늦은 것에서 6세기 초으로 비정된다. 이 고분 출토 특히 천마도를 그린 장니는 유라시아의 문명교류와 신라의 회화 수준을 알 수 있게 한다. 이와 함께 천마총에서는 2점의 로마 유리기가 출토되었다.

구갑문배(龜甲文杯)는 저부에서 완만하게 올라가다가 구연부 하부에서 꺾여서 외반하는 광구완이다. 감색으로 투명도가 높으며 구연부 밑에서 동체 상위에 걸쳐 굵은 줄무늬로 수직 선조문대(線條文帶)를 만들었고 그 아래에는 저부를 제외하고 불규칙한 구갑문이 3열로 시문되었다. 저부는 중앙이 오목하게 들어간 환저로서 세우기 어렵다. 문양으로 볼 때 틀에 대고 대롱불기로 만든 것으로 파악된다.

담록색고배(淡綠色高杯)는 투명도가 높으며 구연부는 꺾어서 말지 않고 끝을 반원형으로 처리하였다. 대각(臺脚)은 팔자(八字)형으로 배신과 접합하는 곳에 돌대를 돌렸으며 단부는 접어서 원형으로 말아 붙었다. 구연부와 대부만이 남아있어 전체적인 기형을 알 수 없다.

서봉총(瑞鳳塚)은 노서동 일대에 위치하며, 노서동129호분이라고도 불린다. 1926년 발굴되었으며, 서봉총이라는 이름은 스웨덴의 황태자이자 고고학자인 구스타프가 발굴현장을 참관한 것을 기념하여 서전의 '서(瑞)'자와 이 고분에서 출토된 금관의 봉황장식에서 '봉(鳳)'자를 따서 붙인 것이다. 2017년 재조사되었다. 서봉총은 직경 약 46.7m의 호석에 돌려진 장축을 동서로 둔 적석목곽분이다. 서봉총을 둘러싼 외호석 남단 일부를 파괴하고 또 하나의 적석목곽분이 축조되었다. 이 고분은 원래 원분 2개가 남북으로 연접 축조된 쌍분, 즉 표형분이었다. 이 중 먼저 축조된 북분이 서봉총이다. 서봉총의 목곽은 지표에 동서 길이 4.6m, 남북 폭 3.6m, 깊이 약 0.6m의 얕은 토광을 파고 설치되었으나 지상식이다. 목곽은 단독곽으로 장축을 동서로 두었으며 길이 3.75m, 폭 1.95m였다. 목곽은 두께 12-18cm의 각재를 눕혀 쌓아 축조한 것으로 추정되었다. 지상 목곽에 따라 적석부도 지상에 축조되었는데 평면 말각 장방형으로 동서 길이 17.4m, 남북 폭 10.2m, 높이 4.7m이다. 목곽 안에는 서쪽에 피장자가 안치된 목관, 동쪽에 주요 부장품이 배치되었다. 목관의 피장자는 동쪽에서부터 금관(金冠)과 금제(金製) 태환수식(太鐶垂飾)·경흉식(頸胸飾)·금은 및 유리제 완륜(腕輪)·금제 지륜(指輪)·금제 과대(銙帶) 등의 장신구를 착장하고 있었다. 대도는 착장하지 않았고, 또 대형요패는 피장자의 오른쪽에 드리워져 있었다. 피장자의 족부에서 금동식리의 파편이 출토되었다. 목관 주위에서도 많은 유물이 발견되었는데 철기가 많았으며, 피장자 발치 쪽에서 금동장안교·행엽·운주 등 마구류가 출토되었다. 목관 동쪽의 목궤의 아래층에는 철솥 2점과 약간의 토기가 놓여 있었고 그 위에서 칠기·청동기·금은용기·유리기·마구와 경흉식(頸胸飾)

의 구슬들이 출토되었다.

서봉총에서는 뚜껑에 '十'자형 손잡이가 달린 은제합에는 발견되었다. 명문은 연수 원년(延壽元年)인 신묘년(辛卯年)에 이 합을 만들었다는 내용이다. 연수는 고구려의 연호로서 신묘년은 연구자에 따라 511, 451년 등으로 추정되어 왔다. 서봉총은 458년 눌지왕릉으로 비정되는 황남대총 남분 축조 이후에 축조된 것으로 파악되며, 황남대총 북분의 연대인 5세기 후엽 또는 그 이후인 6세기 초로 판단된다. 서봉총의 금관은 관테에 3개의 입식과 2개의 사슴뿔 모양 장식을 부착한 점은 황남대총 북분과 금관총에서 출토된 금관과 같다. 그런데 안쪽에 폭 약 1cm의 길고 얇은 금판 2개를 십자 모양으로 교차시켜 모자 형태의 내관을 만들고 내관의 꼭대기에 얹은 나뭇가지 세 가닥의 끝에 봉황으로 보이는 새 모양 장식 세 마리를 얹어 장식한 점이 특이하다. 이러한 내관 장식은 5세기 초에 만들어진 북연(北燕) 풍소불묘(馮素弗墓)에서 출토된 금관에서도 확인된다. 이 고분에서는 2점의 로마 유리기가 출토되었다. 망목문배(網目文杯)는 낮은 대부에서 구연부까지 직선적으로 올라가는 긴 광구배이다. 담록색으로 투명도가 높지 않으며 대부는 유리봉을 원형으로 말아 붙여 만들었다. 표면에는 상위에 배신과 같은 색조의 가는 띠를 6줄 돌리고 그 밑에도 같은 소재의 유리띠를 파상으로 3줄 엇갈리게 돌려 붙여 망목문으로 장식하였다. 횡대문배(橫帶文杯)는 기면의 중앙에 동부를 돌출시켜 만든 돌대를 돌렸으며 투명도가 낮은 감색이다. 저부에서 구연부로 외반하면서 올라가는 기고가 낮고 구경이 큰 반구형의 광구배이다. 대부는 유리봉을 원형으로 말아 붙여 만들었다. 기면의 중앙에 동부를 돌출시켜 만든 돌대를 돌린 횡대문배로서 투명도가 낮은 감색이다. 저부에서 구연부로 외반하면서 올라가는 기고가 낮고 구경이 큰 반구형의 광구배이다. 대부는 유리봉을 원형으로 말아 붙여 만들었다. 망목문배(網目文杯)는 전형적인 로마 유리기이며 주로 북방 초원지대에서 발견되는 파상문, 망목문을 시문한 유형이다. 이로써 4세기 후반 로마 유리기가 초원로를 통하여 이입된 것을 알 수 있다.

신라의 대릉원고분군은 5세기 동아시아 최대 규모의 장대한 능원의 규모뿐만 아니라 한반도내에서 특이한 구조인 적석목곽분이라는 묘제와 금제 장신구가 주목되어 왔다. 그래서 신라 문화의 기원이 초원기마민족문화에 있는 것으로 추정되어 왔다. 더욱이 대릉원고분군에서는 기존에 출토된 유리기 수를 환산하면 발굴되지 않은 왕릉을 포함하면 동아시아에서 유례를 찾아볼 수 없는 100점 이상의 로마 유리기가 부장된 것으로 추정되어 주목된다.

앞으로 유라시아적인 시야에서 대릉원고분군에 대한 지속적이고 체계적인 발굴조사와 연구가 기대된다.

참고문헌

濱田耕作·梅原末治, 1924, 『朝鮮古蹟特別報告三慶州金冠塚と其遺寶』, 朝鮮總督府.

濱田耕作, 1932, 『慶州の金冠塚』, 岡書院.

梅原末治, 1932, 『大正十三年度古蹟調査報告一慶州金鈴塚飾履塚發掘調査報告』, 朝鮮總督府.

梅原末治, 1947, 『朝鮮古代の墓制』, 座右寶刊行會.

文化公報部 文化財管理局, 1974, 『天馬塚 發掘調査報告書』.

국립경주박물관, 경북대학교 고고인류학과, 1990, 『경주시 월성로고분군』, 국립경주박물관, 경북대학교 고고인류학과.

이영훈, 신광섭, 2005, 『한국 미의 재발견-고분미술』, 예경.

송의정, 2009, 「월성로가13호분(月城路가13號墳)」, 『韓國考古學 專門事典-古墳編-』, 國立文化財研究所.

최병현, 2009, 「금관총(金冠塚), 금령총(金鈴塚), 천마총(天馬塚), 서봉총(瑞鳳塚)」, 『韓國考古學 專門事典-古墳編-』, 國立文化財研究所.

國立中央博物館, 2014, 『慶州 瑞鳳塚(遺物篇)』, 國立中央博物館.

國立慶州博物館, 2016, 『慶州 金冠塚(遺物篇)』, 國立慶州博物館.

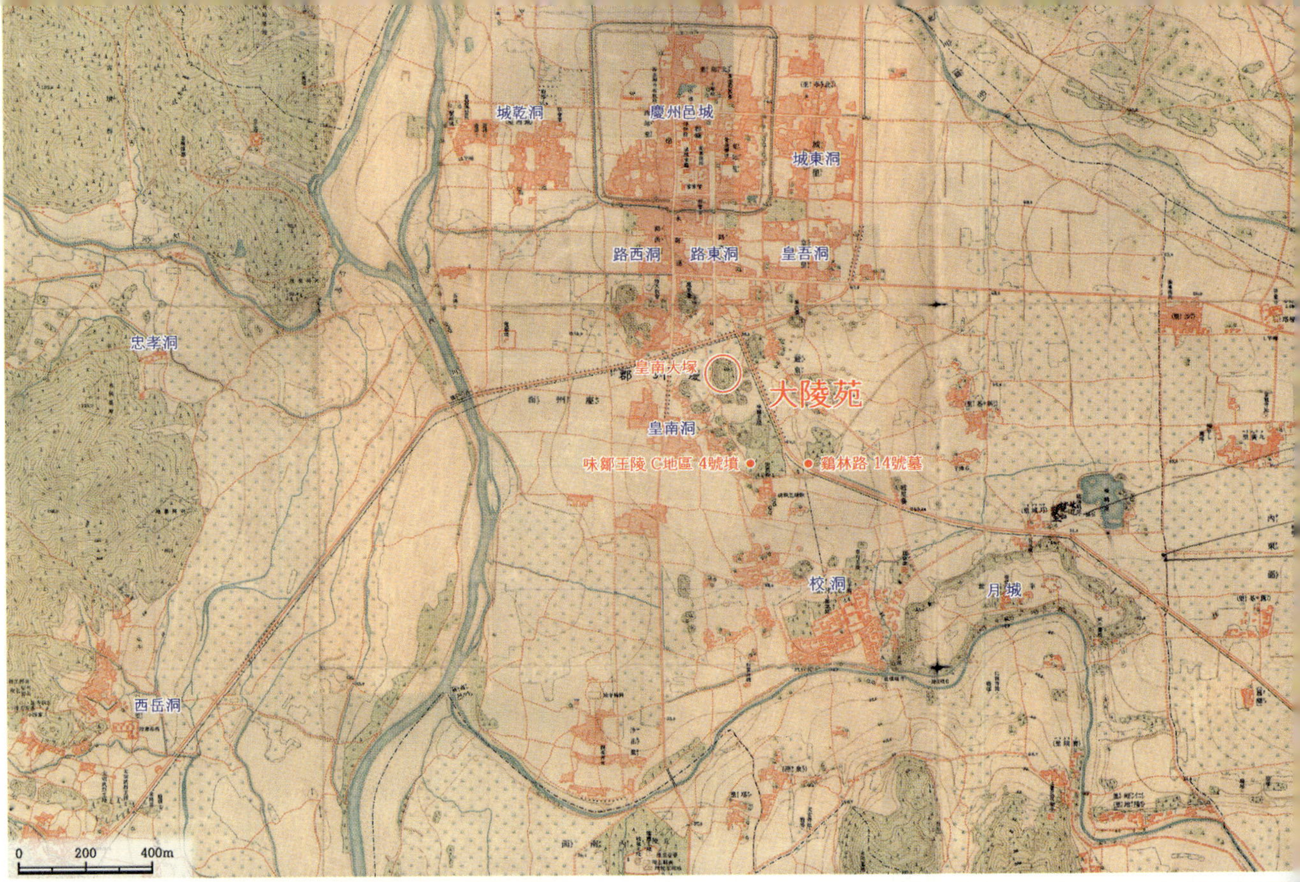
城乾洞
慶州邑城
城東洞
路西洞
路東洞
皇吾洞
忠孝洞
皇南大塚
大陵苑
皇南洞
味鄒王陵 C地區 4號墳
鷄林路 14號墓
校洞
月城
西岳洞
0
200
400m

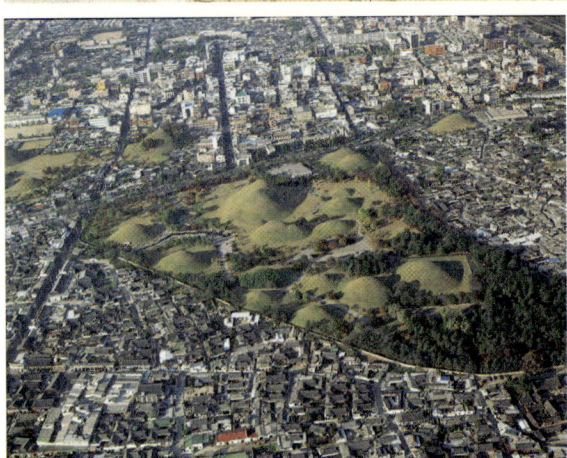

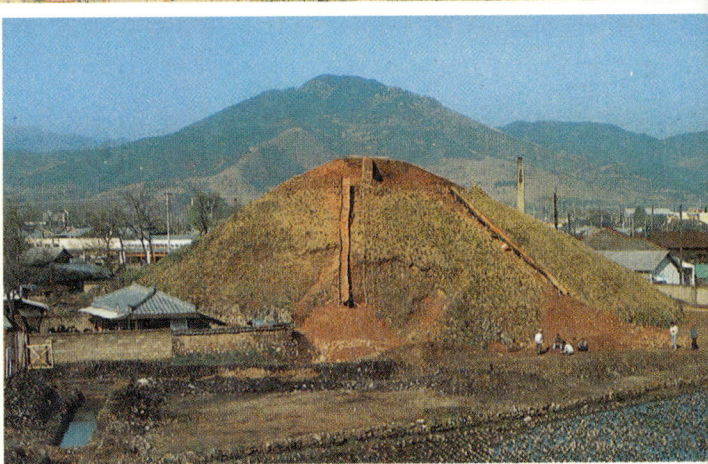

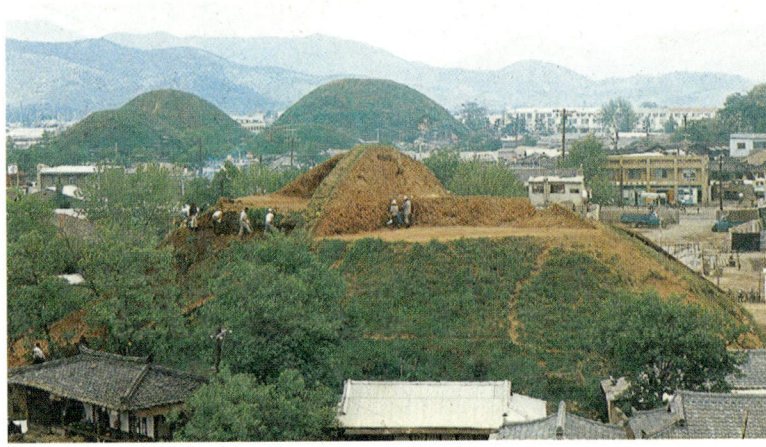

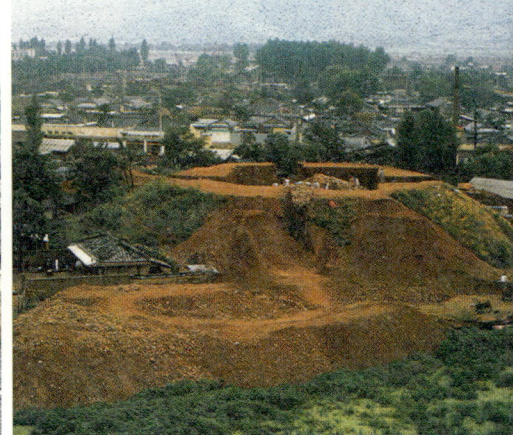

	6	7
1	8	9
2	3	
4	5	10

그림 Ⅱ-37. 한국(韓國)^{Korea}

대릉원고분군(大陵苑古墳群)^{Daereungwon tombs}

1. 대릉원고분군(大陵苑古墳群) 분포도(分布圖)
2. 대릉원고분군(大陵苑古墳群)
3~5. 천마총(天馬塚) 분구(墳丘) 발굴(發掘)
6~7. 천마총(天馬塚) 목곽(木槨) 발굴(發掘)
8~10. 천마총(天馬塚) 유물(遺物) 출토상태(出土狀態)

345

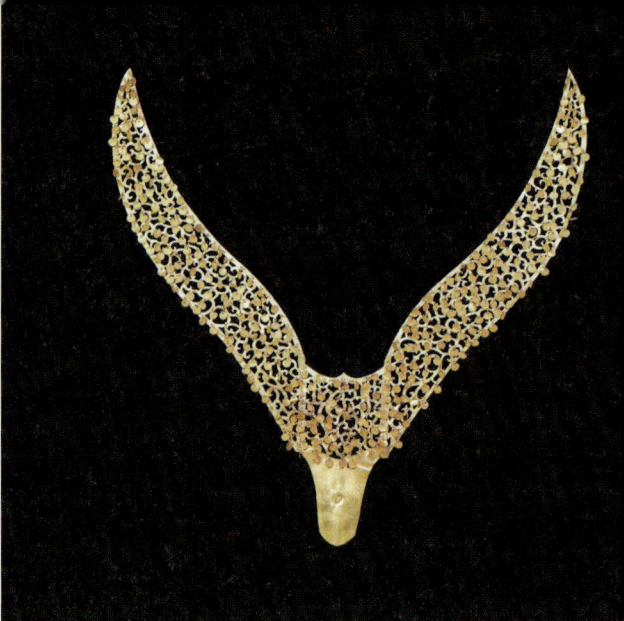

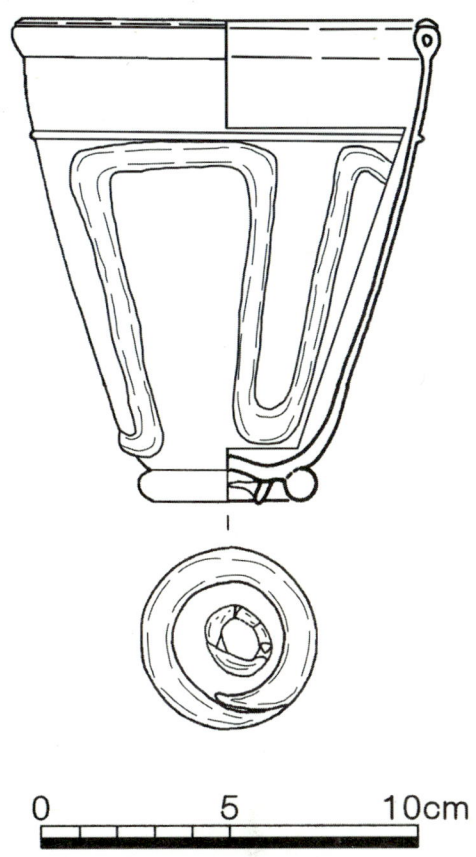

11. 천마총(天馬塚) 금관(金冠)
12. 천마총(天馬塚) 금관(金冠) 조익형(鳥翼形) 관식(冠飾)
13. 천마총(天馬塚) 백화수피(白樺樹皮) 천마문(天馬文) 장니(障泥)
14. 천마총(天馬塚) 금동제(金銅製) 투조(透彫) 안장(鞍裝)
15. 천마총(天馬塚) 로마(Rome) 구갑문유리배(龜甲文琉璃杯)
16. 월성로(月城路)가13호묘 로마(Rome) 파상문유리배(波狀文琉璃杯)
17. 월성로(月城路)가13호묘 로마(Rome) 파상문유리배(波狀文琉璃杯) 저부(底部)
18. 월성로(月城路)가13호묘 로마(Rome) 파상문유리배(波狀文琉璃杯) 실측도(實測圖)

19. 금관총(金冠塚) 금관(金冠)
20. 금관총(金冠塚) 과대(銙帶)
21. 금관총(金冠塚) 로마(Rome) 파상문유리고배(波狀文琉璃高杯)
22. 금관총(金冠塚) 로마(Rome) 파상문유리고배(波狀文琉璃高杯) 세부(細部)
23. 금관총(金冠塚) 로마(Rome) 유리고배(琉璃高杯)
24. 금관총(金冠塚) 로마(Rome) 유리고배(琉璃高杯) 저부(底部)
25. 금령총(金鈴塚) 금관(金冠)
26. 금령총(金鈴塚) 반점문유리완(斑點文琉璃盌)

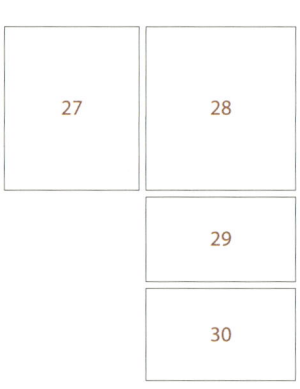
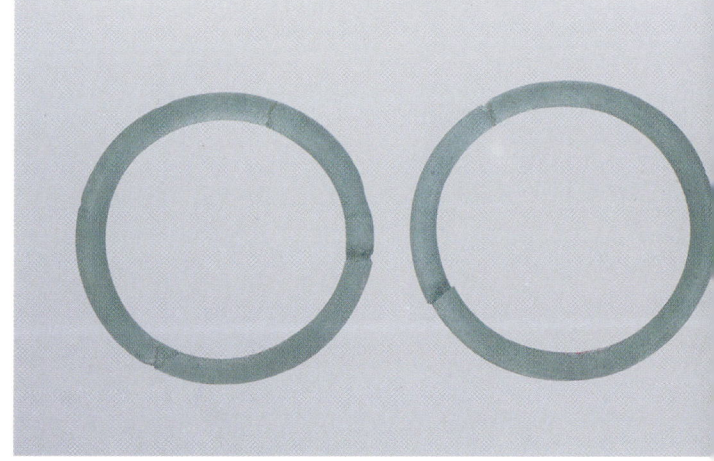

27. 서봉총(瑞鳳塚) 금관(金冠)
28. 서봉총(瑞鳳塚) 로마(Rome) 망목문유리배(網目文琉璃杯)
29. 서봉총(瑞鳳塚) 로마(Rome) 돌대문유리완(突帶文琉璃盌)
30. 서봉총(瑞鳳塚) 로마(Rome) 유리완륜(琉璃腕輪)

3) 황남대총皇南大塚, Great Hwangnam tombs

황남대총은 경상북도 경주시 황남동 대릉원(大陵苑) 안에 위치한다. 평면 형태는 원분(圓墳) 2기를 남북으로 연접하여 축조한 표형분(瓢形墳), 즉 쌍분(雙墳)이다. 고분의 규모는 남북 전체 길이 120m, 남분과 북분 각각 직경 80m, 남분의 높이 22.2m, 북분의 높이 22.9m였다. 신라 최대의 고분으로 황남대총으로 명명되었다.

남분의 호석은 직경 80m이며 호석의 폭은 1.5m 전후이다. 고분 중심부에는 주곽과 부곽을 동서로 배치하였는데, 주곽은 지상에 위치하며 2중의 목곽으로 먼저 바닥의 냇돌 위에 외곽을 설치하였다. 외곽의 크기는 동서 길이 6.5m, 남북 폭 4.1m로 장축을 동서로 두었으며, 높이는 3.7m였다. 내곽의 안에는 동서로 긴 내·외 2중의 목관이 안치되었는데 외관과 내곽 사이는 잔자갈을 0.5m 높이로 쌓은 석단(石檀)으로 되어 있었다. 외관의 크기는 동서 길이 3.6m, 남북 폭 100cm, 높이 약 80cm였고, 외관 동벽에서 0.8m 서쪽에 간벽을 세워 외관의 동쪽 부분을 부장품 수장부로 사용하고 그 서쪽에는 피장자를 안치한 길이 2.2m, 폭 0.7m 크기의 내관을 놓았다. 부곽은 약 3.4m 사이를 두고 주곽의 서쪽에 배치하였다. 부곽의 크기는 남북 길이 5.2m, 동서 폭 3.8m, 높이 1.3m로 장축을 남북으로 두어 주곽과 부곽은 'T'자형 배치를 이루었다. 주곽과 부곽 주위로는 통나무를 세워 목조가구를 설치하고 그에 맞추어 냇돌을 쌓아 적석부를 형성하였다. 목조가구는 주곽과 부곽 주위 사방의 고분 바닥층에 네 줄의 구멍을 파고 지름 25-30cm의 통나무를 네 줄 박아 세우고, 통나무 기둥들의 중간 중간과 머리를 전후좌우로 잇는 횡가목으로 고정하여 평면 직사각형, 단면 제형으로 설치하였다. 목조가구의 전체 크기는 바닥부분에서 동서 길이 27.2m, 남북 폭 19.7m, 상부에서 동서 길이 19.2m, 남북 폭 10.7m였고, 높이는 4.1m였다. 상면은 중심부가 목곽의 부식으로 함몰되어 전체 높이를 알 수는 없었으나 잔존한 상부적석의 최고 높이는 1.3m이었으며, 적석부 전체의 높이는 5.4m 이상이었을 것으로 추정되었다. 그리고 적석부의 상면과 측벽부 적석과 같은 높이의 주변 봉토층은 점토로 봉하였다. 적석부 위의 봉토 속에서도 수직 또는 수평의 통나무가 부식되어 생긴 구멍들이 발견되어, 적석부 위에도 별도의 목조가구가 설치되었음을 알 수 있었는데, 그 범위는 적석부를 중심으로 동서 약 24m, 남북 약 20m였으며, 높이는 적석부 상면에서 1.4m 이상이었다.

주곽의 내관 안에 안치된 피장자는 긴 금제 수식을 단 금동제 관·금제 경식과 유리구슬 경흉식(頸胸飾)·금제 과대와 요패, 그리고 환두대도를 착장하고 있었으며 하악골과 치아 등

유골 일부가 남아 있었다. 유골 분석 결과 피장자는 60세 정도의 남성으로 확인되었다.

외관의 부장품 수장부 안에는 바닥에 각종용기, 윗부분에 각종 장신구와 10여 개의 금은장 환두대도가 담겨 있었다. 용기로는 철솥과 토기가 가장 아래에 놓였고 그 위에 청동제 호·세발솥·초두·시루·반·다리미가, 그 위에 금·은·금동제의 소형용기, 각종 칠기, 그리고 로마 유리기가 배치되었다. 장신구로는 금동제 관·은관·금제 조익형관식·금제와 은제 지륜(指輪)·금동신 등이 출토되었다. 부장품 수장부 위인 외관 뚜껑 상면에도 은제 조익형관식·옥충(玉蟲) 날개로 장식된 금동제 과대 등이 배치되어 있었다. 외관과 내곽 사이의 석단(石檀) 상면에도 다수의 유물이 배치되어 여러 가지 철기, 백화수피 관모 등 장신구, 토기 등이 출토되었으며, 남쪽 석단에서는 인골 일부가 발견되었는데 분석결과 15세 정도의 여성으로 밝혀져 순장자가 묻혔음을 알 수 있었다. 목곽 상부에서도 금제 이식과 경식·토기 등 다수의 유물이 출토되었다. 부곽에는 바닥 전면에 대호들을 줄지어 놓고 그 위에 각종 소형토기·마구·철기를 대량으로 올려 놓았다. 마구는 안장·재갈·등자·각종 장식을 갖춘 7세트가 배치되었다.

북분은 남분의 봉토 북단 일부를 절개하고 적석부를 설치하였으며, 지름 80m의 호석을 남분의 호석에 이어붙여 설치하였다. 북분도 남분과 같이 지반에 점토를 깔아 고분 바닥을 마련하였던 것으로 판단된다. 북분의 목곽은 주·부곽식인 남분과 달리 부곽 없이 주곽 단독 곽만 설치되었다. 목곽은 2중곽인 남분과는 달리 단곽으로 동서 길이 6.8m, 남북 폭 6.6m, 높이 약 4m였다. 장축은 남쪽으로 약 16° 기운 동서 방향이었다. 북분의 목곽 안에서도 천장 개구부 축금구가 발견되었다. 목곽의 바닥에는 잔자갈을 깔아 목곽 바닥을 구축하고 가운데에 동서로 긴 목관을 놓았는데, 목관은 내·외 2중관이었다. 외관의 주위로는 동쪽을 제외하고 'ㄷ'자형으로 냇돌과 잔자갈을 쌓아 석단을 둘렀는데, 외관의 크기는 동서 길이 3.3m, 남북 폭 0.8m, 높이 약 0.8m였다. 외관은 안에 간벽을 세워 동쪽 0.8m를 부장품 수장부로, 서쪽 2.5m를 피장자를 안치한 내관부로 하였다. 내관은 동서 길이 2.2m, 남북 폭 0.7m였으며, 내관의 내면은 금박무늬로 장식되어 있었다. 목곽 주위로는 남분과 마찬가지로 고분 바닥층에 구멍을 파고 통나무 기둥을 박아 세워 목조가구를 설치하였다. 이 목조가구에 맞추어 냇돌을 쌓아 적석부를 축조하였는데, 적석부 바닥면의 동서 길이는 24m 이상이었을 것으로 추정되고, 상면의 크기는 동서 길이 16m, 남북 폭 12.8m, 높이 5.7m였다.

북분의 내관 안의 피장자는 3줄의 태환식 수식이 달린 금관(金冠)과 금제(金製) 경식(頸飾)·경흉식(頸胸飾)·보석상감완륜(寶石象嵌腕輪)·완륜(腕輪)·금제 과대(銙帶) 등 장신구만 착장하였고 대도는 착용하지 않았다. 인골은 남아있지 않았으나 이와 같은 착장유물, 그리고 부장품 수장부에서 나온 '夫人帶(부인대)'명 은제 과대로 보아 피장자는 여성으로 판단된다. 부장품 수장부에는 바닥에 철솥과 청동초두·각종 토기를 놓고 그 위에 타출문은배을 비롯한 은제 용기·칠기·유리용기을 배치하였다. 이와 함께 흑갈유 자기소병도 출토되었다. 상부에는 각종 장신구와 환두대도가 배치되었는데 조익형 은제 관식·나비형 은제 관식·금동신·20점의 금제 수식 등이 출토되었다. 부장품 수장부 밖 외관의 동벽 쪽에도 철솥과 토기 등 부장품을 배치하였다.

황남대총은 부부로 추정되는 남녀가 남·북분에 매장된 부부묘로 판단된다. 먼저 축조된 남분에는 주·부곽식목곽이, 뒤에 축조된 북분에는 부곽없이 단독곽이 축조되어 차이를 보인다. 또한 남분의 주곽은 2중곽인데 비해 북분의 목곽은 단독곽인 것도 차이점이다. 이러한 구조적인 차이는 시간성을 반영한다.

출토유물은 지금까지 발굴된 신라고분 가운데 가장 수준이 높고 호화로운 것이나 북분의 주인공인 여성은 금관을 착용한 반면 남분의 주인공인 남성은 금동관을 착용하였다. 출토유물 가운데 남분의 안장을 비롯한 옥충(玉蟲) 날개장식 마구와 봉수형유리병, 북분의 흑갈유 자기소병과 타출문은배·금제(金製) 보석상감완륜(寶石象嵌腕輪) 등은 유례가 없는 것으로 신라의 뛰어난 세공술, 그리고 실크로드를 통한 국제교류를 보여주는 것들이다. 더욱이 유리기가 파편을 포함하면 남분에 8점, 북분에 5점이 부장된 점이 주목된다.

이 고분의 피장자에 대해서는 남분의 경우 내물왕으로 보는 402년설과 눌지왕으로 보는 458년 설이 있으나, 동아시아 역연대 자료로 볼 때 후자의 견해가 유력하다. 북분은 부인대의 명문이 출토되어 왕비릉으로 추정된다.

남분 출토 로마 유리기는 제작기법이 풍소불묘(馮素弗墓)와 유사하며, 이 시기 동아시아 출토 예가 없는 봉수형주자(鳳首形注子)를 비롯한 가장 많은 8점이 부장되었다.

북분의 유리기는 4점이 로마제, 1점은 구연부를 마연하여 편평하게 하고 기면과 바닥 전체에 걸쳐 원문을 절삭(切削)하여 시문한 사산조 페르시아 유리기로 판단되며, 사산조 페르시아의 영향을 받은 은기(銀器)가 공반되었다. 이 유리기는 유연(柔然)을 경유(經由)한 로마 유리기와 달리 북위(北魏)를 통하여 이입된 것으로 추정된다.

Ⅱ. 유라시아歐亞 초원로草原路의 유적遺蹟과 유물遺物

참고문헌

문화재관리국, 1985, 『황남대총(북분)발굴조사보고서』, 문화재관리국.

국립문화재연구소, 1993, 『황남대총 남분 발굴조사보고서(도판·도면)』, 문화재관리국 국립문화재연구소

국립문화재연구소, 1994, 『황남대총 남분 발굴조사보고서(본문)』, 국립문화재연구소.

최병현, 2009, 「황남대총(皇南大塚)」, 『韓國考古學 專門事典-古墳編-』, 國立文化財研究所.

國立中央博物館, 2010, 『皇南大塚』, 國立中央博物館.

그림 Ⅱ-38. 한국(韓國) Korea 황남대총(皇南大塚) Great Hwangnam tombs
1. 황남대총(皇南大塚)
2. 남분(南墳) 매장주체부(埋葬主體部) 모식도(模式圖)
3. 남분(南墳) 유물(遺物) 출토상태(出土狀態)
4. 남분(南墳) 조익형(鳥翼形) 관식(冠飾)
5. 남분(南墳) 과대(銙帶)
6. 남분(南墳) 지륜(指輪)

II. 유라시아歐亞 초원로草原路의 유적遺蹟과 유물遺物

			11
7	8	10	
			12
9		13	14

7. 남분(南墳) 로마(Rome) 봉수유리병(鳳首琉璃甁)
8. 남분(南墳) 로마(Rome) 망목문유리배(網目文琉璃杯)
9. 남분(南墳) 로마(Rome) 유리배(琉璃杯)
10. 북분(北墳) 금관(金冠)
11. 북분(北墳) 완륜(腕輪)
12. 북분(北墳) 로마(Rome) 호문고배(縞文高杯)
13. 북분(北墳) 사산조페르시아(Sassanian Persia) 절자문유리완(切子文琉璃盌)
14. 북분(北墳) 사산조페르시아(Sassanian Persia) 절자문유리완(切子文琉璃盌) 저부(底部)

8. 한국Korea의 유적遺蹟과 유물遺物

357

4) 계림로14호묘 鷄林路14號墓, Gyerim-ro 14 tomb

계림로14호묘는 경상북도 경주시 황남동에 위치한다. 계림로는 대릉원의 동쪽과 황오동고분군을 횡단하는 도로로서, 1973년 남북으로 약 200m 정도의 구간을 국립경주박물관이 발굴하였다. 조사 결과 약 55기의 고분이 확인되었다. 계림로14호묘는 장방형목곽(長方形木槨)을 매장주체부로 하는 적석목곽묘(積石木槨墓)이다. 적석부(積石部)의 두께 1.3m이다. 고분의 장축(長軸)은 동서방향으로 길이 3.5m이며, 폭(幅) 1.35m이다. 서쪽은 시신이 놓였던 매장부이고 동쪽은 부장공간이다. 피장자(被葬者)의 두향(頭向)은 동쪽이다. 시신의 머리 부분에는 금제세환이식(金製細環耳飾) 2쌍과 치아가 2곳에 집중되어 피장자는 2인이였을 것으로 추정된다. 좌측 즉 북쪽 인물이 보검(寶劍)을 착장하였다. 허리부분에는 요대장식금구(腰帶裝飾金具)가 확인되었는데, 그 아래에는 5-10cm 떨어져서 보검(寶劍)이 남북방향(南北方向)으로 놓여진 채 출토되어, 보검(寶劍)이 허리띠에 착장된 것으로 추정된다. 보검(寶劍)과 함께 출토된 은제사슬(銀製鎖)은 허리띠(腰帶)와 연결하는데 사용하였다. 보검 아래쪽에 인접해서 상감유리옥장식수식(象嵌琉璃玉裝飾垂飾)이 출토되었는데, 허리띠에 매단 드리개(垂飾)이었을 것으로 추정된다. 우측(남측) 인물의 머리가 위치한 부분에도 드림부가 펜촉형인 금제수식부이식(金製細環耳飾)과 치아(齒牙)가 출토되었다.

보검(寶劍)은 전장(全長) 36.8cm이며 검초(劍稍)와 철검(鐵劍)으로 나뉜다. 석류석(石榴石)과 유리(琉璃)로 장식한 금제장식판(金製裝飾板)은 검초(劍稍)의 앞면과 옆면에 부착한 '검초장식(劍稍裝飾)'이다. 귀모양장식구(耳形裝飾具) P자형장식구가 있는 검초상부장식판(劍稍上部裝飾板)은 검초(劍稍)의 가장 위쪽 부분으로 검이 들어가는 초구부(稍口部)이고, 아래쪽은 사다리꼴의 검초하부장식판(劍稍下部裝飾板)이다. 검초중앙부(鐵劍中央部)에 부착된 세장방형의 장식판은 현재 검에 부착되어 있지만 원래는 검초(劍稍)를 장식했던 것이다. 검초(劍稍)의 뒷면은 금속 등으로 장식하지 않은 점에서, 앞면을 주로 보이게 하는 의장(儀仗)용 보검임을 알 수 있다. 귀모양장식구(耳形裝飾具)의 뒷면에 은판(銀板)이 확인되어 앞면은 금판으로, 뒷면은 은판으로 감쌌던 것을 알 수 있다. 반원형장식구(半圓形裝飾具)에도 은제못(銀製釘)이 남아 있는데, 은제못(銀製釘)의 머리 형태가 귀모양장식구(耳形裝飾具)의 것과 같아, 이 부분에도 은판이 있었을 것으로 추정된다. 검초(劍稍)의 장식판은 한 장의 금판으로 앞면, 측면을 감싸고, 금선(金線)을 길게 잘라 세운 후 땜으로 접합해서 문양(文樣)의 구획을 만들었다. 금립(金粒)를 누금기법(鏤金技法)으로 장식하였는데, 금립(金粒)은 외곽에 큰 것을, 안쪽에 작은 것을 사용하였다. 그 사이에 석류석(石榴石)과 유리(琉璃)를 넣은 다음 세워 놓은 금판(金板)을 접은 후에 두드리고 문질러서 석류석(石榴石)과 유리(琉璃)를 고정시켰다. 금제장식판(金製裝飾板)은 파상문(波狀文)으로 문양대(文樣帶)의 외연을 구획하고 석류석(石榴石)을 감입(嵌入)하였다. 그 다음 심엽문(心葉文)으로 병부(柄部)와 검초(劍稍) 중간에 사용되었다. 역시 석류석(石榴石)을 감입하였다. 그 다음은 원문(圓文)으로 검파두식(劍把頭飾), 검초(劍稍)의 상하부장식(上下部裝飾)의 중앙, 그리고 귀모양장식구(耳形裝飾具)의 원형문양대(圓形文樣帶)와 반원형장식구(半圓形裝飾具)의 중앙을 장식하였다. 반원형장식구(半圓形裝飾具)에는 석류석(石榴石)을 감입(嵌入)하였고, 나머지 검초하부장식(劍稍下部裝飾)의 가장 아래쪽과 귀모양장식구(耳形裝飾具)에는 유리(琉璃)를 감입하였다. 결실된 부분에도 유리(琉璃)를 감입하였을 것으로 추정된다. 이 외 태극무늬를 연상케 하는 파상문(巴狀文)이 있다. 하나의 문양(文樣)은 곡옥(曲玉)모양의 세 개의 석류석(石榴石)으로 구성하였다. 각 석류석에는 작은 원형(圓形)의 구멍을 뚫어 금판을 세우고, 다시 여기서 길게 꼬리 모양으로 석류석에 홈을 낸 뒤 금을 감입하였다.

계림로14호묘 출토 보검의 누금기법이 흑해 연안의 그리스계 공인에 의해 제작된 BC 4-5세기 스키타이 금제품에 동일하게 적용된 것에서, 계림로14호묘 출토 황금보검을 비롯한 금제품은 이를 계승한 훈(Hun)족이 양자(兩者)를 결합하여 제작한 것임을 알 수 있다. 그 분포는 서쪽으로는 헝가리(Hungary), 루마니야(Romania)로부터 흑해(黑海)연안에 집중적으로 분포하며 동쪽으로는 천산(天山)산맥 일대를 거쳐 신라에 이입된 것이다. 황남대총 북분 출토 금제 누금 상감 완륜(腕輪)도 보석을 상감하고 그 주위를 누금으로 돌리고, 또한 여백을 삼각형의 누금으로 장식한 점에서 훈(Hun)족의 금공 기법에 의해 제작된 것으로 본다.

그런데 계림로(鷄林路)14호묘는 매장주체부가 길이 3.5m 작은 규모임에도 왕과 왕족급 부장품인 황금보검이 출토되어 주목된다. 이는 피장자가 후술하는 한변 22m 방분인 소형묘임에도 로마 유리기 2점과 신라산 금제장신구가 부장된 나라현(奈良縣) 니이자와센즈카(新澤千塚)126호분의 피장자와 같이 이주민일 가능성이 매우 크다.

따라서 계림로(鷄林路)14호묘의 피장자는 훈(Hun)족의 후예 또는 중국 키질석굴의 공양자상에 보이는 소그드인으로 추정된다. 근래 경주 월성에서 소그드인 토우가 출토된 점에서 후자의 가능성이 크다. 유라시아 실크로드가 문물의 교류뿐만 아니라 인적 교류가 있었음을 상징한다.

참고문헌

송의정, 2009, 「계림로고분군(鷄林路古墳群)」, 『韓國考古學 專門事典-古墳編-』, 國立文化財研究所.

윤상덕, 2010, 「鷄林路 寶劍의 製作地와 製作集團」, 『慶州 鷄林路14號墓』, 국립경주박물관.

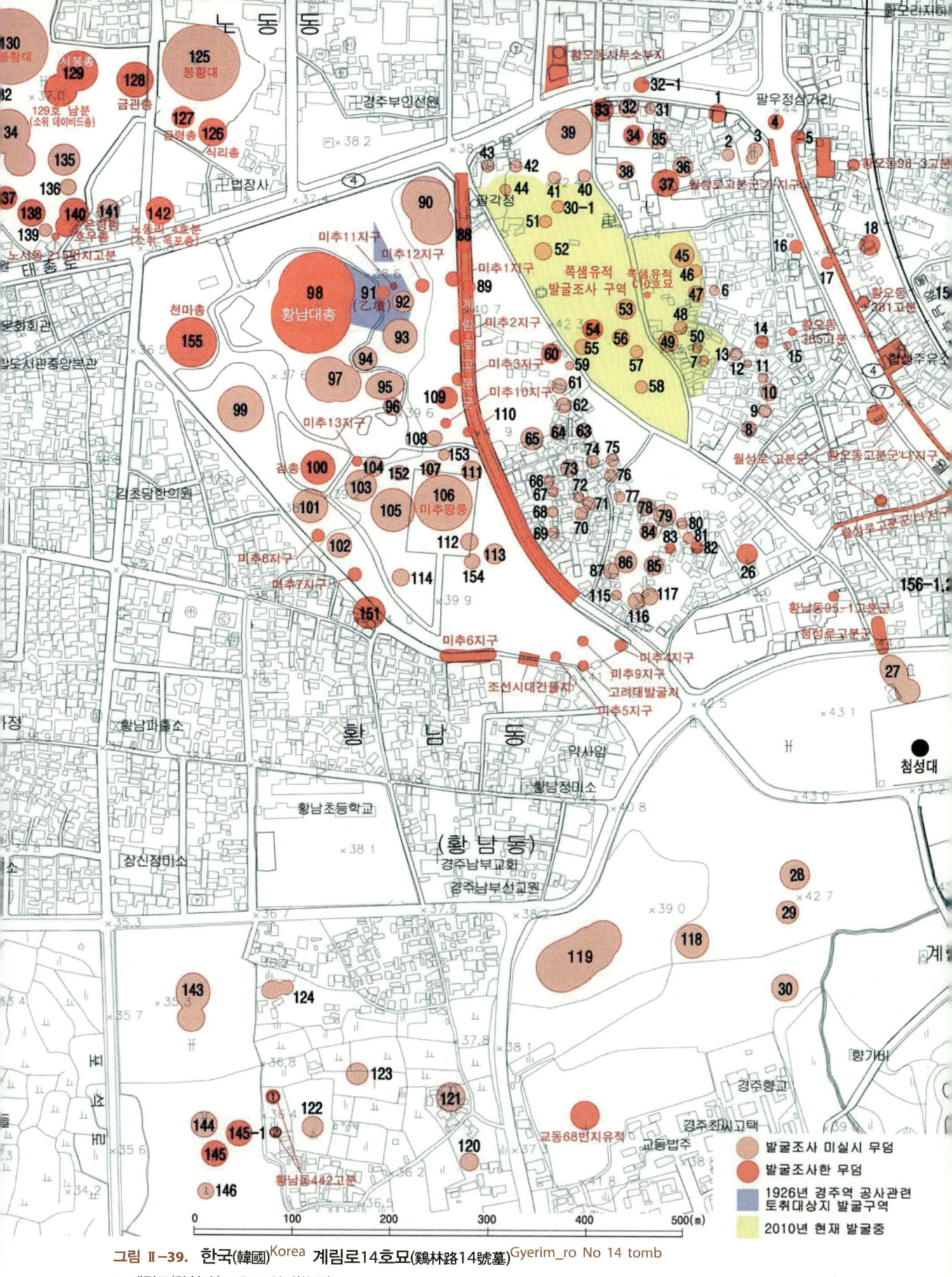

그림 Ⅱ-39. 한국(韓國) Korea 계림로14호묘(鷄林路14號墓) Gyerim_ro No 14 tomb

1. 계림로(鷄林路)14호묘 위치(位置)

361

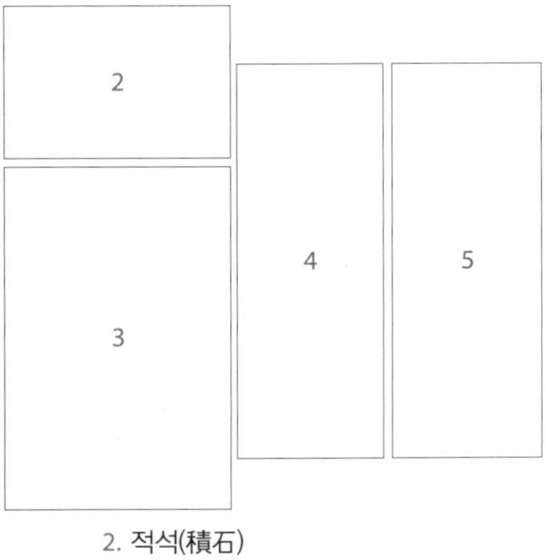

2. 적석(積石)
3. 묘곽(墓槨)
4. 보검(寶劍) 정면(正面)
5. 보검(寶劍) 도신(刀身)

8. 한국Korea의 유적遺蹟과 유물遺物

8. 한국Korea의 유적遺蹟과 유물遺物

6. 보검(寶劍) 측면(側面)
7. 보검(寶劍) 후면(後面)
8. 안장(鞍裝) 좌목선(座木先) 금구(金具) 측면(側面)
9. 십금구(辻金具)
10. 안교(鞍橋)
11. 행엽(杏葉)

5) 미추왕릉지구전지역C지구4호분 味鄒王陵前地域地區C地區4號墳, Michuwanglung section C-4 tomb

미추왕릉지구전지역C지구4호분은 경상북도 경주시 황남동 대릉원의 전 미추왕릉 앞에 있는 고분군이다. 1973년 실시된 경주 미추왕릉지구 정화사업의 일환으로 발굴조사되었다. 전 미추왕릉이 북쪽으로 135m 지점에 위치하며, 북서쪽에는 151호분이 있다.

제1호분은 정연한 호석을 갖춘 적석목곽분으로, 호석 주변에 마갱(馬坑)과 연통식 구조물이 발견되었다. 호석은 높이가 0.6m이고, 외부 지름은 9.5m 정도이다. 매장주체부는 길이 4m, 폭 2.1m 정도의 묘광을 파고 바닥에 강돌을 간 후 그 위에 자갈을 깔았다. 그 위에 목관을 놓고, 다시 목곽을 설치한 후 묘광과 목곽 사이 및 상부를 적석하여 축조한 것으로 추정되었다. 마갱(馬坑)은 호석의 동북쪽 석렬 아래에 지름 2.2m의 원형 석곽을 호석처럼 돌려서 만들었다. 연통식 구조물은 호석 동단에 지름 2m의 소형 돌무지 안에서 2기가 확인되었는데, 큰항아리를 거꾸로 묻은 뒤 큰항아리 바닥에 구멍을 뚫고 그 위에 연통형 토기 등을 세운 것이다. 신라 고분의 제의시설로 보는 견해가 많다.

C지구제4호분은 제1호분의 동남쪽으로 1.2m 지점에 위치한다. 분구는 민가에 의해 유실되었으며, 남북으로 병행하는 주부곽식 적석목곽분이다. 남쪽 주곽은 폭 3.8×2.2m 깊이 1.7m, 부곽은 폭 2×2m 깊이 0.6m이다. 주곽에는 금제 태환이식과 수식 그리고 경식이 출토되었다. 경식은 유리, 마노제 곡옥, 수정제 다면주로 구성된 것으로 특히 인물상 등이 상감된 유리주가 주목된다. 이 유리주는 청색의 바탕에 백색의 왕과 왕비로 보이는 인물이 상위에 있으며, 하위에는 왕족으로 보이는 인물이 3명 있다. 왕과 왕비는 보관과 경식을 착장하고 있다. 인물의 주위는 물갈퀴를 가진 백조(白鳥)와 화목(花木)이 보인다.

이 유리주는 현재 세계에서 유일한 것으로 비슷한 사례가 일본 치바현(千葉縣) 키온·나가스가고분군(祇園·長須賀古墳群)의 토칸모리(稻荷森)고분에서 출토되었으나 현재 소재 불명이다. 이 고분 출토 유리주는 인물이 백인의 특징을 보이고 형태는 다르나 인물문주가 지중해 일대에서 제작된 것에서 로마유리의 전통에 따라 제작된 것으로 보인다. 이 유리주를 인도네시아 자바산으로 보고 신라에 이입된 유리기가 해로를 경유하였다는 견해가 제기되었으나, 신라의 로마 유리기와 함께 초원로를 통하여 이입된 것으로 판단된다.

참고문헌

김택규·이은창, 1975, 『황남동고분발굴조사개보』, 영남대학교박물관.

김대환, 2009, 「전 미추왕릉 전지역 C지구고분군(慶州傳味鄒王陵前地域C地區古墳群)」, 『韓國考古學 專門事典-古墳編-』, 國立文化財研究所.

8. 한국Korea의 유적遺蹟과 유물遺物

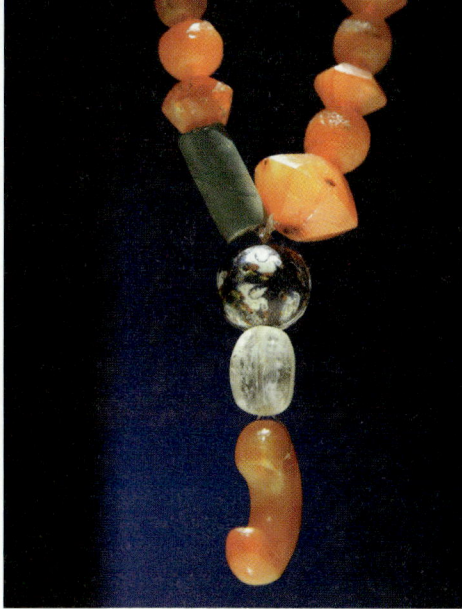

그림 Ⅱ-40. 한국(韓國)Korea 미추왕릉지구C지구4호분(味鄒王陵地區C地區4號墳) Michuwanglung section No C4 tomb

1. 미추왕릉(味鄒王陵)지구 C~4~1호준 위치(位置)
2. C~4~1호분 묘곽(墓槨)
3. C~4~1호분 경식(頸飾)

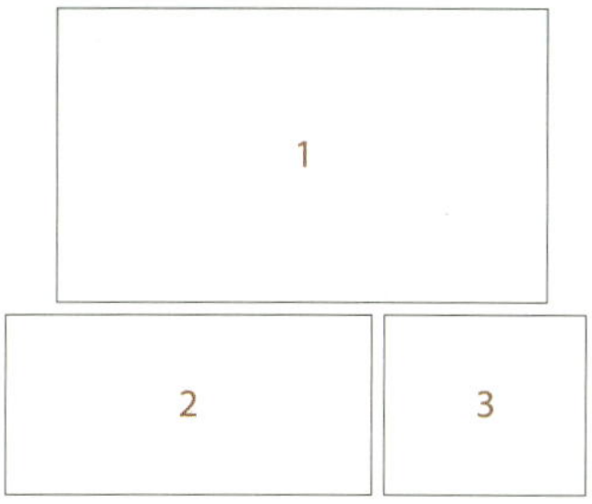

	1	
	2	3

Ⅱ. 유라시아歐亞 초원로草原路의 유적遺蹟과 유물遺物

4~8. C-4-1호분 인면문(人面文) 로마(Rome) 유리주(琉璃珠)

6) 대성동91호묘 大成洞91號墓, Daeseong-dong 91 tomb

대성동91호묘는 경상남도 김해시 대성동고분군의 북쪽 구릉 정부에 위치한다. 주축방향은 거의 동서이며, 목곽의 규모는 길이 6.6m, 폭 3m이다. 주피장자는 목곽 중앙에 놓이고, 부장품은 주피장자의 사방에 놓인 것으로 추정된다. 도굴이 일부에 그친 동쪽에서 순장자 3인을 비롯, 노형기대와 단경호, 노형토기, 철제 농공구류, 금동·청동제 마구류, 청동제 완, 청자고동조개 장식마구 등이 출토되었다.

축조 시기는 금동제 및 청동제 마구류들은 중국 모용선비(전연)의 고분인 조양 원대자벽화묘와 안양 효민둔154호분 출토품으로 볼 때 4세기 전반으로 추정된다. 이 고분에서는 도굴갱에서 유리기편 1점이 출토되었다. 분석 결과 화학 조성이 로마 유리기로 판명되었다.

대성동91호묘는 로마 유리기, 전연의 마구와 청동용기, 일본열도산 조개 등의 부장품으로 볼 때 이 시기의 왕묘급으로 고분으로 평가된다. 남색파수편(藍色把手片)은 불투명한 것으로 외면 상단을 폭 1.5cm로 편편하게 하여 말아 붙였다. 내면에는 부착되었다가 떨어진 박리면이 보인다. 병의 견부에 붙였던 고리로 추정된다.

그런데 대성동91호분 출토 유리기, 전연(前燕)의 마구와 청동용기, 일본열도산 조개 등이 그곳에서 직접 이입된 것인지, 경유지를 거친 것인지의 여부가 문제이다.

4세기 후엽에 축조된 경주시 월성로가13호분에서 2점의 유리기가 부장된 것은, 그 이전 시기에 이미 유리기가 신라에 이입되었음을 시사한다고 본다. 이와 함께 이 고분에서는 대성동91호분과 같은 삼연(三燕)계의 마구(馬具)가 공반된 것에서 이를 통해 유리기가 이입된 것으로 파악된다. 북연(北燕)의 요녕성(遼寧省) 풍소불묘(馮素弗墓)에서 5점이 출토된 것으로 볼 때 로마 유리기는 초원로를 통하여 중국 동북지방으로 이입된 것으로 추정된다.

특히 문헌사료로 볼 때 금관가야와 중국의 교섭 기사는 전혀 보이지 않으나, 신라는 377년과 382년 전진(前秦)에 견사(遣使)하였다. 견사(遣使)가 고구려 사신의 안내에 의해 이루어진 것으로 볼 때, 이를 통하여 북방 세계와 접한 것을 알 수 있다.

따라서 신라의 유리기는 역시 고구려를 경유한 것으로 보이며, 금관가야에 이입된 유리기는 고구려, 신라를 경유한 것으로 보는 것이 합리적이다.

참고문헌

大成洞古墳博物館, 2015, 『大成洞古墳群85號墳-91號墳』, (博物館學術叢書15), 大成洞古墳博物館.

Ⅱ. 유라시아歐亞 초원로草原路의 유적遺蹟과 유물遺物

그림 Ⅱ-41. 한국(韓國)Korea 대성동91호묘(大成洞91號墓)Daeseongdong No 88, 91 tomb
1. 김해(金海) 대성동(大成洞), 합천(陜川) 옥전(玉田)고분군 위치(位置)
2. 김해(金海) 대성동(大成洞) 위치(位置)

8. 한국Korea의 유적遺蹟과 유물遺物

3. 대성동(大成洞)91호묘
4. 대성동(大成洞)91호묘 순장자(殉葬子)와 출토 유물(遺物)
5. 대성동(大成洞)88, 91호묘 출토품

7) 옥전M1호분 玉田M1號墳, Okjeon M1 tomb

옥전M1호분은 경상남도 합천군 쌍책면 옥전고분군에서 고총이 밀집 분포되어 있는 묘역의 동북쪽 끝에 위치한다.

봉분은 동서 19.5m, 남북 21.4m, 현재 높이 2.2m로 평면 타원형(楕圓形)을 이루며, 봉분의 자락을 따라 호석을 설치하고 그 바깥쪽에는 3기의 순장곽을 배치하였다. 봉분의 중앙에는 주인공이 안치된 매장주체부를 설치하였다. 이른바 위석식목곽으로, 가운데에 격벽을 설치하여 주곽과 부곽을 구분하였으며, 전체 길이 7.5m, 폭 1.8m이다. 부장품은 유리완·토기·금속기·장신구·무기·마구 등이다. 그리고 출토유물 중 창녕 비화가야산 또는 신라산 문물이 집중적으로 부장되었다.

이 고분은 부장품으로 볼 때 낙동강의 대안에 위치하는 창녕 비화가야와 연계된 다라국의 왕묘로서 조영 시기는 출토된 창녕산 토기와 신라마구로 볼 때 5세기 중엽으로 파악된다.

로마 유리기인 반점문완(斑點文盌)은 저부에서 완만하게 올라가다가 구연부에 꺾여서 외반하는 광구완이다. 담록색(淡綠色)으로 투명도가 높으며 작은 기포가 다수 보인다. 구연부는 끝을 반원형(半圓形)으로 처리하였다. 저부는 환저이며 그 중앙에는 원형(圓形)의 펀티 흔적이 남아 있다. 기면에는 중앙에 2열에 걸쳐 감색의 원형(圓形) 돌출문을 붙여 장식하였다.

옥전M1호분의 반점문완은 5세기 말로 편년되는 경주 금령총 출토 2점과 동일한 형식이다. 그래서 합천군 옥전M1호분의 피장자가 이를 입수한 5세기 전엽에는 반점문완이 이미 신라에 이입되어 이후 5세기 후엽까지 전세된 것을 알 수 있다.

참고문헌

趙榮濟(外), 1992, 『陜川玉田古墳群III』, (慶尙大學校博物館調査報告7) 慶尙大學校博物館.

8. 한국Korea의 유적遺蹟과 유물遺物

玉田M1號墳

그림 Ⅱ-42. 한국(韓國)Korea 옥전M1호분(玉田M1號墳)Okjeon No M1 tomb
1. 합천(陜川) 옥전고분군(玉田古墳群) 위치(位置)
2. 옥전고분군(玉田古墳群)과 황강(黃江)

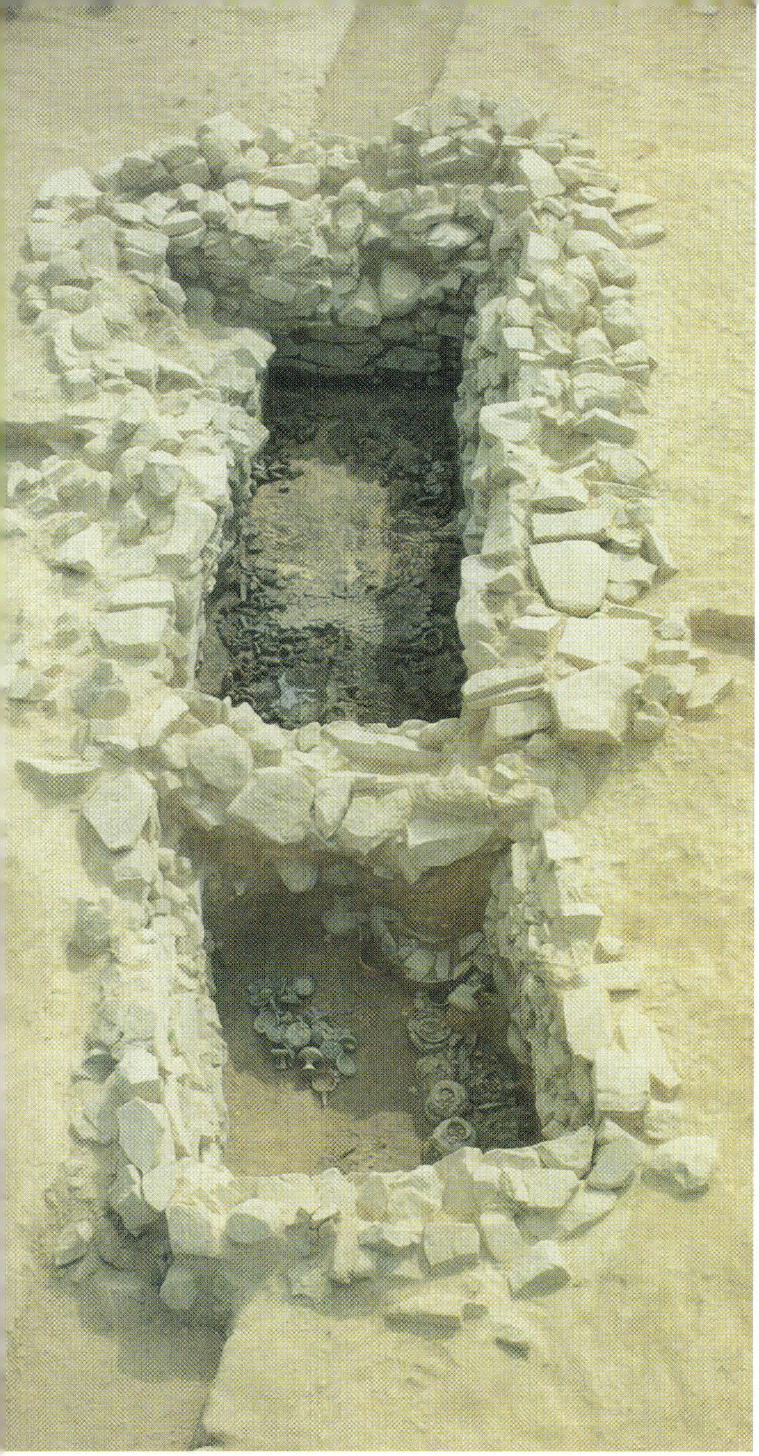

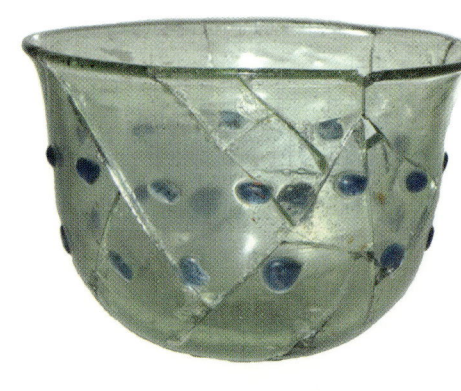

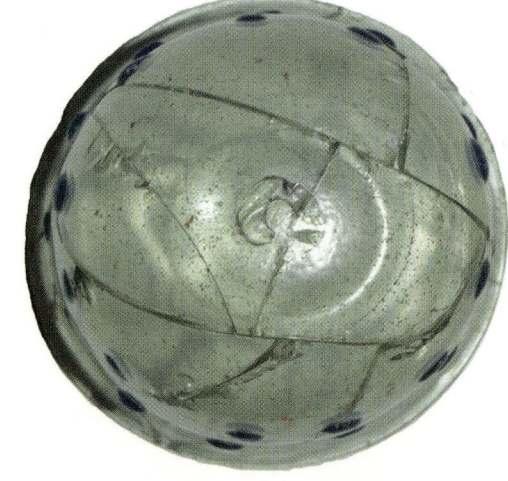

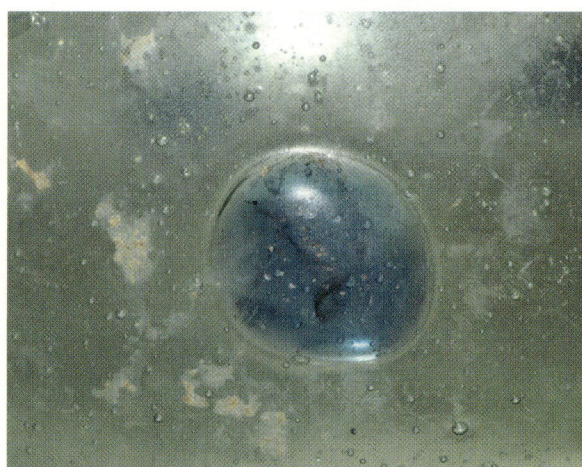

3. 옥전(玉田)M1호분
4. 옥전(玉田)M1호분 로마(Rome) 반점문유리완(斑點文琉璃盌)
5. M1호분 반점문유리완(斑點文琉璃盌) 저부(底部)
6. M1호분 유리완(琉璃盌) 반점문(斑點文)

3	4
	5
	6

9. 일본Japan의 유적遺蹟과 유물遺物

1) 다이센고분大仙(傳 仁德陵), Daisen (Nintoku) tomb

다이센고분은 오사카부(大阪府) 사카이시(堺市)의 동남 방향에 위치한 모즈(百舌鳥)대지로 불리는 단구를 중심으로 입지하며 서쪽으로 오사카만을 끼고 있는 모즈고분군내에 위치한다. 이 고분군에서 동쪽으로 10km 떨어진 곳에는 4세기 말부터 축조가 개시되는 후루이치(古市)고분군이 존재한다. 후루이치고분군이 하비키노(羽曳野) 구릉을 이용한데 비해, 모즈고분군은 대량의 성토가 필요한 평지에 축조되었다. 이 고분군은 전방후원분 23기, 가리비식고분 9기, 방분 8기, 원분 54기가 있었으나 현존하는 고분은 46기이다.

다이센(大仙)고분은 전방부 3단, 후원부 4단 축성으로 삼중의 주호를 돌리고, 좌우의 연결부와 연결된 제사장인 돌출부가 있다. 규모는 일본열도 최대로서 길이 486m, 전방부 폭 305m, 높이 33m, 후원부 지름 249m, 높이 35m, 삼중 호의 외주는 2,718m, 그 안쪽의 면적은 464,124m²이며, 호를 포함한 전체 길이는 840m에 달한다. 전방후원분과 원분으로 구성된 15기 전후의 배총이 주호에 연하여 배치되어 있다. 매장 시설은 후원부와 전방부에서 각각 수혈식석곽과 나가모치형석관이 확인되었다.

특히 전방부에서는 1872년 태풍으로 인해 전방부 2단에 축조된 수혈식석곽 내에서 나가모치형석관과 석관 주위에서 금동장 갑주(甲冑), 유리기, 철도 등의 부장품이 확인되었다. 이 유물들은 모사도가 작성된 후 다시 매납되어 현재 관찰이 불가능하다. 출토상태를 묘사한 그림에 따르면 갑주는 차양주(遮陽冑)와 횡장판정결판갑(橫長板釘結板甲)으로, 전자는 금동제의 소찰과 보요(步搖)로 장식한 것이며 후자는 철지금장제이다. 보스턴미술관 소장품으로 다이센고분 출토로 전하는 수대경(獸帶鏡) 금동제 단봉(單鳳)환두대도, 삼환령(三環鈴), 마탁 등이 있다. 환두대도는 내연의 각목문, 병두금구와 초구금구의 교호사선문으로 볼 때 6세기 전엽의 대가야산으로 추정되고, 마탁은 형식으로 볼 때 6세기 대의 것인 점에서 이 유물들은 다이센고분 출토품으로 보기 어렵다.

유리기는 백색명(白色皿), 감색호(紺色壺)는 출토 후 곧바로 다시 매납되어 자세한 것을 알 수 없으나, 색조는 다르나 접시(皿)가 포함된 기종 구성이 나라현(奈良縣) 니이자와(新澤)126호분 출토품과 유사한 로마 유리기이다.

다이센고분의 피장자는 그 연대가 5세기 중엽인 점에서 닌토쿠(仁德)으로 볼 수 없고 그

Ⅱ. 유라시아歐亞 초원로草原路의 유적遺蹟과 유물遺物

시기와 신라를 경유한 로마 유리기로 볼 때 신라와 밀접하게 교섭한 인쿄(允恭)으로 추정된다.

다이센고분 출토 유리기는 신라와 왜의 왕권간의 교섭뿐만 아니라 유라시아 실크로드가 신라를 통하여 일본열도와 연결된 것을 상징한다.

참고문헌

박천수, 2011, 『일본속의 고대 한국문화』, 진인진.

박천수, 2014, 『일본속 고대 한국문화-近畿地方-』, 진인진.

그림 Ⅱ-43. 일본(日本)^{Japan} 다이센고분(大仙, 傳 仁德陵)^{Daisen (Nintoku) king tomb}

1. 일본(日本)유적(遺蹟) 분포도(分布圖)
2. 다이센(大仙)고분

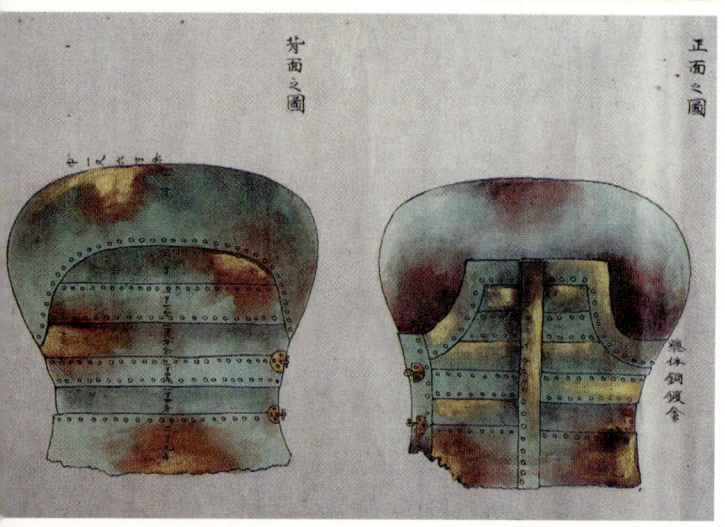

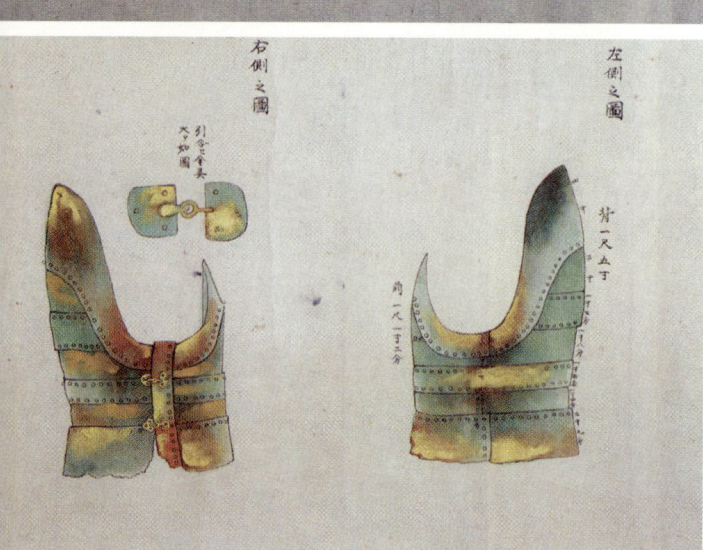

3~4. 전방부(前方部) 석곽(石槨) 로마(Rome) 유리기(琉璃器) 출토상태(出土狀態) 복원(復元)
5~7. 금장(金裝) 갑주(甲冑) 모사도(模寫圖)

2) 니이자와센즈카126호분新澤千塚126號墳, Nizawasenzuka 126 tomb

　니이자와센즈카126호분은 나라현(奈良縣) 카시하라시(彊原市) 이치정(一町)에 소재하는 니이자와센즈카고분군내에 위치한다. 나라분지 남부 우네비야마(畝傍山)의 남쪽에 펼쳐진 해발 150m의 에치오카(越智岡)구릉 위에 동서 약 2km, 남북 약 2km의 범위에 10-15m급의 원분을 중심으로 600여 기가 분포한다.

　니이자와센즈카126호분은 5세기 중엽에 조영된 고분으로 북쪽 일군의 중앙에서 약간 동쪽에 위치하는 동서 약 22m, 남북 약 16m의 방형분이다. 매장시설은 할죽형목관(割竹形木棺)을 직접 안치한 것으로 관 내외에서 많은 유물이 출토되었다.

　부장품은 경(鏡) 1면, 직도(直刀), 청동제 울두(熨斗), 칠반(漆盤), 유리제 완(碗), 유리제 명(皿), 금제 용문투조 방형관식, 금제 나선상수식(螺旋狀垂飾), 유리봉(棒), 금제 수식부이식, 보요(步搖), 금제 천(釧), 은제 천(釧), 금제 나선상지륜(螺旋狀指輪), 은제 나선상지륜(螺旋狀指輪), 금제 지륜(指輪), 은제 지륜(指輪), 경옥제 곡옥, 활석(滑石)제 곡옥, 안목옥(雁木玉), 유리제 금층옥, 환옥, 소옥, 율옥(栗玉), 활석제 구옥(臼玉), 금제 환공옥(丸空玉), 은제 환공옥(丸空玉), 금동제 대장식구, 하지키(土師器)호, 원통형 하니와(埴輪) 등 이 고분군 가운데 가장 다양하고 국제색이 풍부한 부장품이 출토되었다.

　이 고분 출토 금제 수식부이식과 금제 지륜은 같은 형식이 경주의 황남대총 북분과 남분에서 각각 출토되었고 유리완도 금령총 등의 경주 고분에서 다수 확인된다. 또한 청동제 울두도 경주시 황오동4호분 등에서 출토되고, 금동제 대장식금구도 신라계의 쌍엽문(雙葉文)으로 장식된 것이다. 또한 이 고분은 두부에 위치한 부장곽이 목관과 T자형으로 배치된 것도 당시 일본열도에서는 없는 것으로 경주 적석목곽분의 묘곽 배치와 유사한 점에도 신라와 관련이 엿보인다.

　유리기인 절자문완(切子文盌)은 동부가 구형이며 동부와 구연부의 경계가 축약되고 구연부가 c자형으로 내만한다. 담록색(淡綠色)으로 투명도가 높고 1-2mm로 얇으며 대롱불기로 만들었다. 구연부(口緣部)는 구순(口脣)의 높이가 일정하지 않고 거칠어 조정하지 않은 미완성 상태이다. 동부의 중위에는 원문을 5열에 걸쳐 하였는데, 최상단에 거칠게 마연한 원문, 그 하단에 정연하게 절삭한 원문을 교대로 배치하였다. 동부의 하위에는 거친 원문을 3열에 걸쳐 시문하였다.

　감색명(紺色皿)은 넓은 대부(臺部)에서 180도에 가깝게 벌어진 접시(皿)이다. 투명도가 낮고 두꺼우며 대롱불기로 만들었다. 구연부(口緣部)는 끝이 반원형(半圓形)이다. 대부(臺部)는 신부에서 뽑아내어 눌려 붙였으며, 단면은 원형(圓形)이다. 저부 중앙에는 펀티 흔적이 남아있다. 접시(皿)의 내면에는 수목, 동물, 인물문이 시문된 흔적이 보인다.

　　이 고분군에서 원분을 중심으로 수 백기가 밀집하는 경관은 마치 한반도의 신라·가야 고분군을 연상케 한다. 니이자와센즈카고분군 주변지역은 2세기에 걸쳐 한반도로부터 지속적으로 문물이 이입되고 시기에 따라 각각 다른 지역의 문물이 부장되는 점에서 한반도의 정치적인 변화에도 불구하고 장기간에 걸쳐 이주민의 거점으로서 역할을 수행해 온 것으로 파악된다.

　　니이자와센즈카126호분의 피장자는 당시 일본열도에서 한변 22m 방분인 소형묘에서 이러한 화려한 문물이 부장된 예를 찾아 볼 수 없고, 부장된 한반도산 문물이 대부분 경주 고분 출토품과 유사한 점에서 신라부터 이주한 왕족으로 파악된다.

참고문헌

奈良縣立橿原考古學硏究所(編), 1977, 『新沢千塚126號墳』, 奈良, 奈良縣立橿原考古學硏究所.
奈良縣立橿原考古學硏究所附屬博物館, 1992, 『1500年前のシルクロード-新沢千塚の遺寶とその源流-』, 奈良縣立橿原考古學硏究所附屬博物館.

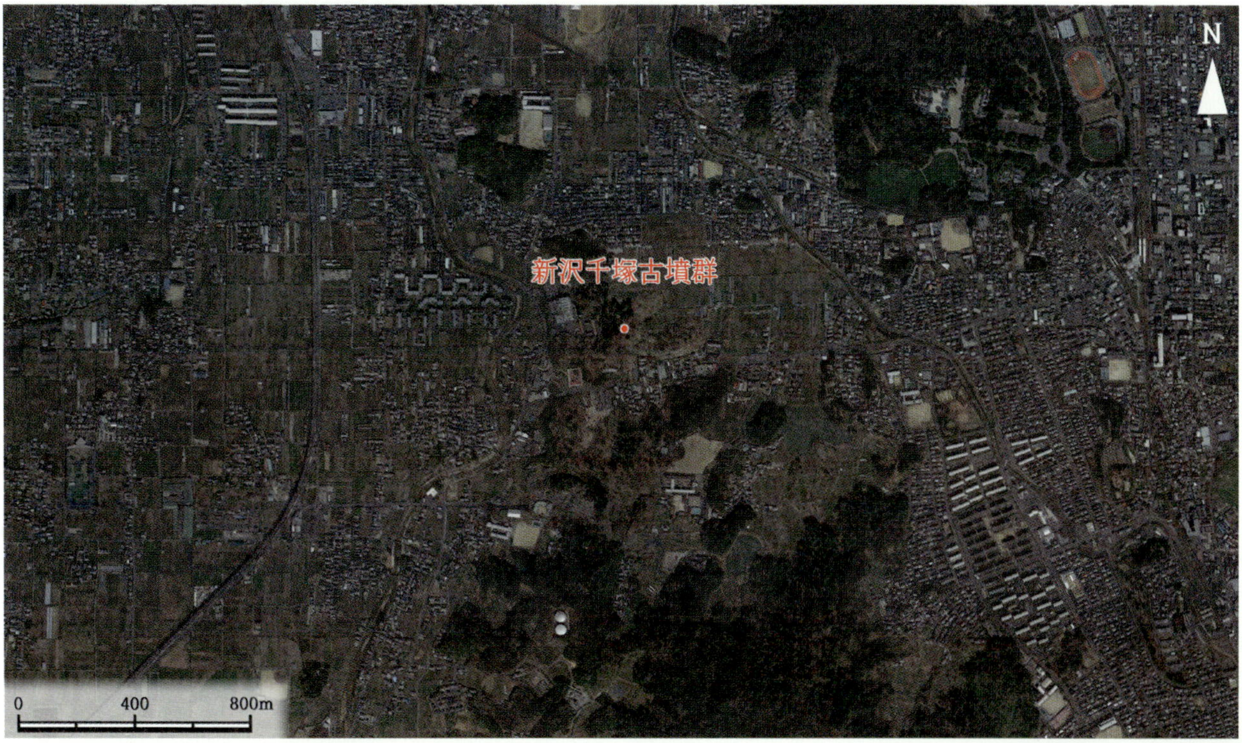

9. 일본Japan의 유적遺蹟과 유물遺物

그림 Ⅱ-44. 일본(日本)Japan 니이자와126호분(新澤千塚126號墳) Nizawasenzuka No 126 tomb
1. 니이자와센즈카고분군(新澤千塚古墳群) 원경(遠景)
2~3. 니이자와센즈카고분군(新澤千塚古墳群)

1	
2	3

381

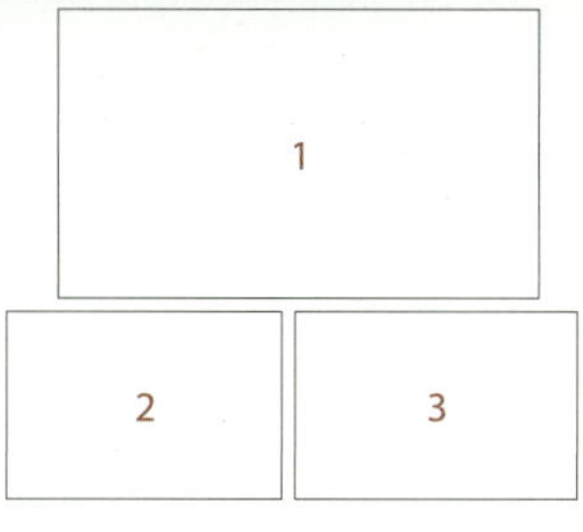

Ⅱ. 유라시아歐亞 초원로草原路의 유적遺蹟과 유물遺物

a 靑銅製熨斗

b 漆盤（朱雀の文様）

c 小型鏡

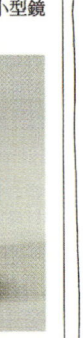

d 碗

e 皿

i 金製指輪

j 金製指輪

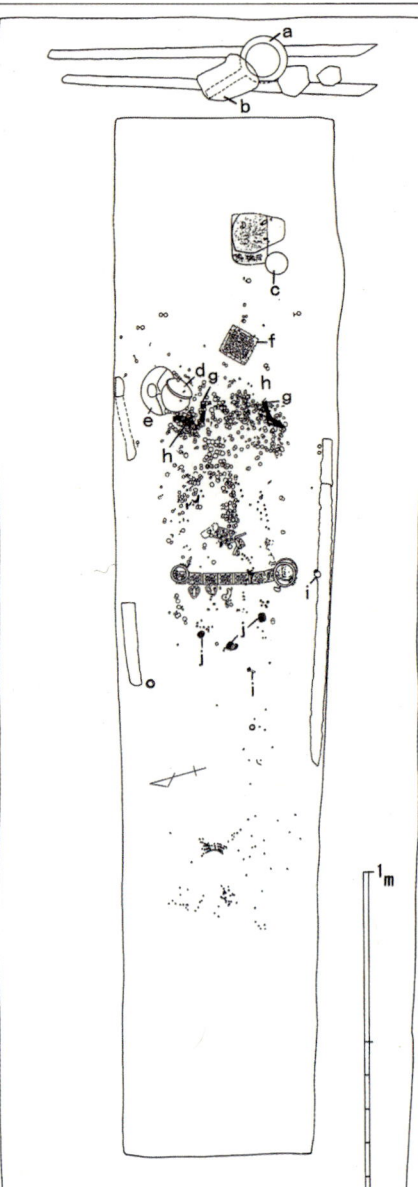

f 金製方形冠飾

g 金製髮飾

h 金製耳飾

9. 일본Japan의 유적遺蹟과 유물遺物

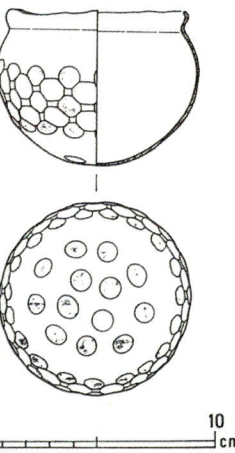

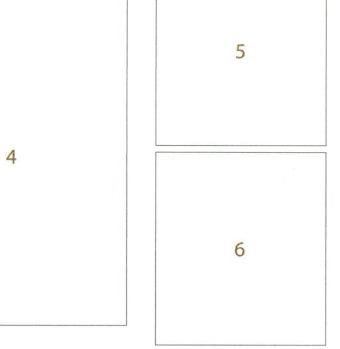

4. 제126호분 유물(遺物) 출토상태(出土狀態)
5. 제126호분 로마(Rome) 절자문유리완(切子文琉璃盌)
6. 제126호분 로마(Rome) 유리명(琉璃皿)

3) 키온·나가스가고분군祇園·長須賀古墳, Kion and Nagsuga tombs

키온·나가스가고분군은 치바현(千葉縣) 키사라즈시(木更津市) 나가스가(長須賀)에 위치하는 전방후원분으로 구성된 고분군이다. 고분군은 토쿄만(東京灣)에 면하여 키사라즈시의 북동부를 흐르는 오비츠가와(小櫃川) 좌안의 해안평야에 입지한다.

이 고분군의 킨레이즈카(金鈴塚) 고분은 1932년 연도 단면이 노출되어 금동제 마구와 식리가 출토되었다. 분구는 1950년 와세다(早稻田)대학의 조사에 의해 주구를 포함한 전체 길이 95m, 후원부 지름 55m, 전방부 폭 72m 내외의 3단으로 축성한 고분임이 밝혀졌다. 매장주체부는 후원부에 분구와 직교하는 무수식(無袖式) 횡혈식석실로 입구는 남쪽으로 열려있다. 석실은 응회암(凝灰岩)제 할석으로 쌓았으며, 길이 10.3m 폭은 입구에서 1.5m, 후벽에서 2.2m, 높이는 입구에서 1.27m, 후벽에서 2.1m로 후벽으로 갈수록 높이와 폭이 커진다. 석실내에는 조합식 상형석관(組合式石棺)이 안치되었다.

석실 후벽, 석관내, 연도 부근에서 3구의 인골이 출토되었다. 후벽에 접한 피장자에 동반하여 5개의 금제령(金製鈴)과 함께 변형사뉴문경(變形四乳文鏡) 1면, 환두대도(단룡 1점, 쌍룡 1점, 귀면 5점, 원두대도 1점), 은제 미(弭), 금동장 마구 1식, 관식으로 보이는 금동제 투조입식 1조, 금은제 식금구, 철모, 철촉 248점이 부장되었다. 석관내에는 청년 남성으로 추정되는 인골이 출토되며 이 피장자에 동반하여 삼신오수경(三神五獸鏡) 1점, 승반부동완(承盤附銅鋺) 1점, 당초문병두대도 2점, 규두대도(圭頭大刀) 3점, 단봉문환두대도 1점, 금동제 령 50여 점, 충각부주(衝角附冑) 1점, 괘갑(挂甲), 마탁(馬鐸), 괘갑(挂甲) 소찰, 도자, 철촉이 부장되었다. 석관 주변에서 출토된 금동장 마구 1식도 석관 피장자에 동반된 것이다. 마지막으로 매장된 연도 부근의 피장자에 동반하여 의장이 퇴화된 쌍룡문환두대도, 방두대도, 금동장 마구 1식, 은제 미(弭), 각종 옥류가 출토되었다. 그리고 1932년에 출토된 금동제 식리도 이 피장자에 부장된 것이다. 그 외 석실내에서는 242점 이상의 스에키(須惠器)가 출토되었다.

이 고분은 부장품으로 볼 때 6세기 후반에 조영된 것으로 생각된다. 출토된 금공품은 일본열도산이 대부분이나, 이 고분의 명칭을 부여하게 한 금령과 금동제 관식은 그 형식으로 볼 때 신라산으로 추정된다.

이 고분의 피장자는 고분의 규모와 풍부한 금공품을 보유한 점으로 볼 때 토쿄만(東京灣)을 무대로 활약한 이 지역의 유력 호족으로 상정된다.

토간모리고분(稻荷森古墳)은 6세기 후반에 축조(築造)된 전방후원분(前方後円墳)이다. 이

고분은 파괴되었으며 토간모리신사(稲荷森神社)에 전방부(前方部)가 남아있다. 지적도(地籍図)로 복원(復元)하면 100m 이상(以上)의 전방후원분(前方後円墳)이다.

　　1881년 방울(鈴), 거울(鏡)의 파편(破片), 금동장도(金銅裝刀), 토기(土器)와 함께 한국(韓國) 경주(慶州) 미추왕릉지구전지역C지구4호분(味鄒王陵前地域地區C地區4號墳) 출토품과 같은 상감인면유리주(象嵌人面文琉璃珠)가 확인되어 주목된다. 이 인면문주는 인물(人面)과 백조(白鳥)와 화목(花木)이 상감되어 표현되어 있다. 이 상감인면유리주(象嵌人面文琉璃珠)는 개인소유였으나 현재 소재불명이다.

　　토간모리고분(稲荷森古墳)의 상감인면주는 긴레이즈카(金鈴塚)고분의 금령과 같이 신라로부터 이입된 것으로 초원로가 신라를 통하여 일본열도로 연결되었음을 알 수 있다.

참고문헌

後藤守一, 1927, 「我が上古時代におけるガラス」, 『考古學雜誌』17卷-12號, 한성백제박물관.

滝口宏, 1951, 『上總金鈴塚古墳』, 早稻田大學考古學硏究室.

木更津市敎育委員會, 2020, 『金鈴塚古墳出土品再整理報告書』, 木更津市敎育委員會.

Ⅱ. 유라시아歐亞 초원로草原路의 유적遺蹟과 유물遺物

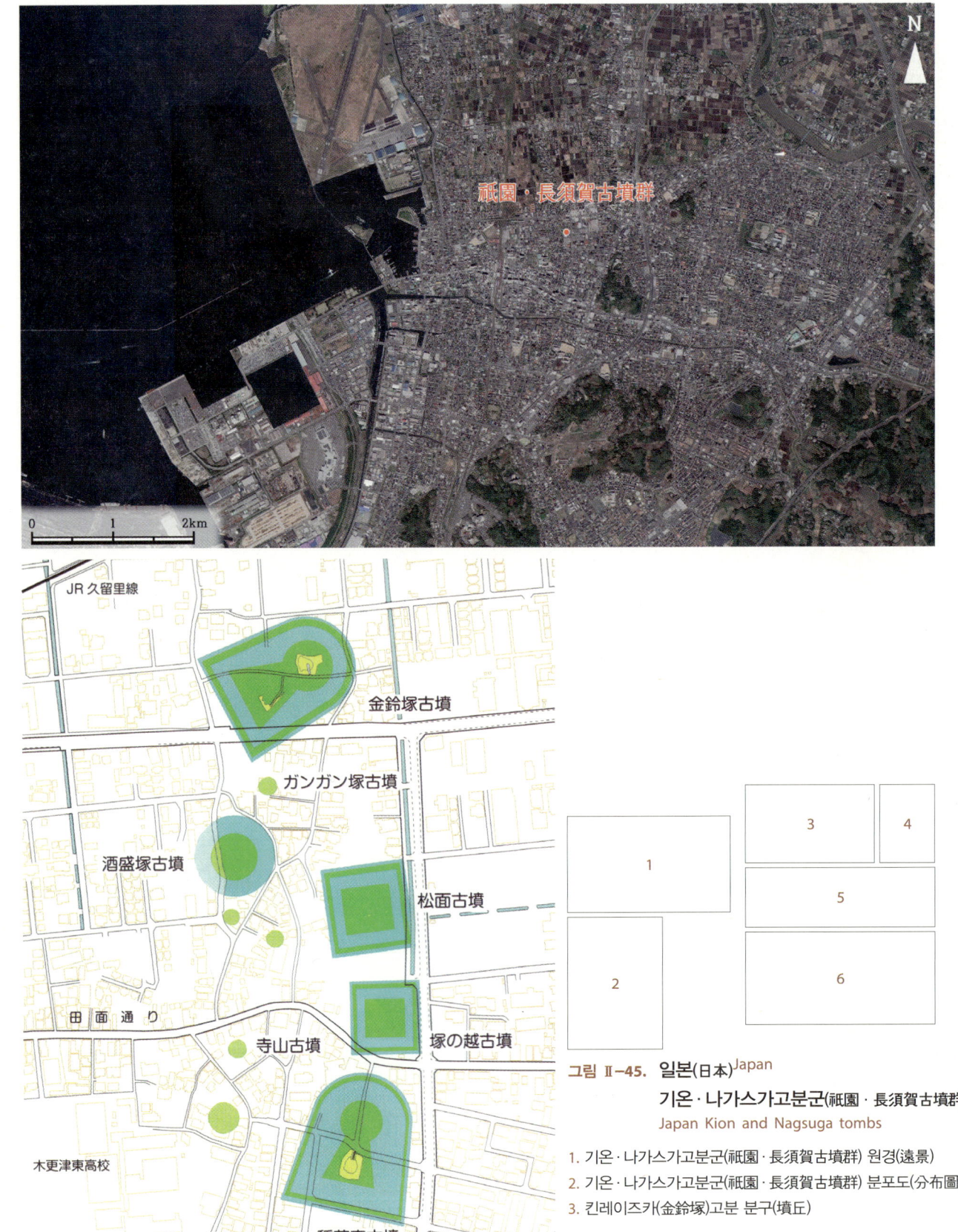

그림 Ⅱ-45. 일본(日本)Japan

기온·나가스가고분군(祇園·長須賀古墳群)
Japan Kion and Nagsuga tombs

1. 기온·나가스가고분군(祇園·長須賀古墳群) 원경(遠景)
2. 기온·나가스가고분군(祇園·長須賀古墳群) 분포도(分布圖)
3. 킨레이즈카(金鈴塚)고분 분구(墳丘)

4. 킨레이즈카(金鈴塚)고분 석실(石室)
5. 킨레이즈카(金鈴塚)고분 금령(金鈴)
6. 킨레이즈카(金鈴塚)고분 당초문(唐草文) 금구(金具)

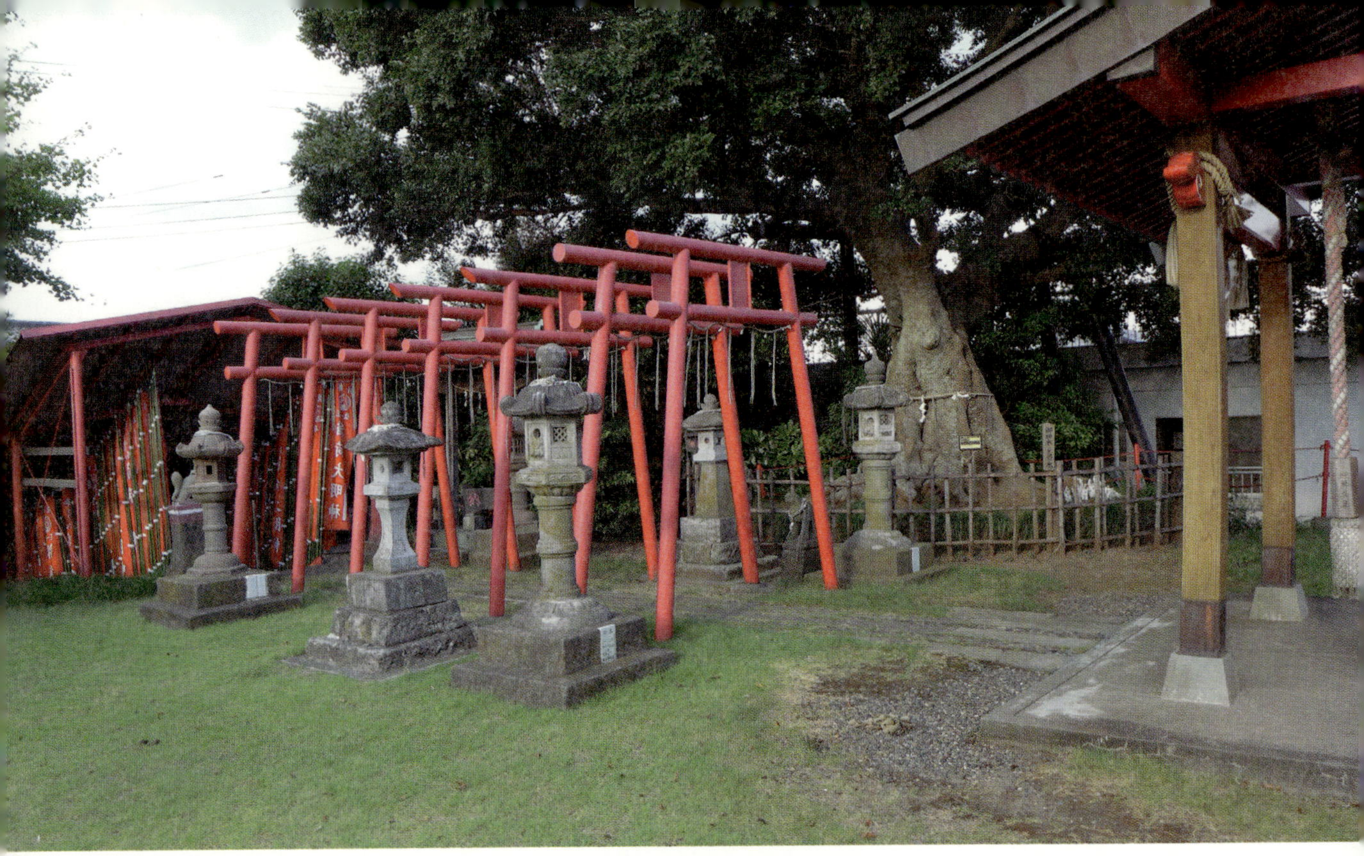

7. 토우간노모리(稻荷森)고분 분구(墳丘)
8. 토우간노모리(稻荷森) 출토 인면문(人面文) 유리주(琉璃珠) 복원도(復元圖)